JN051867

最難関レベルの語彙力・句動詞力の充実を図る!

英検® 1級

❖完全攻略❖

必須単語1750

植田一三【編著】
アスパイア学長

上田敏子＋由良毅＋中坂あき子【著】
アスパイア副学長　理学博士　アスパイア出版部ライター

音声無料
DL付き

語研

【装丁】 山田英春

【音源制作】 ELEC 録音事業部
Dominic Allen
Karen Haedrich

プロローグ

皆さんお元気ですか。英語の勉強はいかがですか。Ichy Uedaです。英検®1級は，他の資格検定試験と異なり，高度な語彙力，読解力，リスニング力のほか，社会問題に関するエッセイ・ライティング力，スピーキング力など，英語のスキルを幅広く評価する，非常にバランスの取れた素晴らしい検定試験です。特に語彙問題は，『タイム』や『エコノミスト』のような高度な英語の文献を読んだり，CNNなどの英語放送を聴いて内容を理解するのに必要な最低レベルの10,000語水準までの語彙力や句動詞の知識をテストしており，他のテストと一線を画す英語の検定試験と言えます。そこで，英検®1級合格に必要な10000語水準以上の語彙力と句動詞力，分野別語彙力を最短距離で身につけるために本書を制作いたしました。

本書の構成と学習目標は次のとおりです。

1. 【頻度レベル別】必須「一般語彙1300語」を完全攻略！
2. 【頻度レベル別】必須「句動詞450語」を完全攻略！
3. 頻出の「学問分野別語彙」&「時事語彙」を完全攻略！
4. 「超短編ストーリー」と「英検®1級必須語彙クイズ」で，楽しみながら頻出の難語を完全攻略！

1つめの**必須「一般語彙1300語」**に関しては，**ベストコロケーション**と**類語アプローチ**（英単語を類義語と一緒に覚える効果的な単語習得法）で，3段階のランクに区分けした必須語彙1300語を頻出度の高いレベルから優先的に覚えていただきます。

2つめの**必須「句動詞450語」**に関しては，フレーズ&センテンスと類語アプローチで，3段階のランクに区分けした必須「句動詞450語」を頻出度の高いレベルから優先的に覚えていただきます。

3つめの「**学問分野別語彙**」&「**時事語彙**」に関しては，頻出の「学問分野別語彙」では英検®1級に頻出の学問的な語彙を分野別にまとめ，背景知識と頻出語彙をレクチャー（パッセージ）形式で効果的に覚えられるようにしました。また，「時事語彙」では，頻出の環境，医療，政治，国際関係，科学技術，経済，教育に関する「時事語彙」を，分野ごとにシンプルにリスト化してまとめました。

4つめの「**英検®1級必須語彙クイズ**」に関しては，英検®1級必須語彙を満載したユニークな超短編ストーリーを楽しみながら，類語クイズに挑戦していただきます。1ストーリーに付き一回15問，47回分収録しました。

なお本書は，一日約60語ずつ覚えると1か月で，約30語ずつ覚えると2か月で，約20語ずつ覚えると3か月でマスターできるようになっていますので，試験の準備期間に合わせて，ペースを調整してください。**Good luck on your endeavor!**

最後に，以上のような画期的な英検®1級ボキャブラリービルディングの決定版『英検®1級 完全攻略 必須単語1750』の制作にあたって，多大な努力をしてくれたアスパイアスタッフの上田敏子氏（全体企画・コロケーション類語校閲），由良毅(たけし)氏（「超短編ストーリー 英検®1級必須語彙クイズ」後半＆校正），中坂あき子氏（「超短編ストーリー 英検®1級必須語彙クイズ」前半＆校正），中原美里（一般語彙コロケーション・類語制作・ストーリー翻訳の校正），横川隼（句動詞部分の制作），および，（株）語研編集部の島袋一郎氏には，心から感謝の意を表したいと思います。それから何よりも，われわれの努力の結晶である著書をいつも愛読してくださる読者の皆さんには，心からお礼を申し上げます。それでは皆さん，明日に向かってボキャブラリービルディングの道を

Let's enjoy the process! （陽は必ず昇る！）

2023年1月10日

植田一三（Ichy Ueda）

目 次

Chapter 2 英検® 1 級 必須「句動詞」450 語 完全攻略

Rank A 絶対に覚えるべき最重要「句動詞」150 語を完全攻略！

Rank B 合格圏に達するための必須「句動詞」150 語を完全攻略！

Rank C 余裕合格するための重要「句動詞」150 語を完全攻略！

◉付属音声（ダウンロード配布）

本書の付属音声は，**見出し語**と**用例**（矢印記号➤付きのフレーズ・センテンス）のすべてを**【見出し語→用例】**の形式により，自然な速度の英語で 1 回だけ読み上げています。本書が手元になくても，モバイル端末などを利用して耳から学ぶだけで語彙学習，リスニング技能の向上が可能です。

音声ファイルは **MP3 形式**で，GV_GROUP（GV_0001_abate.mp3 ~ GV_1300_zest.mp3）と PV_GROUP（PV_1301_act up.mp3 ~ PV_1750_wring out of.mp3）の全 1,750 ファイルあります。

音声は 1 語 1 ファイルですから，自由にプレイリストを作成して，シャッフル再生などにも活用できます。①好きなところから学習を始めて，好きなところで学習を停止する，②常に異なる配列で学習するなど，柔軟で飽きのこない学習が可能です。

◉音声ダウンロードについて

本書の付属音声は無料でダウンロードできます。次の URL にアクセスして，ダウンロードしてご利用ください。

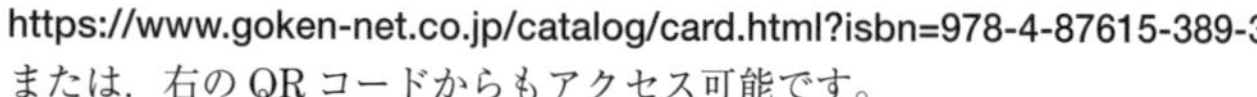
https://www.goken-net.co.jp/catalog/card.html?isbn=978-4-87615-389-3

または，右の QR コードからもアクセス可能です。

■ 本書では，各グループのタイトル部分に ▶ マークと 4 桁のシリアル番号で音声の収録範囲を表示しています。

■ 収録時間は約 3 時間 17 分です。

注意事項

■ ダウンロードで提供する音声は，複数のファイル・フォルダを ZIP 形式で 1 ファイルにまとめています。ダウンロード後に復元してご利用ください。ダウンロード後に，ZIP 形式に対応した復元アプリを必要とする場合があります。

■ 音声ファイルは **MP3 形式**です。モバイル端末，パソコンともに，MP3 ファイルを自由な組み合わせで再生できるアプリを利用できます。

■ インターネット環境によってダウンロードできない場合や，ご使用の機器によって再生できない場合があります。

■ 本書の音声ファイルは，一般家庭での私的使用の範囲内で使用する目的で頒布するものです。それ以外の目的で本書の音声ファイルの複製・改変・放送・送信などを行いたい場合には，著作権法の定めにより，著作権者等に申し出て事前に許諾を受ける必要があります。

Chapter 1
英検®1級 必須「一般語彙」1300語 完全攻略

Rank A

絶対に覚えるべき
最重要「一般語彙」600語を
完全攻略!

Part 1【001～200】

学習日 年 月 日 | 年 月 日 | 年 月 日

0001 **abate** [əbéɪt]
動（勢い・痛みなどが）和らぐ［和らげる］（≒ subside）
➤ The pain [storm] abated.（痛み［嵐］が和らいだ）
名 abatement（軽減，緩和，減少）

0002 **abbreviation** [əbrìːviéɪʃ(ə)n]
名 省略，略語（≒ shortening, contraction）
➤ a list of abbreviations（略語の一覧）
動 abbreviate（省略［短縮］する）

0003 **acclaim** [əkléɪm]
動 賞賛する（≒ praise, applaud） 名 賞賛
➤ *(be)* acclaimed as a hero（英雄と称賛される）
➤ international acclaim（国際的賞賛）

0004 **acquiesce** [æ̀kwiés]
動 黙って従う，黙認する（≒ consent to）
➤ acquiesce to the demands（要求に黙って従う）
➤ acquiesce in the decision（決定に黙って従う）

0005 **acquit** [əkwít]
動 無罪とする（≒ vindicate, exonerate）
➤ *(be)* acquitted of the murder charge（殺人容疑が晴れる）
名 acquittal（無罪，解放，弁済）

0006 **acumen** [əkjúːmən|ǽkjʊ-]
名 鋭い洞察，判断力，才覚（≒ good judgment）
➤ business [political] acumen（商才［政治的洞察力］）

0007 **adamant** [ǽdəmənt]
形 断固たる（≒ unshakeable, inflexible）
➤ an adamant refusal（断固たる拒絶）
➤ adamant opposition（断固たる反対）

0008 **adept** [ədépt, ǽdept]〈形〉 [ǽdept, ədépt]〈名〉
形 熟達した《at, in》（≒ skillful, expert）
名 名人，達人
➤ *be* adept at money-making（金稼ぎが上手である）

0009 **adjacent** [ədʒéɪs(ə)nt]
形 隣接［近接］した（≒ adjoining, next to）
➤ adjacent rooms [buildings]（隣接した部屋［建物］）

0010 **adjourn** [ədʒə́ːrn]
動 一時休止する，延期する，中断する（≒ suspend）
➤ adjourn the meeting [trial]（会議を一時休止する［裁判を休廷する］）

0011 □□□	**advent** [ǽdvent, -v(ə)nt]	名《the ～で》出現，到来（≒ **emergence, arrival**） ➤ the advent of computers（コンピュータの出現）
0012 □□□	**affinity** [əfínəti]	名 親近感，強い好み（≒ **liking**） ➤ have an affinity for children（子どもたちへの親近感がある）
0013 □□□	**aftermath** [ǽftərmæ̀θ]	名（戦争・災害・事件などの）直後（の時期），余波，影響（≒ **repercussion, after-effect**） ➤ in the aftermath of the war（戦争の余波を受けて）
0014 □□□	**aggravate** [ǽgrəvèɪt]	動（さらに）（問題・状況などを）悪化させる，（人・動物を）怒らせる（≒ **exacerbate, exasperate**） ➤ aggravate the problem（問題を一層悪化させる）
0015 □□□	**allay** [əléɪ]	動 和らげる，静める（≒ **assuage, alleviate**） ➤ allay his anxiety [fear]（彼の不安［恐れ］を和らげる）
0016 □□□	**allegiance** [əlíːdʒ(ə)ns]	名 忠誠，忠義（≒ **loyalty, fidelity**） ➤ allegiance to the country（国への忠誠） 動 **allege**（誓う）
0017 □□□	**alleviate** [əlíːvièɪt]	動（問題・苦しみ）を軽減する，緩和する（≒ **mitigate, ease**） ➤ alleviate the food shortage（食糧不足を緩和する）
0018 □□□	**allocate** [ǽləkèɪt]	動 割り当てる，配分する（≒ **allot, assign**） ➤ allocate the budget for the project（計画に予算を割り当てる） 名 **allocation**（割り当て）
0019 □□□	**altruistic** [æ̀ltruístɪk]	形 利他的な（≒ **self-sacrificing**） ➤ altruistic love（利他的な愛） 名 **altruism**（利他主義）　形 **egoistic, selfish**（利己主義の）
0020 □□□	**amass** [əmǽs]	動（情報・お金を）集める，蓄積する（≒ **gather, collect**） ➤ amass information（情報を集める） ➤ amass a fortune（財産を築く）

学習日	年　月　日	年　月　日	年　月　日

One-paragraph Short Stories & Quizzes【1】

An ①**intrepid** explorer ②**waded** through an ③**undulating** river, ④**traversed** the ⑤**scorching** desert, managed to ⑥**circumvent** lava fragments ⑦**belched** out of the mountain, and ⑧**weathered** a ⑨**ferocious** storm and ⑩**desolate** wilderness. The ⑪**stupendous** natural landscape ⑫**alleviated** the ⑬**tribulation** of the ⑭**arduous** journey that ⑮**enervated** him.

Q. ①～⑮の意味に近い語を選んでください。

①	**intrepid**	1. valiant	2. insidious	3. impervious	4. indolent
②	**waded**	1. gushed	2. forded	3. usurped	4. wailed
③	**undulating**	1. rippling	2. distorting	3. unleashing	4. roaming
④	**traversed**	1. meandered	2. ranged	3. permeated	4. overrode
⑤	**scorching**	1. torrid	2. crass	3. spurious	4. vigilant
⑥	**circumvent**	1. bicker	2. hamper	3. evade	4. waver
⑦	**belched**	1. dangled	2. balked	3. banned	4. discharged
⑧	**weathered**	1. fortifyed	2. lambasted	3. outlived	4. routed
⑨	**ferocious**	1. oblique	2. voracious	3. audacious	4. diabolical
⑩	**desolate**	1. furtive	2. salient	3. barren	4. profuse
⑪	**stupendous**	1. strenuous	2. breathtaking	3. pending	4. squeamish
⑫	**alleviated**	1. poached	2. prosecuted	3. absolved	4. allayed
⑬	**tribulation**	1. recourse	2. ordeal	3. onslaught	4. remorse
⑭	**arduous**	1. banal	2. oblique	3. deft	4. laborious
⑮	**enervated**	1. debilitated	2. abrogated	3. brandished	4. shrouded

【解答欄】

①	②	③	④	⑤	⑥	⑦	⑧

⑨	⑩	⑪	⑫	⑬	⑭	⑮

(和訳) 勇敢な探検家は起伏のある川を渡り，灼熱の砂漠を横断し，山から噴き出す溶岩をなんとか迂回し，猛烈な嵐と荒れ果てた荒野を切り抜けた。素晴らしい自然の風景に，彼はエネルギーを奪われた困難な旅の苦難が和らいだ。

解答 …… 選択肢の赤い文字が正答

①	勇敢な	1. 勇敢な	2. 陰湿な	3. 鈍感な	4. 怠惰な
②	進んだ	1. 湧き出た	2. 渡った	3. 略奪した	4. ないた
③	起伏のある	1. 波打つ	2. 歪む	3. 解き放つ	4. さまよう
④	横断した	1. 蛇行した	2. 歩き回った	3. 浸透した	4. くつがえした
⑤	灼熱の	1. 灼熱の	2. 愚鈍な	3. 偽造の	4. 用心深い
⑥	迂回する	1. 口論する	2. 妨害する	3. 回避する	4. 揺れる
⑦	噴出した	1. ぶらさがった	2. しり込みした	3. 禁止した	4. 排出した
⑧	切り抜けた	1. 強化した	2. 非難した	3. 生き抜いた	4. 完敗させた
⑨	猛烈な	1. 斜めになっている	2. 貪欲な	3. 大胆な	4. ひどい
⑩	荒れ果てた	1. 内密の	2. 顕著な	3. 不毛の	4. 豊富な
⑪	すばらしい	1. 激しい	2. 息をのむような	3. 未決定の	4. しゅんとした
⑫	緩和した	1. 密猟した	2. 起訴した	3. 断罪した	4. 緩和した
⑬	苦難	1. 頼みとするもの	2. 厳しい試練	3. 猛攻撃	4. 良心の呵責
⑭	困難な	1. 陳腐な	2. 遠回しの	3. 器用な	4. 骨の折れる
⑮	気力を弱めた	1. 衰弱させた	2. 破棄した	3. 烙印を押した	4. 覆い隠した

学習日 年 月 日 | 年 月 日 | 年 月 日

0021 **ambivalent** [æmbív(ə)lənt]
形 相反する感情を持つ，曖昧な（≒ **equivocal**）
➤ *be* ambivalent about the issue [relationship]（その問題［関係］に対して複雑な気持ちである）

0022 **amiable** [éɪmiəb(ə)l]
形 友好的な，愛想のよい（≒ **genial**, **friendly**）
➤ an amiable settlement [disposition]（友好的な合意［気質］）

0023 **amicable** [ǽmɪkəb(ə)l]
形 友好的な，平和的な（≒ **friendly**, **cordial**）
➤ an amicable settlement [agreement]（友好的な解決［同意］）

0024 **animosity** [æ̀nɪmá(ː)səti|-mɔ́s-]
名 敵意，反目（≒ **antipathy**, **hostility**）
➤ animosity between the races（人種間の反目）

0025 **annihilate** [ənáɪ(ɪ)əlèɪt]
動 全滅［絶滅］させる（≒ **exterminate**）
➤ annihilate the enemy [species]（敵［種］を全滅［絶滅］させる）

0026 **apathetic** [æ̀pəθétɪk]
形 無関心の（≒ **uninterested**）
➤ *be* apathetic about politics（政治に無関心である）
名 political apathy（政治に対する**無関心**）

0027 **appall** [əpɔ́ːl]
動（人）をぎょっとさせる（≒ **horrify**, **shock**）
➤ *(be)* appalled by the poverty（貧困にぞっとする）
形 appalling crimes（**恐ろしい**犯罪）

0028 **appease** [əpíːz]
動（人を）なだめる，（怒り，悲しみを）やわらげる（≒ **conciliate**, **placate**）
➤ appease the protesters（抗議団体をなだめる）
➤ appease his anger（彼の怒りの感情を鎮める）

0029 **archaic** [ɑːrkéɪɪk]
形 古い，古風な（≒ **obsolete**, **ancient**）
➤ archaic words [civilizations]（古語［古代文明］）

0030 **articulate** [ɑːrtíkjələt]〈形〉[ɑːrtíkjəlèɪt]〈動〉
形（意味が）明確な 動 はっきりと話す（≒ **enunciate**）
➤ an articulate speaker（明確に話す講演者）

0031 **ascetic** [əsétɪk]
形 禁欲的な，苦行の（≒ abstemious）
➤ ascetic monks（禁欲的な僧侶，修行［修道］僧）
名 asceticism（禁欲，苦行）

0032 **assail** [əséɪl]
動 激しく攻撃［非難］する（≒ assault, castigate）
➤ assail him with insults（彼を激しく侮辱する）
名 assailant（攻撃者） 形 assailable（攻撃できる）

0033 **assassinate** [əsǽsɪnèɪt]
動 暗殺する（≒ murder, kill）
➤ assassinate the president（要人を暗殺する）

0034 **astute** [əstjúːt]
形 鋭敏な，抜け目のない（≒ shrewd, adroit）
➤ astute management [investments]（抜け目のない経営［投資］）

0035 **atrocious** [ətróʊʃəs]
形 凶悪な，ひどい（≒ savage）
➤ atrocious crimes（凶悪犯罪）
名 atrocity（残虐行為）

0036 **audacious** [ɔːdéɪʃəs]
形 大胆な（≒ daring, dauntless）
➤ an audacious attack [adventure]（大胆な攻撃［冒険］）
名 audacity（大胆不敵）

0037 **auspicious** [ɔːspíʃəs]
形 幸先のよい，おめでたい（≒ lucky, favorable）
➤ an auspicious occasion [moment]（幸先のよい出来事［瞬間］）

0038 **authoritarian** [ɔːθɔ̀ːrətéəriən|ɔːθɔ̀rɪ-]
形 独裁主義の（≒ autocratic, dictatorial）
➤ an authoritarian rule（独裁政治の統治制度）

0039 **autocratic** [ɔ̀ːtəkrǽtɪk]
形 独裁的な，横暴な（≒ dictatorial, despotic）
➤ an autocratic government [leader]（独裁政権［独裁的なリーダー］）

0040 **aversion** [əvə́ːrʒ(ə)n|-ʃ(ə)n]
名 嫌がること，嫌悪（≒ revulsion, disgust）
➤ have an aversion to snakes [alcohol]（蛇［酒］が大嫌いである） 動 avert（背ける，そらす）

学習日	年　月　日	年　月　日	年　月　日

One-paragraph Short Stories & Quizzes【2】

The ①**unscrupulous** ②**swindler** was eventually ③**apprehended** for ④**ripping off** ⑤**gullible** customers. He allegedly ⑥**duped** them into buying ⑦**mediocre** wine at ⑧**exorbitant** prices, ⑨**flaunting** a ⑩**forged** certificate of its origin. When he was ⑪**interrogated**, he ⑫**blatantly** tried to ⑬**feign** ignorance, and ⑭**implored** to be ⑮**acquitted**.

Q. ①～⑮の意味に近い語を選んでください。

①	**unscrupulous**	1. fortuitous	2. salubrious	3. unruly	4. sly
②	**swindler**	1. fumbler	2. defrauder	3. grumbler	4. muddler
③	**apprehended**	1. unraveled	2. arrested	3. capitulated	4. repressed
④	**ripping off**	1. taunting	2. tainting	3. chiding	4. chiseling
⑤	**gullible**	1. unwary	2. crass	3. snide	4. optimum
⑥	**duped**	1. seduced	2. divulged	3. denigrated	4. dissected
⑦	**mediocre**	1. prodigious	2. prostate	3. profane	4. pedestrian
⑧	**exorbitant**	1. loquacious	2. tenuous	3. prohibitive	4. lavish
⑨	**flaunting**	1. brandishing	2. littering	3. withholding	4. wrecking
⑩	**forged**	1. curbed	2. concocted	3. harnessed	4. heralded
⑪	**interrogated**	1. denoted	2. catechized	3. waived	4. infested
⑫	**blatantly**	1. remorsefully	2. esoterically	3. shamelessly	4. pungently
⑬	**feign**	1. savor	2. parry	3. dilute	4. fake
⑭	**implored**	1. pleaded	2. relapsed	3. pestered	4. rejuvenated
⑮	**acquitted**	1. quenched	2. pillaged	3. emancipated	4. confided

【解答欄】

①		②		③		④		⑤		⑥		⑦		⑧	

⑨		⑩		⑪		⑫		⑬		⑭		⑮	

（和訳）その悪辣（あくらつ）な詐欺師は，騙されやすい客を搾取した廉（かど）で遂に逮捕された。彼は客に偽造の原産地証明書を見せつけ，騙して平凡なワインを法外な価格で購入させたとされている。尋問されている間，彼はずうずうしくもシラを切り，無罪を要求した。

解答……選択肢の赤い文字が正答

①	悪辣な	1. 偶然の	2. 健康によい	3. 手に負えない	4. ずるい
②	詐欺師	1. 失敗する人	2. 詐欺師	3. 不平家	4. でたらめなことをする人
③	逮捕された	1. 解き放たれた	2. 逮捕された	3. 降伏した	4. 抑圧された
④	搾取する	1. 挑発する	2. 汚染する	3. 叱責する	4. そそのかす
⑤	騙されやすい	1. 騙されやすい	2. 愚鈍な	3. 意地悪な	4. 最適な
⑥	だまされた	1. そそのかされた	2. 漏らされた	3. 軽蔑された	4. 解剖された
⑦	平凡な	1. 驚異的	2. 前立腺の	3. 不敬な	4. 平凡な
⑧	法外な	1. 多弁な	2. 希薄な	3. 法外な	4. 贅沢な
⑨	誇示する	1. 誇示する	2. 捨てる	3. 抑える	4. 壊す
⑩	偽造された	1. 抑制された	2. 捏造された	3. 利用された	4. 歓迎された
⑪	尋問された	1. 表示された	2. 詰問された	3. 免除された	4. 感染された
⑫	ずうずうしく	1. 悔やんで	2. 深遠に	3. 臆面もなく	4. 辛辣に
⑬	ふりをする	1. 味わう	2. かわす	3. 薄める	4. ふりをする
⑭	懇願した	1. 懇願した	2. 再発した	3. ねだった	4. 若返った
⑮	無罪になった	1. 癒された	2. 略奪された	3. 解放された	4. 打ち明けられた

学習日	年 月 日	年 月 日	年 月 日

0041 □□□ **avid** [ǽvɪd]
形 熱狂的な，熱心な（≒ enthusiastic, keen）
➤ an avid reader [fan]（熱狂的な読者［ファン］）

0042 □□□ **backdrop** [bǽkdrɑ̀p|bǽkdrɔ̀p]
名 背景（≒ background）
➤ against the backdrop of the pandemic（パンデミックを背景にして）

0043 □□□ **baffle** [bǽf(ə)l]
動 困惑させる（≒ perplex）
➤ *(be)* baffled by his question（彼の質問に困惑する）
形 **baffling**（当惑させる）

0044 □□□ **balk** [bɔːk|bɔːlk]
動 ためらう，妨げる（≒ shrink from, impede）
➤ balk at the decision（その決定をすることをためらう）
➤ balk at spending money（お金を費やすのを躊躇〔ちゅうちょ〕する）

0045 □□□ **banal** [bənɑ́ːl, -nǽl]
形 陳腐な，ありふれた（≒ insipid, humdrum）
➤ a banal story [subject]（平凡な話［テーマ］）

0046 □□□ **belittle** [bɪlít(ə)l]
動 見くびる，けなす（≒ disparage, trivialize）
➤ belittle his efforts [achievement]（彼の努力［業績］をけなす）

0047 □□□ **belligerent** [bəlídʒər(ə)nt]
形 好戦的な，戦争中の（≒ bellicose, militant）
➤ belligerent countries [states]（交戦国）
名 **belligerence**（好戦）

0048 □□□ **benevolent** [bənév(ə)lənt]
形 慈悲深い（≒ kind and generous）
➤ a benevolent heart [spirit]（慈悲深い心［精神］）
名 **benevolence**（慈悲心，善行）

0049 □□□ **bicker** [bíkər]
動 口論する（≒ squabble, wrangle）
➤ Stop bickering over the price!（値段のことで口げんかはもう止めなさい！）

0050 □□□ **bizarre** [bɪzɑ́ːr]
形 奇異な，奇妙な（≒ outlandish, weird）
➤ have a bizarre taste in food（ゲテモノ趣味）

0051 **bland** [blænd]
形 味気ない，感情を示さない（≒ **insipid**）
➤ bland food（味気ない食べ物）
➤ a bland taste（風味がない味）

0052 **blatant** [bléɪt(ə)nt]
形 露骨な，はなはだしい（≒ **flagrant**, **glaring**）
➤ blatant discrimination [lies]（露骨な差別［ウソ］）

0053 **blaze** [bleɪz]
名 炎，火事（≒ **conflagration**）
➤ a blaze in the town（町での大火事）

0054 **bleak** [bliːk]
形 寒い，暗い，わびしい（≒ **cold**, **raw**, **gloomy**, **dismal**）
➤ a bleak future [prospect]（暗い将来［見通し］）
名 **bleakness**（わびしさ）

0055 **blunder** [blʌ́ndər]
名 大失敗，へま（≒ **mistake**, **fault**）　動 やりそこなう
➤ a political blunder（政治上の大失敗）
➤ an irreparable blunder（取り返しのつかない大失敗）

0056 **blunt** [blʌnt]
形 鈍い，無遠慮な（≒ **dull**, **brusque**）　動 鈍らせる
➤ a blunt weapon（鈍器）
➤ a blunt question（無遠慮な質問）

0057 **blur** [bləːr]
動 ぼやける，曖昧にする（≒ **obscure**）　名 不鮮明
➤ blur the distinction（違いを曖昧にする）
形 a blurred vision（**ぼやけた［かすんだ］**視界／目のかすみ）

0058 **bolster** [bóʊlstər]
動 強化する，支持する（≒ **boost**, **buttress**）
➤ bolster the relationship [economy]（関係［経済］を高める）

0059 **bombard** [bɑ(ː)mbɑ́ːrd|bɔm-]
動 砲撃する，攻める（≒ **shell**, **inundate**）
➤ *(be)* bombarded with questions [phone calls]（質問［電話］攻めにあう）　名 **bombardment**（砲撃）

0060 **boon** [buːn]
名 恩恵，恵み（≒ **blessing**）
➤ a boon to the world economy（世界経済への恩恵）

一般語彙【Rank A】 一般語彙【Rank B】 一般語彙【Rank C】 句動詞【Rank A】 句動詞【Rank B】 句動詞【Rank C】

学習日　年　月　日　年　月　日　年　月　日

1．宗教の歴史と3大宗教の基礎知識をマスター！

世界の宗教を大別すると，**世界宗教**（**w**orld **r**eligions）と**民族宗教**（**e**thnic **r**eligions）に分かれる。前者は，**釈迦**（**S**iddhartha **G**autama）が説いた**仏教**（**B**uddhism），**イエス・キリスト**（**J**esus **C**hrist）を元祖とする**キリスト教**（**C**hristianity），**ムハンマド**（**M**uhammad）が創始した**イスラーム教**（**I**slam）などで，民族，国家を超えた**伝道活動**（**m**ission）に基づき，教典（**s**cripture）と創唱者（**f**ounder）が明確な宗教である。後者は，**神道**（**S**hintoism），**ヒンズー教**（**H**induism），**ユダヤ教**（**J**udaism），**中国の道教**（**T**aoism）のように，それぞれの民族の中でのみ信仰され，その民族の**風習や生活基範**（**l**ifestyles **and n**orms）に深く関わり，創唱者がいない。

キリスト教は「**神中心主義**（**t**heocentric）」で，**全知全能の神**（**A**lmighty **G**od）が奇跡を起こして世界を支配し，**宇宙は神の創造物**（**G**od **c**reated **the u**niverse.）である。そして人間は，**不完全で罪深い存在**（**i**mperfect **and s**inful **b**eings）であり，「**永遠の命**（**e**ternal **l**ife）」が**救済**（**s**alvation）であるとする。また，キリスト教は，**救世主**（**M**essiah）であるイエスの教えで，人間は神やイエスに絶対になれず，またなるための教えではない。これに対して，仏教では，**天地創造**（**C**reationism）という発想は無く，宇宙は神とは関係なく最初から存在しており，人間がその**不完全**（**i**mperfection）を乗り越えて仏という**超越的存在（悟りの境地）になるための教え**（**the t**eachings **of B**uddha **on the w**ay **to B**uddhahood）である。また，**死んで生まれ変わる**（**r**eincarnation）**こと**のない，**輪廻から解脱**（**d**eliverance **from t**ransmigration），**nirvana**「**永遠の死**（**e**ternal **d**eath）」を追求する。

その意味で，仏教は「**人間中心主義**（**a**nthropocentric）」で，神の力を借りずに**自力**（**s**elf-**r**eliance）で完全（**i**ntegrity）を目指す。**神を崇拝する**（**w**orship **of g**od）**ヒンドゥー教**（**H**induism）と相反し，**政府による幸福を追求する**（**r**ely **on the g**overnment **for w**ell-**b**eing）**儒教**（**C**onfucianism）と異なり，神と人間との協力による幸福を追求する**神道**（**S**hintoism）とも異なる。

「**仏教**（**Buddhism**）」や「**ヒンドゥー教**（**Hinduism**）」の**死後の考え方**（**the concept of life after death**）は，**キリスト教**（**Christianity**）とは異なり，「**輪廻転生信仰**（**belief in transmigration**）」によって，死後，何かに**生まれ変わり**（**reincarnated**），**現世に再来**（**resurgence**）すると信じられている。キリスト教では，死は全ての終わりではなく，「**神のもとに帰る入り口**（**entrance to the heaven**）」であるので，キリスト教での葬儀は，**死者への供養**（**religious service for the repose of departed souls**）ではなく，**神を崇める儀式**（**religious service in honor of God**）である。墓の下で待っている状態は**モラトリアム**（**moratorium**）で，神のもとに召され，**最後の審判**（**the Last Judgment**）で，死者は皆**復活**（**resurrection**）して**神の裁き**（**divine judgment**）を受け，**神の国**「**天国**（**heaven**）」，永遠の炎に焼かれ続ける「**地獄**（**hell**）」，罪の浄化を受ける「**煉獄**（**purgatory**）」に行くとされている。

ユダヤ教（**Judaism**）は，元々は死んだら**土に戻る**（**return to dust**）と考えられているので，死後の世界や天国，地獄のような概念はない。**イスラーム教**（**Islam**）は，キリスト教と同様，人間は死後，**アッラー**（**Allah**）による**最後の審判**（**the Last Judgment**）によって，天国か地獄に行くかが決められ，最後の審判は墓の中で待つ。**終末**（**Doomsday**）には，大地は裂け，海は沸騰し，現在の秩序が一切崩壊する**天変地異**（**cataclysm**）が起き，死んだ人も元の身体で**甦り**（**resurrected**），**裁きを受ける**（**judged**）のである。

学習日 年 月 日 年 月 日 年 月 日

0061 **brainchild** [bréɪntʃàɪld]
名 新案，発明品（≒ **i**nvention）
➤ the brainchild of the renowned scholar（有名な学者の新案）

0062 **brawl** [brɔːl]
名 騒々しいけんか，乱闘（≒ **s**cuffle） 動 口論する
➤ a street brawl（街中でのけんか）

0063 **breach** [briːtʃ]
動（法律や契約など）を破る（≒ **v**iolate, **b**reak）
名 違反，不履行，裂け目
➤ breach the contract（契約を違反する）

0064 **brittle** [brít(ə)l]
形 壊れやすい，もろい（≒ **b**reakable, **f**ragile）
➤ a brittle bone（もろい骨）
➤ brittle glass（壊れやすいグラス）

0065 **buoyant** [bɔ́ɪənt|《米》búːjənt]
形 上り調子の，回復力のある（≒ **b**ooming）
➤ a buoyant economy [market]（上り調子の経済［市場］）

0066 **burgeon** [bə́ːrdʒ(ə)n]
動 急成長する，開花する（≒ **s**kyrocket, **m**ushroom）
形 **burgeoning**（急増する，急成長の）
➤ burgeoning markets [industries]（拡大する市場［産業］）

0067 **cajole** [kədʒóʊl]
動 おだてて～させる（≒ **c**oax, **w**heedle）
➤ cajole *him* into buying a car（～をおだてて車を買わせる）

0068 **candid** [kǽndɪd]
形 率直な，遠慮のない（≒ **f**rank, **s**traightforward）
➤ a candid interview（率直なインタビュー）
➤ a candid discussion（遠慮のない議論）

0069 **captivating** [kǽptɪvèɪtɪŋ]
形 魅惑的な（≒ **e**nchanting, **f**ascinating）
➤ a captivating smile（魅力的なスマイル）

0070 **catalyst** [kǽt(ə)lɪst]
名 触媒［促進］をするもの（≒ **e**nzyme, **s**pur）
➤ serve as a catalyst for social change（社会変化を促進する）
➤ serve as a catalyst for a movement（運動を促進する）

0071 □□□	**categorical** [kætəgɔ́ːrɪk(ə)l|-gɔ́r-]	形 断定的な，絶対的な，明確な（≒ **absolute**, **definite**） ➤ make a categorical statement（断定的な発言をする） ➤ a categorical answer（明確な回答）
0072 □□□	**circumvent** [sə̀ːrkəmvént]	動 回避する，避ける（≒ **evade**, **bypass**, **get around**） ➤ circumvent the problem [law]（問題［法律］を回避する）
0073 □□□	**clamor** [klǽmər]	動 叫ぶ，騒ぎ立てる　名 抗議の叫び（≒ **uproar**, **demand**） ➤ clamor for reform（改革を強く要求する）　➤ clamor for higher wages（改革［賃上げ］を強く要求する）　形 **clamorous**（騒々しい）
0074 □□□	**clandestine** [klændéstɪn]	形 秘密［内密］の（≒ **covert**, **furtive**, **surreptitious**） ➤ a clandestine meeting [mission]（秘密会議［極秘任務］）
0075 □□□	**coax** [koʊks]	動 なだめて説得する（≒ **cajole**, **wheedle**） ➤ coax the child to take medicine（子供をなだめて薬を飲ませる）
0076 □□□	**coerce** [koʊə́ːrs]	動 強要する（≒ **force**, **pressure**） ➤ coerce him into confession（彼に自白させる） 名 **coercion**（強制）　形 **coercive**（強制的な）
0077 □□□	**coherent** [koʊhíər(ə)nt]	形 筋の通った（≒ **logical**, **reasoned**） ➤ a coherent strategy（首尾一貫した戦略） ➤ a coherent argument（論理的な議論）
0078 □□□	**commotion** [kəmóʊʃ(ə)n]	名 混乱，騒動（≒ **racket**, **uproar**, **tumult**） ➤ raise [cause] a commotion（騒動を引き起こす） ➤ What's the commotion?（なんて騒ぎだ？）
0079 □□□	**communal** [kəmjúːn(ə)l|kɔ́mjʊ-, kəmjúː-]	形 共同の，公共の（≒ **shared**, **public**） ➤ communal living（共同生活）
0080 □□□	**commune** [kəmjúːn]	動 心を通わせる，親しく語り合う（≒ **communicate**） ➤ commune with nature（自然と対話する）

学習日　　年　月　日　　年　月　日　　年　月　日

One-paragraph Short Stories & Quizzes【3】

Contrary to his ①**bellicose** songs, the artist expressed his ②**cordial** gratitude to his ③**fervent** ④**adherents** with an ⑤affable and ⑥demure ⑦demeanor. This ⑧**superb** ⑨**virtuoso** is always ⑩**inundated** with a ⑪**myriad** of fan letters and ⑫**opulent** presents. At the ⑬**zenith** of his musical career, he is ⑭**ecstatic** about receiving ⑮**accolades** for his works.

Q. ①～⑮の意味に近い語を選んでください。

①	**bellicose**	1. belated	2. belligerent	3. benevolent	4. benign
②	**cordial**	1. crass	2. covert	3. ambiguous	4. affectionate
③	**fervent**	1. ardent	2. buoyant	3. defunct	4. gaunt
④	**adherents**	1. felonies	2. flukes	3. adversities	4. followers
⑤	**affable**	1. penitent	2. oblique	3. kinetic	4. genial
⑥	**demure**	1. reserved	2. odious	3. credulous	4. brusque
⑦	**demeanor**	1. composure	2. foe	3. manner	4. relic
⑧	**superb**	1. full-fledged	2. top-notch	3. red-hot	4. double-crossing
⑨	**virtuoso**	1. quack	2. charlatan	3. juggler	4. maestro
⑩	**inundated**	1. hoarded	2. mangled	3. swamped	4. incurred
⑪	**myriad**	1. cinch	2. luminary	3. panacea	4. infinite
⑫	**opulent**	1. sumptuous	2. lanky	3. hefty	4. gaudy
⑬	**zenith**	1. epitaph	2. pinnacle	3. charade	4. wrath
⑭	**ecstatic**	1. fickle	2. elated	3. dexterous	4. unveiled
⑮	**accolade**	1. zest	2. propensity	3. maxim	4. plaudit

【解答欄】

①	②	③	④	⑤	⑥	⑦	⑧
⑨	⑩	⑪	⑫	⑬	⑭	⑮	

(和訳) そのアーティストは彼の好戦的な歌とは対照的に，愛想よく，控えめな態度で彼の熱心なサポーターに心からの感謝を表明した。この素晴らしい名手の元には，常に無数のファンレターと豪勢なプレゼントが殺到している。彼は音楽キャリアの絶頂で，作品が称賛を浴び，有頂天になっている。

解答 …… 選択肢の赤い文字が正答

①	好戦的な	1. 遅れた	2. 好戦的な	3. 慈悲深い	4. 良性の
②	心からの	1. 愚鈍な	2. 秘密の	3. 曖昧な	4. 愛情のこもった
③	熱烈な	1. 熱心な	2. 浮き浮きした	3. 機能しなくなった	4. げっそりやせた
④	サポーター	1. 重罪	2. まぐれ当たり	3. 逆境	4. 信奉者
⑤	愛想のよい	1. 後悔した	2. 斜めの	3. 運動の	4. 愛想のよい
⑥	控えめな	1. おとなしい	2. いやらしい	3. 信心深い	4. 無愛想な
⑦	態度	1. 落ち着き	2. 敵	3. 態度	4. 遺物
⑧	素晴らしい	1. 本格的	2. 一流の	3. 熱烈な	4. 裏切り
⑨	名手	1. にせ医者	2. ペテン師	3. 手品師	4. 達人
⑩	溢れた	1. 蓄えた	2. めった切りにされた	3. 殺到した	4. 起こった
⑪	無数	1. 簡単なこと	2. 発光	3. 万能薬	4. 無限
⑫	豪勢な	1. 豪華な	2. ひょろ長い	3. ずっしり思い	4. けばけばしい
⑬	絶頂	1. 碑文	2. 頂点	3. 偽装	4. 怒り
⑭	有頂天の	1. 気まぐれな	2. 有頂天の	3. 器用な	4. 公開された
⑮	賞賛	1. 熱意	2. 生まれつきの性質	3. 格言	4. 賞賛

学習日	年　月　日	年　月　日	年　月　日

No.	見出し語	意味・例
0081 □□□	compassionate [kəmpǽʃ(ə)nət]	形 哀れみ深い，情け深い（≒ sympathetic, merciful） ➤ a compassionate woman（哀れみ深い女性） ➤ compassionate care（思いやりのある［手厚い］ケア）
0082 □□□	compelling [kəmpélɪŋ]	形 説得力のある，引きつける（≒ cogent, persuasive） ➤ a compelling reason [agreement]（納得できる理由［合意］） 動 compel（強制する，圧倒する）
0083 □□□	complacent [kəmpléɪs(ə)nt]	形（現状に）自己満足した，無関心な（≒ smug, self-satisfied） ➤ a complacent attitude toward the problem（問題に対する無関心な態度）
0084 □□□	compliant [kəmplá(ɪ)ənt]	形 従順な（≒ amenable） ➤ *be* compliant with the standard [rule]（基準［規則］に従う） 名 compliance（順守）
0085 □□□	composure [kəmpóʊʒər]	名 沈着，平静（≒ calmness, poise） ➤ keep [lose] *my* composure（平静を保つ［失う］）
0086 □□□	concoct [kənká(:)kt|-kɔ́kt]	動 でっち上げる，作る（≒ fabricate, contrive） ➤ concoct a plan [story]（計画［話］をでっち上げる）
0087 □□□	condescending [kà(:)ndɪséndɪŋ|kɔ̀n-]	形（人を）見下すような（≒ patronizing, disdainful） ➤ a condescending attitude [tone of voice]（相手を見下すような態度［口調］）
0088 □□□	condone [kəndóʊn]	動 大目に見る，容赦する（≒ overlook, forgive） ➤ condone the violence [crime]（暴力［犯罪］を大目にみる）
0089 □□□	conducive [kəndjúːsɪv]	形（～の）助けとなる，（～に）貢献する（≒ helpful） ➤ *be* conducive to economic development（経済発展に貢献する）
0090 □□□	confiscate [ká(:)nfɪskèɪt|kɔ́n-]	動 没収する，差し押さえる（≒ impound, seize） ➤ confiscate weapons [arms]（武器を押収する） 名 confiscation（押収）

0091 ☐☐☐ **conflagration** [kɑ̀(:)nfləgréɪʃ(ə)n|kɔ̀n-]

名 大火災（≒ **fire**, **blaze**, **inferno**）

➤ conflagrations in the town（その町の大火災）

0092 ☐☐☐ **confound** [kənfáʊnd]

動 困惑させる，狼狽させる（≒ **perplex**, **confuse**）

➤ confound the experts（専門家を困惑させる）

0093 ☐☐☐ **congenial** [kəndʒíːniəl]

形 快適な，気心の合う（≒ **pleasant**, **agreeable**）

➤ a congenial atmosphere（打ち解けた雰囲気）

0094 ☐☐☐ **consecutive** [kənsékjətɪv]

形 連続した（≒ **successive**, **succeeding**）

➤ consecutive days [wins]（連日［連勝］）

0095 ☐☐☐ **construe** [kənstrúː]

動 解釈する（≒ **interpret**）

➤ The message is construed as an agreement.（そのメッセージは同意とみなされている） 反 **misconstrue**（誤解する）

0096 ☐☐☐ **contentious** [kənténʃəs]

形 議論を引き起こす（≒ **controversial**）

➤ the contentious issue of abortion（論争になっている中絶問題）

名 **contention**（論争） 動 **contend**（論争する）

0097 ☐☐☐ **copious** [kóʊpiəs]

形 大量の，豊富な（≒ **abundant**, **plentiful**）

➤ copious notes（大量の注釈）

➤ copious amounts of food（大量の食料）

0098 ☐☐☐ **covert** [kóʊvəːrt, |kʌ́vət, kóʊ-]

形 秘密の，隠された（≒ **furtive**, **clandestine**）

➤ a covert operation [meeting]（秘密作戦［会議］）

0099 ☐☐☐ **cozy** [kóʊzi]

形 居心地のよい，くつろいだ（≒ **snug**, **comfortable**）

➤ a cozy room [gathering]（居心地のよい部屋［集まり］）

0100 ☐☐☐ **crass** [kræs]

形 粗野な，下品な，ひどい（≒ **coarse**, **gross**）

➤ crass commercialism [ignorance]（ひどい商業主義［無知］）

学習日	年　月　日	年　月　日	年　月　日

One-paragraph Short Stories & Quizzes【4】

The country was in ①**turmoil** after the ②**eruption** of a ③**mutiny** against the ④**autocratic** government. The country was ⑤**fraught** with ⑥**sporadic** conflicts ⑦**incited** by a military ⑧**tycoon**. As the ⑨**ruthless** ⑩**despot** was eventually ⑪**ousted** after he failed to ⑫**quell** the ⑬**insurgency**, the ⑭**emancipated** citizens ⑮**exulted** in triumph.

Q. ①～⑮の意味に近い語を選んでください。

①	**turmoil**	1. tumult	2. tariff	3. tutelary	4. tally
②	**eruption**	1. breakthrough	2. setout	3. outbreak	4. turnout
③	**mutiny**	1. insurrection	2. dislocation	3. respite	4. gist
④	**autocratic**	1. vigilant	2. vulnerable	3. uncouth	4. tyrannical
⑤	**fraught**	1. shrouded	2. flustered	3. overcast	4. rife
⑥	**sporadic**	1. spasmodic	2. ambivalent	3. derelict	4. antagonistic
⑦	**incited**	1. fomented	2. unnerved	3. spouted	4. vindicated
⑧	**tycoon**	1. novice	2. tyro	3. baron	4. plebeian
⑨	**ruthless**	1. cryptic	2. surreptitious	3. inexorable	4. wicked
⑩	**despot**	1. theologian	2. imposter	3. fugitive	4. tyrant
⑪	**ousted**	1. peddled	2. evicted	3. wrecked	4. vested
⑫	**quell**	1. withhold	2. suppress	3. abdicate	4. prod
⑬	**insurgency**	1. precipitation	2. savant	3. proximity	4. uprising
⑭	**emancipated**	1. vaccinated	2. liberated	3. touted	4. unfolded
⑮	**exulted**	1. swooned	2. ensued	3. rejoiced	4. whetted

【解答欄】

①	②	③	④	⑤	⑥	⑦	⑧

⑨	⑩	⑪	⑫	⑬	⑭	⑮

（和訳） 独裁政権に対する反乱が勃発した後，国は混乱状態にあった。国は軍の大物によって引き起こされた散発的な紛争に襲われた。冷酷な独裁者が反乱を鎮圧できず，最終的に追放されたとき，解放された市民は勝利に歓喜した。

解答 …… 選択肢の赤い文字が正答

①	混乱	1. 騒動	2. 関税	3. 守護神	4. 集計
②	勃発	1. 突破口	2. 出発	3. 勃発	4. 投票率
③	反乱	1. 反乱	2. 転位	3. 休息	4. 要点
④	独裁の	1. 警戒した	2. 脆弱な	3. 不機嫌な	4. 専制の
⑤	いっぱいの	1. 覆われた	2. うろたえた	3. 覆われた	4. 蔓延った
⑥	散発的な	1. 断続的な	2. 曖昧な	3. 放置された	4. 対立した
⑦	扇動された	1. 扇動された	2. 狼狽した	3. 噴き出された	4. 立証された
⑧	大物	1 初心者	2. 初心者	3. 有力者	4. 庶民
⑨	無慈悲な	1. 不可解な	2. 秘密の	3. 容赦のない	4. 邪悪な
⑩	独裁者	1. 神学者	2. 詐欺師	3. 逃亡者	4. 専制君主
⑪	追放した	1. 行商した	2. 立ち退かせた	3. 難破した	4. 既得の
⑫	鎮める	1. 保留する	2. 抑制する	3. 退く	4. 駆り立てる
⑬	暴動	1. 降水量	2. 学識豊富な人，サバン症候群	3. 近接	4. 暴動
⑭	解放された	1. ワクチン接種された	2. 解放された	3. 宣伝された	4. 展開された
⑮	大喜びした	1. 気絶した	2. 後に続いて起きた	3. 喜んだ	4. 刺激された

一般語彙【Rank A】 一般語彙【Rank B】 一般語彙【Rank C】 句動詞【Rank A】 句動詞【Rank B】 句動詞【Rank C】

学習日	年 月 日	年 月 日	年 月 日

0101 **crooked** [krʊ́kɪd]
形 不正な［不法な］，曲がっている（≒ dishonest）
➤ crooked politicians（汚職政治家）
➤ crooked dealings（不法な取引）

0102 **crumble** [krʌ́mb(ə)l]
動 崩壊する，粉々に砕ける（≒ crush, disintegrate）
➤ a crumbling organization（崩壊しつつある組織）

0103 **crumpled** [krʌ́mp(ə)ld]
形 しわくちゃの（≒ creased, crinkled）
➤ crumpled paper [newspaper]（くしゃくしゃの紙［新聞］）

0104 **culminate** [kʌ́lmɪnèɪt]
動《in を伴って》最高潮に達する，（～に）終わる（≒ climax）
➤ culminate in marriage [murder]（最後が結婚［殺人］で終わる）
名 culmination（全盛）

0105 **curb** [kəːrb]
動 制限する，抑制する（≒ control, restrain）
名 抑制，歩道の縁石
➤ curb CO_2 emissions（二酸化炭素排出を抑える）

0106 **curt** [kəːrt]
形 ぶっきらぼうな，素っ気ない（≒ brusque）
➤ a curt reply [response]（ぶっきらぼうな返事［返答］）

0107 **dainty** [déɪnti]
形 きゃしゃな，上品な（≒ frail, elegant）
➤ dainty high-heeled shoes（きゃしゃなハイヒール）
➤ a dainty dress（上品なドレス）

0108 **dampen** [dǽmp(ə)n]
動（意気，熱意などを）くじく，そぐ，鈍らす（≒ weaken）
➤ spirits dampened by the heat（暑さでそがれた気力）

0109 **daring** [déərɪŋ]
形 大胆な，向こう見ずな（≒ bold, audacious）
➤ a daring escape [project]（無鉄砲な脱出［大胆な計画］）

0110 **daunting** [dɔ́ːntɪŋ]
形 ひるむような，非常に困難な（≒ overwhelming, formidable）
➤ a daunting challenge [task]（手ごわい挑戦［ひるむような仕事］）
動 daunt（ひるませる）

0111 □□□	**dearth** [dəːrθ]	名《単数形で》不足，欠乏（≒ **s**carcity, **p**aucity） ➤ a dearth of jobs [information]（仕事［情報］不足）
0112 □□□	**decimate** [désəmèɪt]	動 大量殺害する（≒ **a**nnihilate, **e**xterminate） ➤ decimate the enemy [natives]（敵［原住民］を大量に殺す）
0113 □□□	**decry** [dɪkráɪ]	動（公然と）非難する（≒ **d**enounce, **l**ambaste） ➤ decry human rights abuse（人権侵害を非難する）
0114 □□□	**deference** [déf(ə)r(ə)ns]	名 敬意（≒ **r**espect, **v**eneration） ➤ show deference to the boss [elderly]（上司［年配者］に敬意を示す） 形 **deferential**（敬意を表する）
0115 □□□	**deflect** [dɪflékt]	動 それる，そらす（≒ **div**ert, **dis**tract） ➤ deflect public attention from the scandal（スキャンダルから大衆の注意をそらす）
0116 □□□	**defraud** [dɪfrɔ́ːd]	動（人・組織から）だまし取る（≒ **s**windle, **ch**eat） ➤ defraud companies [investors]（会社に詐欺を働く［投資家を欺く］） 名 **defraudation**（詐欺）
0117 □□□	**deft** [deft]	形 器用な，すばやい（≒ **n**imble, **d**exterous） ➤ deft fingers [handling]（器用な指［処理］）
0118 □□□	**defunct** [dɪfʌ́ŋ(k)t]	形 故人となった，消滅した（≒ **d**ead, **e**xtinct） ➤ a defunct company [organization]（消滅した会社［組織］）
0119 □□□	**degenerate** [dɪdʒénərèɪt]	動 悪化する（≒ **dec**ay, **det**eriorate） ➤ degenerate into chaos [disorder]（混沌［混乱］に陥る） 名 **degeneration**（退廃）
0120 □□□	**delude** [dɪlúːd, -ljúːd]	動 欺く，惑わす（≒ **d**eceive, **m**islead） ➤ delude him into believing the story（彼をまんまと欺いてその話を信じ込ませる） 名 **delusion**（妄想，思い違い）

一般語彙【Rank A】 一般語彙【Rank B】 一般語彙【Rank C】 句動詞【Rank A】 句動詞【Rank B】 句動詞【Rank C】

学習日	年　月　日	年　月　日	年　月　日

2. 必須「宗教」語彙をマスター！

□ **Zionism**（**シオニズム**）：ユダヤ人国家復活運動。

□ **fundamentalism**（**原理主義**）：聖典の字義どおりの解釈や**世俗主義**（**secularism**）への反発など，原点回帰を主張する。

□ **kosher**（**コーシャ，コーシャー**）：ユダヤの教えに従って処理された食材，特に食肉。イスラーム教の**ハラール**（**halal**）に相当。

□ **synagogue**（**ユダヤ聖堂**）：**mosque** は「**イスラム教寺院**」，**stupa** は仏の遺骨など神聖な遺物を収める「**仏舎利塔**」。

□ **the Talmud**（**タルムード**）：ユダヤ教における**習慣律**（**customary law**）の集大成で日常生活の指針を多く含む。

□ **the Torah**（**トーラー**）：**創世記**（**Genesis**），**出エジプト記**（**Exodus**），**レビ記**（**Leviticus**）などを含むモーゼ五書を指す。

□ **Presbyterianism**（**長老教会［主義］**）：カトリックや監督教会と異なり，**司教**（**bishop**）を置かず，**民主度が高い**（**more democratic**）。

□ **Gospel**（**福音**）：キリストの言行を記録した新約聖書中の4書，**マタイ**（**Matthew**），**マルコ**（**Mark**），**ルカ**（**Luke**），**ヨハネ**（**John**）。

□ **Quakers**（**クエイカー教**）：**絶対平和主義**（**absolute pacifism**）を特徴とするキリスト教プロテスタントの一教派。

□ **Resurrection**（**復活**）：**磔刑**（**crucification**）の後，イエス・キリストの肉体が復活し，人類の死と罪が赦される（**Atonement**〔**贖罪**〕）。

□ **Sacrament**（**聖別の儀礼**）：カトリック七つの儀式で，**洗礼**（**baptism**），**聖体拝領**（**holy communion**），**悔悛**（**penance**），**臨終の塗油**（**extreme unction**），**結婚式**（**matrimony**）など。

□ **Methodism**（**メソジスト派**）：18世紀英国国教会司祭 **John Wesley** 創始。**禁欲主義**（**asceticism**）と**敬虔主義**（**pietism**）が特徴。

□ **the Sabbath**（**安息日**）：仕事を休み礼拝する日で，キリスト教では日曜日，ユダヤ教では土曜日，イスラーム教では金曜日。

□ **the Episcopal Church**（**監督教会**）：**大司教**（**archbishop**）と**司教**（**bishop**）により運営されるプロテスタントの一教派。

☐ **the Eucharist**（**聖餐式**（せいさん））：**Holy Communion** とも言い，**最後の晩餐**（**The Last Supper**）でパンと葡萄酒を食べてキリストと交わる。

☐ **ecumenism**（**世界教会主義**）：プロテスタント諸派，ローマ・カトリック，**ギリシア正教会**に分裂したキリスト教の再統合運動。

☐ **Samsara**（**輪廻転生**）：霊魂が迷いの世界で限りなく別の存在に生まれ変わることで，**metempsychosis** ともいう。

☐ **Sunni Islam**（**イスラーム教スンニ派**）：少数派の**シーア派**（**Shias**）に対して，全世界のイスラーム教徒の 90%を占める最大派。

☐ **Sharia**（**イスラーム法**）：コーランおよびムハンマドの**言行録**（**hadith**）に基づく法および道徳の体系。

☐ **Armaged(d)on**（**ハルマゲドン**）：善と悪との最終戦争で，**壊滅的な**（**catastrophic**）大衝突の意で用いられる。

☐ **Congregation**（**会衆**）：ある教会の信徒の集合体。

☐ **excommunication**（**破門**）：信徒としての身分を剥奪され，宗教儀式や生活共同体への参加を拒否されること。

☐ **idolatry**（**偶像崇拝**）：イスラーム教では厳禁。

☐ **martyr**：宗教的な**迫害**（**persecution**）を受けて落命した人物。

☐ **pantheism**：**nature worship** のように神と自然を同一視する。

☐ **religious pluralism**：米国にあるような様々な宗教・教派が対等の立場で**平和共存**（**peaceful coexistence**）することを目指す。

☐ **evangelism (evangelicalism)**（**福音主義**）：儀礼より信仰を重視。

☐ **Ramadan**（**ラマダーン**）：イスラーム教の**30 日にわたる断食**。

☐ **the Amish**（**アーミッシュ派**）：近代文明の利器の使用を忌避し，農業を中心とした生活共同体。

学習日 年 月 日 | 年 月 日 | 年 月 日

0121 **deluge** [déljuːdʒ]
名 大洪水，殺到 動 殺到する（≒ **inundate**, **swamp**）
➤ a deluge of letters [applications]（手紙［申し込み］の殺到）

0122 **delve** [delv]
動 探求する，詮索する（≒ **inquire into**, **investigate**）
➤ delve into the matter（その問題を掘り下げる）

0123 **demise** [dɪmáɪz]
名 死去，（活動・存在などの）消滅（≒ **death**, **extinction**）
動 死亡する
➤ the demise of democracy [the organization]（民主主義［組織］の崩壊）

0124 **demolish** [dɪmá(ː)lɪʃ|-mɔ́l-]
動 取り壊す，覆す（≒ **wreck**, **raze**）
➤ demolish a building（ビルを取り壊す）
➤ demolish an argument（主張を論破する）

0125 **demoralize** [dɪmɔ́ːrəlàɪz|-mɔ́r-]
動 士気をくじく（≒ **dishearten**, **dispirit**）
➤ have a demoralizing effect on the workers（従業員の士気を下げる）

0126 **demote** [diːmóʊt]
動 降格する（≒ **downgrade**, **relegate**）
➤ He was demoted from the rank of director.（彼は取締役から降格させられた） 名 **demotion**（降格）

0127 **demure** [dɪmjʊ́ər]
形 控えめな，慎み深い（≒ **reserved**, **reticent**）
➤ a demure lady [smile]（控えめな女性［笑み］）

0128 **deplete** [dɪplíːt]
動（資源など）を使い尽くす，枯渇させる（≒ **exhaust**, **consume**）
➤ deplete the ozone layer（オゾン層を枯渇させる）

0129 **deplore** [dɪplɔ́ːr]
動（公に激しく）非難する（≒ **denounce**, **censure**）
➤ deplore the violence [killing]（暴力［殺人］を激しく非難する）
形 **deplorable**（嘆かわしい）

0130 **derogatory** [dɪrá(ː)gətɔ̀ːri|-rɔ́gət(ə)ri]
形 軽蔑的な（≒ **belittling**, **pejorative**）
➤ derogatory remarks [terms]（軽蔑的な発言［言葉］）

No.	見出し語	意味・例
0131 □□□	**destitute** [déstɪtjùːt]	形 極貧の（≒ **im**poverished, **in**digent） ➤ destitute children on the street（路上の極貧の子どもたち） 名 **destitution**（極貧）
0132 □□□	**deter** [dɪtə́ːr]	動 阻止する（≒ **pr**event, **d**iscourage） ➤ deter crime（〔恐怖などが〕犯罪を阻止する） ➤ deter criminals（罪人に思いとどまらせる）
0133 □□□	**deteriorate** [dɪtíəriərèɪt]	動 悪化する（≒ **d**egenerate） ➤ a deteriorating relationship（悪化する関係） 名 **deterioration**（悪化）
0134 □□□	**detour** [díːtʊər, dɪtʊ́ər]	名 回り道（≒ **a r**oundabout **r**oute, **b**ypass） 動 迂回する，遠回りする ➤ make [take] a detour（回り道をする）
0135 □□□	**detrimental** [dètrɪmént(ə)l]	形 有害な（≒ **h**armful, **d**eleterious） ➤ *be* detrimental to your health（健康に有害である） 名 **detriment**（損害，損失）
0136 □□□	**devastate** [dévəstèɪt]	動《通例 *be* ～d で》破壊される，打ちのめされる（≒ **d**estroy, **sh**atter, **sh**ock） ➤ *be* devastated by a bomb（〔場所が〕爆撃で壊滅的に破壊される）
0137 □□□	**deviate** [díːvièɪt]	動 それる，逸脱する（≒ **d**iverg**e**, **d**igres**s**） ➤ deviate from the rule [standard]（規則［水準］をそれる） 名 **deviation**（逸脱）
0138 □□□	**devout** [dɪváʊt]	形 信心深い，誠実な（≒ **p**ious, **d**evoted） ➤ devout Christians [Buddhists]（信心深いキリスト教徒［仏教徒］）
0139 □□□	**dexterous** [dékst(ə)rəs]	形 器用な，機敏な（≒ **d**eft, **a**dept） ➤ dexterous hands（器用な手） 名 **dexterity**（器用さ）
0140 □□□	**diabolical** [dà(ɪ)əbá(ː)lɪk(ə)l|-bɔ́l-]	形 極悪非道な，悪魔のような（≒ **w**icked, **f**iendish） ➤ a diabolical plan [enemy]（極悪非道な計画［敵］）

学習日	年　月　日	年　月　日	年　月　日

One-paragraph Short Stories & Quizzes【5】

There lived an ①**abdicated** king, who ②**lusted** for power but been forced to ③**relinquish** his ④**prerogatives** and ended up living a ⑤**humdrum** life. But one day he had a ⑥**bizarre** dream of being ⑦**mesmerized** by a ⑧**macabre** werewolf. With an ⑨**enigmatic** smile on his face, he ⑩**wheedled** the king into ⑪**excavating** a hidden treasure. The king ⑫**acquiesced** to his request, and finally discovered ⑬**resplendent** treasure ⑭**plundered** by his former ⑮**vassals**.

Q. ①～⑮の意味に近い語を選んでください。

①	**abdicated**	1. relapsed	2. augmented	3. ameliorated	4. renounced
②	**lusted**	1. decimated	2. waned	3. vexed	4. craved
③	**relinquish**	1. unravel	2. procreate	3. waive	4. chastise
④	**prerogatives**	1. stipends	2. swarms	3. privileges	4. precepts
⑤	**humdrum**	1. tedious	2. insatiable	3. inept	4. queasy
⑥	**bizarre**	1. staunch	2. eerie	3. daunting	4. lurid
⑦	**mesmerized**	1. bewitched	2. pestered	3. idolized	4. reproved
⑧	**macabre**	1. gruesome	2. brusque	3. empirical	4. compliant
⑨	**enigmatic**	1. cryptic	2. wistful	3. remunerative	4. optimum
⑩	**wheedled**	1. imbued	2. cajoled	3. lambasted	4. purged
⑪	**excavating**	1. perturbing	2. brandishing	3. dislodging	4. unearthing
⑫	**acquiesced**	1. acceded	2. assuaged	3. accrued	4. abrogated
⑬	**resplendent**	1. sumptuous	2. teeming	3. astounding	4. abiding
⑭	**plundered**	1. toppled	2. looted	3. mired	4. engulfed
⑮	**vassals**	1. retainers	2. primates	3. vestiges	4. travesties

【解答欄】

①		②		③		④		⑤		⑥		⑦		⑧	

⑨		⑩		⑪		⑫		⑬		⑭		⑮	

(和訳) かつては飽くなき権力欲を持っていたが，特権を放棄せざるを得ず，退屈な生活を送ることになった退位した王がいた。ところがある日，ぞっとするような狼男に魅了されてしまう奇妙な夢を見た。彼は謎めいた笑顔を浮かべ，王に隠された財宝を掘り出すようそそのかした。王はその提案に黙って従うと，ついに以前の家臣に略奪されたきらめく財宝を見つけ出した。

解答 …… 選択肢の赤い文字が正答

①	放棄した	1. 再発した	2. 増強した	3. 改善した	4. 放棄した
②	切望した	1. 大部分を殺した	2. 衰退した	3. イライラさせた	4. 渇望した
③	放棄する	1. 解きほぐす	2. 生成する	3. 放棄する	4. 懲らしめる
④	特権	1. 奨学金	2. 群れ	3. 特権	4. 戒律
⑤	退屈な	1. 退屈な	2. 飽くなき	3. 無能の	4. 吐き気のする
⑥	奇妙な	1. 頑固な	2. 不気味な	3. 気が遠くなる	4. ぞっとするような
⑦	魅了された	1. 魅了された	2. 困惑した	3. 偶像化された	4. 叱責された
⑧	ゾッとするような	1. 恐ろしい	2. 無愛想な	3. 経験的な	4. 準拠した
⑨	謎めいた	1. 不可解な	2. 物欲しそうな	3. 利益のある	4. 最適な
⑩	そそのかした	1. 吹き込んだ	2. そそのかした	3. 非難した	4. 粛清した
⑪	発掘	1. 揺動	2. 振り回す	3. 取り除く	4. 発掘
⑫	黙って従った	1. 同意した	2. 宥めた	3. 徐々に増えた	4. 廃止した
⑬	きらびやかな	1. 豪華な	2. 溢れんばかりの	3. 驚異的な	4. 従う
⑭	略奪された	1. 倒された	2. 略奪された	3. 汚された	4. 飲み込まれた
⑮	家臣	1. 家臣	2. 霊長類	3. 痕跡	4. 茶番

一般語彙【Rank A】 一般語彙【Rank B】 一般語彙【Rank C】 句動詞【Rank A】 句動詞【Rank B】 句動詞【Rank C】

学習日 年 月 日 年 月 日 年 月 日

0141 **diffident** [dífɪd(ə)nt]
形 遠慮がちな，内気な，自信のない（≒ **s**hy, **t**imid）
➤ a diffident voice [smile]（内気な声［笑み］）

0142 **diffuse** [dɪfjúːz]
動 広める，放散する（≒ **d**isseminate, **p**ropagate）
➤ diffuse information [light]（情報［光］を拡散する）

0143 **digress** [daɪgrés]
動（本題から）それる（≒ **de**viate, **di**verge）
➤ digress from the subject [topic]（話が本題［トピック］からそれる）

0144 **dilute** [daɪlúːt, dɪ-]
動（液体を）薄める，弱める（≒ **w**eaken, **a**ttenuate）
➤ dilute alcohol（酒を薄める）

0145 **dire** [daɪər]
形 ひどい，ものすごい（≒ **t**errible, **u**rgent）
➤ in dire consequences [straits]（ひどい結果［苦境］で）

0146 **disabled** [dɪséɪb(ə)ld]
形 身体障害のある（≒ **h**andicapped）
➤ *be* disabled by the accident [disease]（事故［病気］で障害を負う）
動 **disable**（〔体に〕障害を負わせる） 名 **disability**（身体障害）

0147 **disband** [dɪsbǽnd]
動 解散する（≒ **br**eak up, **di**sperse）
➤ disband the organization[parliament]（組織［議会］を解散する）

0148 **discrepancy** [dɪskrép(ə)nsi]
名 不一致，食い違い（≒ **i**nconsisten**cy**, **i**ncongrui**ty**）
➤ discrepancies between the two statements（2つの証言の食い違い）

0149 **discretion** [dɪskréʃ(ə)n]
名 思慮，分別，自由裁量（≒ **ci**rcumspection, **ch**oice）
➤ use *one's* discretion（自分で判断［決定］する）
形 **discreet**（慎重な）

0150 **disintegration** [dɪsìntəgréɪʃ(ə)n]
名 崩壊，分解，分裂（≒ **br**eakup, **c**ollapse, **di**ssolution）
➤ disintegration of the country（国の崩壊）
➤ disintegration of society（社会の崩壊）

0151 □□□	**dismantle** [dɪsmǽnt(ə)l]	動 分解する，解体する（≒ **dis**assemble, **de**molish） ➤ dismantle the machine [system]（機械［制度］を解体する）
0152 □□□	**disparity** [dɪspǽrəti]	名 格差，不均衡（≒ **dis**crepancy, **u**nevenness） ➤ an income [economic] disparity（収入［経済］格差）
0153 □□□	**dispassionate** [dɪspǽʃ(ə)nət]	形（感情にとらわれずに）冷静な，公平な（≒ **c**alm, **i**mpartial） ➤ a dispassionate thinker [observer]（冷静に物事を考える人［公平に物事を見る人］）
0154 □□□	**disperse** [dɪspə́ːrs]	動 散り散りになる［する］（≒ **s**catter） ➤ disperse the crowd [demonstrators]（群衆［デモ参加者］を追い散らす） 名 **dispersal**（散布）
0155 □□□	**displace** [dɪspléɪs]	動 移す，解任する，取り換える（≒ **r**eplace, **dis**lodge） ➤ *(be)* displaced from home（家から立ち退かされる）
0156 □□□	**disposition** [dìspəzíʃ(ə)n]	名 気質，性質（≒ **t**emperament, **n**ature） ➤ a cheerful disposition（朗らかな性格） ➤ a sunny disposition（明るい性格）
0157 □□□	**disrupt** [dɪsrʌ́pt]	動 中断させる，妨げる，混乱させる（≒ **dis**tor**t**, **dis**tur**b**） ➤ disrupt the service（サービスを中断する） ➤ disrupt the process（プロセスを妨害する）
0158 □□□	**disseminate** [dɪsémɪnèɪt]	動 広まる（広める）（≒ **s**pread, **p**ropagate） ➤ disseminate the information [findings]（情報［発見内容］を広める） 名 **dissemination**（普及）
0159 □□□	**dissenting** [dɪséntɪŋ]	形 反対意見の（≒ **d**iffering） ➤ a dissenting view（異なる意見）
0160 □□□	**dissipate** [dísɪpèɪt]	動《非難して》浪費する，消す，消える（≒ **s**quander, **w**aste） 名 浪費，消失 ➤ dissipate *his* energy [money]（エネルギー［お金］を浪費する）

学習日	年　月　日	年　月　日	年　月　日

One-paragraph Short Stories & Quizzes【6】

A self-made ①**proprietor** of a shopping mall on the ②**outskirts** of Osaka showed a ③**precocious** talent for business when he was a boy. He invested a ④**paltry** amount of money in ⑤**lucrative** stocks, tried to ⑥**emulate** the spirit of business ⑦**magnates**, and later he ⑧**propagated** his financial network to ⑨**entrench** dominance in the market. He ⑩**vanquished** competitors and ⑪**catapulted** himself to power. His company survived with his ⑫**perseverance** and ⑬**unwavering** ⑭**fortitude** even when his company ⑮**teetered** on the brink of bankruptcy.

Q. ①〜⑮の意味に近い語を選んでください。

①	**proprietor**	1. progenitor	2. prospector	3. predecessor	4. possessor
②	**outskirts**	1. outfits	2. subpoena	3. environs	4. vertexes
③	**precocious**	1. premature	2. submissive	3. frivolous	4. imminent
④	**paltry**	1. meager	2. filthy	3. gaudy	4. sulky
⑤	**lucrative**	1. incisive	2. remunerative	3. specious	4. gregarious
⑥	**emulate**	1. tempt	2. embezzle	3. mediate	4. mimic
⑦	**magnates**	1. paragons	2. moguls	3. precincts	4. charlatans
⑧	**propagated**	1. proliferated	2. perturbed	3. supplanted	4. enlivened
⑨	**entrench**	1. forgo	2. renege	3. establish	4. engulf
⑩	**vanquished**	1. construed	2. overflowed	3. juggled	4. routed
⑪	**catapulted**	1. propelled	2. demoralized	3. ameliorated	4. grazed
⑫	**perseverance**	1. hypocrite	2. gratuity	3. tenacity	4. plight
⑬	**unwavering**	1. opulent	2. steadfast	3. impervious	4. tepid
⑭	**fortitude**	1. qualm	2. upheaval	3. retribution	4. mettle
⑮	**teetered**	1. staggered	2. usurped	3. traversed	4. shrouded

【解答欄】

①	②	③	④	⑤	⑥	⑦	⑧

⑨	⑩	⑪	⑫	⑬	⑭	⑮

(和訳) 大阪の郊外にあるホテルのたたき上げのオーナーは，少年時代に早熟な商売の才能を発揮した。わずかな額さえ儲かる株に投資し，ビジネスの大物を模倣しようとし，市場での優位を保つためにネットワークを増やした。彼は競争相手を凌駕し，一躍権力を握った。彼の会社が破産の危機に瀕し，ピンチの時も忍耐力と揺るぎない不屈の精神で生き残った。

解答 …… 選択肢の赤い文字が正答

①	所有者	1. 先祖	2. 探鉱者	3. 前任者	4. 所有者
②	郊外	1. 衣装	2. 召喚状	3. 郊外	4. 頂点
③	早熟	1. 時期尚早	2. 従順	3. 軽薄	4. 差し迫った
④	わずかな	1. わずかな	2. 汚れた	3. けばけばしい	4. 不機嫌な
⑤	儲かる	1. 鋭い	2. 利益のある	3. 見かけ倒しの	4. 社交好きな
⑥	模倣して凌ごうとする	1. 誘惑する	2. 横領する	3. 仲介する	4. 模倣する
⑦	大物	1. 模範	2. 実力者	3. 区域	4. 山師
⑧	増やす	1. 増殖する	2. 混乱させる	3. 置き換える	4. 活気づける
⑨	確立する	1. なしですませる	2. 破る	3. 確立する	4. 巻きこむ
⑩	打ち負かした	1. 解釈した	2. あふれた	3. 手ぎわよくこなした	4. 完敗させた
⑪	勢いよく放った	1. 推進した	2. 意気消沈した	3. 改善した	4. 放牧した
⑫	忍耐力	1. 偽善者	2. チップ	3. 粘り強さ	4. 窮状
⑬	揺るぎない	1. 贅沢な	2. 不動の	3. 不浸透性の	4. ぬるい
⑭	不屈の精神	1. 良心の呵責	2. 激動	3. 報復	4. 勇気
⑮	ぐらついた	1. よろめいた	2. 奪った	3. 横断した	4. 覆った

学習日	年 月 日	年 月 日	年 月 日

No.	見出し語	意味・例
0161 □□□	**distorted** [dɪstɔ́ːrtɪd]	形 ゆがんだ，（音などが）ひずんだ，（情報・事実などが）歪曲（わいきょく）された（≒ twisted, skewed） ➤ a distorted account（歪められた記事）
0162 □□□	**distress** [dɪstrés]	名 苦悩，（肉体的）苦痛，困窮［苦境］（≒ anguish, pain, hardship） ➤ relieve mental distress（精神的苦痛を和らげる） ➤ relieve financial distress（財政難を和らげる）
0163 □□□	**docile** [dɑ́(ː)s(ə)l|dóʊsaɪl]	形（人・動物などが）おとなしい，従順な（≒ compliant, obedient） ➤ a docile student（おとなしい生徒） ➤ docile creatures（従順な生き物）
0164 □□□	**double-cross** [dʌbəlkrɔ́ːs|-krɔ́s]	動（不正行為で・協力者を）裏切る（≒ betray） ➤ double-cross a partner [friend]（仲間［友人］を裏切る）
0165 □□□	**drudgery** [drʌ́dʒ(ə)ri]	名（単調でいやな）骨折り仕事（≒ hard work, labour） ➤ the drudgery of the assembly line（流れ作業の骨折り仕事）
0166 □□□	**dubious** [djúːbiəs]	形 疑わしい，怪しげな［不審な］（≒ doubtful, suspicious） ➤ *be* dubious about the idea（その考えに懐疑的である） ➤ dubious evidence [motives]（疑わしい証拠［いかがわしい動機］）
0167 □□□	**dwindling** [dwínd(ə)lɪŋ]	形 減少［衰退］傾向にある（≒ diminishing, decreasing） ➤ dwindling natural resources（減少する天然資源） ➤ deal with a dwindling population（人口減少に取り組む）
0168 □□□	**efficacy** [éfɪkəsi]	名 効能，効力，効き目，有効性（≒ potency, effectiveness） ➤ the efficacy of the drug [treatment]（薬［治療］の効果） 形 **efficacious**（有効な）
0169 □□□	**elated** [ɪléɪtɪd]	形《通例 *be* ～で》大喜びで（≒ delighted, exhilarated） ➤ *be* elated with joy [success]（大いに喜んでいる［成功に大喜びである］） 名 **elation**（大喜び，有頂天，意気揚々）
0170 □□□	**elicit** [ɪlísət]	動（情報などを）引き出す，（応答・反応などを）引き出す（≒ obtain, extract, evoke） ➤ elicit information [responses]（情報［反応］を引き出す）

0171 □□□	**elusive** [ɪlúːsɪv]	形 うまく逃れる［見つけにくい］，とらえどころのない［理解しにくい］，達成しがたい（≒ **e**vasive, **s**lippery） ➤ an elusive criminal [concept]（うまく逃げ回る犯人［わかりにくい概念］）
0172 □□□	**emaciated** [ɪméɪʃièɪtɪd]	形（食料不足・病気で）やつれた（≒ **g**aunt, **s**crawny） ➤ an emaciated body [patient]（やつれた体［患者］）
0173 □□□	**emanate** [émənèɪt]	動（光・香・自信などが）生ずる，発する（≒ **ex**ude, **em**it） ➤ Confidence [Energy] emanates from her.（彼女から自信［エネルギー］がにじみ出ている）
0174 □□□	**embed** [ɪmbéd]	動 組み込む，埋め込む（≒ **i**mplant, **l**odge） ➤ A sensor is embedded in the robot.（センサーがロボットに埋め込まれている）
0175 □□□	**embellish** [ɪmbélɪʃ]	動 飾る，（話・文章を）おもしろくする，（真実を）粉飾する（≒ **d**ecorate, **a**dorn） ➤ embellish the story（話を飾り立てる）
0176 □□□	**embezzle** [ɪmbéz(ə)l]	動 横領［着服］する，使い込む（≒ **m**isappropriate, **st**eal） ➤ embezzle public funds（公金を横領する） ➤ embezzle the money from *one's* company（会社のお金を使い込む）
0177 □□□	**embody** [ɪmbɑ́(ː)di|-bɔ́di]	動 体現する，具体化する（≒ **e**pitomize, **e**xemplify） ➤ embody freedom in the UN charter（国連憲章で自由を具体的に体現する） 名 **embodiment**（具現化）
0178 □□□	**empathize** [émpəθàɪz]	動 共感する（≒ **s**ympathize, **i**dentify） ➤ empathize with her situation [feelings]（彼女の状況［気持ち］に共感する） 名 **empathy**（共感）
0179 □□□	**empirical** [ɪmpírɪk(ə)l]	形（理論ではなく）実験［実証，経験］に基づいた（≒ **f**actual, **e**xperimental） ➤ empirical evidence [data]（経験的証拠［実証データ］）
0180 □□□	**emulate** [émjəlèɪt]	動 見習う，競う（≒ **i**mitate, **v**ie **w**ith） ➤ emulate his virtues（彼の善行をまねる） 名 **emulation**（見習うこと，競争）

学習日　年　月　日　年　月　日　年　月　日

3. 物理学とその歴史の基礎知識をマスター！

自然現象（**n**atural **p**henomenon）に**法則**（**u**niversal law）**を見出し**，**物質の相互作用**（**i**nteraction **b**etween matters）を解明する**物理学**（**p**hysics）は，**生物物理学**（**bi**ophysics），**分子生物学**（**m**olecular **bi**ology），**地球物理学**（**g**eophysics）へと発展する。物理学には**ミクロとマクロ**（**m**icro **and m**acro）**アプローチ**があり，前者は，**分子**（**m**olecule）や**原子**（**a**tom），**電子**（**e**lectron）からなる自然界の物質を解明する**素粒子物理学**（**s**ubatomic **p**hysics）によって，**核子**（**nu**cleon）よりも基本的な**クォーク**（**qu**ark）の存在や，物質要素の間に働く力が，**重力**（**g**ravity），**電磁気力**（**e**lectromagnetic **f**orce），**弱い力**（**w**eak **f**orce），**強い力**〔**核力**〕（**n**uclear **f**orce）の四種類の力に**還元**（**r**eduction）できることを明らかにした。後者は，**液体や気体**（**l**iquid **and g**as），**熱エネルギー**（**t**hermal **e**nergy），**エントロピー**（**e**ntropy），波などの物理現象を研究している。

16 世紀後半に，ガ**リレイ**（**G**alileo **G**alilei）が物理理論を立証するために**実験**を行った後，**ニュートン**（**I**saac **N**ewton）は**運動方程式**（**e**quation **of m**otion）によって**古典力学**（**c**lassical **m**echanics）の起こし，**惑星の運動に関するケプラーの法則**（**K**epler's **l**aws **of p**lanetary **m**otion）やガリレイの**落体運動の法則**（**the l**aw **of f**alling **b**odies）が，**万有引力**（**u**niversal **g**ravitation）の側面であることを示した。

18 世紀，ボイルやヤングが**熱力学**（**t**hermal **d**ynamics）を発展させ，ベルヌーイが用いた**統計論**（**s**tatistic **t**heory）が，**統計力学**（**s**tatistical **m**echanics）の起源となった。19 世紀になると，ジュールは，**熱エネルギーの保存則**（**the l**aw **of c**onservation **of e**nergy）を提示し，ファラデー，オームは電気と**磁気**（**m**agnetism）を研究し，マクスウェルは，**電磁波**（**e**lectromagnetic **w**ave）の存在を予言し，光が電磁波の一種であることを示した。また，レントゲンは**X 線**（**X**-ray）を発見し，それが高い**周波数**（**h**igh **f**requency）の電磁波であることを証明し，ベクレルは**放射能**（**r**adioactivity）を発見し，キュリー夫妻によって研究され，**核物理学の起源**（**the o**rigin **of n**uclear **p**hysics）となった。そして，トムソンは**回路**

(**c**ircuit) の中の電流を運ぶ**電子** (**e**lectron) を見つけ, 原子の最初のモデルを提案した。

アインシュタインは, 1905年, **特殊相対性理論** (**s**pecial **r**elativity) で, 時間と空間を「時空」という1つの実体に統一し, 1915年には**一般相対性理論** (**g**eneral **r**elativity) で, **物質の存在** (**the p**resence **of s**ubstances) の空間と時間への影響, 物質とエネルギーの**等価性**, 重力を解明した。1911年, ラザフォードは陽子 (**p**roton) という**正の電荷** (**p**ositive **e**lectrical **c**harge) で詰まった原子核の存在を推定し, 1932年, チャドウィックは**中性の核構成物質** (**n**eutral **n**uclear **c**onstituent) である**中性子** (**n**eutron) を発見した。1900年代初頭, プランク, アインシュタイン, ボーアは**量子論** (**q**uantum **t**heory) を発展させ, 1925年はハイゼンベルクが, 1926年はシュレーディンガー, ディラックが**量子力学** (**q**uantum **m**echanics) を確立した。

最近では, **スーパーカミオカンデ** (**S**uper-**K**amiokande) の実験から**ニュートリノ** (**n**eutrino) の観測に成功し, **粒子加速器** (**c**ollider) によるテラ電子ボルトのエネルギー探査は進み, **ヒッグス粒子** (**H**iggs **b**oson) や**超対称性粒子** (**s**upersymmetry **p**article) が発見された。宇宙物理学では, **ハッブル宇宙望遠鏡** (**the H**ubble **S**pace **T**elescope) などの**宇宙探査機** (**s**pace **p**robe) によって, **高精度の観測データ** (**h**igh-**a**ccuracy **o**bservation **d**ata) が大量に得られ, 宇宙の精密な議論が可能になった。しかし, **ダークマター** (**d**ark **m**atter) の正体や宇宙の**加速膨張** (**a**ccelerated **e**xpansion) の原因と考えられるダークエネルギーの存在いまだ謎である。また, **ガンマ線バースト** (**g**amma-**r**ay **b**urst) や**超高エネルギー宇宙線の起源** (**the o**rigin **of u**ltra-**h**igh **c**osmic **r**ay) なども未解決であり, これらを解明するための様々な**宇宙探査プロジェクト** (**s**pace **p**robe **p**roject) が進行している。

学習日 年 月 日 | 年 月 日 | 年 月 日

0181 **encroach** [ɪnkróʊtʃ]
動 (人の権利・領域などを) 侵害する (≒ **i**ntrude)
➤ encroach on *their* territory [privacy] (領土を侵す [プライバシーを侵害する]) 名 **encroachment** (侵害, 侵犯)

0182 **encumber** [ɪnkʌ́mbər]
動 妨げる, 邪魔をする (≒ **ha**mper, **hi**nder, **i**mpede)
➤ encumber the development [process] (開発 [進行] を妨げる)

0183 **engender** [ɪndʒéndər]
動 生じる, 発生させる (≒ **a**rouse, **g**enerate, **i**nduce)
➤ engender suspicion [controversy] (疑惑 [論争] を生む)

0184 **engross** [ɪngróʊs]
動 没頭させる (≒ **a**bsorb, **p**reoccupy)
➤ *(be)* engrossed in reading [*my* work] (読書 [仕事] に没頭する) 形 **engrossing** (夢中にさせるような)

0185 **enigmatic** [ènɪgmǽtɪk]
形 謎めいた, 不可解な (≒ **i**nscrutable)
➤ an enigmatic smile [expression] (謎めいた微笑み [表情])
名 **enigma** (謎, 謎の物 [言葉])

0186 **enlist** [ɪnlíst]
動 (～に協力, 支持などを) 求める (≒ **o**btain, **e**ngage)
➤ enlist *someone's* help (～の助力を求める)
➤ enlist *someone's* support (～の協力を求める)

0187 **ensuing** [ɪnsjúːɪŋ]
形 (～の結果として) 続いて起こる, 続く
➤ the ensuing controversy (その後に起きた論争)
➤ in the ensuing months (その後の数か月〔で〕)

0188 **entail** [ɪntéɪl]
動 (必然的に) 伴う, 必要とする (≒ **r**equire, **n**ecessitate)
➤ entail a huge cost (多くの費用を伴う)
➤ entail a loss of income (収入の損失を伴う)

0189 **enticing** [ɪntáɪsɪŋ]
形 魅惑的な (≒ **a**lluring, **t**empting)
➤ an enticing aroma [smell] (魅惑的な香り [匂い])
動 **entice** (魅了する)

0190 **enunciate** [ɪnʌ́nsièɪt]
動 明確に発音する, 明確に述べる (≒ **a**rticulate)
➤ enunciate every word clearly (言葉を1語1語はっきり発音する)
名 **enunciation** (発音〔の仕方〕, 〔考えなどの〕発表)

0191	**envision** [ɪnvíʒ(ə)n]	動 想像する，空想する（≒ visualize, imagine） ➤ envision the future（未来を想像する）
0192	**epitomize** [ɪpítəmàɪz]	動 ～の典型である（≒ embody, typify） ➤ The character epitomized the spirit of the time.（その人物はその時代の精神の典型となった） 名 **epitome**（典型）
0193	**equivocate** [ɪkwívəkèɪt]	動 言葉を濁す，曖昧なことを使う（≒ prevaricate, hedge） ➤ equivocate on whether to support the bill（その法案を支持するかどうか言葉を濁す）
0194	**eradicate** [ɪrǽdɪkèɪt]	動 根絶させる，撲滅する（≒ eliminate, wipe out） ➤ eradicate poverty [the disease]（貧困［病気］を撲滅する） 名 **eradication**（撲滅，根絶）
0195	**erratic** [ɪrǽtɪk]	形（行動・人などが）気まぐれな［とっぴな］，（動きなどが）不規則な［不安定な］（≒ unpredictable） ➤ an erratic behavior [performance]（奇行［不安定な演奏］）
0196	**erudite** [érjədàɪt|éru-]	形 博学な（≒ well-educated, knowledgeable） ➤ an erudite scholar（博学な学者） 名 **erudition**（博識）
0197	**eulogize** [júːlədʒàɪz]	動 ほめたたえる（≒ extol, laud） ➤ eulogize the deceased（故人をほめたたえる） 名 **eulogy**（賞賛，〔葬儀における〕弔事）
0198	**euphemistic** [jùːfəmístɪk]	形 婉曲な，遠回しな（≒ indirect, diplomatic） ➤ euphemistic expressions（婉曲表現）
0199	**evasion** [ɪvéɪʒ(ə)n]	名（責任・債務などの）回避，言い逃れ（≒ dodging, avoidance） ➤ tax evasion（脱税） 動 **evade**（避ける，逃れる） 形 **evasive**（責任逃れの）
0200	**evict** [ɪvíkt]	動（法的手段によって）立ち退かせる（≒ expel, oust） ➤ evict a tenant from the building（テナントをビルから退去させる） 名 **eviction**（〔土地・建物などからの〕立ち退き）

学習日	年　月　日	年　月　日	年　月　日

One-paragraph Short Stories & Quizzes【7】

When I was a ①**fledgling** writer, I would often ②**dawdle** over my work in ③**drab** clothes and go to a zoo that ④**replicated** ⑤**pristine** wilderness. Some monkeys there were ⑥**dangling** from trees, ⑦**huddling** together to keep themselves warm, and other ⑧**restive** monkeys devoured food at a ⑨**frantic** pace. I saw ⑩**carnivorous** animals ⑪**basking** in the sun, and ⑫**herbivorous** animals ⑬**grazing** on the grass. Now I have a ⑭**fond** memory of lazing around there before I became a sought-after ⑮**prolific** writer.

Q. ①～⑮の意味に近い語を選んでください。

①	**fledgling**	1. diminutive	2. budding	3. dainty	4. vigilant
②	**dawdle**	1. linger	2. fret	3. digress	4. gloat
③	**drab**	1. brusque	2. lackluster	3. sordid	4. torrid
④	**replicated**	1. demeaned	2. nudged	3. peddled	4. reproduced
⑤	**pristine**	1. unspoiled	2. plausible	3. oblivious	4. amenable
⑥	**dangling**	1. drooping	2. cringing	3. lurching	4. veering
⑦	**huddling**	1. sagging	2. stumbling	3. clustering	4. tottering
⑧	**restive**	1. tenuous	2. rueful	3. fidgety	4. verbose
⑨	**frantic**	1. idyllic	2. frenetic	3. versatile	4. uncouth
⑩	**carnivorous**	1. malleable	2. irate	3. incremental	4. predator
⑪	**basking**	1. lounging	2. frittering	3. flaunting	4. streaming
⑫	**herbivorous**	1. bulimia	2. polyphagia	3. xenophobia	4. phytophagous
⑬	**grazing**	1. strolling	2. browsing	3. streaking	4. roaming
⑭	**fond**	1. bashful	2. luxuriant	3. pleasing	4. pedantic
⑮	**prolific**	1. astute	2. emaciated	3. fertile	4. dreary

【解答欄】

①	②	③	④	⑤	⑥	⑦	⑧

⑨	⑩	⑪	⑫	⑬	⑭	⑮

(和訳) 駆け出しの作家だった私は，よくパッとしない服を着てダラダラ仕事をし，手つかずの大自然を再現した動物園に行っていた。そこでは，木にぶら下がったり，体を寄せ合って暖を取るサルもいれば，必死に餌をむさぼる落ち着きのないサルもいた。肉食動物は日光浴をし，草食動物は草を食(は)んでいた。このグータラは，私が多作な売れっ子作家になる前の，心に残る思い出である。

解答 …… 選択肢の赤い文字が正答

①	駆け出しの	1. ちっぽけな	2. 新進の	3. 可憐な	4. 用心深い
②	ぐずぐずする	1. ぐずぐずする	2. 心配する	3. 逸れる	4. 満足げに眺める
③	くすんだ	1. 無愛想な	2. つやがない	3. 汚い	4. 恐ろしい
④	模した	1. 侮辱した	2. そっと突いた	3. 行商した	4. 複製した
⑤	自然のままの	1. 自然のままの	2. もっともらしい	3. 忘却の	4. 受け入れやすい
⑥	ぶら下がる	1. 揺れる	2. すくむ	3. 飛び出す	4. 向きを変える
⑦	群れる	1. たるむ	2. つまずく	3. 群がる	4. よろめく
⑧	落ち着きのない	1. 薄っぺらな	2. 後悔している	3. そわそわした	4. 多弁の
⑨	必死	1. 牧歌的	2. 取り乱した	3. 用途が広い	4. 不機嫌
⑩	肉食性	1. 可鍛性	2. 怒り	3. 増やすこと	4. 捕食者
⑪	日光浴している	1. のんびりしている	2. 浪費している	3. 誇示している	4. 流れている
⑫	草食性	1. 過食症	2. 多食症	3. 外国人嫌い	4. 植物食性
⑬	牛・羊などが草を食べる	1. 散歩	2. 草を食べる	3. ひらめく	4. 歩き回っている
⑭	楽しい	1. 恥ずかしがり屋	2. 豊かな	3. 楽しい	4. 衒学者
⑮	多産の	1. 鋭敏な	2. やせ衰えた	3. 生産的な	4. 退屈な

学習日	年　月　日	年　月　日	年　月　日

1-1. 環境①

□	extreme [abnormal] weather	異常気象〔「気候変動」は climate change〕
□	curb [lower] greenhouse gas emissions	温室効果ガス排出量を制限［削減］する
□	separation of burnable and non-burnable garbage	可燃ゴミの分別〔「ゴミ分別」は a separate garbage collection〕
□	a rise in the sea level	海面レベルの上昇〔「沿岸の洪水」は coastal flooding, 「水中に沈んだ沿岸地域」は submerged coastal areas〕
□	the problem of nuclear waste disposal	核廃棄物処理問題〔「核燃料再処理工場」は a nuclear fuel reprocessing plant〕
□	polar icecap melting	極地の氷冠の融解
□	a nature reserve [sanctuaries]	自然保護区
□	pristine wilderness areas	手つかずの自然が残る地域
□	an animal cousin mentality	人間が動物に抱く同胞意識
□	a loss of natural habitats [a habitat loss]	生育地の消失
□	biodegradable materials	生分解可能な材料
□	preservation of endangered species	絶滅危惧種の保護
□	regulations on the poaching and trading of endangered species	絶滅危惧種の密猟や取引の規制
□	breed endangered species in captivity	絶滅危惧種を捕獲して繁殖させる飼育する
□	eliminate the natural predators	天敵を排除する
□	carbon footprint	二酸化炭素排出量〔個人や企業の日々の活動で排出される温室効果ガスの量〕
□	energy [fuel]-efficient cars	燃費のよい車〔「低燃費車」は gas sippers, 「高燃費車」は gas guzzlers〕
□	radioactive waste disposal	放射性廃棄物の処理〔「放射性［核］廃棄物の海洋投棄」は radioactive [nuclear] waste dumping in the sea〕

□ the 3 Rs: Reduce, Reuse, and Recycle	(削減・再利用・リサイクル)
□ upcycling	アップサイクリング〔使用済み製品を回収・再生し，付加価値を加えた製品に変身させること〕
□ ecofeminism	エコフェミニズム〔自然破壊と男性の女性支配には関連があるという思想・運動〕
□ cap-and-trade	キャップ・アンド・トレード〔国・企業の温室効果ガス排出権取引制度［emission trading］のこと〕
□ cogeneration	コージェネ，熱電併給〔発電時の排熱を冷暖房に利用するなど，同一熱源より電力と熱を生産・供給するシステム〕
□ nationwide implementation of DST [daylight saving time]	サマータイムの全国一律導入
□ cedar pollen allergy	スギ花粉症
□ deep ecology	ディープエコロジー〔人間を含むすべての生命体が平等に存在する価値を持っているという考え方〕
□ the Paris Agreement	パリ協定〔2015年採択の気候変動抑制に関する多国間の国際協定〕
□ business as usual	平常どおり営業〔BAUとも。燃料の使用削減の努力をせず，従来のビジネスを続けること〕
□ sludge	ヘドロ
□ permafrost	永久凍土
□ mariculture	海洋牧場，海中栽培〔人為的な環境で育てた海の生物を，自然に戻して漁業の促進を図るもの〕
□ alien [exotic] species	外来種
□ greenwashing	環境配慮のふり，偽エコ〔環境破壊に加担しつつ，エコ企業のイメージをうたうこと〕
□ eco-warriors	環境保護運動家

学習日　年　月　日　年　月　日　年　月　日

1-2. 環境②

□	climate migrants	気候移民〔気候変動の影響で移住を強いられる人〕
□	virgin forest	原生林〔「防風林」は windbreak〕
□	feed-in tariffs	固定価格制度〔再生可能エネルギーの普及拡大と価格低減を目指す助成政策。設備導入時に一定期間の助成水準が法的に保証される〕
□	the Green New Deal	緑のニューディール〔再生可能エネルギーや環境関連技術への積極的な公共投資で雇用創出と景気の浮揚を図る〕
□	herbicide	除草剤
□	slash-and-burn agriculture	焼畑式農業
□	deforestation	森林破壊〔「熱帯雨林の伐採」は cutting down [felling] of tropical rainforest,「植林」は afforestation,「森林再生」は reforestation〕
□	inundation	浸水〔「床上浸水」は flooding above the floor,「床下浸水」は flooding up to the floor〕
□	plant-based meals, meat alternative, clean meat	人工肉
□	hydroponics	水耕栽培〔養液を使って植物を栽培する方法〕
□	the biosphere	生物圏〔「大気圏」は atmosphere,「水圏」は hydrosphere,「岩石圏」は lithosphere〕
□	biodiversity	生物多様性〔「遺伝的多様性」は genetic diversity〕
□	desalination plants	淡水化施設
□	a carbon tax	炭素税〔「脱炭素社会」は a decarbonized society〕
□	climate denial	地球温暖化に対する懐疑論〔温暖化による気温上昇への懐疑論，人為起源の温室効果ガスが主要因とする説への反論〕
□	urban mines	都市鉱山〔大量廃棄される家電製品の中の有用資源。rare metal（希少金属）など〕
□	a ZEV [zero emission vehicle]	排ガスゼロの自動車〔蓄電池式の EV [electric vehicle] と燃料電池式の FCV [fuel cell vehicle] がある〕

Rank A

絶対に覚えるべき
最重要「一般語彙」600語を
完全攻略!

Part 2 【201～400】

学習日　年　月　日　年　月　日　年　月　日

0201 **exacerbate** [ɪgzǽsərbèɪt, eks-]
動 悪化させる（≒ aggravate, worsen）
➤ exacerbate the problem [situation]（問題［事態］を悪化させる） 名 exacerbation（悪化）

0202 **exalt** [ɪgzɔ́ːlt]
動 高揚させる［高める，昇進させる］，称賛する（≒ elevate, extol）
➤ exalt the spirit（精神を高揚させる）
形 an exalted position（高貴な地位）

0203 **exasperate** [ɪgzǽspərèɪt,（英）-ɑ́ːs-]
動 憤慨させる（≒ aggravate, irritate）
➤ She was exasperated by his bad manners.（彼のマナーの悪さに彼女は憤慨した） 形 exasperating（腹立たしい）

0204 **excavation** [èkskəvéɪʃ(ə)n]
名 発掘，《通例，複数形で》遺跡（≒ unearthing, uncovering）
➤ an excavation site（発掘現場）
動 excavate（発掘する）

0205 **exclusive** [ɪksklúːsɪv, eks-]
形 独占的な，高級な，排他的な（≒ sole, select）
➤ an exclusive right（独占権）
➤ an exclusive residential district（高級住宅地）

0206 **excruciating** [ɪkskrúːʃièɪtɪŋ]
形 耐え難い，極度の（≒ agonizing, unbearable）
➤ an excruciating pain（耐え難い痛み）
動 excruciate（〔肉体的・精神的に〕苦しめる）

0207 **exemplify** [ɪgzémplɪfàɪ]
動 体現する，例証する（≒ epitomize, illustrate）
➤ exemplify the spirit [ideals] of the nation（その国の精神［理想］を体現する）

0208 **exhilarating** [ɪgzílərèɪtɪŋ]
形（スリル満点で）わくわくするような（≒ thrilling, exciting）
➤ an exhilarating adventure [trip]（わくわくするような冒険［旅］）

0209 **exhort** [ɪgzɔ́ːrt]
動（人に～するよう）熱心に勧める，促す（≒ urge, encourage）
➤ exhort his employees to work harder（社員にもっと懸命に働くように促す）

0210 **expedite** [ékspədàɪt]
動（進行を）早める，促進する，（仕事などを）さっと片付ける（≒ accelerate, precipitate）
➤ expedite the learning process（学習プロセスを早める）

0211 □□□ **explicit** [ɪksplísɪt, eks-]

形 明白な，露骨な（≒ clear, specific, direct）
➤ explicit instructions（非常にはっきりと明白な指示）
➤ explicit contents（露骨な内容）

0212 □□□ **exponential** [èkspənénʃ(ə)l, 《米》-poʊ-]

形 急激な，飛躍的な（≒ expanding）
➤ an exponential growth（急成長） ➤ an exponential increase（急増）
副 **exponentially**（急激に）

0213 □□□ **facade／façade** [fəsɑ́ːd, fæ-]

名 うわべ［見せかけ］，（建物の）正面（≒ pretense, front）
➤ put on a facade（うわべだけ取り繕う）
➤ the facade of the cathedral（教会の正面）

0214 □□□ **fanatical** [fənǽtɪk(ə)l]

形 熱狂的な，狂信的な（≒ enthusiastic, zealous）
➤ fanatical devotion（狂信的な献身）
➤ fanatical attention（熱狂的な注目）

0215 □□□ **farce** [fɑːrs]

名 笑劇，茶番劇（≒ travesty, joke）
➤ What a farce!（茶番です！）
➤ act a farce（笑劇［茶番］を演じる）

0216 □□□ **far-fetched** [fɑ̀ːrfétʃt]

形 ありえない［現実的でない］，こじつけの（≒ unrealistic）
➤ a far-fetched idea [reason]（現実離れした考え［こじつけた理由］）

0217 □□□ **far-reaching** [fɑ̀ːrríːtʃɪŋ]

形 広範囲にわたる・遠大な（≒ extensive, wide-ranging）
➤ a far-reaching influence（広範囲にわたる影響）
➤ a far-reaching impact（広範囲に及ぶ効果）

0218 □□□ **feasible** [fíːzəb(ə)l]

形 実行可能な（≒ practicable, achievable）
➤ a feasible study [test]（実行可能性研究［試験］）
名 **feasibility**（実行可能性）

0219 □□□ **feign** [feɪn]

動 装う，ふりをする（≒ sham, pretend）
➤ feign illness [indifference]（病気［無関心］を装う）

0220 □□□ **ferocious** [fəróʊʃəs]

形 猛烈な，どう猛な（≒ fierce, brutal）
➤ ferocious attacks [animals]（猛烈な攻撃，猛獣）

学習日 年 月 日 年 月 日 年 月 日

One-paragraph Short Stories & Quizzes【8】

Despite her basically ①**placid** ②**disposition**, her son was sometimes ③**recalcitrant** enough to ④**flout** the school rules, ⑤**intimidate** his classmates, and ⑥**retort** to his teacher with ⑦**profane** words. One day when he visited a dangerous area ⑧**rife** with crime, he got ⑨**embroiled** in a ⑩**brawl** and ⑪**shackled** in chains by ⑫**villains** there. On hearing the news, she rushed to his rescue and got deeply ⑬**despondent** to see his ⑭**appalling** ⑮**plight**.

Q. ①～⑮の意味に近い語を選んでください。

①	**placid**	1. luscious	2. crass	3. composed	4. stringent
②	**disposition**	1. temperament	2. vestige	3. mutiny	4. adulation
③	**recalcitrant**	1. mutinous	2. bashful	3. antagonistic	4. prosaic
④	**flout**	1. recant	2. levy	3. imbue	4. contravene
⑤	**intimidate**	1. bully	2. accrue	3. eulogize	4. flaunt
⑥	**retort**	1. ruminate	2. riposte	3. reek	4. renege
⑦	**profane**	1. pedantic	2. blasphemous	3. jaded	4. contrite
⑧	**rife**	1. excruciating	2. scathing	3. edifying	4. fraught
⑨	**embroiled**	1. enthralled	2. embellished	3. implicated	4 . emaciated
⑩	**brawl**	1. caliber	2. fissure	3. scuffle	4. fiasco
⑪	**shackled**	1. fettered	2. prodded	3. rebuffed	4. allayed
⑫	**villains**	1. scoundrels	2. novices	3. effigies	4. heresies
⑬	**despondent**	1. prosecuted	2. disheartened	3. repelled	4. harnessed
⑭	**appalling**	1. discreet	2. disheveled	3. dispassionate	4. lamentable
⑮	**plight**	1. ascetic	2. atrocity	3. predicament	4. angst

【解答欄】

①	②	③	④	⑤	⑥	⑦	⑧
⑨	⑩	⑪	⑫	⑬	⑭	⑮	

（和訳）彼女の穏やかな気質とは対照的に，息子は時に学校の規則を破り，友達を恫喝し，不敬な言葉で先生に反論するような手に負えない子供だった。ある日，犯罪が蔓延る地域で，彼は乱闘に巻き込まれ，悪人によって鎖につながれた。その知らせを聞いて，彼女は彼を助けるために駆けつけ，彼のひどい惨状を見て深く落胆した。彼のひどい姿を見て深く落胆した。

解答 ...... 選択肢の赤い文字が正答

①	穏やかな	1. 甘美な	2. 鈍感な	3. 落ち着いた	4.（規則などが）厳しい
②	気質	1. 気質	2. 痕跡	3. 反乱	4. 褒め言葉
③	反抗的な	1. 反抗的な	2. 恥ずかしがり屋の	3. 敵対する	4. 退屈な
④	（規則などを）無視する	1. 撤回する	2.（税を）課す	3. 植え付ける	4.（規則などに）違反する
⑤	恫喝する	1. いじめる	2. 発生する	3. 賞賛する	4. 誇示する
⑥	反論する	1. よく考える	2. 当意即妙の応答	3. 悪臭を放つ	4. 約束などを破る
⑦	不敬な	1. 学者ぶった	2. 冒涜的な	3. 疲れ果てた	4. 深く悔いた
⑧	蔓延った	1. 耐え難い	2. 痛烈な	3. 啓発する	4.（困難・問題などに）満ちた
⑨	巻き込まれた	1. 魅了された	2. 装飾された	3. 巻き込まれた	4. やせ衰えた
⑩	乱闘（騒ぎ）	1. 口径	2. 裂け目	3. 乱闘	4. 大失敗
⑪	（鎖で）つながれた	1. 束縛された	2. つつかれた	3. 拒絶された	4. 緩和された
⑫	悪人，ならず者	1. 悪人	2. 初心者	3. 肖像	4. 異端
⑬	落胆した	1. 起訴された	2. 落胆した	3. 撃退された	4. 利用された
⑭	ひどい	1. 控えめな	2. だらしない	3. 冷静な	4. 嘆かわしい
⑮	悲惨な状況，窮地	1. 苦行者	2. 残虐	3. 苦境	4. 不安

学習日 年 月 日 年 月 日 年 月 日

0221 **fervent** [fə́ːrv(ə)nt]
形 熱烈な，熱心な（≒ **ardent**, **vehement**）
➤ fervent supporters（熱烈な支持者）
➤ fervent prayers（熱心な祈り）

0222 **fetter** [fétər]
動 拘束する（≒ **shackle**） 名 足かせ，束縛
➤ *(be)* fettered by tradition [the rules]（伝統［規則］に縛られた）

0223 **fiasco** [fiǽskoʊ]
名 大失敗，失策（≒ **failure**, **debacle**）
➤ suffer a miserable fiasco in business（商売で惨敗する）

0224 **fickle** [fík(ə)l]
形 気まぐれな，飽きっぽい（≒ **capricious**）
➤ fickle weather（変わりやすい天気）
➤ a fickle woman（気まぐれな女性）

0225 **fissure** [fíʃər]
名 裂け目（≒ **rift**, **chasm**） 動 亀裂が生じる
➤ a fissure in the rock [ocean floor]（岩［海底］の亀裂）

0226 **flabbergast** [flǽbərgæ̀st|-gɑ̀ːst]
動《通例，*be* ~ed で》～にびっくり仰天する «at, by»（≒ **dumfound**）
➤ *(be)* flabbergasted by the news（その知らせに仰天する）

0227 **flagrant** [fléɪgr(ə)nt]
形 はなはだしい，目に余る（≒ **blatant**, **glaring**）
➤ a flagrant violation [crime]（目に余る違反［犯罪］）

0228 **flamboyant** [flæmbɔ́ɪənt]
形 派手な，燃えるような（≒ **dashing**）
➤ flamboyant costumes（派手なドレス）
➤ a flamboyant singer（鮮やかな衣装の歌手）

0229 **flashy** [flǽʃi]
形 派手な，けばけばしい（≒ **ostentatious**, **showy**）
➤ flashy clothes（派手な服）
➤ flashy jewelry（派手な宝石）

0230 **flimsy** [flímzi]
形 薄弱な，うすっぺらい（≒ **feeble**, **frail**）
➤ flimsy evidence（根拠の薄弱な証拠）
➤ a flimsy excuse（見え透いた言い訳）

No.	見出し語	意味・例
0231	**fluke** [fluːk]	名 思いがけない幸運，まぐれ（≒ a stroke of good luck, windfall） ➤ The success is a fluke.（その成功は思わぬ幸運だ）
0232	**foil** [fɔɪl]	動（たくらみなどを）くじく，失敗させる（≒ thwart, impede） ➤ foil his attempt（彼の企てをくじく） ➤ foil his plan（彼の計画を失敗させる）
0233	**foment** [foʊmént, ´-]	動 扇動する，煽る（≒ instigate, incite, agitate） ➤ foment a riot [revolution]（暴動［革命］を扇動する）
0234	**foreclose** [fɔːrklóʊz]	動 担保権を行使する［差し押さえる］，除外する（≒ seize, rule out） ➤ foreclose the mortgage（担保を差し押さえる） ➤ foreclose the possibility that ...（～という可能性を無に［排除］する）
0235	**forestall** [fɔːrstɔ́ːl]	動 未然に防ぐ，機先を制する（≒ preempt, thwart） ➤ forestall the danger [attempt]（危険［企て］を未然に防ぐ）
0236	**forfeit** [fɔ́ːrfət]	動（財産・権利などを罰として）没収される，（行為の結果）（～を）失う（≒ surrender, lose） ➤ forfeit *one's* property（財産を没収される）
0237	**fortitude** [fɔ́ːrtətjùːd]	名 不屈の精神（≒ mettle, perseverance） ➤ fortitude to deal with the problem（問題に取り組む不屈の精神）
0238	**fraught** [frɔːt]	形《通例，*be* ～で》（困難・問題などに）満ちた，（～を）はらんだ（≒ full of, filled with, rife with） ➤ *be* fraught with problems [difficulties]（問題［困難］でいっぱいである）
0239	**frenzy** [frénzi]	名 逆上，熱狂，狂乱（≒ hysteria, fever） 動 逆上させる ➤ a media frenzy（マスコミの熱狂ぶり）
0240	**fret** [fret]	動 心配する，苛立つ（≒ worry） ➤ fret about the future（将来のことで気をもむ）

学習日	年　月　日	年　月　日	年　月　日

One-paragraph Short Stories & Quizzes【9】

The ①**heretical** musician ②**improvised** music with ③**strident** noises at a music ④**bout**. His work was highly ⑤**acclaimed** by music ⑥**connoisseurs** but ⑦**denigrated** as a ⑧**diabolical** art by ⑨**parochial** critics. In fact, there was a ⑩**rift** between ⑪**aficionados** who considered his work ⑫**trailblazing** and ⑬**detractors** who regarded his work as too ⑭**cryptic** and ⑮**uncouth**.

Q. ①～⑮の意味に近い語を選んでください。

①	**heretical**	1. oblique	2. iconoclastic	3. lurid	4. vicarious
②	**improvised**	1. blemished	2. coalesced	3. bungled	4. extemporized
③	**strident**	1. enticing	2. grating	3. gratifying	4. pending
④	**bout**	1. contest	2. affront	3. boon	4. spar
⑤	**acclaimed**	1. revered	2. demeaned	3. vexed	4. chastised
⑥	**connoisseurs**	1. epitaphs	2. effigies	3. posters	4. pundits
⑦	**denigrated**	1. dislodged	2. bestowed	3. vilified	4. impounded
⑧	**diabolical**	1. concocted	2. scuttled	3. nefarious	4. exuded
⑨	**parochial**	1. obstinate	2. acrimonious	3. ostensible	4. audacious
⑩	**rift**	1. aversion	2. chasm	3. knack	4. figment
⑪	**aficionados**	1. facades	2. paragons	3. primates	4. enthusiasts
⑫	**trailblazing**	1. pioneering	2. glaring	3. debilitating	4. unwitting
⑬	**detractors**	1. disparagers	2. imposters	3. mavericks	4. mavens
⑭	**cryptic**	1. derelict	2. dreary	3. prosaic	4. enigmatic
⑮	**uncouth**	1. staunch	2. boorish	3. brash	4. egregious

【解答欄】

①	②	③	④	⑤	⑥	⑦	⑧

⑨	⑩	⑪	⑫	⑬	⑭	⑮

(和訳) その異端のミュージシャンは，音楽コンテストで耳障りな音で即興演奏した。彼の作品は，音楽の目利きから高く評価されたが，偏狭な批評家からは悪魔のような芸術として非難された。事実，そのように意見が分かれ，音楽愛好家の間で議論を呼んだ。彼の作品は不可解で粗野だと言う人もいれば，草分け的だと言う人もいた。

解答 …… 選択肢の赤い文字が正答

①	異端の	1. 斜めの	2. 因襲打破の	3. 不気味な	4. 代わりに経験する
②	即興の	1. 傷のある	2. 合体した	3. ぶつかった	4. 即興の
③	耳障りな	1. 魅力的	2. キーキーいう	3. 満足させる	4. 保留中の
④	試合	1. 対決	2. 侮辱	3. 恩恵	4. 口論
⑤	絶賛された	1. 尊敬された	2. 品位を落とされた	3. いらだった	4. 折檻された
⑥	目利き	1. 碑文	2. 人形（ひとがた）	3. ポスター	4. 専門家
⑦	非難する	1. 移動する	2. 授与する	3. 中傷する	4. 拘置する
⑧	悪魔のような	1. でっち上げた	2. 穴をあけた	3. 悪意のある	4. しみ出た
⑨	偏狭な	1. 頑固な	2. 辛辣な	3. 表向きの	4. 大胆な
⑩	分裂	1. 嫌悪	2. 亀裂	3. コツ	4. 作り事
⑪	熱狂的なファン	1. 建物の正面	2. 模範	3. 霊長類	4. 狂信者
⑫	先駆的な	1. 先駆的な	2. いやに目立つ	3. 衰弱させる	4. 意図的でない
⑬	中傷する人	1. 価値を落とす人	2. 詐欺師	3. 型破りな人物	4. 専門家
⑭	不可解な	1. 遺棄された	2. 悲惨な	3. 単調な	4. 謎めいた
⑮	粗野な	1. 忠実な	2. 野暮な	3. 軽率な	4. 言語道断な

学習日 年 月 日 | 年 月 日 | 年 月 日

0241 **full-fledged** [fʊ̀l-flédʒd]
形 一人前の，本格的な（≒ **f**ull-**g**rown, **f**ull-**b**lown）
➤ a full-fledged member of society（立派な社会人）

0242 **gallant** [gǽlənt]
形 勇敢な，勇ましい（≒ **v**aliant, **i**ntrepid）
➤ a gallant soldier（勇敢な兵士）
➤ a gallant fight（勇敢な戦い）

0243 **garment** [gɑ́ːrmənt]
名 衣類，服飾（≒ **c**ostume, **o**utfit）
➤ the garment industry（アパレル産業）
➤ a garment factory（衣料品工場）

0244 **garner** [gɑ́ːrnər]
動 集める，獲得する（≒ **g**ather） 名 穀物倉庫，蓄積
➤ garner support [votes]（支持［票］を集める）

0245 **gaudy** [gɔ́ːdi]
形 派手な，けばけばしい（≒ **g**arish, **o**stentatious）
➤ a gaudy dress [tie]（派手なドレス［ネクタイ］）

0246 **glaring** [glé(ə)rɪŋ]
形（欠点・誤り・問題などが）明白な，著しい
➤ a glaring example（顕著な例）
➤ a glaring problem（明白な問題）

0247 **glib** [glɪb]
形 口先だけの，口のうまい（≒ **s**lick, **s**mooth-**t**alking）
➤ a glib answer（口先だけの回答）
➤ have a glib tongue（口達者である）

0248 **gloat** [gloʊt]
動《overを伴って》～を満足そうに眺める（≒ **c**row **o**ver, **d**elight **i**n）
➤ gloat over *one's* victory [success]（自分の勝利［成功］にニンマリする）

0249 **grapple** [grǽp(ə)l]
動（問題などに）取り組む 名 とっくみあい（≒ **s**truggle, **w**restle）
➤ grapple with issues [problems]（問題に取り組む）

0250 **grievance** [gríːv(ə)ns]
名 不平，不満（≒ **gru**mble, **gri**pe）
➤ have [settle] a grievance（不満を抱く［解決する］）

0251 **grope** [groʊp]
動 手探りで探す，模索する（≒ fumble, rummage）
➤ grope for words（言葉を探す）
➤ grope for an answer（答えを模索する）

0252 **grudge** [grʌdʒ]
名 恨み，遺恨（≒ rancor, resentment）
動 惜しむ，ねたむ
➤ have [harbor] a grudge（恨みを抱く）

0253 **grueling** [grú(ː)əlɪŋ]
形 つらい，過酷な（≒ exhausting） 名 ひどい仕打ち，厳罰
➤ grueling training（過酷なトレーニング）
➤ a grueling schedule（過酷なスケジュール）

0254 **gruesome** [grúːs(ə)m]
形 身の毛もよだつ（≒ grisly, frightful）
➤ a gruesome death（ゾッとするような死）
➤ gruesome murder（身の毛もよだつ殺人）

0255 **grumble** [grʌ́mb(ə)l]
動 不平を言う（≒ complain, moan）
➤ grumble about price [food]（値段［食べ物］について不平を言う）

0256 **gullible** [gʌ́ləb(ə)l]
形 だまされやすい，（人が）信じやすい（≒ credulous, naive）
➤ gullible investors [fools]（だまされやすい投資家［愚か者］）

0257 **haggard** [hǽgərd]
形 やつれた（≒ careworn, tired）
➤ a haggard face [look]（やつれた顔［様子］）

0258 **haggle** [hǽg(ə)l]
動 値切る，交渉する，言い争う（≒ wrangle）
➤ haggle over the price（値段交渉をする）

0259 **hail** [heɪl]
動《hail ... as ~ で》…を～として迎える［認める］（≒ acknowledge）
➤ hail ... as a hero（～を英雄として迎える）
➤ hail ... as a masterpiece（～を名作として認める）

0260 **hallmark** [hɔ́ːlmὰːrk]
名（顕著な）特徴，特質，品質証明（≒ a striking feature）
➤ the hallmark of modern medicine（現代医学の特徴）

学習日　　年　月　日　　年　月　日　　年　月　日

4. テクノロジーのもたらす未来の基礎知識をマスター！

スイスの経済学者シュワブは「現代は**第 4 次産業革命**（**the fourth Industrial Revolution**）の黎明期（れいめいき）にあり，**変化の規模とスピードは前代未聞**（**an unprecedented pace and scale**）」と述べた。その産業革命を担うのは，**AI**（**Artificial Intelligence**），**IoT**（**the Internet of Things**〔モノのインターネット〕）と**ビックデータ**（**big data**）で，IoT 技術で収集された膨大なデータを AI が分析・**自己学習**（**self-learning**）し，システムの**最適化**（**optimization**）を行う超効率的なプロセスが実現する。さらに，米国 AI 研究者カーツワイルは，**自己改善**（**self-recurrency**）で加速的に知的能力が向上し，2045 年には AI が人間を追い抜くという，**singularity『特異点』**（シンギュラリティ）を唱えている。

AI，robotics，**自動運転車**（**autonomous vehicles**），3D プリンター，**ナノテクノロジー**（**nanotechnology**）はすべてネットでつながっており，**異業種が関連し合ってより高度化し**（**amplify each other in a fusion of technologies**），世界のビジネスモデルは一変する。しかし，進歩や機会を生み出す一方，**雇用の喪失**（**a loss of employment**）やサイバー犯罪などの問題も起こっている。事実，米国では，2011 年，サイバー空間を陸，海，空，宇宙に続く「**第五の戦場**」（“**the fifth battle field**”）と位置づけ，**サイバーセキュリティ人員や予算**（**cybersecurity personnel and budget**）を増やしている。

人工知能（**Artificial Intelligence**）とは，**手順**（**algorism**），**事前情報**（**prior information**），**知識データ**（**knowledge data**）を準備し，**人間の知性を必要とする仕事をこなせる工学技術**（**technology capable of performing tasks that require human intelligence**）のことである。90 年代初頭，専門家の知識を Input し，複雑な問題を AI に解かせる **expert system** の研究がなされたが，例外的な問題に対応できず AI ブームは途絶えた。しかし，2000 年代半ばから**ディープラーニング**（**Deep Learning**〔コンピュータによる machine learning〕）の登場で再びブームが起こった。現在は，ビッグデータを組み合わせて**様々な想定していない未知の問題**

にも対応できるAI（**AI capable of finding solutions to unexpected and open-ended questions**）「**汎用型AI**（**general-purpose AI**）」の研究がされている。

コンピュータは，1945年頃から**真空管**（**vacuum tubes**）が**トランジスタ**（**transistors**），**集積回路**（**integrated circuits**［**ICs**］），**LSI**（**large scale integration**〔大規模集積回路〕）へと進化し，同時に大型汎用コンピュータはパソコンへと進化し，高速化，小型化，大容量化が進んだ。さらに，次世代型の**量子コンピュータ**（**quantum computers**）は，圧倒的なスピードで産業構造や生活を根底から変える可能性がある。2020年に中国科学技術大学（**USTC**）が開発した量子コンピュータは，従来型コンピュータの100兆倍，グーグルマシンの100億倍の演算能力に相当すると言われている。

超高速輸送システム：リニア・ハイパーループとは？！

超電導リニア方式（**an electromagnetic levitation system**）は，車輪が磁石の力で10cm浮き，時速500kmで走る。中国では超電導リニアに**真空チューブ技術**（**vacuum tube technology**）を組み合わせて，時速は**音速**（**a sonic speed**）を超える1,500kmを目指しており，アメリカではイーロンマスクらが時速約1,200kmで走る「**ハイパーループ**」（**Hyperloop**）の実現が2030年頃になると言われている。また，**超音速旅客機**（**supersonic transport**［**SST**］）では，日本の航空会社も出資するあるスタートアップ企業の計画するSSTが，2020年半ばの**初飛行**（**the first flight**）を計画しており，**最高時速約2,300km**（**a maximum speed of 2300 km per hour**）での，2020年代半ばの初飛行を計画している。

学習日 | 年 月 日 | 年 月 日 | 年 月 日

0261 **hamper** [hǽmpər]
動 妨害する，邪魔する（≒ **i**mpede, **h**inder）
➤ hamper the national progress [development]（国家の進歩［発展］を妨げる）

0262 **haphazard** [hæ̀phǽzərd]
形 場当たり的な，計画性のない（≒ **r**andom）
➤ a haphazard manner [approach]（場当たり的な方法［やり方］）

0263 **harbinger** [hɑ́ːrbɪn(d)ʒər]
名 前兆，前触れ（≒ **o**men, **p**ortent）
➤ a harbinger of death [trouble]（死［災難］の前触れ）

0264 **havoc** [hǽvək]
名 大損害，大混乱（≒ **de**vastation, **di**sorder）
➤ wreak [play] havoc on the economy（経済に大惨事をもたらす）

0265 **headway** [hédwèɪ]
名 進歩，前進（≒ **p**rogress, **a**dvance）
➤ make headway in the foreign market（海外市場に進出する）

0266 **hectic** [héktɪk]
形（目まぐるしく）非常に忙しい，あわただしい（≒ **b**usy, **f**renetic）
➤ a hectic schedule [lifestyle]（あわただしい予定［ライフスタイル］）

0267 **hefty** [héfti]
形 多額［高額］の，ずっしりした，屈強の（≒ **s**ubstantial, **b**urly）
➤ a hefty fine [salary]（多額の罰金［給料］）

0268 **heinous** [héɪnəs]
形 凶悪な，悪質な（≒ **n**efarious, **a**trocious, **o**dious）
➤ a heinous crime [offence]（凶悪な犯罪）

0269 **herald** [hér(ə)ld]
動 ～の到来［到着］を告げる（≒ **s**ignal, **i**ndicate） 名 先触れ，伝令官
➤ herald the arrival [start, end] of spring（春の到来［始まり，終わり］を告げる）

0270 **hilarious** [hɪléəriəs]
形 非常におもしろい（≒ **ve**ry **f**unny）
➤ a hilarious joke [book]（非常に面白いジョーク［本］）

No.	見出し語	意味・例文
0271 □□□	**hoard** [hɔːrd]	動 ため込む（≒ **st**ore, **st**ock） 名 蓄え，蓄積 ➤ hoard money [cash]（お金［現金］をため込む）
0272 □□□	**homage** [há(ː)mɪdʒ|hɔ́m-]	名 敬意，忠誠の誓い（≒ **t**ribute, **r**everence） ➤ pay homage to the war dead（戦死者に敬意を表する）
0273 □□□	**hone** [hoʊn]	動（才能・技術などを）磨く，（刃物を）研ぐ（≒ **s**harpen） ➤ hone *my* driving skills（運転技術を磨く）
0274 □□□	**hunch** [hʌn(t)ʃ]	名 予感，直感（≒ **p**remonition, **i**ntuition） 動（背中などを）丸める ➤ have a hunch that it will rain（雨の降る予感［気］がする） ➤ play *one's* hunch（直感で行動する）
0275 □□□	**idyllic** [aɪdílɪk|ɪd-]	形 のどかな，田園風の，牧歌的な（≒ **r**ura**l**, **r**usti**c**） ➤ the idyllic countryside（のどかな田舎） ➤ an idyllic landscape（のどかな風景）
0276 □□□	**immaculate** [ɪmǽkjələt]	形 欠点のない［完璧な］，（場所・服などが）汚れていない（≒ **i**mpeccable, **p**ristine） ➤ an immaculate performance [reputation]（完璧な演技［評判］）
0277 □□□	**immerse** [ɪmə́ːrs]	動《～ *one*self ／ *be* ～d で》没頭する，浸す（≒ **a**bsorb, **s**oak） ➤ immerse *one*self in work（仕事に没頭する） ➤ immerse the bottle in boiling water（びんを熱湯に浸す）
0278 □□□	**imminent** [ímɪnənt]	形 差し迫った，切迫した，（いやなことが）今にも起こりそうな（≒ **i**mpending） ➤ an imminent danger [threat]（差し迫った危険［脅威］）
0279 □□□	**immunize** [ímjənàɪz]	動 予防注射を打つ，免疫性を与える（≒ **v**accinate, **i**noculate） ➤ immunize people against a disease [virus]（ある病気［ウイルス］に対する予防接種をする）
0280 □□□	**impair** [ɪmpéər]	動（価値・力量・質などを）弱める，悪くする，損なう，害する（≒ **d**amage, **h**arm） ➤ impair the value [health]（価値［健康］を損なう）

学習日	年　月　日	年　月　日	年　月　日

One-paragraph Short Stories & Quizzes【10】

The man in ①**tattered** clothes with ②**unkempt** hair lived in a ③**run-down** house. When he was suspected of having been involved in ④**sordid** business, he ⑤**repudiated** his involvement. But he was finally subject to ⑥**impeachment** and ⑦**deposed** from his post.

One day, he saw a ⑧**ravishing** woman in an ⑨**outlandish** dress, walking her ⑩**frisky** puppy. ⑪**Captivated** by her ⑫**unparalleled** beauty, he tried to ⑬**spruce** himself **up** and ⑭**rejuvenate** himself. Through this experience, he has developed a ⑮**zest** for living.

Q. ①～⑮の意味に近い語を選んでください。

①	**tattered**	1. frayed	2. composed	3. venomous	4. tenuous
②	**unkempt**	1. intractable	2. defunct	3. infatuated	4. disheveled
③	**run-down**	1. inclement	2. eerie	3. contrite	4. ramshackle
④	**sordid**	1. vile	2. deft	3. obtrusive	4. intrepid
⑤	**repudiated**	1. disavowed	2. dissected	3. extorted	4. disbanded
⑥	**impeachment**	1. downfall	2. indictment	3. denouement	4. exoneration
⑦	**deposed**	1. thwarted	2. ousted	3. swindled	4. excavated
⑧	**ravishing**	1. compelling	2. prosaic	3. exquisite	4. daunting
⑨	**outlandish**	1. succinct	2. tenacious	3. thorny	4. bizarre
⑩	**frisky**	1. wistful	2. perky	3. tepid	4. viable
⑪	**captivated**	1. depraved	2. heaved	3. engrossed	4. jaded
⑫	**unparalleled**	1. inimitable	2. preposterous	3. remunerative	4. uncanny
⑬	**spruce up**	1. jack up	2. tidy up	3. chalk up	4. cough up
⑭	**rejuvenate**	1. tantalize	2. eschew	3. rekindle	4. evoke
⑮	**zest**	1. zeal	2. rehash	3. quip	4. hunch

【解答欄】

①	②	③	④	⑤	⑥	⑦	⑧

⑨	⑩	⑪	⑫	⑬	⑭	⑮

(和訳) ぼさぼさの髪にぼろぼろの服を着た男が荒れ果てた家に住んでいた。彼は，汚い商売をしていると疑われても，それを否定し，ついには弾劾されて職を追われた。ある日，彼は奇抜なドレスを着た魅惑的な女性が元気な子犬を散歩しているのを見た。彼女の比類のない美しさに魅了された彼は，めかしこんで若返り，生きる情熱を高めた。

解答 …… 選択肢の赤い文字が正答

①	ぼろぼろの	1. 擦り切れた	2. 落ち着いた	3. 有毒な	4. 希薄な
②	ぼさぼさの	1. 手に負えない	2. 機能しなくなった	3. 夢中になっている	4. 乱れた
③	荒れ果てた	1. 荒れ狂う	2. 不気味な	3. 軽蔑	4. がたがたの
④	卑劣な	1. 卑劣な	2. 器用な	3. 押しつけがましい	4. 勇敢な
⑤	否認した	1. 否定した	2. 解剖した	3. 恐喝した	4. 解散した
⑥	告訴	1. 転落	2. 起訴	3. 大詰め	4. 免除
⑦	追い出された	1. 妨害された	2. 追放された	3. 欺かれた	4. 発掘された
⑧	魅惑的な	1. 説得力のある	2. 無作法な	3. 非常に美しい	4. 気が遠くなる
⑨	奇抜な	1. 簡潔な	2. 粘り強い	3. とげのある	4. 奇妙な
⑩	元気な	1. 物欲しそうな	2. はつらつとした	3. ぬるい	4. 実行可能の
⑪	魅了された	1. 堕落した	2. 隆起した	3. 夢中になった	4. 疲れ切った
⑫	比類のない	1. 比類のない	2. 馬鹿げた	3. 利益のある	4. 奇怪な
⑬	身なりを整える	1. 値上げする	2. 着飾る	3. 得点を得る	4. しぶしぶ支払う
⑭	若返らせる	1. じらす	2. 避ける	3. 再び活気づく	4. 引き起こす
⑮	熱意	1. 熱意	2. 焼き直し	3. 警句	4. 虫の知らせ

学習日	年　月　日	年　月　日	年　月　日

0281 □□□ **impasse** [ímpæs, -ˊ|æmpɑ́ːs]
名《通例，単数形で》行き詰まり，袋小路，難局（≒ **d**eadlock, **st**alemate）
➤ a political impasse（政治の行き詰まり）
➤ an economic impasse（経済の行き詰まり）

0282 □□□ **impassioned** [ɪmpǽʃ(ə)nd]
形 熱烈な，熱のこもった（≒ **e**motional, **f**ervent）
➤ an impassioned plea（切々とした訴え）
➤ an impassioned speech（熱弁）

0283 □□□ **impeccable** [ɪmpékəb(ə)l]
形 完璧な，非の打ちどころがない（≒ **fl**awless, **i**mmaculate）
➤ impeccable service [work]（完璧なサービス［仕事］）

0284 □□□ **impede** [ɪmpíːd]
動（行為・進行などを）邪魔する，遅らせる（≒ **h**inder, **ob**struct）
➤ impede the development（発展を阻害する）
➤ impede the growth（成長を妨げる）

0285 □□□ **impending** [ɪmpéndɪŋ]
形（危険などが）切迫した（≒ **i**mminent）
➤ an impending danger [disaster]（差し迫った危険［災害］）

0286 □□□ **impersonate** [ɪmpə́ːrsənèɪt]
動 物まねをする，（人に）なりすます，（～を）装う（≒ **i**mitate, **m**imic）
➤ impersonate the actor（俳優の物まねをする）
名 **impersonation**（物まね，なりすまし）

0287 □□□ **impervious** [ɪmpə́ːrviəs]
形（水・湿気などを）通さない，影響されない（≒ **i**mpermeable, **u**naffected, **i**mmune **t**o）
➤ *be* impervious to water [heat]（水［熱］を通さない）

0288 □□□ **impetus** [ímpətəs]
名 勢い［はずみ］，刺激［推進力］（≒ **m**omentum, **st**imulus, **i**mpulsion）
➤ gain [lose] impetus（勢いを増す［失う］）

0289 □□□ **implication** [ìmplɪkéɪʃ(ə)n]
名（予想される）影響［結果］，（悪事の）関与，暗示（≒ **c**onsequence, **i**nvolvement, **s**uggestion）
➤ the social implications of AI technology（AI 技術の社会的影響）

0290 □□□ **impound** [ɪmpáʊnd]
動 押収［没収］する（≒ **c**onfiscate, **s**eize）
➤ impound his property [belongings]（彼の財産［所有物］を押収する）

0291 □□□ **impoverished** [ɪmpɑ́(ː)v(ə)rɪʃt|-pɔ́v-]

形 貧困に陥った（≒ **destitute**, **indigent**）
➤ an impoverished family [country]（貧しい家族［国］）
動 **impoverish**（貧乏にする）

0292 □□□ **inadvertently** [ìnədvə́ːrt(ə)ntli]

副 うっかりして，不注意に（≒ **unwittingly**, **unintentionally**）
➤ inadvertently reveal the secret（うっかり秘密をもらす）
形 **inadvertent**（うっかりした，不注意な）

0293 □□□ **incarcerate** [ɪnkɑ́ːrsərèɪt]

動 投獄する（≒ **imprison**, **jail**）
➤ *(be)* incarcerated in prison [labor camps]（刑務所［労働収容所］に収監される） 名 **incarceration**（投獄）

0294 □□□ **inception** [ɪnsépʃ(ə)n]

名 始まり，開始（≒ **initiation**, **commencement**）
➤ the inception of the organization [system]（組織［制度］の発足）

0295 □□□ **incipient** [ɪnsípiənt]

形（発生・存在の）始まりの，初期の（≒ **embryonic**, **nascent**）
➤ an incipient stage of development（発展の初期段階）
➤ an incipient lesion（初期の病変）

0296 □□□ **incremental** [ìŋkrɪmént(ə)l]

形 徐々に起こる［増加する］（≒ **gradual**, **progressive**）
➤ incremental changes（徐々に起こる変化）
名 **increment**（漸増，〔数量・価値などの〕増加［増大］）

0297 □□□ **incur** [ɪnkə́ːr]

動（負債・責任などを）負う，（傷害・損害などを）被る（≒ **assume**, **sustain**）
➤ incur debts [responsibility]（負債［責任］を負う）

0298 □□□ **indebted** [ɪndétəd]

形（人に）恩義を感じる，負債がある（≒ **obliged**）
➤ I am deeply indebted to him for his contributions.（彼の貢献には深く感謝している） ➤ heavily indebted countries（重債務国）

0299 □□□ **indigenous** [ɪndídʒ(ə)nəs]

形（その土地・国に）固有の［土着の］，（人が）現地の（≒ **native**, **aboriginal**）
➤ *be* indigenous to Japan（日本固有のものである［原産である］）
➤ indigenous people（先住民）

0300 □□□ **indoctrinate** [ɪndɑ́(ː)ktrɪnèɪt|-dɔ́k-]

動 教え込む，吹き込む（≒ **inculcate**, **brainwash**）
➤ indoctrinate people with an idea（人々に主義［思想］を吹き込む） 名 **indoctrination**（教化）

学習日	年　月　日	年　月　日	年　月　日

One-paragraph Short Stories & Quizzes【11】

The man ①**gloated** over the possession of his ②**extravagant** house ③**shrouded** in leaves in an ④**idyllic** village. The house has a ⑤**luxuriant** garden with a ⑥**plethora** of ⑦**colossal** trees and ⑧**sundry** flowers. That ⑨**stately** country house was the ⑩**antithesis** of the modern ⑪**state-of-the-art** condo. The ⑫**venerable** house, which is ⑬**reminiscent** of old temples in Japan, is ⑭**appraised** at a ⑮**whopping** two million dollars.

Q. ①～⑮の意味に近い語を選んでください。

①	**gloated**	1. pried	2. winced	3. vied	4. rejoiced
②	**extravagant**	1. copious	2. sumptuous	3. scrupulous	4. amenable
③	**shrouded**	1. curbed	2. cloaked	3. mitigated	4. covert
④	**idyllic**	1. bucolic	2. tepid	3. stuffy	4. abrasive
⑤	**luxuriant**	1. bland	2. remunerative	3. vehement	4. opulent
⑥	**plethora**	1. pretext	2. animosity	3. profusion	4. onslaught
⑦	**colossal**	1. devout	2. sordid	3. mammoth	4. aboveboard
⑧	**sundry**	1. dainty	2. hefty	3. rudimentary	4. miscellaneous
⑨	**stately**	1. profane	2. slovenly	3. august	4. genial
⑩	**antithesis**	1. litany	2. obverse	3. outcast	4. innuendo
⑪	**state-of-the-art**	1. leading-edge	2. down-to-earth	3. dyed-in-the-wool	4. run-of-the-mill
⑫	**venerable**	1. versatile	2. vulnerable	3. light-tight	4. time-honored
⑬	**reminiscent**	1. sleek	2. redolent	3. rampant	4. abject
⑭	**appraised**	1. rated	2. mortified	3. placated	4. retrieved
⑮	**whopping**	1. ascetic	2. diminutive	3. staggering	4. floundering

【解答欄】

①		②		③		④		⑤		⑥		⑦		⑧	

⑨		⑩		⑪		⑫		⑬		⑭		⑮	

（和訳） その男は，のどかな村にある葉に覆われた贅沢な自分の家を満足そうに眺めた。家には，巨大な木々，さまざまな花がある豪華な庭園がある。その風格のある田舎の邸宅は，現代の最先端のマンションとは対照をなしていた。日本の寺を彷彿とさせる由緒ある家は，実に200万ドルもの評価額だ。

解答 ...... 選択肢の赤い文字が正答

①	ニンマリした	1. のぞいた	2. ひるんだ	3. 張り合った	4. 喜んだ
②	贅沢な	1. 豊富な	2. 豪華な	3. 几帳面な	4. 従順な
③	覆った	1. 抑制された	2. 覆われた	3. 緩和された	4. 秘密の
④	牧歌的な	1. 牧歌的な	2. ぬるい	3. 息が詰まった	4. 耳障りな
⑤	豊かな	1. 当たり障りのない	2. 報酬のある	3. 激しい	4. 豊かな
⑥	大量	1. 口実	2. 敵意	3. 多量	4. 猛攻撃
⑦	巨大な	1. 敬虔な	2. 愚かな	3. 巨大な	4. 公明正大な
⑧	さまざまな	1. 可憐な	2. 重い	3. 初歩的な	4. 雑多な
⑨	堂々と	1. 冒涜的	2. だらしない	3. 威厳のある	4. 愛想のよい
⑩	対照	1. 長々とした説明	2. 反対のもの	3. 追放	4. 皮肉
⑪	最先端の	1. 最先端の	2. 現実的な	3. 生粋の	4. 平凡な
⑫	敬うべき	1. 多才の	2. 脆弱な	3. 光を通さない	4. 由緒ある
⑬	思い出させる	1. なめらかな	2. 偲ばせる	3. 横行する	4. 卑劣な
⑭	評価された	1. 評価された	2. 恥をかかされた	3. なだめられた	4. 取り戻された
⑮	とても大きな	1. 禁欲的な	2. 小さい	3. びっくりするほどの	4. じたばたする

Unit 16 【一般語彙】Rank A ★★★★ ▶ 0301-0320

学習日　年　月　日 ｜ 年　月　日 ｜ 年　月　日

0301 **inept** [ìnépt]
形 無能な（≒ incompetent）
➤ the government's inept handling of the crisis（政府の無能な危機対応） 名 **ineptitude**（無能ぶり，能力［技量］不足，不適当〔な言動〕）

0302 **inexorable** [ɪnéks(ə)rəb(ə)l]
形 情け容赦のない，止められない（≒ relentless, unavoidable）
➤ an inexorable rise of the cost（価格の容赦ない高騰）
➤ an inexorable process（止められないプロセス）

0303 **infest** [ɪnfést]
動《*be* ～ ed with で》（害虫・ネズミなどが）（場所・物などに）群がる［はびこる］（≒ overrun, swarm）
➤ *(be)* infested with insects（虫が群がっている）

0304 **inflict** [ɪnflíkt]
動（苦痛・損害などを）与える，もたらす（≒ impose, force）
➤ inflict damage [pain] on him（彼に害［苦痛］を与える）

0305 **influx** [ínflʌ̀ks]
名《通例，単数形で》（突然の）流入，殺到（≒ inundation, flood）
➤ an influx of immigrants [refugees]（移民［難民］の流入）

0306 **infringement** [ɪnfrín(d)ʒmənt]
名（権利などの）侵害，違反（≒ violation, breach）
➤ an infringement on copyright（著作権の侵害）
動 **infringe**（〔法律・義務などを〕破る，侵害する）

0307 **ingrained** [ɪngréɪnd]
形（信念・習慣などが）深くしみ込んだ，根深い（≒ entrenched, established）
➤ a deeply ingrained prejudice（深く根付いた偏見）

0308 **innate** [ìnéɪt]
形 生まれつきの，生来の，先天的な（≒ inborn, inherent）
➤ have an innate ability to learn language（生来の言語学習能力がある） ➤ have an innate sense of art（生来のアートセンスがある）

0309 **innumerable** [ɪnjúːm(ə)rəb(ə)l]
形 数えきれないほどの（≒ countless, numerous）
➤ an innumerable number of people（数え切れないほどの多くの人々）

0310 **insatiable** [ɪnséɪʃəb(ə)l]
形 飽くなき，強欲な（≒ unquenchable, voracious, rapacious）
➤ an insatiable appetite [desire]（飽くなき食欲［願望］）

0311 **inscrutable** [ɪnskrúːtəb(ə)l]
形 感情を表に出さない［真意の読めない］，不可解な（≒ **m**ysterious, **e**nigmatic）
➤ an inscrutable face [smile]（謎めいた顔［微笑］）

0312 **insinuate** [ɪnsínjuèɪt]
動 ほのめかす（≒ **i**mply, **s**uggest）
➤ insinuate that he is a fool（彼がばかだとほのめかす）
名 **insinuation**（ほのめかし，いやみ，当てこすり）

0313 **instigate** [ínstɪgèɪt]
動（調査などを）開始する，（訴訟を）起こす，扇動する（≒ **i**ncite, **f**oment）
➤ instigate an investigation（調査を開始する）
➤ instigate a riot（暴動を扇動〔せんどう〕する）

0314 **instill** [ɪnstíl]
動（規律・習慣などを）教え込む，（感情などを）植え付ける（≒ **in**culcate, **im**plant）
➤ instill discipline in children（子供に規律を教え込む）
➤ instill confidence in children（子供に自信を植え付ける）

0315 **intercept** [ìntərsépt]
動 傍受する，迎撃する（≒ **c**atch, **o**bstruct）
➤ intercept communications（通信を傍受する）
➤ intercept missiles（ミサイルを迎撃する）

0316 **intervene** [ìntərvíːn]
動 介入［干渉］する，仲裁［調停］に入る（≒ **i**ntercede, **s**tep **i**n）
➤ intervene in a dispute（紛争に介入する）
名 **intervention**（介入，干渉，仲裁，調停）

0317 **intimidate** [ɪntímɪdèɪt]
動 脅す，《～ *A* into *doing* ／ *B* で》A（人）を脅して～させる［B（状態）にする］，怖がらせる（≒ **t**errify, **m**enace）
➤ intimidate him into signing a contract（彼を脅して契約にサインさせる）

0318 **intoxicated** [ɪntá(ː)ksɪkèɪtɪd|-tɔ́ks-]
形 酔った，興奮した（≒ **d**runk, **ine**briated, **th**rilled）
➤ *be* intoxicated by his victory（彼の勝利に酔いしれる）
名 **intoxication**（陶酔） 反 **sober**（しらふの）

0319 **intractable** [ɪntrǽktəb(ə)l]
形（問題などが）手に負えない，（病気などが）治りにくい，強情な（≒ **u**nmanageable, **s**tubborn）
➤ intractable problems [diseases]（手に負えない問題［難病］）

0320 **intriguing** [ɪntríːgɪŋ]
形 興味をそそる，面白い（≒ **i**nteresting, **f**ascinating）
➤ intriguing stories [questions]（興味をそそる話［質問］）
名 動 **intrigue**（興味をそそる［好奇心をかき立てる］，陰謀）

学習日	年　月　日	年　月　日	年　月　日

5. 気象学の基礎知識をマスター！（竜巻・ハリケーン）

地球科学（**e**arth **s**ciences）の一分野である**気象学**（**m**eteorology）は，**地球の大気**（**the E**arth's **a**tmosphere）中で起こる現象を扱い，気象を地理学的に研究する**気候学**（**c**limatology）を含む。

竜巻（tornado）は螺旋状(らせんじょう)に高速回転しながら移動する空気の柱で，湿った暖かい空気が冷えると大量の水を放出する際，寒冷前線（a cold front）が起こり，**水分を凝縮する時に放出されるエネルギー**（**e**nergy **r**eleased **by c**ondensing **w**ater）によって**破壊的な大気擾乱(じょうらん)**（**the m**ost **d**estructive **a**tmospheric **d**isturbances）が生まれ，通過地点に存在するものすべて吸い込む。竜巻は**つむじ風**（**t**wister）や**サイクロン**（**c**yclone）とも呼ばれ，普通，直径約 250 フィート（約 80m）で，移動速度は時速平均 50 ～ 60km で約 30 分，数マイル進む。竜巻が発生しやすいのは，**熱帯低気圧**（**a t**ropical **c**yclone）の通過時，**温帯低気圧**（**an e**xtratropical **c**yclone）・**寒冷前線**（**a c**old **f**ront）・**停滞前線**（**a s**tationary **f**ront）の通過時などである。

ハリケーンは，**最高風速**（**the m**aximum **w**ind **v**elocity）が時速 119km を越える暴風を伴う強度の海洋低気圧で，半径約 500km，海面温度 26℃以上の**海域**（**s**ea **a**reas）で発生し，**地球自転**（**the E**arth's **r**otation）の影響を受けて，ハリケーンの中では風は**反時計回り**（**c**ounter-**c**lockwise）に吹き，中心にある**目**（**the e**ye）に向かって渦を巻いている。日本では中心付近の最大風速が秒速 17.2m 以上の同性質の熱帯低気圧を**台風**（**t**yphoon）と呼んでいる。日本周辺の平均気圧は約 1013 **ヘクトパスカル**（**h**Pa）（**h**ectopascal）である。気象学者は，長い間，大気圧の測定に**バール**（**b**ar）を用いてきたが，ヘクトパスカルが国際単位として使われるようになった。

エルニーニョ・ラニャーナと地磁気の逆転

エルニーニョ現象（**the El Niño**）は，西太平洋熱帯域の海面水温が低下し，日本では，夏は気温が低く**日照時間**（**daylight hours**）が少なくなり，冬は**西高東低の気圧配置**（**high barometric pressure to the west, low pressure to the east**）が弱まり，気温が高くなる傾向のことです。**ラニーニャ現象**（**the La Niña**）は西太平洋熱帯域の海面水温が上昇し，日本では気温が高くなり，冬は低くなる傾向のことです。両者は一度発生すると１年から１年半持続し，**交互に発生**（**alternately occur**）することが多い。

磁気圏（**the magnetosphere**）とは，地球を取り巻く**宇宙の磁場**（**the magnetic field in space**）であるが，私達の惑星の生命に多大な影響を与えており，**太陽風や磁気の運行から生命を守っている**（**a shelter from solar wind and the magnetic navigation**）。磁場は一般に**ダイナモ効果**（**a dynamo effect**）によって起こり，地球の**溶解した鉄の動き**（**the movement of molten iron**）により作り出されると考えられている。

磁気圏が弱まっており，将来，**地磁気の逆転**（**a magnetic reversal**）が起こると示唆する科学者もいる。**古代の溶岩の地質学的研究結果**（**geological findings of ancient lava**）では，**地球の極の逆転**（**a pole reversal**）は約 25 万年ごとに起こると考えられている。また，専門家の多くは，逆転は**地球の液体状の外核の大乱流**（**turbulence in the Earth's liquid outer core**）に関わりがあると考えている。さらに科学者たちは，同時期に起こった地磁気の逆転と，**頻発する急激な温暖化・寒冷化**（**frequent rapid cooling and warming**）を含めた気候変化，**巨大火山の噴火**（**eruption of super-volcanoes**）とを関連付ける一方，地磁気逆転と**生物絶滅**（**species extinction**）との関連の可能性を研究している。

学習日 年 月 日 年 月 日 年 月 日

0321 **intrinsic** [ɪntrínsɪk, -zɪk]
形 本質的な，本来備わっている（≒ **inherent**, **innate**）
➤ the intrinsic value of gold（金の本質的な価値）
副 **intrinsically**（本質的に，本来）

0322 **introverted** [ìntrəvə́ːʳtɪd]
形 内向的な，内向性の（≒ **shy**, **withdrawn**）
➤ an introverted child [nature]（内向的な子供［性格］）
反 **extroverted**（外向的な，社交的な）

0323 **inundate** [ínʌndèɪt]
動 殺到する，水浸しにする（≒ **swamp**, **deluge**）
➤ *be* inundated with complaints [applications]（苦情［申し込み］が殺到する） 名 **inundation**（殺到，浸水［氾濫］）

0324 **invigorating** [ɪnvígərèɪtɪŋ]
形 元気づける，爽快にさせる，激励する（≒ **vitalizing**, **energizing**）
➤ (an) invigorating exercise [walk]（爽快させる運動［すがすがしい散歩］）
動 **invigorate**（生気を与える，生き生きとさせる）

0325 **invincible** [ɪnvínsəb(ə)l]
形 無敵の，（思想・態度などが）不屈の［揺るぎない］（≒ **invulnerable**, **impregnable**）
➤ an invincible army（無敵の軍隊） ➤ an invincible will（揺るぎない意志）

0326 **invoke** [ɪnvóʊk]
動 発動する［訴える］，呼び起こす（≒ **implement**, **conjure up**）
➤ invoke sanctions（制裁措置を講じる）
➤ invoke a law（法律に訴える）

0327 **irreparable** [ɪrép(ə)rəb(ə)l]
形 修復［回復］不可能な，取り返しのつかない（≒ **irreversible**）
➤ irreparable damage to the company（会社に与えた取り返しのつかない損害）

0328 **irrevocable** [ɪrévəkəb(ə)l, 《米》ìrɪvóʊk-]
形 取り返しのつかない［取り消せない］，覆(くつがえ)らない（≒ **irreversible**）
➤ irrevocable damage（取り返しがつかない被害）
➤ an irrevocable decision（覆らない決定）

0329 **jeopardy** [dʒépəʳdi]
名 危険《in ～で用いる》（≒ **danger**, **peril**）
➤ My life is in jeopardy.（私の人生は危険にさらされている）
動 **jeopardize**（危険にさらす）

0330 **jubilant** [dʒúːbɪlənt]
形 喜びに満ちた，大喜びの（≒ **elated**）
➤ jubilant fans [crowds]（大喜びのファン［群衆］）

0331	**juggle** [dʒʌ́g(ə)l]	動 やりくりする，ジャグリングする（≒ **b**alance） ➤ juggle work and family（仕事と家庭を両立させる） 名 **juggler**（〔球などを宙に投げて操る〕ジャグラー，手品師，詐欺師）
0332	**juncture** [dʒʌ́ŋ(k)tʃər]	名（重大な）局面［時点］，岐路（≒ **p**oint in time） ➤ The economy [government] is at a critical juncture.（経済［政府］は重大な局面にある）
0333	**knack** [næk]	名 こつ，技巧（≒ **t**echnique, **s**kill） ➤ have a knack for business [making money]（ビジネス［金儲け］のこつを知っている）
0334	**laudable** [lɔ́:dəb(ə)l]	形 賞賛に値する（≒ **p**raiseworthy, **c**ommendable） ➤ laudable goals [objectives]（すばらしいゴール［目標］） 動 **laud**（賞賛する）
0335	**lavish** [lǽvɪʃ]	形 ぜいたくな，惜しまない（≒ **s**umptuous, **l**uxurious） 動 惜しげなく与える ➤ a lavish lifestyle（ぜいたくな暮らし〔ぶり〕） ➤ lavish praise on her（彼女に惜しみない賛辞を送る）
0336	**layman** [léɪmən]	名《the ～で》素人，一般人（≒ **d**ilettante, **a**mateur） ➤ layman's way of thinking（素人考え）
0337	**lenient** [lí:niənt]	形（人・判決などが）寛大な（≒ **m**erciful, **f**orgiving） ➤ a lenient sentence（寛大な判決） 名 **leniency**（〔罰・規律などに関する〕寛容さ，甘さ，寛大な判決）
0338	**levy** [lévi]	動（税・罰金などを）課す，取り立てる（≒ **i**mpose, **c**harge） 名 課税，税金［罰金］の取り立て，徴収 ➤ levy a heavy tax on the income（所得に重税を課す）
0339	**litter** [lítər]	動（大量に乱雑に）散らかす（≒ **m**ess **u**p, *be* **s**trewn **a**bout） 名 ごみ ➤ The desk is littered with papers.（机は書類で散らかっている）
0340	**loot** [lu:t]	動（お金・物などを）略奪する，（場所を）荒らす（≒ **pl**under, **pi**llage, **d**espoil） ➤ loot the town（街を荒らす／街で略奪行為をする）

一般語彙【Rank A】 一般語彙【Rank B】 一般語彙【Rank C】 句動詞【Rank A】 句動詞【Rank B】 句動詞【Rank C】

学習日	年　月　日	年　月　日	年　月　日

One-paragraph Short Stories & Quizzes【12】

Recently, I was ①**vexed** by my ②**congenial** but gullible friend who ③**consorted** with a ④**devious** person and ignored my ⑤**prescient** warning. ⑥**Enticed** by the ⑦**con artist**, he ⑧**infiltrated** the computer to ⑨**embezzle** money and ⑩**misappropriate** personal information. When I ⑪**berated** him for his ⑫**transgression** with ⑬**caustic** remarks, he ⑭**winced** at my tone of voice and turned ⑮**rueful**.

Q. ①～⑮の意味に近い語を選んでください。

①	**vexed**	1. tempted	2. incited	3. incensed	4. debased
②	**congenial**	1. paunchy	2. agreeable	3. nebulous	4. callous
③	**consorted**	1. surmised	2. associated	3. grumbled	4. encroached
④	**devious**	1. crooked	2. hazy	3. zealous	4. plucky
⑤	**prescient**	1. mediocre	2. adamant	3. ferocious	4. prophetic
⑥	**enticed**	1. eschewed	2. scorned	3. hoaxed	4. cajoled
⑦	**con artist**	1. fraud	2. virtuoso	3. catalyst	4. adherent
⑧	**infiltrated**	1. penetrated	2. provoked	3. impounded	4. defiled
⑨	**embezzle**	1. pocket	2. allot	3. recant	4. curb
⑩	**misappropriate**	1. flout	2. spawn	3. deride	4. expropriate
⑪	**berated**	1. reproached	2. quelled	3. elicited	4. emaciated
⑫	**transgression**	1. residue	2. calamity	3. infraction	4. sobriety
⑬	**caustic**	1. grumpy	2. amenable	3. outlandish	4. scathing
⑭	**winced**	1. staggered	2. recoiled	3. conned	4. abrogated
⑮	**rueful**	1. remorseful	2. cantankerous	3. incorrigible	4. mercurial

【解答欄】

①	②	③	④	⑤	⑥	⑦	⑧

⑨	⑩	⑪	⑫	⑬	⑭	⑮

(和訳) 最近，私の先を見越した警告を無視して，よこしまな人と付き合っていた，仲はよいが騙されやすい友人に腹を立てた。その詐欺師にそそのかされた彼は職場のコンピュータに侵入してお金を横領し，個人情報を悪用した。私が彼の犯罪を辛辣に非難したので，彼は私の声の調子に怯（ひる）み，後悔していた。

解答……選択肢の赤い文字が正答

①	腹を立てた	1. 誘惑された	2. 扇動された	3. 腹を立てた	4. 価値を下げられた
②	気の合う	1. 太鼓腹の	2. 好みに合う	3. 曇った	4. 無慈悲な
③	交わった	1. 推測した	2. 付き合った	3. 不平を言った	4. 侵入した
④	よこしまな	1. ゆがんだ	2. かすんでいる	3. 熱心な	4. 元気のよい
⑤	先見の明のある	1. 平凡な	2. 断固たる	3. 凶暴な	4. 予言的な
⑥	誘惑された	1. 避けられた	2. 軽蔑された	3. かつがれた	4. 言い寄られた
⑦	詐欺師	1. 詐欺師	2. 名人	3. 触媒	4. 支持者
⑧	侵入した	1. 入り込んだ	2. 挑発した	3. 囲った	4. 汚した
⑨	横領する	1. 着服する	2. 割り当てる	3. 撤回する	4. 抑制する
⑩	盗用する	1. ばかにする	2. 卵を産む	3. 嘲笑する	4. 奪う
⑪	非難した	1. 非難した	2. 鎮圧した	3. 引き出した	4. やせ衰えた
⑫	違反	1. 残留物	2. 災難	3. 違反	4. しらふ
⑬	辛辣な	1. 気難しい	2. 受け入れやすい	3. 風変わりな	4. 痛烈な
⑭	怯（ひる）んだ	1. よろめいた	2. 怯んだ	3. だました	4. 廃止した
⑮	悔やんだ	1. 悔い改めた	2. 怒りっぽい	3. 手に負えない	4. 気まぐれな

学習日 年 月 日 | 年 月 日 | 年 月 日

0341 □□□ **loquacious** [loʊkwéɪʃəs]
形 おしゃべりな，多弁な（≒ **t**alkative, **g**arrulous）
➤ a loquacious girl [person]（おしゃべりな女の子［人］）

0342 □□□ **lucid** [lúːsɪd]
形 明快な，わかりやすい（≒ **a**rticulate, **r**ational, **c**lear）
➤ a lucid argument（明快な主張［論拠］）
➤ a lucid explanation（わかりやすい説明）

0343 □□□ **lucrative** [lúːkrətɪv]
形 儲かる，利益の上がる（≒ **p**rofitable, **r**emunerative）
➤ a lucrative job [business]（儲かる仕事）

0344 □□□ **ludicrous** [lúːdɪkrəs]
形（行為・考えなどが）ばかげた（≒ **r**idiculous, **a**bsurd）
➤ a ludicrous story [explanation]（馬鹿げた話［説明］）

0345 □□□ **lukewarm** [lùːkwɔ́ːrm]
形 やる気のない，（液体・飲み物などが）（生）ぬるい（≒ **i**ndifferent, **a**pathetic, **t**epid）
➤ a lukewarm response [reaction]（気のない返答［反応］）

0346 □□□ **lurid** [lʊ́rəd|ljʊ́ərɪd]
形（話などが）恐ろしい，（色などが）どぎつい［けばけばしい］（≒ **h**orrible, **v**ivid, **g**audy）
➤ lurid crimes（身の毛のよだつ犯罪）

0347 □□□ **lush** [lʌʃ]
形 青々と茂った（≒ **l**uxuriant, **v**erdant）
➤ a lush garden [forest]（植物が生い茂った庭［緑豊かな森林］）

0348 □□□ **lust** [lʌst]
動 名 切望［渇望］（する）（≒ **d**esire, **c**rave）
➤ lust for power（権力を切望する）
➤ have a lust for life（生への［生きたいという］欲望がある）

0349 □□□ **magnanimous** [mægnǽnɪməs]
形 器が大きい，心の広い，寛大な，心が高潔な（≒ **g**enerous, **c**haritable）
➤ a magnanimous attitude [act]（寛大な態度［行動］）

0350 □□□ **majestic** [mədʒéstɪk]
形（外観・光景などが）雄大な，堂々とした（≒ **m**agnificent, **i**mposing）
➤ majestic scenery [mountains]（雄大な景色［山々］）
副 **majestically**（堂々と，雄大に）

0351	**mandate** [mǽndeɪt]	名 命令，指令，権限，信任，委任（≒ **o**rder, **a**uthority） 動 権限を委譲する，命令する，要求する ➤ the government's mandate（政府による命令）
0352	**mar** [mɑːr]	動 損なう，（外観・質を）台無しにする（≒ **s**poil, **i**mpair） ➤ mar the beauty of the sea（海の美しさを損なう） ➤ mar the landscape（景観を台無しにする）
0353	**marginal** [mɑ́ːrdʒɪn(ə)l]	形（変化・差などが）ごくわずかな，重要でない（≒ **i**nsignificant） ➤ a marginal increase [improvement]（ごくわずかな増加［向上］） 動 **marginalize**（〔社会的に〕周縁に追いやる）
0354	**massacre** [mǽsəkər]	動 大量に虐殺する（≒ **s**laughter） ➤ massacre the enemy（敵を大量虐殺する）
0355	**meandering** [miǽnd(ə)rɪŋ]	形 曲がりくねった，（話が）とりとめのない（≒ **w**inding, **r**ambling） ➤ a meandering river（蛇行する川） ➤ a meandering conversation（とりとめのない会話）
0356	**mediocre** [mìːdióʊkər]	形 いまいちの［平凡な，二流の］，劣った（≒ **s**econd-**r**ate, **i**nferior） ➤ a mediocre performance [quality]（平凡な成績［質］）
0357	**memento** [məméntoʊ]	名 記念品，形見（≒ **s**ouvenir, **k**eepsake） ➤ the memento of *my* old friend（旧友の思い出の品）
0358	**menial** [míːniəl]	形（作業や仕事が）単調な，技術を要しない，つまらない（≒ **u**nskilled, **r**outine） ➤ menial work（つまらない単純作業）
0359	**mesmerize** [mézməràɪz]	動 魅了する，うっとりさせる（≒ **e**nchant, **b**ewitch） ➤ *(be)* mesmerized by her beauty [performance]（彼女の美しさ［演奏］にうっとりする）
0360	**meticulous** [mətíkjələs]	形 細心の，細部に気を配った，（≒ **s**crupulous, **c**onscientious） ➤ meticulous attention [care]（細心の注意） ➤ *be* meticulous in *one's* use of words（言葉遣いに細心の注意を払う）

学習日	年　月　日	年　月　日	年　月　日

One-paragraph Short Stories & Quizzes【13】

The soldiers survived an ①**ordeal** in which they ②**parried** ③**unrelenting** attacks in the fatal ④**showdown**. Some soldiers including ⑤**cadets** were ⑥**demoralized** and ⑦**debilitated** in the ⑧**frenetic** attacks. However, their ⑨**indomitable** leader ⑩**exhorted** them, ⑪**belying** his ⑫**dejection** and ⑬**trepidation**. Without him, that ⑭**quandary** would have been a miserable war of ⑮**attrition**.

Q. ①～⑮の意味に近い語を選んでください。

①	**ordeal**	1. tribulation	2. fallacy	3. collusion	4. recourse
②	**parried**	1. relapsed	2. countered	3. pried	4. flabbergasted
③	**unrelenting**	1. inexorable	2. dilapidated	3. malleable	4. compelling
④	**showdown**	1. qualm	2. inception	3. confrontation	4. ebb
⑤	**cadets**	1. annotations	2. trainees	3. travesties	4. progenies
⑥	**demoralized**	1. flustered	2. taunted	3. deformed	4. disheartened
⑦	**debilitated**	1. abrogated	2. enervated	3. galvanized	4. ravished
⑧	**frenetic**	1. frantic	2. queasy	3. luscious	4. irreparable
⑨	**indomitable**	1. vehement	2. inscrutable	3. invincible	4. callous
⑩	**exhorted**	1. extolled	2. spurred	3. breached	4. curbed
⑪	**belying**	1. engrossing	2. annihilating	3. sapping	4. disguising
⑫	**dejection**	1. vestige	2. despondency	3. contraption	4. penchant
⑬	**trepidation**	1. dread	2. bravado	3. sojourn	4. onset
⑭	**quandary**	1. stalemate	2. panacea	3. enmity	4. effigy
⑮	**attrition**	1. plight	2. sapping	3. proclivity	4. foreboding

【解答欄】

①		②		③		④		⑤		⑥		⑦		⑧	

⑨		⑩		⑪		⑫		⑬		⑭		⑮	

(和訳) 兵士たちは，宿命の対決で容赦ない攻撃にあうという試練を乗り切った。訓練生を含む一部の兵士は，猛烈な攻撃で士気を失い衰弱していった。しかし，不屈のリーダーが自身の落胆や恐れを隠し，彼らを励ました。彼がいなかったら，状況は悲惨な消耗戦になっていただろう。

解答 …… 選択肢の赤い文字が正答

①	試練	1. 苦しい試練	2. 誤った考え	3. 共謀	4. 頼ること
②	かわした	1. 再発した	2. 対抗した	3. 詮索した	4. びっくり仰天させた
③	容赦ない	1. 容赦ない	2. ぼろぼろの	3. 順応性のある	4. 説得力のある
④	対決	1. 良心の呵責	2. 始まり	3. 対決	4. 衰退
⑤	訓練生	1. 注釈	2. 訓練生	3. 曲解	4. 子孫
⑥	意気消沈した	1. うろたえた	2. 罵倒された	3. 変形させられた	4. 落胆した
⑦	衰弱した	1. 荒廃した	2. 元気がなくなった	3. 元気づいた	4. うっとりした
⑧	熱狂的な	1. 熱狂した	2. むかつく	3. 甘美な	4. 取り返しのつかない
⑨	不屈の	1. 激しい	2. 不可解な	3. 不屈の	4. 無慈悲な
⑩	はっぱをかけた	1. 称賛した	2. 拍車をかけた	3. 違反した	4. 抑制した
⑪	隠す	1. 夢中になる	2. 全滅する	3. 衰弱する	4. 隠す
⑫	落胆	1. 痕跡	2. 落胆	3. 仕掛け	4. 傾向
⑬	恐怖	1. 恐怖	2. 虚勢	3. 滞在	4. 開始
⑭	苦境	1. 行き詰まり	2. 万能薬	3. 憎悪	4. 彫像
⑮	消耗	1. 苦境	2. 消耗	3. 気質	4. 予感

学習日 年 月 日 年 月 日 年 月 日

0361 **milestone** [máɪlstòʊn]
名 画期的出来事［事件］，節目（≒ **e**vent, **t**urning **p**oint）
➤ The invention of cars is a milestone in human history.（車の発明は，人類史上画期的な出来事である）

0362 **mire** [maɪər]
動《通例，*be* ～で》（泥沼・ぬかるみに）はまる，（窮地などに）陥る（≒ **s**ink）
➤ *(be)* mired in poverty [controversy]（貧困［論争］から抜け出せない）

0363 **misgiving** [mìsgívɪŋ]
名《通例，複数形で》懸念，不安，疑念（≒ **a**pprehension, **q**ualm）
➤ misgivings about the future（将来の不安）
➤ have misgivings about ...（～について疑念を抱く）

0364 **mitigate** [mítəgèɪt]
動（影響・被害などを）和らげる，軽くする（≒ **a**lleviate, **a**ssuage）
➤ mitigate the environmental impact（環境問題の影響を和らげる）
➤ mitigate the problem（問題を和らげる）

0365 **momentum** [moʊméntəm]
名 勢い［はずみ］，運動量（≒ **i**mpetus）
➤ gather [lose] momentum（勢いを増す［失う］）

0366 **morale** [mərǽl|-rɑ́ːl]
名 士気，意欲，やる気（≒ **c**onfidence, **s**prit(s)）
➤ boost the morale of employees（従業員の士気を高める）

0367 **morbid** [mɔ́ːrbɪd]
形（考えなどが）病的な，病気の，恐ろしい（≒ **s**ick, **a**bnormal）
➤ morbid curiosity [fascination]（病的な好奇心［病的に魅了された状態］）

0368 **mundane** [mʌndéɪn]
形 平凡な，ありふれた（≒ **h**umdrum, **p**rosaic）
➤ a mundane job [life]（平凡な仕事［生活］）

0369 **murky** [mə́ːrki]
形 濁った，（説明などが）曖昧な，（不正［違法］行為などで）あやしい（≒ **s**hady）
➤ murky water（濁った水） ➤ a murky world（うさんくさい世界）

0370 **mutilate** [mjúːt(ə)lèɪt]
動 切断する，破壊する，骨抜きにする，台無しにする（≒ **m**angle, **m**aim）
➤ a mutilated body（切断された体）
➤ a mutilated corpse（バラバラの死体）

0371	**mutiny** [mjúːt(ə)ni]	名（上官に対する）反抗，反乱（≒ insurrection, rebellion, uprising） ➤ a mutiny against the captain [officer]（船長［将校］に対する反抗）
0372	**myriad** [míriəd]	名《a ～ / ～ s of *A*》無数の A 形 無数の（≒ countless, innumerable） ➤ a myriad of options [stars]（無数の選択肢［星］）
0373	**novice** [nɑ́(ː)vɪs|nɔ́v-]	名 初心者，新米，見習い（≒ beginner, neophyte, probationer） ➤ a novice teacher [driver]（新米の教師［ドライバー］）
0374	**obliterate** [əblítərèɪt]	動（記憶・痕跡・文字・情報などを）消し去る，（場所を）壊滅させる（≒ erase, annihilate） ➤ obliterate painful memories（つらい思い出を消し去る）
0375	**oblivious** [əblíviəs]	形（周囲の状況に）気づいていない（≒ unaware, unconscious） ➤ *be* oblivious to the danger（危険に気づいていない） 名 **oblivion**（忘却，忘れ〔られ〕ること）
0376	**obscene** [əbsíːn]	形 わいせつな（≒ pornographic, indecent） ➤ obscene language（卑猥な言葉） ➤ an obscene phone call（わいせつな電話）
0377	**obsolete** [ɑ̀(ː)bsəlíːt|ɔ́bsəliːt]	形 旧式の，時代遅れの（≒ out of date, outdated） ➤ obsolete weapons [equipment]（旧式の兵器［時代遅れの設備］） ➤ become obsolete（すたれる，時代遅れになる，陳腐化する）
0378	**obstruct** [əbstrʌ́kt]	動 遮断する，妨害する（≒ block, clog） ➤ obstruct the passage（通行を妨げる） ➤ obstruct the path（進路を妨げる）
0379	**offset** [ɔ̀ːfsét|ɔ́f-]	動 相殺する，埋め合わせる（≒ counterbalance, balance） 名 相殺物，差し引き（勘定），埋め合わせ ➤ offset the losses against the gains（損失を利益で相殺する）
0380	**opaque** [oʊpéɪk]	形 不透明な，不明瞭な（≒ non-transparent, cloudy） ➤ opaque glass [paper]（すりガラス［不透明の紙］） 反 **transparent**（透き通った，透明な）

学習日　年　月　日　年　月　日　年　月　日

6. 災害準備にはまず地質学の基礎知識をマスター！

我々の住む地球は，外側から，**大気圏**（**the atmosphere**），**水圏**（**the hydrosphere**），**岩石圏**（**the lithosphere**），**生物圏**（**the biosphere**）の４つの圏によって構成されており，それぞれの圏はさらにいくつかの層を成している。地球の中心は，**内核**（**an inner core**）と呼ばれ，その周りを**外核**（**an outer core**）が取り囲み，その外側を**マントル**（**mantle**）が包み，その上の**地殻**（**crust**）の上に陸と海がある。海には**海底**（**the sea floor**）があり，**大陸**（**continent**）に向かって，**大陸棚**（**a continental shelf**）が続く。

大陸移動説では，大陸移動の原動力を地球の**自転**（**rotation**）による**遠心力**（**a centrifugal force**）と**潮汐力**（ちょうせきりょく）（**a tidal force**）に求め，マントル対流説では地球内部の**熱対流**（**heat convection**）に求めた。その後，**海洋底**（**the ocean bottom**）の**磁気異常**（**magnetic anomaly**）の解明から海洋拡大説が唱えられた。これらをまとめたのが，プレートテクトニクスである。

地震（**earthquake**）は，**地殻**（**the earth's crust**）やマントルを構成する岩石の破壊活動，**断層運動**（**fault [tectonic] movement**）で，地球の表面を形成している**地殻構造プレート**（**a tectonic plate**）の内部か２つのプレートが接する境界面で発生すると考えられている。地層が波形に曲がった**褶曲**（しゅうきょく）（**fold**）や岩石のひび割れ**断裂**（**fracture**）に対して，ずれによって変形した地層は**断層**（**fault**）と呼ばれている。断層は**走行移行断層**（**a strike-slip fault**），**衝上突き上げ断層**（**a thrust fault**），**浮き沈み断層**（**a down-dropped fault**）などがあり，有名なカリフォルニアのサンドレア断層は走行移行型である。

日本列島（**the Japanese archipelago**）で起こる**内陸地殻内地震**（**inland crustal earthquakes**）の多くは，数十万年間活動を繰り返し，今後も地震を起こしうる**活断層**（**an active fault**）によるものが多い。**震源**（**a seismic center**）が**浅部地殻**（**a shallow crust**）にあるため，**海溝型地震**（**ocean trench-earthquakes**）よりマグニチュードが小さくても震源近くで大きな被害をもたらすことが多い。都市では**直下型地震**（**epicentral**

earthquakes）を引き起こす可能性も高い。

地震の原因である**地震波**（**s**eismic **w**aves）である**衝撃波**（**s**hock **w**aves）の後，振動が波の進行方向と同じ縦波の**P 波**（**p**rimary **w**aves），P 波の次に現れる横波の**S 波**（**s**econdary **w**aves）と，その後の地表に沿って伝わる**レイリー波**（**the R**ayleigh **w**ave）と**ラブ波**（**the L**ove **w**ave）に分かれる。また，地震の規模は，**震央**（**e**picenter）からの距離の計算に基づき，**マグニチュード**（**m**agnitude）で表される。英語圏では**リヒター・スケール**（**R**ichter **s**cale）と呼ばれるが，約 M7 で最大値が頭打ち（マグニチュードの飽和〔saturation〕）になるので，**断層運動**（**f**ault **m**ovement）の地震モーメントを利用した**モーメントマグニチュード**（**a m**oment **m**agnitude **s**cale）が生み出された。その過去最大値は 1960 年に発生したチリ地震の 9.5 である。

約 7 万 4000 年前，インドネシアで超巨大火山の噴火が起きた。**噴煙**（**v**olcanic **f**umes）が空高く立ち上り，**火山灰**（**v**olcanic **a**shes）は 3,000km 先まで広がった結果，**地球の寒冷化**（**g**lobal **c**ooling）が進み，**火山の冬**（**v**olcanic **w**inter）をもたらし，ロンドンとほぼ同じ面積の**火口**（**c**rater）ができた。現在最も警戒されている地域は，アメリカ北西部にある**イエローストーン国立公園**（**Y**ellowstone **N**ational **P**ark）で，地下には公園に匹敵する 8,980km^2 のマグマだまりが見つかっており，公園全体が 10cm 以上**隆起**（**u**plift）し，池が干上がり，**噴気**（**f**umarolic **g**ases）が活発化するなど危険な兆候も観察されている。大噴火が起きると，3 ～ 4 日内に大量の火山灰がヨーロッパ大陸に着き，米国の 75% の土地の環境が変わり，火山から半径 1000km 内に住む 90% の人が火山灰で窒息死し，地球の年平均気温は 10 度下がり，その**寒冷気候**（**a c**old **c**limate）は 6 ～ 10 年間続くとされている。

学習日 年 月 日 年 月 日 年 月 日

0381 **opinionated** [əpínjənèɪtɪd]
形 独断的な，頑固な（≒ dogmatic, bigoted）
➤ an opinionated guide（独断的な手引き）
➤ opinionated comment（独断的なコメント）

0382 **oppressive** [əprésɪv]
形 弾圧的な［過酷な］，うだるような［蒸し暑い］（≒ repressive, harsh）
➤ an oppressive regime（圧制的な政権）
➤ oppressive heat（うだるような暑さ）

0383 **optimum** [á(ː)ptɪməm|ɔ́p-]
形（条件・状態などが）最適の，最高の（≒ best, tip-top）
➤ optimum conditions [solutions]（最適な条件［解決法］）

0384 **ordeal** [ɔːrdíːl]
名 つらい体験，厳しい試練（≒ unpleasant experience, trial）
➤ endure [evade] an ordeal（厳しい試練に堪える［を避ける］）
➤ get over an ordeal（苦しい体験［試練］に打ち勝つ［から立ち直る］）

0385 **ostensible** [ɑ(ː)sténsəb(ə)l|ɔs-]
形（目的・理由などが）表向きの（≒ apparent, specious）
➤ an ostensible reason [purpose]（表向きの理由［目的］）
副 **ostensibly**（表向きには）

0386 **ostentatious** [ɑ̀(ː)stentéɪʃ(ə)s|ɔ̀s-]
形 見せびらかしの，派手な（≒ showy, flamboyant）
➤ an ostentatious lifestyle（これ見よがしの生活）

0387 **oust** [aʊst]
動 追い出す［追放する］，（財産などを）取り上げる（≒ remove, drive out）
➤ *(be)* ousted from *his* position [the board]（地位［理事会］から追放される）

0388 **outrageous** [àʊtréɪdʒəs]
形 言語道断の，法外な（≒ shocking, exorbitant）
➤ an outrageous mistake（言語道断のミス）
➤ an outrageous price（法外な値段）

0389 **outskirts** [áʊtskə̀ːrts]
名 町外れ，郊外，周辺（≒ suburb）
➤ on the outskirts of the town（町の郊外で）

0390 **outstrip** [àʊtstríp]
動 上回る，より勝る（≒ surpass, exceed）
➤ Demand outstrips supply.（需要が供給を上回る）

0391 **overhaul** [òʊvərhɔ́ːl]

動（分解）点検［整備］する，徹底的に見直す（≒ **s**ervice, **r**evamp）

➤ overhaul the engine（エンジンを分解点検する）

➤ overhaul the system（制度を徹底的に見直す）

0392 **override** [òʊvərráɪd]

動（決定・命令などを）覆す，無効にする（≒ **o**verrule）

➤ override the decision [ruling]（決定［判決］を覆す）

0393 **overrun** [òʊvərrʌ́n]

動《*be* overrun で》（～で）覆われる，群がる（≒ **i**nvade, **o**ccupy）

➤ *be* overrun with weeds（雑草で覆われている）

0394 **oversight** [òʊvərsáɪt]

名 見落とし，手落ち（≒ **m**istake, **o**mission）

➤ oversight in the project（プロジェクトの見落とし）

➤ redress the oversight（手落ちを正す）

0395 **overt** [oʊvə́ːrt, ˊ-]

形 あからさまな，公然の（≒ **u**ndisguised, **a**pparent）

➤ overt discrimination [criticism]（露骨な差別［批判］）

0396 **overthrow** [òʊvərθróʊ]

動（政府・指導者を）倒す（≒ **b**ring **d**own, **t**opple）

名 打倒，転覆

➤ overthrow the government [dictator]（政府［独裁者］を倒す）

0397 **overtone** [òʊvərtóʊn]

名《通例，複数形で》含み，ニュアンス（≒ **c**onnotation, **i**mplication）

➤ have political overtones（政治的な含みがある）

➤ a word with sexual overtones（性的なニュアンスをもつ語）

0398 **panacea** [pæ̀nəsíːə|-síə]

名 万能薬，万能の解決策（≒ **c**ure-**a**ll）

➤ a panacea for economic growth（経済成長の特効薬）

0399 **paradigm** [pǽrədàɪm, (米) -dìm]

名 典型，模範，範例，語形変化（≒ **m**odel, **e**xample）

➤ a paradigm of physical beauty（肉体美の典型）

➤ a paradigm of humanity（人間性の模範）

0400 **paragon** [pǽrəgɑ̀(ː)n|-g(ə)n]

名 模範，手本（≒ **e**pitome）

➤ a paragon of virtue（美徳の鑑〔かがみ〕）

➤ a paragon of good taste in dress（服装のよい趣味の手本）

学習日	年　月　日	年　月　日	年　月　日

One-paragraph Short Stories & Quizzes【14】

The ① **inquisitive** professor conducted ② **in-depth** research on the ③ **illegible** historical handwriting on ④ **flimsy** paper. Although some critics ⑤ **derided** his research as ⑥ **futile** and ⑦ **inane**, he was ⑧ **nonchalant** about their ⑨ **derogatory** remarks. In the ⑩ **upshot**, he ⑪ **corroborated** his ⑫ **conjecture** that the ⑬ **excavated** ⑭ **artifact** has ⑮ **irrefutable** value.

Q. ①～⑮の意味に近い語を選んでください。

①	**inquisitive**	1. inquiring	2. slanted	3. laconic	4. strenuous
②	**in-depth**	1. dogged	2. lethargic	3. exhaustive	4. virulent
③	**illegible**	1. illuminating	2. indecipherable	3. volatile	4. tepid
④	**flimsy**	1. fragile	2. filthy	3. shady	4. sedate
⑤	**derided**	1. waived	2. tainted	3. redressed	4. disdained
⑥	**futile**	1. defunct	2. vain	3. arid	4. demure
⑦	**inane**	1. austere	2. frivolous	3. banal	4. sullen
⑧	**nonchalant**	1. blatant	2. venal	3. indigent	4. apathetic
⑨	**derogatory**	1. tenable	2. multifarious	3. pejorative	4. disheveled
⑩	**upshot**	1. consequence	2. compunction	3. abyss	4. adherent
⑪	**corroborated**	1. clenched	2. usurped	3. vindicated	4. scoured
⑫	**conjecture**	1. upheaval	2. complexion	3. hypothesis	4. bravado
⑬	**excavated**	1. unearthed	2. flouted	3. deferred	4. suffocated
⑭	**artifact**	1. pariah	2. relic	3. morsel	4. rubric
⑮	**irrefutable**	1. brash	2. diminutive	3. esoteric	4. incontestable

【解答欄】

①	②	③	④	⑤	⑥	⑦	⑧

⑨	⑩	⑪	⑫	⑬	⑭	⑮

(和訳) 好奇心旺盛な教授が，もろい紙に書かれた判読できない歴史的手書きを詳細に調査した。一部の批評家は，彼の研究をくだらない，ばかげているとあざ笑ったが，彼はそれらの軽蔑的な発言には無関心だった。ついに，彼はその発掘された歴史的遺物に反論できないほどの価値があるという推測を実証した。

解答 …… 選択肢の赤い文字が正答

①	好奇心旺盛な	1. 好奇心のある	2. 傾斜のある	3. 簡潔な	4. 激しい
②	詳細な	1. 根気強い	2. 無気力な	3. 徹底的の	4. 猛毒の
③	判読不能の	1. 啓蒙的な	2. 判読不能の	3. 揮発性の	4. ぬるま湯の
④	もろい	1. もろい	2. 汚い	3. 怪しい	4. 穏やかな
⑤	あざ笑った	1. 放棄した	2. 汚染した	3. 救済した	4. 軽蔑した
⑥	無駄な	1. 機能しなくなった	2. 無駄な	3. 乾燥した	4. 控えめな
⑦	ばかげた	1. 切り詰めた	2. つまらない	3. 平凡な	4. 不機嫌な
⑧	無関心な	1. 露骨な	2. 欲得ずくの	3. 貧しい	4. 無関心な
⑨	軽蔑的な	1. 維持できる	2. 多種多様の	3. 軽蔑的な	4. だらしない
⑩	結果	1. 結果	2. 良心の呵責	3. 奈落の底	4. 信奉者
⑪	実証した	1. 食いしばった	2. 奪った	3. 立証した	4. 取り除いた
⑫	推測	1. 激動	2. 顔色	3. 仮説	4. 虚勢
⑬	発掘した	1. 発掘した	2. 軽蔑した	3. 延期した	4. 窒息した
⑭	遺物	1. のけ者	2. 遺物	3. ひと口	4. 標題
⑮	反駁できない	1. ずうずうしい	2. ちっぽけな	3. 難解な	4. 議論の余地のない

学習日	年 月 日	年 月 日	年 月 日

2. 医療

□ novel coronavirus	新型コロナウイルス
□ variants of the coronavirus	コロナウイルスの変異株
□ cluster	集団感染の発生場所
□ herd immunity	集団免疫〔人口の一定割合以上が免疫を持つと，感染患者が出ても他の人に感染しにくくなること〕
□ 3Cs	3密〔closed space, crowded place, close contact〕
□ a droplet infection	飛沫感染
□ pathogen	病原体
□ hereditary disease/genetic disorders	遺伝性疾患〔「先天性疾患」は congenital disease,「慢性疾患」は chronic disease〕
□ lifestyle-related diseases	生活習慣病
□ obesity-related diseases	肥満に起因する病気
□ PTSD	心的外傷後ストレス障害〔post-traumatic stress disorder〕
□ autism	自閉症
□ autonomic imbalance	自律神経失調症
□ ADHD	注意欠陥・多動性障害〔attention deficit hyperactivity disorder〕
□ anorexia nervosa	神経性無食欲症〔「過食症」は bulimia〕
□ schizophrenia	統合失調症〔「幻聴」は auditory hallucinations〕
□ insomnia	不眠症〔「睡眠時無呼吸症候群」sleep apnea syndrome〕
□ psychosomatic diseases	心因性の病気
□ claustrophobia	閉所恐怖症〔「高所恐怖症」は acrophobia〕
□ osteoporosis	骨粗鬆症

□	anemia	貧血
□	leukemia	白血病
□	cataract	白内障〔「緑内障」は glaucoma,「視神経」は optic nerve〕
□	a corneal implant	角膜移植〔「瞳孔」は pupil,「虹彩」は iris〕
□	migraine	偏頭痛〔「クモ膜下出血」は subarachnoid hemorrhage〕
□	a dental cavity, a decayed tooth	虫歯〔「歯石」は plaque〕
□	appendicitis	虫垂炎
□	tuberculosis	結核〔「心肺機能」は cardiopulmonary functions〕
□	hepatitis	肝炎〔「肝硬変」は cirrhosis〕
□	convulsion	けいれん 〔「禁断症状」は withdrawal symptom〕
□	epilepsy	てんかん 〔「てんかん発作」は epileptic seizure〕
□	eating disorders	摂食障害〔「拒食症」anorexia nervosa や「過食症」bulimia を指す。「過食」は overeating,「食欲不振」は appetite loss〕
□	a grief care	グリーフケア〔近親者を看取った家族が悲しみから立ち直れるように支援すること〕
□	a living will	リビングウィル, 生前遺言〔自分の尊厳死を守るため, 自分への延命措置などを禁止するなど〕
□	a life-sustaining [-prolonging] treatment	延命治療〔「延命装置」は life-support system〕
□	early detection of cancer	がんの早期発見〔「がんの転移」は metastasis〔spread of cancer〕
□	a palliative care	緩和治療
□	euthanasia, mercy killing, doctor-assisted death	安楽死〔active euthanasia「積極的安楽死」⇔ passive euthanasia「消極的安楽死」〕
□	give a lethal injection	致死量の注射をする
□	relieve a chronic pain	慢性的な痛みを抑える

学習日	年 月 日	年 月 日	年 月 日

□	epidemiology	疫学〔感染症の予防・管理を目的にする医学〕
□	vegans	厳格なベジタリアン
□	hypnotherapy	催眠療法
□	a well-balanced diet	バランスの取れた食事
□	ventilator	人工呼吸器
□	iPS cells [induced pluripotent stem cells]	人工多能性幹細胞（iPS 細胞）〔臓器の他，人体の様々な細胞を作る〕
□	biomimicry	生体情報科学〔生物の構造や機能から着想を得て，それらを人工的に再現する技術〕
□	organ trafficking	臓器密売
□	the endocrine system	内分泌系
□	a cerebral hemorrhage	脳出血〔「脳卒中」は a stroke，「脳梗塞」は a cerebral infarction〕
□	carcinogen	発がん物質
□	acupuncture	鍼灸〔「鍼灸師」は an acupuncturist，「灸」は moxibustion〕
□	trans fatty acids (TFA)	トランス脂肪酸
□	late-stage elderly people	後期高齢者
□	a bone marrow bank	骨髄バンク〔「骨髄移植」は a bone marrow transplant〕
□	oral contraceptives	経口避妊薬
□	antibiotics	抗生物質〔「解毒剤」は an antidote，「鎮静剤」は a sedative〕
□	pediatrician	小児科医〔「産婦人科医」は an obstetrician〕
□	genetic manipulation	遺伝子操作〔「遺伝子操作された家畜」は genetically engineered livestocks，「形質転換動物」は transgenic animals，「優生学的思想に基づくヒトの遺伝子操作」は eugenics manipulation of human genes〕

Rank A

絶対に覚えるべき
最重要「一般語彙」600語を
完全攻略!

Part 3 【401～600】

学習日 年 月 日 | 年 月 日 | 年 月 日

0401 **paramount** [pǽrəmàʊnt]
形 最高の，主要な（≒ utmost, primary）
➤ an issue of paramount importance（最重要の問題）

0402 **peddle** [péd(ə)l]
動 行商［密売］する，（うわさ・誤った情報などを）広める（≒ vend）
➤ peddle goods [drugs]（商品を行商する［麻薬を密売する］）
名 **peddler**（行商人，密売人）

0403 **pending** [péndɪŋ]
形 懸案の，係争中の，未解決の（≒ unresolved, undecided）
前 ～まで（待って）
➤ a pending issue（懸案事項） ➤ a pending trial（係争中の裁判）

0404 **penitent** [pénət(ə)nt]
形（犯した罪を）後悔している（≒ rueful, repentant）
➤ penitent sinners [tears]（後悔している罪人［後悔の涙］）
➤ *be* deeply penitent for *one's* sins（罪を深く後悔している）

0405 **perceptive** [pərséptɪv]
形 洞察力のある，鋭い（≒ insightful）
➤ perceptive analysis（鋭い分析）
➤ a perceptive detective（洞察力のある探偵）

0406 **permeate** [pə́ːrmièɪt]
動 浸透する，普及する（≒ pervade, fill）
➤ permeate the air [room]（大気中［部屋］に充満する）
形 **permeable**（通過性の）

0407 **perpetrate** [pə́ːrpətrèɪt]
動（犯罪などを）犯す（≒ commit）
➤ perpetrate a crime [bank robbery]（罪［銀行強盗］を犯す）
名 **perpetrator**（犯人）

0408 **perseverance** [pə̀ːrsəvíər(ə)ns]
名 忍耐，粘り強さ（≒ persistence, tenacity）
➤ The job requires perseverance.（仕事には忍耐が必要）
動 **persevere**（根気よくやり抜く）

0409 **philanthropic** [fìlənθrɑ́(ː)pɪk|-θrɔ́p-]
形 博愛の，慈善の（≒ charitable, benevolent）
➤ philanthropic support（慈善的支援）
➤ a philanthropic organization（慈善団体）

0410 **pillage** [pílɪdʒ]
動 略奪する（≒ plunder, loot, ravage, ransack） 名 戦利品
➤ pillage the village [town]（村［町］を略奪する）
名 **pillager**（略奪者）

0411	**pinnacle** [pínək(ə)l]	名 峰，頂点（≒ **zenith**, **climax**） ➤ the pinnacle of success [*my* career]（成功［キャリア］の絶頂で）
0412	**pique** [piːk]	動（興味などを）そそる，いら立たす（≒ **stimulate**, **whet**） ➤ pique *my* interest [curiosity]（興味［好奇心］をそそる）
0413	**pitfall** [pítfɔ̀ːl]	名 落とし穴（≒ **hazard**, **peril**） ➤ fall into a pitfall（落とし穴にはまる） ➤ avoid a pitfall（落とし穴を避ける）
0414	**pithy** [píθi]	形 的を射た，簡潔な（≒ **succinct**, **concise**） ➤ a pithy comment（的を射たコメント） ➤ a pithy summary（簡潔な要約）
0415	**placate** [pléɪkeɪt|pləkéɪt]	動 なだめる，落ち着かせる（≒ **appease**） ➤ placate his anger（彼の怒りを静める） ➤ placate the angry customers（怒る客をなだめる）
0416	**plagiarize** [pléɪdʒəràɪz]	動 盗作する，盗む（≒ **poach**, **pirate**） ➤ plagiarize the work [thesis]（その作品［論文］を盗用する） 名 **plagiarism**（盗作，盗用）
0417	**plausible** [plɔ́ːzəb(ə)l]	形 もっともらしい（≒ **believable**, **specious**） ➤ plausible explanations [stories]（もっともらしい説明［話］）
0418	**plight** [plaɪt]	名 窮状，苦境，窮地（≒ **predicament**） ➤ the plight of refugees [the homeless]（難民［ホームレス］の窮状）
0419	**plummet** [plʌ́mət]	動 急落する，真っ逆さまに落ちる（≒ **nosedive**） ➤ plummeting stock [land] prices（急落する株価［地価］）
0420	**poach** [poʊtʃ]	動（人材を）引き抜く，（アイデアを）盗む，密猟する（≒ **headhunt**, **plagiarize**, **steal**） ➤ poach an employee（従業員を引き抜く） ➤ poach deer（鹿を密猟する）

一般語彙【Rank A】 一般語彙【Rank B】 一般語彙【Rank C】 句動詞【Rank A】 句動詞【Rank B】 句動詞【Rank C】

学習日	年 月 日	年 月 日	年 月 日

One-paragraph Short Stories & Quizzes【15】

The ①**portly** novelist had an ②**insatiable** appetite for ③**palatable** food, and sometimes ④**binged** on alcohol when he reached an ⑤**impasse** in writing. ⑥**Solicitous** about his health, his spouse ⑦**admonished** him to ⑧**eschew** overeating, ⑨**forgo** alcohol, and give up his ⑩**sedentary** lifestyle. At first, he ⑪**spurned** her advice with a ⑫**perfunctory** smile on his face, but her ⑬**impassioned** ⑭**plea** made him change his ⑮**intransigent** attitude.

Q. ①～⑮の意味に近い語を選んでください。

①	**portly**	1. corpulent	2. bashful	3. dreary	4. prosaic
②	**insatiable**	1. uncanny	2. voracious	3. pedantic	4. incremental
③	**palatable**	1. furtive	2. rapacious	3. scrumptious	4. incisive
④	**binged**	1. grumbled	2. clamored	3. stalled	4. gorged
⑤	**impasse**	1. paragon	2. vestige	3. stalemate	4. angst
⑥	**solicitous**	1. blissful	2. apprehensive	3. heedless	4. gloomy
⑦	**admonished**	1. urged	2. applauded	3. tempted	4. fomented
⑧	**eschew**	1. stymie	2. flout	3. taut	4. shun
⑨	**forgo**	1. attest	2. whine	3. renounce	4. smear
⑩	**sedentary**	1. wayward	2. stationary	3. stale	4. valiant
⑪	**spurned**	1. rebuffed	2. eluded	3. pestered	4. secreted
⑫	**perfunctory**	1. anomalous	2. desultory	3. murky	4. outrageous
⑬	**impassioned**	1. grumpy	2. disdainful	3. fervent	4. placid
⑭	**plea**	1. jaunt	2. solicitation	3. injunction	4. gaffe
⑮	**intransigent**	1. adamant	2. petulant	3. acerbic	4. despotic

【解答欄】

①	②	③	④	⑤	⑥	⑦	⑧

⑨	⑩	⑪	⑫	⑬	⑭	⑮

(和訳) その太った小説家は，美味しい食べ物には目がなく，執筆に行き詰まるとお酒を飲み過ぎることもあった。そんな彼の健康を気遣った妻は，過食を避けアルコールを控え，そして座りっぱなしの生活をやめるように諭した。最初，彼は彼女の忠告をおざなりな笑みを浮かべて無視していたが，彼女の熱烈な懇願により，頑固な態度を改めた。

解答 …… 選択肢の赤い文字が正答

①	かっぷくのよい	1. 太った	2. 内気な	3. わびしい	4. 退屈な
②	飽くなき	1. 異様な	2. 貪欲な	3. 衒学者的な	4. 漸進的な
③	口当たりのよい	1. 密かな	2. 強欲な	3. 美味しい	4. 鋭利な
④	食べ［飲み］過ぎた	1. 不平を言った	2. 大騒ぎした	3. 行き詰まった	4. ガツガツ食べた
⑤	行き詰まり	1. 模範	2. 痕跡	3. 膠着状態	4. 不安
⑥	案じた	1. 至福の	2. 心配した	3. 不注意な	4. 憂鬱な
⑦	懸命に忠告した	1. 強く促した	2. 拍手した	3. 誘惑した	4. 扇動した
⑧	避ける	1. 妨害する	2. 馬鹿にする	3. 詰る	4. 避ける
⑨	控える	1. 証明する	2. すすり泣く	3. やめる	4. 汚す
⑩	座りっぱなしの	1. わがままな	2. 動かない	3. 古い	4. 勇敢な
⑪	拒絶した	1. 拒絶した	2. 逃げた	3. 悩ませた	4. 分泌した
⑫	おざなりな	1. 異常な	2. 漠然とした	3. 濁った	4. とんでもない
⑬	情熱的な	1. 不機嫌な	2. 軽蔑的な	3. 情熱的な	4. 穏やかな
⑭	懇願	1. 遠足	2. 懇願	3. 禁止命令	4. 失言
⑮	妥協しない	1. 断固とした	2. すねた	3. 辛辣な	4. 独裁的な

一般語彙【Rank A】 一般語彙【Rank B】 一般語彙【Rank C】 句動詞【Rank A】 句動詞【Rank B】 句動詞【Rank C】

学習日	年　月　日	年　月　日	年　月　日

0421 □□□ **poignant** [pɔ́ɪnjənt, -nənt]
形 痛切な，強く胸を刺す（≒ **h**eart-**b**reaking, **d**istressing）
➤ poignant memories（痛切な思い出）
➤ a poignant reminder（胸を刺すような思い出の人［物］）

0422 □□□ **poise** [pɔɪz]
名 冷静，平衡（≒ **co**mposure, **ca**lmness）
➤ lose [keep] *her* poise（落ち着きを失う［維持する］）

0423 □□□ **posthumous** [pɑ́(ː)stʃəməs|pɔ́stjʊ-]
形 死後の，著者の死後出版された（≒ **a**fter **d**eath）
➤ a posthumous work（遺著）

0424 □□□ **precarious** [prɪkéəriəs]
形 不安定な，危険な（≒ **p**erilous, **h**azardous）
➤ a precarious position [situation]（不安定な立場［状況］）

0425 □□□ **preclude** [prɪklúːd]
動 排除する，妨げる（≒ **e**xclude, **r**ule **o**ut）
➤ preclude the possibility（可能性を排除する）
名 **preclusion**（妨げ）

0426 □□□ **precocious** [prɪkóʊʃəs]
形 早熟の，早期の（≒ **p**rematurely **d**eveloped）
➤ a precocious child [talent]（早熟な子供［才能］）
名 **precocity**（早熟，早咲き，早成り）

0427 □□□ **precursor** [prɪkə́ːrsər]
名 先駆け，前兆，前触れ（≒ **p**ioneer, **f**orerunner）
➤ a precursor of modern computers（現代のコンピュータの先駆け）
形 **precursory**（先駆けの）

0428 □□□ **predator** [prédətər]
名 捕食［肉食］動物（≒ **c**arnivore）
➤ Lions are predators of herbivorous animals.（ライオンは草食動物の捕食者である）
形 **predatory**（捕食性の，肉食の）

0429 □□□ **predicament** [prɪdíkəmənt]
名 苦境，窮地（≒ **p**light, **q**uandar**y**, **q**uagmir**e**）
➤ a political [an economic] predicament（政治［経済］の苦境）

0430 □□□ **premise** [prémɪs]
名 前提，根拠，《複数形で》土地，建物（≒ **pre**position, **h**ypothesis）
➤ the premise of political stability（政局安定の前提）

0431	**preposterous** [prɪpɑ́(:)st(ə)rəs|-pɔ́s-]	形 途方もない，ばかげた（≒ absurd） ➤ a preposterous idea（とんでもなく非常識な考え）
0432	**prerequisite** [prìːrékwəzɪt]	名 必要条件（≒ precondition） 形 前もって必要な ➤ a prerequisite for the job（その仕事の必要条件）
0433	**presumably** [prɪzjúːməb(ə)li]	副 おそらく，推定では（≒ probably） ➤ The politician is presumably involved in the crime.（その政治家はおそらく犯罪に関与している） 形 **presumable**（推定できる）
0434	**pristine** [prístiːn, -taɪn]	形 自然のままの，新品同様の（≒ unspoiled, immaculate） ➤ pristine nature（手つかずの自然） ➤ in pristine condition（新品同様の）
0435	**procrastinate** [prəkrǽstɪnèɪt, proʊ-]	動 先延ばしにする（≒ delay） ➤ procrastinate till the last minute（土壇場まで先延ばしにする） 名 **procrastination**（先延ばし）
0436	**prod** [prɑ(:)d|prɔd]	動 駆り立てる，促す，突く（≒ spur, prompt） ➤ prod the government into action（行動するよう政府に促す）
0437	**prodigious** [prədídʒəs]	形（量・程度などが）並外れた（≒ staggering, stunning） ➤ a prodigious memory [talent]（並外れた記憶力［才能］） 名 **prodigy**（神童，奇跡）
0438	**profane** [prəféɪn, ⦅米⦆ proʊ-]	形 冒とく的な，世俗的な（≒ blasphemous, vulgar） ➤ profane language（不敬な言葉） ➤ a profane history（世俗の歴史）
0439	**profuse** [prəfjúːs, ⦅米⦆ proʊ-]	形 多量の，むやみやたらに多い（≒ copious） ➤ profuse sweating [bleeding]（多量の発汗［出血］）
0440	**proliferate** [prəlífərèɪt]	動 繁殖［増殖］する，急増する（≒ multiply, snowball） ➤ proliferate fast [swiftly]（急速に繁殖する） 形 proliferating cells（**増殖している**細胞）

学習日	年　月　日	年　月　日	年　月　日

One-paragraph Short Stories & Quizzes【16】

The ①**apprentice** detective was ordered to keep the suspect under ②**surveillance**. During the ③**stakeout** in the ④**lush** plants, he applied a ⑤**copious** amount of mosquito repellents to his skin and ⑥**munched** some ⑦**pungent** food to ⑧**galvanize** himself at midnight. But due to his ⑨**prolonged** sleep ⑩**deprivation**, he ⑪**dozed off** and later woke up to find himself lying on the grass ⑫**swarming** with larvae. ⑬**Flabbergasted** by the ⑭**revolting** sight, he ⑮**lurched** to his feet in the darkness.

Q. ①～⑮の意味に近い語を選んでください。

①	**apprentice**	1. archetype	2. probationer	3. accomplice	4. perpetrator
②	**surveillance**	1. vigilance	2. gist	3. snag	4. outcast
③	**stakeout**	1. enmity	2. poise	3. morsel	4. lookout
④	**lush**	1. luxuriant	2. paltry	3. crass	4. corpulent
⑤	**copious**	1. bland	2. buoyant	3. profuse	4. sleek
⑥	**munched**	1. jostled	2. crunched	3. doused	4. garnished
⑦	**pungent**	1. uncanny	2. contrite	3. piquant	4. dainty
⑧	**galvanize**	1. heave	2. juggle	3. vindicate	4. vitalize
⑨	**prolonged**	1. lurid	2. obtrusive	3. loquacious	4. lingering
⑩	**deprivation**	1. paucity	2. lanky	3. precinct	4. lethargy
⑪	**dozed**	1. trailed	2. drifted	3. tapered	4. goofed
⑫	**swarming**	1. appalling	2. scathing	3. crawling	4. ailing
⑬	**flabbergasted**	1. disparaged	2. dumbfounded	3. titillated	4. stampeded
⑭	**revolting**	1. eerie	2. mystical	3. ethereal	4. repulsive
⑮	**lurched**	1. balked	2. scrupled	3. blared	4. staggered

【解答欄】

①		②		③		④		⑤		⑥		⑦		⑧	

⑨		⑩		⑪		⑫		⑬		⑭		⑮	

（和訳）その見習い刑事は，容疑者を監視するように命じられた。生い茂る植物の中での張り込みに備えて，蚊よけ剤を大量に塗り，深夜に気合を入れるためにぴりっと辛い食べ物をむしゃむしゃ食べた。彼は長期にわたる睡眠不足で思わずうとうとし，その後，目覚めたとき，幼虫がいっぱい群がっている草むらに寝ていることに気づいた。その気味の悪い光景にびっくりした彼は，暗闇の中をよろよろと立ち上がった。

解答 ...... 選択肢の赤い文字が正答

①	見習い	1. 原型	2. 見習い	3. 共犯者	4. 加害者
②	監視	1. 警戒	2. 要点	3. 障害物	4. 見放された人
③	張り込み	1. 敵意	2. 落ち着き	3. ひと口	4. 見張り
④	青々とした	1. 青々と茂った	2. わずかな	3. 愚鈍な	4. 肥満の
⑤	豊富な	1. 当たり障りのない	2. 浮力のある	3. 大量の	4. なめらかな
⑥	むしゃむしゃ食べた	1. 押しやった	2. かみ砕いた	3. 浴びせた	4. 飾った
⑦	ぴりっと辛い	1. 異様な	2. 深く悔いた	3. ぴりっと辛い	4. 優美な
⑧	活性化する	1. 持ち上げる	2. 手際よくこなす	3. 立証する	4. 活性化する
⑨	長引く	1 どぎつい	2. 押しつけがましい	3. 多弁な	4. 長引く
⑩	不足	1. 不足	2. やせっぽち	3. 地域	4. 無気力
⑪	居眠りをした	1. 小さくなった	2. うとうとした	3. 徐々に減った	4. さぼった
⑫	うようよいる	1. ぎょっとする	2. 痛烈な	3. うようよいる	4. 病んでいる
⑬	びっくり仰天した	1. 見くびられた	2.（物が言えないほど）驚いた	3. 刺激された	4. 暴走した
⑭	ぞっとする	1. 不気味な	2. 神秘的な	3. きわめて優美な	4. ぞっとする
⑮	よろめいた	1. 吠えた	2. ためらった	3. 燃えた	4. よろめいた

学習日 年 月 日 | 年 月 日 | 年 月 日

0441 **prolific** [prəlífɪk]
形 多作の，多産の（≒ **productive, fertile**）
➤ prolific writers（多作の作家）
➤ prolific birds（多産の鳥）

0442 **propagate** [prá(:)pəgèɪt|prɔ́p-]
動 広める，繁殖する（≒ **disseminate**）
➤ propagate the information（情報を広める）
名 **propagation**（広まること） 名 **propaganda**（〔主義・思想の〕宣伝）

0443 **propensity** [prəpénsəti]
名 性癖，傾向（≒ **proclivity**）
➤ a propensity for stealing [violence]（盗癖［暴力癖］）

0444 **propriety** [prəpráɪəti]
名 礼儀正しさ，妥当性（≒ **etiquette, correctness**）
➤ utmost [feminine] propriety（最高の［女性らしい］礼儀正しさ）

0445 **prosecute** [prá(:)sɪkjù:t|prɔ́s-]
動 起訴する，告訴する（≒ **charge, accuse**）
➤ prosecute a defendant for murder（被告人を殺人で起訴する）
名 **prosecution**（起訴，告訴）

0446 **prowess** [práʊəs|-es]
名 優れた能力，勇敢さ（≒ **expertise, dexterity**）
➤ athletic [academic] prowess（優れた運動［学術］能力）

0447 **proximity** [prɑ(:)ksíməti|prɔks-]
名 近いこと，近接（≒ **vicinity**）
➤ in close proximity to the airport（空港のすぐそばに）

0448 **pry** [praɪ]
動《into を伴って》詮索する（≒ **scrutinize, probe**）
➤ pry into others' privacy（他人のプライバシーを詮索する）
形 prying eyes（**好奇の［詮索するような］**目）

0449 **quagmire** [kwǽgmàɪər|kwɔ́g-]
名 苦境，窮地（≒ **predicament**）
➤ fall into a quagmire of debt（借金から抜け出せない苦境）

0450 **qualm** [kwɑ:m, kwɔ:m]
名 懸念，良心の呵責（かしゃく）（≒ **scruple, compunction**）
➤ have no qualms about lying（平気で嘘を言う）

0451	**quell** [kwel]	動（暴動を）鎮圧する，（感情を）抑える（≒ **suppress**） ➤ quell the violence（暴力を鎮圧する） ➤ quell her fear（彼女の不安を和らげる）
0452	**ramification** [ræ̀mɪfɪkéɪʃ(ə)n]	名 影響，結果，波及効果（≒ **consequence, aftermath**） ➤ political [economic] ramifications（政治的［経済的］影響）
0453	**rampage** [ræmpéɪdʒ]	名 凶暴な行動［行為］，大暴れ（≒ **being berserk**） 動 暴れ回る ➤ a shooting rampage（銃乱射〔事件〕）
0454	**rampant** [rǽmpənt]	形 蔓延した，はびこる（≒ **pervasive, epidemic**） ➤ rampant crime [disease]（はびこる犯罪［病気］）
0455	**ransack** [rǽnsæk]	動 あさり回る，略奪する（≒ **scour, pillage, comb**） ➤ ransack a house [town]（家［町］を荒らし回る）
0456	**rapport** [ræpɔ́ːr]	名 良好な関係，信頼（≒ **bond, affinity**） ➤ build rapport with a client [patient]（顧客［患者］と信頼関係を築く）
0457	**rash** [ræʃ]	形（非常に早くて）軽率な（≒ **reckless, impetuous**） 名 発疹 ➤ make a rash decision [promise]（軽率な決定［約束］をする）
0458	**ration** [rǽʃ(ə)n, 《米》réɪ-]	動 分配［配給］する，（一定量に）制限する（≒ **distribute, control**） ➤ ration food（食料を配給する） ➤ ration the fuel（燃料を配給する） 名 a food ration（食料の**割当量**）
0459	**ravage** [rǽvɪdʒ]	動 荒廃させる，略奪する（≒ **devastate**） 名 破壊，損害 ➤ *(be)* ravaged by war [fire]（戦争［火災］で荒廃した）
0460	**rebuff** [ribʌ́f]	動 拒絶する，はねつける（≒ **spurn**） 名 拒絶 ➤ rebuff his request [offer]（彼の要求［申し出］を拒む）

学習日	年　月　日	年　月　日	年　月　日

7. ダーウィンの進化論とインテリジェント・デザイン説の基礎知識をマスター！

進化論（**the theory of evolution**）の先駆者のひとりであるフランスの動物学者ラマルクは進化論を広く発表した最初の人物で，「使う器官は発達し，使わないものは退化する」とする「**用不用説**（**the use-disuse theory**）」と論じ，**ダーウィン**（**Darwin**）**は**，**ガラパゴス島**（**the Galapagos Islands**）での動物観察から，1859 年に『**種の起源**』（**The Origin of Species**）を出版し，**進化論**（**Darwin's Theory of Evolution**）を確立した。また，1865 年に発表された**メンデルの遺伝法則**（**the Mendel's law of heredity**）では，遺伝子は親の生活とは関係なく変化せずに子孫に受け渡されるとし，進化を否定する理論と考えられたが，**ド・フリース**（**De Vries**）が唱えた**突然変異説**（**the mutation theory**）によって，**遺伝学**（**genetics**）界でも，遺伝子に変化を生じる進化の可能性が認められた。

ダーウィンの進化論は，あらゆる生物の**子孫**（**offspring**）は多様性を持ち，**過度の繁殖**（**excessive breeding**）は**生存競争**（**struggle for survival**）で削減され，**自然淘汰**（とうた）（**natural selection**）の中で種は環境に適合するというものである。この説は学会で有力説として受け入れられているが，カトリック教会は「肉体の進化論は認めるが，**人間の魂**（**human souls**）は**神に創造されたもの**（**God's creation**）」としており，米国では**創造論**（**creationism**）を学校教育に持ち込む州も多く，Gallup 世論調査でも，約半数が創造論を信じている。

その後，複雑な細胞からなる**生体組織**（**a living tissue composed of complex cells**）は進化でなく『高度な知性を持つ創造主』によってデザインされたという，宇宙や生命の創造主の存在を認める「**インテリジェント・デザイン説**（**Intelligent Design**）が生まれ，6 割の支持を得た。しかし，**創造科学**（**creation science**）と同様，**科学的妥当性**（**scientific validity**）はなく，進化論が解明できない生物の現象を指摘しているに過ぎない。

学習日　　年　月　日　　年　月　日　　年　月　日

8. 化学の守備範囲の基礎知識をマスター！

化学は様々な物質の構造・性質・反応を**原子や分子レベル**（**the atomic and molecular level**）で解明し，**化学反応**（**chemical reactions**）を用いて新物質を作り出す分野である。また，**生化学**（**biochemistry**）は，生命現象を化学的に研究する分野で，**酵素**（**enzyme**）の研究や**ホルモン**（**hormone**）などの**タンパク質**（**protein**）や糖，**核酸**（**nucleic acid**），**脂質**（**lipid**）などの生体内物質，エネルギー獲得，**代謝機能**（**metabolism**）などを扱うが，**高分子化学**（**polymer chemistry**）とも関連し，**遺伝子工学**（**genetic engineering**）などに応用されている。**分子量**（**molecular weight**）の小さな物質を結合して**高分子**（**high molecules**）を作る**重合反応**（**polymerization reaction**）は，**医薬品製造**（**medicinal chemical manufacturing**）やナノテクノロジーなどで応用されている。

化学の歴史は人類の火の使用から始まったが，古代人は**還元反応**（**reduction reaction**）を知らないまま，青銅器・鉄器などの**金属精錬**（**metal refinery**）をしていた。アラビアでは**錬金術**（**alchemy**）が発展したが失敗し，その**副生物**（**byproduct**）として，**硫酸**（**sulfuric acid**），**硝酸**（**nitric acid**）など各種薬品が生み出され，これらが化学の礎となった。19 世紀に**原子・分子の組み換え**（**atomic and molecular integration**）が化学反応の本質であることがわかり，ラザフォードの**原子核モデル**（**the atomic nucleus model**）によって，化学反応が**原子と電子の相互作用**（**interaction between atoms and electrons**）に基づくことが解明された。20 世紀には，**化学結合**（**a chemical bond**）が**量子力学**（**quantum mechanics**）で支配される電子の動きであると解明され，**有機化学**（**organic chemistry**）や**高分子化学**（**polymer chemistry**）が発展し，様々な新たな物質が合成され，工業社会が発展した。

複数の物質に**加熱**（**heating**）・**冷却**（**cooling**）などの操作を加えて異なる**化合物**（**chemical compounds**）ができる化学反応は，物質を構成する原子間の化学結合（**a chemical bond**）の変化によって起きるが，化学反応の前後では，**質量保存の法則**（**the law of conservation of mass**）によって，全体の質量は変わらない。化学反応は，自然界ではエネルギーが低い位置へ向かう**発熱反応**（**e**xothermal **r**eactions）と，より乱雑になろうとする**エントロピーの増大**（**an** **i**ncrease **in** **e**ntropy）という相反する反応を起こしながら平衡する。

物質には**固体**（**s**olid）・**液体**（**l**iquid）・**気体**（**g**as）があり，気体は反応に乏しく，液体は**分子間力**（**an** **i**ntermolecular **f**orce）で，気体と固体の中間にあり，加熱や冷却によって**気化**（**v**aporization），**蒸発**（**e**vaporation），**凝固**（**s**olidification）など相の変換を起こし，重要な物質精製手段である**蒸留**（**d**istillation）にかかわる。また，2つ以上の成分でできた液体に関しては，**溶媒**（**s**olvent）と**溶質**（**s**olute）による**分散性**（**d**ispersibility），**浸透圧**（**o**smotic **p**ressure），**粘性**（**v**iscosity），**表面張力**（**s**urface **t**ension）なども扱う。固体は原子が規則的に配列する「**結晶質**（**c**rystalline **s**ubstance）」と，規則性のない固体と液体の中間にある「**アモルファス**（**a**morphousness）」に分けられる。

この他「第4の状態（**the** **f**ourth **s**tate **of** **m**atter）」と呼ばれる**プラズマ**（**p**lasma）は，イオンの多い気体とも見なせるが，**イオン間に働く強い力**（**a** **s**trong **i**nterionic **f**orce）によってかなり異なった性質を持つため，気体とは別の状態だと見なされている。気体が熱せられると，**電子**（**e**lectron）が**原子**（**a**tom）から離れ始め，原子の束縛を受けない**自由電子**（**a** **f**ree **e**lectron）が発生するので，**強い電磁場**（**the** **p**owerful **m**agnetic **f**ield）を持つようになる。プラズマは，雷による大気のプラズマ化のような気体が数千度になって生じたもので，宇宙で最も豊富に存在する状態だと思われている。

レアメタルは少量生産され，**天然の親鉱石から取り出すのが困難**（**e**xtraction **d**ifficulty **from** **their** **n**aturally-**o**ccurring **h**ost **m**inerals）なもので，**消費者向け電子機器のコンデンサー〔タンタラム〕**（**c**apacitors **for** **c**onsumer **e**lectronics）〔**tantalum**〕，**充電可能な電池〔コバルト〕の金属陽極**（**m**etallic **c**athodes **for** **r**echargeable **b**atteries）〔**cobalt**〕から，**太陽光電池〔シリコン〕**（**p**hotovoltaic **s**olar **c**ells）〔**silicon**〕や**半導体物質〔ガリウムやインジウム〕**（**s**emiconductor **m**aterials）

〔gallium and indium〕まで**幅広い最終用途**（various end-use applications）がある。

レアメタルは，**非鉄金属**（non-ferrous metals）のうち，産業界での流通量・使用量が少なく希少な金属のことで，リチウム，ベリリウム，チタン，バナジウム，クロム，マンガン，コバルト，ニッケル，ガリウム，ゲルマニウム，ルビジウム，ストロンチウム，モリブデン，白金などがある。その用途は，①**ステンレス鋼**（a stainless steel），**耐熱材**（heat-resistance materials），**特殊鋼**（a special steel），**合金材**（an alloy steel）〔鉄，銅，アルミニウムなどのベースメタルに，レアメタルを添加し強度を増し，錆びにくい合金を作る〕，②**半導体**（semiconductor），レーザー，**発光ダイオード**（a light emitting diode），燃料電池，**永久磁石**（a permanent magnet），**磁気冷凍**（magnetic refrigeration），**超伝導**（superconductivity）などの電子・磁性材料，③**光触媒**（photocatalyst），**磁気光学媒体**（magnetooptic medium），**磁気ヘッド**（a magnetic head），**形状記憶合金**（a shape-memory alloy），**プラズマディスプレイ**（a plasma display），**蛍光灯**（a fluorescent lamp）など機能性材料への利用に大別される。半導体製造に必須のタングステンやモリブデン，ニッケル，排ガス規制をクリアする自動車製造に必須の白金やパラジウムなどの例に見られるように，ほとんどの製造業ではレアメタルは不可欠な素材である。

学習日	年　月　日	年　月　日	年　月　日

0461 **reciprocal** [risíprək(ə)l]
形 お互いの，返礼の（≒ **mutual**）
➤ a reciprocal relationship [agreement]（相互関係［条約］）
動 **reciprocate**（報いる）

0462 **recoup** [rikú:p]
動 取り戻す（≒ **recover**, **redeem**）
➤ recoup the initial investment [cost]（初期投資［費用］を回収する）

0463 **recourse** [rí:kɔ:rs|rɪkɔ́:s]
名 頼みとするもの，頼むこと（≒ **option**, **resort**）
➤ legal recourse（法的手段）
➤ have recourse to violence（暴力に訴える）

0464 **rectify** [réktɪfàɪ]
動 是正する，改善［修正］する（≒ **remedy**, **redress**）
➤ rectify the problem [mistake]（問題［失敗］を正す）

0465 **recuperate** [rikjú:pərèɪt]
動 回復する（≒ **recoup**, **convalesce**）
➤ recuperate from illness [the flu]（病気［インフルエンザ］から回復する） 名 **recuperation**（回復）

0466 **redeem** [ridí:m]
動（名誉を）回復する，（財産を）取り戻す（≒ **retrieve**）
➤ redeem *my* honor（名誉を回復する）
➤ redeem *my* property（財産を取り戻す）

0467 **redress** [ridrés]
動 是正する，取り戻す（≒ **rectify**, **remedy**） 名 改善，救済
➤ redress the imbalance [income gap]（不均衡［所有格差］を是正する）

0468 **redundant** [ridʌ́ndənt]
形 不必要な，余分の（≒ **unnecessary**, **inessential**）
➤ redundant workers（余剰労働者）
名 **redundancy**（余分，過剰）

0469 **refurbish** [ri:fə́:rbɪʃ]
動 改装する，装飾し直す（≒ **renovate**, **remodel**）
➤ refurbish the building（建物を改装する）
➤ refurbish the house（家を改装する）

0470 **reinstate** [rì:ɪnstéɪt]
動 復帰［復職・復活］させる（≒ **restore**）
➤ reinstate her as president（彼女を社長に復帰させる）
名 **reinstatement**（復職）

0471 **reiterate** [riítərèɪt]

動 繰り返して言う（≒ **rep**eat, **res**tate）

➤ reiterate my point [support, position]（要点［支持，立場］を繰り返して言う） 名 **reiteration**（繰り返し）

0472 **rejuvenate** [ridʒú:vənèɪt]

動 活性化させる（≒ **r**evitalize, **r**einvigorate）

➤ rejuvenate the system [economy]（制度［経済］を活性化させる）

0473 **relapse** [rí:læps]〈名〉[rilǽps]〈動〉

名 再発，逆戻り 動 ぶり返す，再発する（≒ **r**evert）

➤ have [suffer] a relapse（再発する）

0474 **relegate** [réləgèɪt]

動 降格させる，左遷する（≒ **d**emote）

➤ *(be)* relegated to a lower position [status]（左遷される）

0475 **relentless** [riléntləs]

形 情け容赦のない（≒ **u**nrelenting, **m**erciless）

➤ relentless attacks [criticism]（情け容赦ない攻撃［批判］）

動 **relent**（優しくなる）

0476 **relic** [rélɪk]

名 遺物，名残，慣習，記念品（≒ **r**emains）

➤ the relics of the war [past]（戦争［過去］の遺物）

0477 **relinquish** [rilíŋkwɪʃ]

動 放棄する，断念する（≒ **r**enounce, **w**aive）

➤ relinquish his position [power]（彼の地位［権力］を放棄する）

0478 **remorse** [rimɔ́:rs]

名 自責の念，強い後悔（≒ **r**epentance, **c**ontrition）

➤ feel remorse for my crime [sin]（犯罪［罪悪］への自責の念を感じる） 形 **remorseful**（後悔の）

0479 **render** [réndər]

動（奉仕，援助などを）与える，（評決など）を下す（≒ **m**ake, **p**rovide）

➤ render a service（サービスをする）

➤ render a decision（評決を下す）

0480 **renounce** [rináʊns]

動 公式に放棄する（≒ **r**elinquish, **a**bandon）

➤ renounce *one's* right（権利を放棄する）

➤ renounce *one's* power（権力を放棄する）

学習日	年　月　日	年　月　日	年　月　日

One-paragraph Short Stories & Quizzes【17】

The professor ①**prefaced** his lecture with his ②**harrowing** war experience. "The ③**ruthless** soldiers ④**pillaged** a town and ⑤**slaughtered** innocent civilians. My ⑥**comrade** was ⑦**lacerated** by the ⑧**callous** enemy and had his leg ⑨**amputated**. The ⑩**maimed** soldier later suffered from ⑪**deteriorating** health and has still been in a ⑫**wretched** ⑬**plight** ever since." This story gave a ⑭**vicarious** experience to the students, making them ⑮**cherish** their hope for world peace.

Q. ①～⑮の意味に近い語を選んでください。

①	**prefaced**	1. coalesced	2. procreated	3. imbued	4. launched
②	**harrowing**	1. horrendous	2. forlorn	3. diabolical	4. sordid
③	**ruthless**	1. remorseless	2. incipient	3. disdainful	4. rueful
④	**pillaged**	1. disbanded	2. plundered	3. flouted	4. duped
⑤	**slaughtered**	1. plagiarized	2. massacred	3. extrapolated	4. taunted
⑥	**comrade**	1. animosity	2. residue	3. canon	4. crony
⑦	**lacerated**	1. denigrated	2. impinged	3. slashed	4. venerated
⑧	**callous**	1. malleable	2. beefy	3. wimpy	4. merciless
⑨	**amputated**	1. lambasted	2. augmented	3. severed	4. swiped
⑩	**maimed**	1. mutilated	2. retrenched	3. slayed	4. stunned
⑪	**deteriorating**	1. intruding	2. waning	3. sneering	4. wrangling
⑫	**wretched**	1. revamped	2. plundered	3. dire	4. snide
⑬	**plight**	1. heresy	2. predicament	3. edict	4. epitome
⑭	**vicarious**	1. virtual	2. avaricious	3. farcical	4. hectic
⑮	**cherish**	1. ground	2. verify	3. sully	4. harbor

【解答欄】

①	②	③	④	⑤	⑥	⑦	⑧

⑨	⑩	⑪	⑫	⑬	⑭	⑮

(和訳) 教授は講義の前に，自分の悲惨な戦争体験を語った。「冷酷な兵士たちが町を略奪し，罪のない市民を虐殺した。私の戦友は無慈悲な敵に切られ，足を切断しなければならなかった。不具になった兵士はその後，体調を崩し，今も悲惨な状態が続いている。」この話は学生たちの（戦争の）疑似体験になり，世界平和を大切にする気持ちにさせた。

解答 …… 選択肢の赤い文字が正答

①	始めた	1. 合体した	2. 子を産んだ	3. 植え付けた	4. 始めた
②	悲惨な	1. 恐ろしい	2. みじめな	3. 悪魔的な	4. 下劣な
③	冷酷な	1. 無慈悲な	2. 初期の	3. 軽蔑的な	4. 後悔した
④	略奪した	1. 解散した	2. 略奪した	3. 侮辱した	4. 騙した
⑤	虐殺した	1. 盗作した	2. 虐殺した	3. 推定した	4. 嘲った
⑥	同志	1. 敵意	2. 残留物	3. 規範	4. 仲間
⑦	切り裂いた	1. 中傷した	2. 侵害した	3. かき切った	4. 尊敬した
⑧	無慈悲な	1. 順応性のある	2. 肉付きのよい	3. 弱虫な	4. 容赦ない
⑨	切断した	1. こき下ろした	2. 増加した	3. 切り離した	4. 強打した
⑩	不具になった	1. 切断された	2. 切り詰めた	3. 殺された	4. 唖然とした
⑪	悪化する	1. 侵入する	2. 衰えた	3. 冷笑する	4. 口論する
⑫	悲惨な	1. 改良された	2. 略奪された	3. 悲惨な	4. 嫌味な
⑬	窮状	1. 異端	2. 窮状	3. 勅令	4. 縮図
⑭	疑似の	1. 疑似の	2. 強欲の	3. 滑稽な	4. 多忙を極めた
⑮	大切にする [育てる]	1. 接地する	2. 確認する	3. 汚す	4. 育てる

学習日 年 月 日 | 年 月 日 | 年 月 日

0481 **repatriate** [rìːpéɪtrièɪt|-pǽtri-]
動 本国に送還する（≒ **de**port）
➤ repatriate refugees（難民を本国に送還する）

0482 **repeal** [ripíːl]
動（法律などを）廃止［撤回］する，無効にする（≒ **a**bolish）
名（法律などの）廃止，撤回
➤ repeal the law [act]（法律［法令］を廃止にする）

0483 **repel** [ripél]
動 撃退する，（水などを）はじく（≒ **r**epulse）
➤ repel attacks [insects]（攻撃［虫］を撃退する）
名 **repellant**（防虫剤）

0484 **replenish** [riplénɪʃ]
動 補充する（≒ **re**fill, **re**store）
➤ replenish *their* supplies [stocks]（生活必需品［在庫］を補充する） 名 **replenishment**（補充）

0485 **reprimand** [réprɪmæ̀nd|-mɑ̀ːnd]
動 叱責する，懲戒する（≒ **re**buke, **be**rate）
➤ *(be)* reprimanded for my carelessness [negligence]（不注意［怠慢］を叱責される）

0486 **reprisal** [ripráɪz(ə)l]
名 報復，仕返し（≒ **reta**liation, **retri**bution）
➤ political [economic] reprisals（政治［経済］的報復）

0487 **reproach** [riprόʊtʃ]
動 叱責する，たしなめる（≒ **re**buke, **r**eprimand）
➤ reproach him for his failure（彼の失敗を叱責する）

0488 **reprove** [riprúːv]
動 非難する，たしなめる（≒ **ad**monish, **c**ensure）
➤ reprove him for being late（遅刻したことで彼を非難する）

0489 **repugnant** [ripʌ́gnənt]
形 不快で嫌悪を抱かせる（≒ **di**sgusting, **n**auseating）
➤ a repugnant smell（不快な臭い）
➤ a repugnant crime scene（不快な犯罪シーン）

0490 **rescind** [risínd]
動 廃止する，破棄する（≒ **re**voke, **re**peal, **ab**rogate）
➤ rescind the law [contract]（法律［契約］を破棄する）

No.	見出し語	意味・例
0491 ☐☐☐	**resilient** [rizíliənt]	形 回復力のある，弾力性のある（≒ quick to recover, flexible） ➤ a resilient economy [material]（弾力性のある経済［物質］） 名 **resilience**（回復力，弾力性）
0492 ☐☐☐	**respite** [réspət|-paɪt]	名 動 小休止（する），中断（する），猶予（≒ rest, recess, hiatus） ➤ a temporary respite from work（仕事の小休止）
0493 ☐☐☐	**resuscitation** [risʌ̀sɪtéɪʃ(ə)n]	名 蘇生（術），復活（≒ revival, resurrection） ➤ mouth-to-mouth resuscitation（口移し式蘇生法） 動 **resuscitate**（蘇生させる）
0494 ☐☐☐	**reticent** [rétəs(ə)nt]	形 無口な，控えめな（≒ reserved, taciturn） ➤ *be* reticent about *his* private life（私生活について話したがらない） 名 **reticence**（寡黙）
0495 ☐☐☐	**retract** [ritrǽkt]	動 撤回する，（爪などを）引っ込める（≒ withdraw, recant） ➤ retract the statement [decision]（発言［決定］を撤回する）
0496 ☐☐☐	**retrench** [ritrén(t)ʃ]	動（人員・コストなど）を削減する（≒ curtail） ➤ retrench the workforce（従業員を削減する） ➤ retrench the costs（コストを削減する）
0497 ☐☐☐	**retribution** [rètrɪbjúːʃ(ə)n]	名 報復，懲罰（≒ retaliation, revenge） ➤ violent retribution（暴力的な報復） ➤ divine retribution（天罰）
0498 ☐☐☐	**revamp** [rìːvǽmp]	動 改善する，改装する（≒ renovate, refurbish） ➤ revamp the system [building]（制度［建物］を改良する）
0499 ☐☐☐	**revelation** [rèvəléɪʃ(ə)n]	名 暴露，（意外な）新事実［発見］，啓示（≒ disclosure, uncovering） ➤ revelation of a secret（秘密の暴露） ➤ a God-given revelation（神の啓示） 動 **reveal**（明かす，漏らす）
0500 ☐☐☐	**revoke** [rivóʊk]	動 無効にする（≒ rescind, annul） ➤ revoke the contract [license]（契約［認可］を無効にする）

学習日	年 月 日	年 月 日	年 月 日

One-paragraph Short Stories & Quizzes【18】

The ①**overbearing** female customer ②**badgered** the clerk to discount the jewel, claiming that its price is ③**preposterous**. Even after the clerk ④**acceded** to her request, she kept ⑤**haggling** over the price. When the clerk was ⑥**confounded** by her persistence, and ⑦**rebuffed** her ⑧**ludicrous** demand, she started ⑨**griping** about the service with ⑩**scathing** remarks and ⑪**quibbling** over the wording. When the manager came to ⑫**placate** the ⑬**disgruntled** customer in an ⑭**amicable** manner, she finally regained her ⑮**poise**.

Q. ①～⑮の意味に近い語を選んでください。

		1	2	3	4
①	**overbearing**	1. raunchy	2. rickety	3. imperious	4. seething
②	**badgered**	1. pestered	2. deluded	3. bolstered	4. expounded
③	**preposterous**	1. adjacent	2. exorbitant	3. halcyon	4. superfluous
④	**acceded**	1. acquiesced	2. vexed	3. pored	4. grumbled
⑤	**haggling**	1. spewing	2. waning	3. surmising	4. bargaining
⑥	**confounded**	1. engrossed	2. nonplused	3. rebuked	4. hampered
⑦	**rebuffed**	1. repudiated	2. thwarted	3. ravaged	4. tempted
⑧	**ludicrous**	1. bountiful	2. gaudy	3. acrid	4. ridiculous
⑨	**griping**	1. groping	2. concurring	3. grouching	4. alluding
⑩	**scathing**	1. condescending	2. grinding	3. blistering	4. whopping
⑪	**quibbling**	1. scrupling	2. flinching	3. combing	4. carping
⑫	**placate**	1. revere	2. pacify	3. taunt	4. seduce
⑬	**disgruntled**	1. discontented	2. appalled	3. enraptured	4. improvised
⑭	**amicable**	1. mint	2. sardonic	3. civilized	4. conceited
⑮	**poise**	1. genesis	2. scion	3. relish	4. composure

【解答欄】

①	②	③	④	⑤	⑥	⑦	⑧

⑨	⑩	⑪	⑫	⑬	⑭	⑮

(和訳) その横柄な客は，店員にその宝石の値段がとんでもない，と言って値引きを要求した。店員が彼女の要求を受け入れた後も値段の交渉を続けた。店員が彼女の粘り強さに困惑し，彼女のおかしな要求をはねのけると，彼女は辛辣な言葉でサービスに対して不満を言い，言葉遣いに文句を言った。店長が来て，その不満を持ったお客を穏便になだめたら，彼女は冷静さを取り戻した。

解答 …… 選択肢の赤い文字が正答

①	横柄な	1. 不潔な	2. ガタガタの	3. 横柄な	4. 騒然とした
②	せがんだ	1. しつこくせがんだ	2. だました	3. 支持した	4. 説明した
③	法外な	1. 隣接した	2. 法外な	3. 穏やかな	4. 余計な
④	同意した	1. 嫌々従った	2. いらいらした	3. 熟考した	4. 不平を言った
⑤	値切る交渉をする	1. 吐き出す	2. 衰える	3. 推測する	4. 値切る
⑥	困惑した	1. 夢中になった	2. 困惑した	3. 叱責した	4. 妨げられた
⑦	拒絶した	1. 拒否した	2. 妨害した	3. 破壊した	4. 誘惑した
⑧	ばかげた	1. 豊かな	2. 派手な	3. 刺激的な	4. ばかげた
⑨	不平を言う	1. 手探りをする	2. 同意する	3. 不平を言う	4. ほのめかす
⑩	辛辣な	1. 見下す	2. すりつぶす・苦しめる	3. 辛辣な	4. とてつもない
⑪	ケチをつける	1. 気が咎める	2. 怯む	3. うねる	4. あら探しをする
⑫	なだめる	1. 尊敬する	2. なだめる	3. 挑発する	4. 誘惑する
⑬	不満のある	1. 不満のある	2. 愕然とした	3. うっとりした	4. 即興の
⑭	友好的な	1. 真新しい	2. 皮肉な	3. 礼儀正しい	4. うぬぼれた
⑮	落ち着き	1. 創世記	2. 子孫	3. 風味	4. 落ち着き

Unit 26 【一般語彙】Rank A ★★★★ ▶ 0501 - 0520

学習日　年　月　日　年　月　日　年　月　日

0501 **rift** [rɪft]
名 不和，亀裂（≒ **schism**, **fissure**）
➤ a rift between the two countries（二国間の対立）

0502 **robust** [roʊbʌ́st, ⌐-]
形（組織・制度などが）健全［活発］な，たくましい［頑丈な］（≒ **durable**, **sturdy**, **full-bodied**）
➤ a robust economy（活発な経済） ➤ robust health（頑健）

0503 **rubble** [rʌ́b(ə)l]
名 破片，瓦礫（≒ **debris**）
➤ *(be)* reduced to rubble（瓦礫の山と化す）

0504 **rudimentary** [rù:dɪmént(ə)ri]
形 初歩の，未熟の（≒ **basic**, **elementary**, **introductory**）
➤ a rudimentary knowledge [education]（初歩的な知識［教養］）

0505 **rustic** [rʌ́stɪk]
形 田舎の，素朴な（≒ **rural**, **simple**）
➤ a rustic cottage [hut]（田舎の小別荘［小屋］）

0506 **ruthless** [rú:θləs]
形 無慈悲な，非情な（≒ **remorseless**, **merciless**）
➤ a ruthless killer [dictator]（残酷非道な殺害者［独裁者］）

0507 **sanction** [sǽŋ(k)ʃ(ə)n]
動（行動などを）認可する，制裁する（≒ **approve**, **punish**）
➤ sanction the law（法律を承認する）
➤ sanction the crime（罪に制裁を与える）

0508 **saturate** [sǽtʃərèɪt]
動（場所や入れ物を）満たす，（市場・溶液を）飽和状態にする（≒ **permeate**, **pervade**）
➤ saturate the market（市場を飽和状態にする）

0509 **scrupulous** [skrú:pjələs]
形 入念な，几帳面な（≒ **meticulous**, **fastidious**）
➤ scrupulous attention [care]（入念な注意［世話］）
名 動 **scruple**（良心の呵責；気がとがめる）

0510 **scrutinize** [skrú:t(ə)nàɪz]
動 綿密に調べる（≒ **carefully examine**）
➤ scrutinize the data [document]（データ［書類］を精査する）
名 **scrutiny**（精密な調査）

0511 □□□	**sedentary** [séd(ə)ntèri|-t(ə)ri]	**形** 座りがちの，座業の（≒ **seated**, **deskbound**） ➤ sedentary lifestyles [work]（座りがちな生活［仕事］）
0512 □□□	**setback** [sétbæ̀k]	**名** 障害，挫折，後退（≒ **problem**, **hitch**） ➤ suffer a political setback（政治的後退に陥る）
0513 □□□	**sever** [sévər]	**動** 切断する，切り離す（≒ **cut off**, **break off**） ➤ sever diplomatic relations with the country（その国との外交関係を断ち切る）
0514 □□□	**shabby** [ʃǽbi]	**形** みすぼらしい，卑劣な（≒ **dingy**, **scruffy**） ➤ shabby clothes [restaurant]（みすぼらしい服装［レストラン］） ➤ the shabby treatment of workers（労働者のひどい待遇）
0515 □□□	**shackle** [ʃǽk(ə)l]	**動** 束縛する（≒ **fetter**） **名** かせ，足かせ，束縛 ➤ shackled in chains（鎖につながれる） ➤ shackled by tradition（伝統に縛られる）
0516 □□□	**skirmish** [skə́ːrmɪʃ]	**動** **名** 偶発的な小競り合い（をする）（≒ **fight**, **argument**） ➤ skirmish with the army（陸軍と小競り合いをする） ➤ a border skirmish（国境地帯での小競り合い）
0517 □□□	**slaughter** [slɔ́ːtər]	**動** 大量虐殺する，屠殺する **名** 虐殺（≒ **butcher**, **massacre**） ➤ slaughter animals [innocent civilians]（動物を屠殺する［罪のない一般市民を大量虐殺する］）
0518 □□□	**smear** [smɪər]	**動** けがす，汚す（≒ **tarnish**, **stain**） **名** 染み，非難 ➤ smear his reputation（彼の名声をけがす） ➤ smear his face with mud（泥で彼の顔を汚す）
0519 □□□	**solicit** [səlísɪt]	**動** 懇願［嘆願，請願］する（≒ **ask for**, **request**） ➤ solicit *your* support [contributions]（支援［寄付］を懇願する） ➤ solicit a newspaper subscription（新聞購読の勧誘をする）
0520 □□□	**spawn** [spɔːn]	**動** 引き起こす，生じる［させる］，（～を）発生させる（≒ **generate**） ➤ spawn a movement（ムーブメントを巻き起こす） ➤ spawn the growth（成長を引き起こす）

学習日	年　月　日	年　月　日	年　月　日

9. 動物学と動物の基礎知識をマスター！

動物学（**z**oology）は**植物学**（**b**otany）と並んで，**生物学**（**b**iology）を構成する大きな分野である。その分野には，**遺伝学**（**g**enetics），**形態学**（**m**orphology），**生理学**（**p**hysiology），**生態学**（**e**cology），**動物行動学**（**e**thology），**系統学**（**p**hylogeny），**分類学**（**t**axonomy）などがあり，研究対象によって，さらに**哺乳類学**（**m**ammalogy），**鳥類学**（**o**rnithology），**爬虫類学**（**h**erpetology），**魚類学**（**i**chthyology），**両生類学**（**a**mphibiology），**昆虫学**（**e**ntomology），**霊長類学**（**p**rimatology），**貝類学**（**c**onchology）などに分かれる。

動物の**種の起源**（**the o**rigin **of s**pecies）や**進化の過程**（**the p**rocess **of e**volution）の解明しようとする動物学は，**脊椎動物**（**v**ertebrate）や**無脊椎動物**（**i**nvertebrate）から，**寄生生物**（**p**arasite）や**微生物**（**m**icroorganism）も研究対象に含み，動物の生理や生態についての様々な側面から研究が行なっている。形態学は**細胞組織**（**t**issue），**骨組み**（**s**keleton），**消化器官**（**d**igestive **o**rgan），**筋肉**（**m**uscle），**神経**（**n**erve）などの形態を研究し，一定のパターンや**変態**（**m**etamorphosis）の発生過程を解明する。**生理学**（**p**hysiology）は，動物の**体の機能**（**b**odily **f**unctions）を研究し，体内で生じるさまざまな物理的化学現象を扱う。また生態学は，動物の生態を**生態系**（**e**cosystem）との関連において研究し，**動物行動学**（**e**thology）は，動物の行動のメカニズムや進化などを総合的に研究する。

動物は，**動物界**（**the a**nimal **k**ingdom）に分類される生物またはその総称で，一般に**運動能力**（**m**otion **c**apability）と**感覚**（**s**ense）を持つ**多細胞生物**（**m**ulticellular **o**rganism）であるが，すべての動物には当てはまらないので，厳密には，1. **多細胞性の著しい発達**（**a**dvanced **m**ulticellularity），2. **卵子**（**o**vum）と**精子**（**s**perm）の2種類の配偶子（**g**amete）の受精により発生する倍数性（**p**olyploid）生物，3. 発生初期に**細胞**（**c**ell）でできた**中空球**（**a h**ollow **s**phere）である**胞胚**（**b**lastula）を形成，4. 体外から**養分**（**n**utrients）を摂取する生物，などの特徴を持つ

生物が，動物と見なされている。

動物は，まず**脊椎動物**（**v**ertebrates：backbone〔背骨〕のある動物）と**無脊椎動物**（**i**nvertebrates：背骨のない動物）に分類される。脊椎動物はさらに**恒温動物**（**h**omoiotherm：定温動物〔warm-blooded animal〕）と**変温動物**（**p**oikilotherm：冷血動物〔cold-blooded animal〕）に分かれる。無脊椎動物は**節足動物**（**a**rthropod），**環形動物**（**a**nnelid），**軟体動物**（**m**ollusk），**棘皮動物**（**e**chinoderm）などに分かれ，**節足動物**（**a**rthropod）はさらに，**甲殻類**（**c**rustacean），**昆虫**（**i**nsect），**蜘形類**（**s**pider）などに分類される。

生物圏（**the b**iosphere）は，海抜マイナス 11,000m からプラス 15,000m までの，地球の**大気圏**（**the a**tmosphere）・**水圏**（**the h**ydrosphere）・**岩石圏**（**the l**ithosphere）の中で「生命が生息する地球表面の場所」で，その中でも大多数の生物は海抜マイナス 100m からプラス 100m の間に生息している。**生態系**（**e**cosystem）内では，種は**食物連鎖**（**a f**ood **c**hain）で互いに依存し合い，生物同士や環境との間で，エネルギーと物質をやりとりする。生態系は，**陸上生態系**（**the t**errestrial **e**cosystem），森林，牧草地，農業地など内水生態系（**the i**nland **w**ater **e**cosystem），湖・池・川・**海洋生態系**（**the m**arine ecosystem）などに分かれる。

5 万 6,000 種の生物を調査した IUCN によると，現在，18,400 種近く（哺乳類〔mammals〕の 5 分の 1，鳥類〔avian species〕の 8 分の 1，両生類〔amphibian〕の 3 分の 1）が絶滅の危機に瀕している（**t**hreatened **with e**xtinction）という。また，温暖化（**gl**obal **w**arming）により，鳥類の 35%，両生類の 52%，**サンゴ**（**co**ral）の 71% もが悪影響を受けると予測されている。**野生生物**（**w**ildlife）が絶滅する理由として，人間が持ち込む**外来種**（**a f**oreign **s**pecies）による攻撃も忘れてはならない。

学習日 年 月 日 | 年 月 日 | 年 月 日

0521 **sporadic** [spərǽdɪk]
形 不定期に起きる，散発的な（≒ spasmodic）
➤ sporadic violence [fighting]（散発的な暴力行為［戦闘］）

0522 **squabble** [skwɑ́(ː)b(ə)l|skwɔ́b(ə)l]
動 言い争う 名 口論（≒ bickering, spat）
➤ squabble over money（お金をめぐって言い争う）
➤ a family squabble（内輪もめ）

0523 **squalid** [skwɑ́(ː)ləd|skwɔ́lɪd]
形 汚らしい，むさ苦しい，惨めな（≒ filthy, wretched）
➤ a squalid prison（汚い刑務所）
➤ squalid living conditions（むさ苦しい生活環境）

0524 **squander** [skwɑ́(ː)ndər|skwɔ́n-]
動（金・時などを）浪費［散財］する（≒ dissipate）
➤ squander money [time] on gambling（ギャンブルにお金［時］を浪費する）

0525 **staggering** [stǽg(ə)rɪŋ]
形 驚異的な，よろめく（≒ overwhelming, mind-boggling）
➤ a staggering success [beauty]（目を見張るような成功［美人］）
動 stagger（仰天させる）

0526 **stalemate** [stéɪlmèɪt]
名 膠着状態，行き詰まり（≒ deadlock, impasse）
➤ reach a stalemate in the negotiations（交渉で行き詰まる）

0527 **stampede** [stæmpíːd]
名 殺到 動 殺到する，突進する（≒ rush, charge）
➤ a stampede to the store（店への殺到）

0528 **staunch** [stɔːntʃ]
形 忠実な，頑丈な（≒ steadfast, unwavering）
➤ staunch supporters [advocates]（忠実な支持者）

0529 **stern** [stəːrn]
形 厳格な，断固とした（≒ harsh, strict） 名 船尾，後部
➤ stern measures（断固とした手段）
➤ a stern face（険しい顔つき）

0530 **stifle** [stáɪf(ə)l]
動（笑い・あくび・衝動などを）抑える，こらえる（≒ suppress）
➤ stifle a laugh（笑いをこらえる）
➤ stifle a yawn（あくびをかみ殺す）

0531 □□□	stigma [stígmə]	名 汚名，烙印（≒ disgrace, blemish） ➤ a stigma attached to mental illness（精神疾患に伴う汚名） 動 stigmatize（烙印を押す，汚名を着せる）
0532 □□□	stink [stɪŋk]	名 悪臭；騒動［物議］（≒ stench, reek; fuss） 動 悪臭を放つ，（質・能力などが）ひどいものだ［だめである］ ➤ the stink of rotten meat（腐った肉の悪臭）
0533 □□□	stipulate [stípjəlèɪt]	動（契約条項として）規定［明記］する（≒ specify, prescribe） ➤ *(be)* stipulated by the law [contract]（法［契約］に規定された） 名 stipulation（規定）
0534 □□□	stoop [stuːp]	動 身をかがめる，（悪事に）身を落とす（≒ bend down） 名 前かがみ ➤ stoop down to pat a dog（犬をなでるためにかがむ）
0535 □□□	stout [staʊt]	形 どっしりした［太った］，強い［頑丈な］な（≒ portly, sturdy） ➤ a stout man（恰幅がよい男性） ➤ a stout heart（勇気）
0536 □□□	streamline [stríːmlàɪn]	動 合理化する（≒ rationalize） ➤ streamline the business operations（経営を合理化する）
0537 □□□	stringent [strín(d)ʒ(ə)nt]	形 厳重な，厳しい（≒ strict, exacting） ➤ stringent regulations [conditions]（厳しい規制［条件］）
0538 □□□	submerge [səbmə́ːrdʒ]	動 沈める，浸水する［させる］（≒ sink, immerse） ➤ *be* submerged in water（水中に沈んでいる） 形 submerged land（水没した土地）
0539 □□□	substantial [səbstǽnʃ(ə)l]	形 相当な，重大［重要］な（≒ considerable, essential） ➤ a substantial increase（大幅な増加） ➤ substantial evidence（重要な証拠）
0540 □□□	substantiate [səbstǽnʃièɪt]	動（主張・証言・理論などを）立証［実証］する（≒ verify, corroborate） ➤ substantiate the theory [allegations]（その理論［主張］を立証する）

学習日	年　月　日	年　月　日	年　月　日

One-paragraph Short Stories & Quizzes【19】

①**Succumbing** to the ②**relentless** pressure from his spouse, the writer led an ③**abstemious** life. ④**Clenching** his teeth, he only had a light ⑤**repast** twice a day by ⑥**suppressing** his appetite and underwent ⑦**grueling** physical training to tighten his ⑧**flaccid** muscle. Besides making his muscle ⑨**supple**, these efforts have brought him a ⑩**windfall** for him: Without being ⑪**intoxicated** while writing, he created ⑫**exemplary** novels, not ⑬**slipshod** works. Then, he became a ⑭**consummate** novelist, and achieved ⑮**enduring** worldwide fame.

Q. ①～⑮の意味に近い語を選んでください。

①	**succumbing**	1. capitulating	2. conquering	3. whining	4. assenting
②	**relentless**	1. colossal	2. lukewarm	3. frayed	4. persistent
③	**abstemious**	1. acerbic	2. austere	3. demure	4. uncanny
④	**clenching**	1. crippling	2. gritting	3. curbing	4. gripping
⑤	**repast**	1. feast	2. snack	3. staple	4. savor
⑥	**suppressing**	1. routing	2. smearing	3. relinquishing	4. restraining
⑦	**grueling**	1. arduous	2. pedantic	3. jaded	4. repulsive
⑧	**flaccid**	1. hazy	2. docile	3. flabby	4. sleazy
⑨	**supple**	1. arid	2. sluggish	3. stately	4. limber
⑩	**windfall**	1. bonanza	2. epitome	3. hermit	4. synopsis
⑪	**intoxicated**	1. sober	2. gregarious	3. inebriated	4. enraptured
⑫	**exemplary**	1. uphill	2. dubious	3. model	4. voluble
⑬	**slipshod**	1. patent	2. impudent	3. barren	4. disorganized
⑭	**consummate**	1. incisive	2. quintessential	3. herculean	4. imperceptible
⑮	**enduring**	1. perpetual	2. daring	3. plucky	4. grating

【解答欄】

①	②	③	④	⑤	⑥	⑦	⑧

⑨	⑩	⑪	⑫	⑬	⑭	⑮

（和訳） 配偶者からの執拗なプレッシャーに負けて，その作家は禁欲的な生活を送っていた。彼は歯を食いしばり，食欲を抑えて一日２回だけ軽い食事をし，たるんだ筋肉を引き締める過酷なトレーニングをした。これらの努力は，筋肉をしなやかにしただけでなく，思いがけない利益をもたらした。酔わずに書かなくなったので，いい加減な作品ではなく，立派な小説を書けるようになった。そして，彼は申し分のない小説家となり，世界的な名声を不動のものとした。

解答 ...... 選択肢の赤い文字が正答

①	屈服する	1. 屈服する	2. 征服する	3. 泣き言をいう	4. 同意する
②	執拗な	1. 巨大な	2. ぬるい	3. 擦り切れた	4. 執拗な
③	節制した	1. 辛辣な	2. 禁欲的な	3. 控えめな	4. 異様な
④	食いしばる	1. 不能にする	2. 食いしばる	3. 抑える	4. 握る
⑤	食事	1. ごちそう	2. 軽食	3. 主食	4. 風味
⑥	抑制する	1. 探し出す	2. 汚す	3. 放棄する	4. 抑制する
⑦	骨の折れる	1. 骨の折れる	2. 衒学的な	3. 疲れ切った	4. 不快な
⑧	たるんだ	1. かすんだ	2. 従順な	3. たるんだ	4. いかがわしい
⑨	しなやかな	1. 乾燥した	2. のろい	3. 堂々とした	4. しなやかな
⑩	思いがけない収入	1. 思わぬ大金	2. 縮図	3. 隠遁者	4. 概要
⑪	酔った	1. しらふの・冷静な	2. 社交的な	3. 酔った	4. うっとりした
⑫	模範となる	1. 上りの・困難な	2. 疑わしい	3. 模範となる	4. 流暢な
⑬	ぞんざいな	1. 明らかな	2. 厚かましい	3. 不毛な	4. でたらめな
⑭	完璧な	1. 鋭い	2. 完璧な・典型的な	3. 勇敢な	4. 知覚できない
⑮	永続的な	1. 永続的な	2. 大胆な	3. 元気のよい	4. 耳障り

学習日 年 月 日 年 月 日 年 月 日

0541 **subvert** [səbvə́ːrt]
動（体制などを）転覆させる，破壊する（≒ topple, overthrow）
➤ subvert the government [democracy]（政府［民主主義］を倒す）
名 subversion（転覆，破壊） 形 subversive（転覆させる）

0542 **succinct** [səksíŋ(k)t]
形 簡潔な，簡明な（≒ concise, pithy）
➤ a succinct answer [summary]（簡潔な答え［要約］）

0543 **succumb** [səkʌ́m]
動 屈服する（≒ surrender, capitulate）
➤ succumb to temptation [the pressure]（誘惑［圧力］に屈する）

0544 **suffocate** [sʌ́fəkèɪt]
動 窒息死させる，（発展を）妨げる（≒ smother, stifle）
➤ suffocate him to death（彼を窒息死させる）

0545 **sumptuous** [sʌ́m(p)tʃuəs, -tju-]
形 豪華な，ぜいたくな（≒ luxurious, extravagant）
➤ a sumptuous meal [palace]（豪勢な食事［宮殿］）

0546 **suppress** [səprés]
動 鎮圧［抑制］する（≒ subdue, stifle）
➤ suppress the riot [rebellion]（暴動［反乱］を鎮圧する）
➤ suppress information（情報公開を抑える）

0547 **swamp** [swɑ(ː)mp|swɔmp]
動（仕事などで）圧倒する，殺到する 名 沼地（≒ marsh）
➤ *(be)* swamped with work（仕事に追われる）

0548 **swarm** [swɔːrm]
名 群れ，大群（≒ flock） 動 群れで移動する，一杯になる
➤ a swarm of insects [tourists]（虫［観光客］の群れ）

0549 **swindle** [swínd(ə)l]
動（お金・財産などを）だまし取る（≒ defraud）
➤ swindle him out of *his* money（彼からお金をだまし取る）

0550 **taint** [teɪnt]
動《受け身で》汚染する［汚す］，（評判などを）傷つける（≒ pollute, tarnish）
➤ *be* tainted with chemicals（化学薬品で汚染されている）
➤ *be* tainted by the scandal（スキャンダルで傷つけられる）

0551 **tantalizing** [tǽntəlàɪzɪŋ]
□□□

形 興味［食欲］をそそ（られ）る，じれったい（≒ **t**empting, **e**nticing）
➤ a tantalizing smell [aroma]（食欲をそそるにおい［香り］）
動 **tantalize**（じらす）

0552 **tarnish** [tɑ́ːrnɪʃ]
□□□

動（名誉・印象などを）汚す，色あせる（≒ **s**mear, **s**tain）
➤ tarnish *his* reputation [image]（彼の名声［イメージ］を汚す）

0553 **teem** [tiːm]
□□□

動《with を伴って》～で満ちあふれている（≒ **s**warm **w**ith）
➤ teem with life（生命に満ちあふれている）
形 a city teeming with tourists（観光客で**いっぱいの**都市）

0554 **tenuous** [ténjuəs]
□□□

形（関係などが）希薄な，薄っぺらい（≒ **w**eak, **f**limsy）
➤ a tenuous relationship [connection]（希薄な関係）

0555 **thwart** [θwɔːrt]
□□□

動 阻止する，妨害する（≒ **f**orestall, **i**mpede）
➤ thwart a plan [terrorist attack]（計画［テロリストの攻撃］を阻止する）

0556 **ticklish** [tík(ə)lɪʃ]
□□□

形 慎重を要する（≒ **c**omplicated, **d**elicate）
➤ a ticklish question [issue]（慎重を要する議題［問題］）

0557 **tilt** [tɪlt]
□□□

動 傾ける，傾く（≒ **l**ean, **i**ncline）　名 傾き
➤ tilt the scale（天秤の片方を傾ける）
➤ tilt a chair（椅子を傾ける）

0558 **tinker** [tíŋkər]
□□□

動（修理・改善のために～を）いじる，いじくる（≒ **f**iddle **w**ith）
➤ tinker with the law（法律に手直しを加える）
➤ tinker with the system（制度をいじくり回す）

0559 **toll** [toʊl]
□□□

名《通例，単数形で》犠牲（者），死傷者（数）；通行料金（≒ **v**ictim; **c**harge）
➤ The disaster took a heavy toll.（災害で多数の犠牲者が出た）

0560 **topple** [tɑ́(ː)p(ə)l|tɔ́p-]
□□□

動（政府・権力者を）倒す，転覆させる（≒ **o**verturn, **o**verthrow）
➤ topple the government（政府を倒す）
➤ topple the regime（政権を打倒する）

学習日	年　月　日	年　月　日	年　月　日

One-paragraph Short Stories & Quizzes【20】

The man was so ①**exasperated** at the defeat by his ②**invincible** rival that he started to make ③**strenuous** efforts to win the next ④**cutthroat** competition. ⑤**Immersed** in the ⑥**rigorous** training, he ⑦**sequestered** himself from the world, acting ⑧**standoffish** even to his family. But he fell into the ⑨**abyss** of despair when his training reached an ⑩**impasse**. Then he turned to a famous ⑪**guru** for advice. The master ⑫**enlightened** him how to acquire ⑬**inimitable** skills. Through the training he became a ⑭**robust** fighter and ⑮**redeemed** his honor.

Q. ①～⑮の意味に近い語を選んでください。

①	**exasperated**	1. assuaged	2. deified	3. aggravated	4. debilitated
②	**invincible**	1. formidable	2. bribable	3. nebulous	4. sagacious
③	**strenuous**	1. clamorous	2. lanky	3. tenacious	4. gaudy
④	**cutthroat**	1. innocuous	2. fierce	3. hefty	4. cursory
⑤	**immersed**	1. engrossed	2. instilled	3. decimated	4. diffused
⑥	**rigorous**	1. fervent	2. elusive	3. audacious	4. draconian
⑦	**sequestered**	1. suffocated	2. squandered	3. shrouded	4. seclude
⑧	**standoffish**	1. snide	2. aloof	3. crass	4. genial
⑨	**abyss**	1. rubric	2. retort	3. nadir	4. precinct
⑩	**impasse**	1. hindsight	2. stalemate	3. innuendo	4. schism
⑪	**guru**	1. pundit	2. adage	3. blister	4. celibacy
⑫	**enlightened**	1. invoked	2. infested	3. impounded	4. illuminated
⑬	**inimitable**	1. murky	2. genteel	3. unparalleled	4. disgruntled
⑭	**robust**	1. sturdy	2. flimsy	3. astute	4. singular
⑮	**redeemed**	1. embezzled	2. summoned	3. encroached	4. retrieved

【解答欄】

①	②	③	④	⑤	⑥	⑦	⑧

⑨	⑩	⑪	⑫	⑬	⑭	⑮

（和訳）無敵のライバルに敗れた男は苛立ちを覚え，次の熾烈（しれつ）な大会で勝ち抜くために必死に努力を始めた。熟練者になるため修行に専念し，世間から離れ，家族にも冷たい態度をとっていた。修行が行き詰まり，絶望の淵に立たされたとき彼はある有名な師匠にアドバイスを求めた。そして比類なき技術を身につける方法を伝授してもらった。その後，彼は強靭（きょうじん）な戦士となり，名誉挽回を果たしたのである。

解答 …… 選択肢の赤い文字が正答

①	苛立った	1. なだめた	2. 神格化した	3. イライラした	4. 衰弱した
②	無敵の	1. 手ごわい	2. 買収できる	3. 漠然とした	4. 賢明な
③	懸命な	1. 騒々しい	2. ひょろっとした	3. 粘り強い	4. 派手な
④	熾烈な	1. 無害な	2. 激しい	3. 重い	4. 大雑把な
⑤	没頭している	1. 夢中である	2. 教え込まれた	3. 滅ぼされた	4. 拡散された
⑥	厳しい	1. 熱列な	2. とらえどころのない	3. 大胆な	4. 過酷な
⑦	隔離した	1. 窒息した	2. 浪費した	3. 覆った	4. 隔離した
⑧	よそよそしい	1. 嫌味な	2. よそよそしい	3. 粗野な	4. 愛想のよい
⑨	奈落の底	1. 注釈	2. 言い返し	3. 底	4. 地区
⑩	行き詰り	1. 後知恵	2. 行き詰まり	3. 暗示	4. 分裂
⑪	達人	1. 専門家	2. 格言	3. 水ぶくれ	4. 独身
⑫	啓発した	1. 呼びさました	2. はびこった	3. 閉じ込めた	4. 啓蒙した
⑬	比類ない	1. 濁った	2. 上品な	3. 比類のない	4. 不機嫌な
⑭	頑丈な	1. 頑丈な	2. 薄っぺらな	3. 優れた	4. 唯一の
⑮	挽回した	1. 横領した	2. 召喚した	3. 侵入した	4. 回復した

学習日 | 年 月 日 | 年 月 日 | 年 月 日

0561 **tout** [taʊt]
動 しつこく売り込む，ほめちぎる（≒ solicit, publicize）
➤ tout a new product（新製品をしつこく売り込む）

0562 **traumatic** [trəmǽtɪk|trɔː-]
形 心的外傷の，痛手となる（≒ distressing, trying）
➤ a traumatic event（トラウマ的な出来事）
➤ a traumatic experience（外傷的体験）

0563 **trifling** [tráɪflɪŋ]
形 取るに足らない，ささいな（≒ trivial, negligible）
➤ a trifling matter [sum]（取るに足らない事［わずかな額］）

0564 **turmoil** [tə́ːrmɔɪl]
名 混乱，騒動（≒ tumult, commotion）
➤ political [economic] turmoil（政治［経済］の混乱）

0565 **ulterior** [ʌltíəriər]
形 隠された，裏の，将来の（≒ hidden）
➤ an ulterior motive [purpose]（裏の動機［目的］）

0566 **unequivocal** [ʌ̀nɪkwívək(ə)l]
形 明白な，疑う余地のない（≒ unambiguous）
➤ unequivocal evidence（明らかな証拠）
➤ an unequivocal statement（明確な声明）

0567 **unfold** [ʌ̀nfóʊld]
動（話・計画などが）展開する，広げる（≒ develop, spread）
➤ The story unfolds.（話が展開する）
➤ unfold a map [an umbrella]（地図［傘］を広げる）

0568 **unfounded** [ʌ̀nfáundɪd]
形 根拠のない（≒ groundless, unproven）
➤ unfounded fears [rumors]（根拠のない不安［根も葉もないうわさ］）

0569 **unravel** [ʌ̀nrǽv(ə)l]
動 ほぐす，解明する（≒ untangle, solve）
➤ unravel the mystery [truth]（謎［真実］を解明する）

0570 **unruly** [ʌ̀nrúːli]
形 手に負えない，粗暴な（≒ disobedient, recalcitrant）
➤ an unruly child [mob]（手に負えない子供［暴徒］）

0571 □□□	upheaval [ʌ̀phíːv(ə)l]	名（混乱・問題を引き起こす）大変動，激動（≒ chaos, turmoil） ➤ political [social] upheaval（政治的［社会の］大変動）
0572 □□□	uprising [ʌ́pràɪzɪŋ, ⸗⸗-]	名（比較的小規模な）反乱，暴動（≒ revolt） ➤ a student uprising（学生暴動） ➤ quell an uprising（暴動を鎮圧する）
0573 □□□	upshot [ʌ́pʃɑ̀(ː)t|-ʃɔ̀t]	名《the ～で》結果［結論，結末］（≒ outcome, end result） ➤ the upshot of the discussion [meeting]（議論［会議］の結果）
0574 □□□	usurp [jusə́ːrp|-zə́ːp]	動（地位・権利・土地などを）奪う（≒ wrest） ➤ usurp the throne [the political power]（王位［政治的権力］を奪う）
0575 □□□	vacate [véɪkeɪt|vəkéɪt]	動（建物・座席などを）あける，（職などを）退く（≒ leave, relinquish） ➤ vacate the premises（家を明け渡す） ➤ vacate the position（地位を退く）
0576 □□□	veer [vɪər]	動（進路・話題などが）それる［変わる］（≒ swerve） ➤ veer off the road（道をそれる） ➤ veer away from the subject（話題からそれる）
0577 □□□	vehement [víːəmənt]	形（感情・主張などが）激しい，猛烈な（≒ fierce, intense） ➤ vehement opposition [criticism]（猛烈な抗議［痛烈な批判］）
0578 □□□	venerable [vén(ə)rəb(ə)l]	形（年齢・知恵・業績などから）尊敬すべき，（建物・伝統などが）由緒ある（≒ honorable, historic） ➤ a venerable saint [temple]（尊敬すべき聖人［由緒あるお寺］）
0579 □□□	venomous [vénəməs]	形 悪意［憎悪］に満ちた，有毒な（≒ virulent, poisonous） ➤ venomous criticism（悪意に満ちた批判） 名 venom（毒）
0580 □□□	verge [vəːrdʒ]	名 ふち，瀬戸際（≒ brink, edge） 動 直前である，傾く ➤ on the verge of tears（今にも泣きそうで）

学習日 | 年 月 日 | 年 月 日 | 年 月 日

0581 **vernacular** [vərnǽkjələr]
名《the ～で》方言，専門語 形 その土地特有の
➤ the vernacular of Latin（ラテン語の方言）

0582 **versatile** [və́ːrsət(ə)l|-tàɪl]
形 多芸の，多用途の（≒ **multi-talented**, **multi-purpose**）
➤ versatile entertainers（芸達者） ➤ versatile equipment（万能装置）
名 **versatility**（多才）

0583 **viable** [váɪəb(ə)l]
形 実行可能な，生存可能な（≒ **workable**, **feasible**）
➤ a viable alternative（実行可能な代替案）
名 **viability**（〔計画などの〕実行可能性，〔胎児・新生児などの〕生育能力）

0584 **vibrant** [váɪbr(ə)nt]
形 活気のある，鮮やかな（≒ **vigorous**, **vivid**）
➤ vibrant cities（活気のある都市）
➤ vibrant colors（鮮やかな色）

0585 **vicarious** [vɪkéəriəs, vaɪ-]
形 代理の，自分のことのように経験する［感じる］（≒ **substitute**）
➤ vicarious experience [pleasure]（代理体験［我がことのように感じられる喜び］）

0586 **vicinity** [vəsínəti]
名 近隣，近所，近接（≒ **neighborhood**, **closeness**）
➤ in the vicinity of the station（駅の近所に）

0587 **vicious** [víʃəs]
形 残忍な［獰猛な］，悪意ある［意地悪な］（≒ **brutal**, **malicious**）
➤ a vicious criminal（凶悪犯） ➤ vicious rumors（悪意のあるうわさ）
関 *be* caught in a vicious circle（**悪循環**に陥る）

0588 **vie** [vaɪ]
動 競う，張り合う（≒ **compete**, **contend**）
➤ vie for power（権力を奪い合う）
➤ vie for a seat（議席を争う）

0589 **vigilant** [vídʒ(ə)l(ə)nt]
形 絶えず警戒［用心］している（≒ **watchful**, **alert**）
➤ *be* vigilant against the danger [possibility]（危険性［可能性］に対して警戒している） 名 **vigilante**（自警団）

0590 **visionary** [víʒənèri|-n(ə)ri]
形 先見の明のある，極めて独創的な（≒ **prescient**, **imaginative**）
➤ a visionary leader（先見性のあるリーダー）
➤ a visionary artist（極めて独創的な芸術家）

0591 ☐☐☐ **vivacious** [vɪvéɪʃəs, vaɪ-]

形《通例，女性が》生き生きとして陽気な（≒ **l**ively, **c**heerful）

➤ a vivacious personality（快活な性格）

➤ a vivacious woman（陽気な女性）

0592 ☐☐☐ **volatile** [vɑ́(ː)lət(ə)l|vɔ́lətàɪl]

形一触即発の［不安定な］，（気分などが）変わりやすい（≒ **ex**plosive, **ch**angeable） 名（液体・油が）揮発性の

➤ volatile situations in the Middle East（中東の不安定な状態）

0593 ☐☐☐ **voracious** [vəréɪʃəs, vɔ-]

形貪欲な，大食いの（≒ **i**nsatiable, **g**reedy）

➤ a voracious reader（むさぼり読む読者）

➤ a voracious appetite（旺盛な食欲）

0594 ☐☐☐ **waive** [weɪv]

動（権利などを）放棄する，（規則などを）無効にする（≒ **r**elinquish, **g**ive **u**p）

➤ waive the inheritance right（相続権を放棄する）

名 **waiver**（権利放棄〔証書〕）

0595 ☐☐☐ **waver** [wéɪvər]

動心が揺れる，（あれかこれかと）迷う（≒ **s**eesaw, **f**luctuate）
名ためらい，動揺，揺れ

➤ waver between hope and despair（一喜一憂する）

0596 ☐☐☐ **whine** [(h)waɪn]

動泣き言を言う，不平を言う（≒ **w**himper, **c**omplain）
名（犬のクーンという）鳴き声，泣き言

➤ whine about my job [circumstances]（仕事［境遇］について泣き言を言う）

0597 ☐☐☐ **wield** [wiːld]

動行使する［(権力などを) 握る］，巧みに使う（≒ **e**xercise, **b**randish）

➤ wield power（力を行使する）

➤ wield a weapon（武器を扱う）

0598 ☐☐☐ **woo** [wuː]

動口説く，（有権者などに）支持を求める，（顧客などを）勧誘する（≒ **t**ry **to a**ttract, **c**ourt）

➤ woo a woman（女性を口説く） ➤ woo voters（有権者に支持を求める）

0599 ☐☐☐ **wrangle** [rǽŋg(ə)l]

動口論する 名口論，論争（≒ **s**quabble, **al**tercation）

➤ wrangle the budget [right]（予算［権利］をめぐって言い争う）

0600 ☐☐☐ **wrestle** [rés(ə)l]

動《with を伴って》（真剣に）取り組む，格闘する（≒ **g**rapple, **t**ackle）

➤ wrestle with a problem [question]（問題［課題］に取り組む）

学習日	年　月　日	年　月　日	年　月　日

One-paragraph Short Stories & Quizzes【21】

The ①**lanky** student felt ②**lethargic** from the ③**sweltering** summer heat. He was ④**staggering** along to college with a ⑤**profuse** ⑥**perspiration**. ⑦**Gawking** out of the window during a ⑧**soporific** lecture, he found flowers ⑨**wilted**, dogs ⑩**panting**, and rear-view mirrors ⑪**deformed** in the ⑫**blistering** sun. The ⑬**torrid** heat ⑭**dampened** his spirits and made him ⑮**giddy**.

Q. ①～⑮の意味に近い語を選んでください。

①	**lanky**	1. spindly	2. ludicrous	3. murky	4. myriad
②	**lethargic**	1. thorny	2. impeccable	3. obsolete	4. languid
③	**sweltering**	1. sultry	2. steadfast	3. baffling	4. clamorous
④	**staggering**	1. fretting	2. dangling	3. impinging	4. reeling
⑤	**profuse**	1. erratic	2. excessive	3. succulent	4. rash
⑥	**perspiration**	1. ramification	2. hidrosis	3. distress	4. phantom
⑦	**gawking**	1. sneering	2. scoffing	3. gaping	4. haggling
⑧	**soporific**	1. volatile	2. drowsy	3. distorted	4. ineffable
⑨	**wilted**	1. nonchalant	2. placid	3. farcical	4. withered
⑩	**panting**	1. gasping	2. concurring	3. sprouting	4. whining
⑪	**deformed**	1. retrenched	2. spouted	3. distorted	4. besieged
⑫	**blistering**	1. disdainful	2. inane	3. scorching	4. ostentatious
⑬	**torrid**	1. rickety	2. seething	3. voluble	4. scorching
⑭	**dampened**	1. infuriated	2. reprimanded	3. revamped	4. stifled
⑮	**giddy**	1. quirky	2. dizzy	3. pernicious	4. gaunt

【解答欄】

①	②	③	④	⑤	⑥	⑦	⑧

⑨	⑩	⑪	⑫	⑬	⑭	⑮

（和訳） そのひょろりと背が高い学生は，うだるような夏の暑さでバテていた。大量の汗をかきながら，よろよろと大学に向かった。眠くなるような講義中に窓の外をぼんやり見ると，焼けつくような日差しの中で花はしおれ，鳥は口を開け，バックミラーが変形していた。その灼熱の光景を見て，彼は気力が削(そ)がれ，目眩(めまい)がした。

解答 …… 選択肢の赤い文字が正答

①	ひょろっとした	1. ひょろっとした	2. 滑稽な	3. 曖昧な	4. 無数の
②	けだるい	1. 厄介な	2. 完璧な	3. 古くさい	4. 元気のない
③	蒸し暑い	1. 蒸し暑い	2. 不変の	3. 困惑させる	4. やかましい
④	よろよろと歩く	1. いらいらする	2. ぶら下がる	3. 侵害する	4. よろめく
⑤	豊富な	1. 予測し難い	2. 多くの	3. 汁の多い	4. 向こうみずな
⑥	発汗	1. 結果	2. 発汗	3. 苦しみ	4. 幽霊
⑦	ぽかんと見て	1. 冷笑して	2. あざ笑って	3. 驚きでぽかんと見て	4. 議論して
⑧	眠気を催す	1. 不安定な	2. 眠気を催す	3. 歪められた	4. 筆舌に尽くせない
⑨	萎れた	1. 無頓着な	2. 温和な	3. 茶番めいた	4. 萎れた
⑩	口を開ける	1. 開ける	2. 同意する	3. 発芽する	4. 不満を言う
⑪	変形した	1. 削減された	2. 噴出された	3. 歪んだ	4. 包囲された
⑫	焼け付くような	1. 軽蔑的な	2. 無意味な	3. 焼けるような	4. これ見よがしの
⑬	炎熱の	1. 壊れそうな	2. 腹が煮えくり返った	3. おしゃべりな	4. 灼熱の
⑭	くじいた	1. 苛立たせた	2. とがめた	3. 刷新した	4. 抑えた
⑮	めまいがする	1. 気まぐれの	2. めまいがする	3. 有害な	4. やつれた

学習日	年　月　日	年　月　日	年　月　日

3. 政治・国際関係

□	popular sovereignty	国民主権
□	plebiscite	（決定権や拘束力を持つ）国民投票〔「決定権や拘束力を持たない国民投票」は referendum〕
□	ombudsman	オンブズマン〔国民の権利・利益を守るために行政機関を外部から監視する機関〕
□	gerrymandering	勝手な選挙区改定〔選挙で自党に有利なように選挙区〔constituency〕を定めること〕
□	mandate	権限〔選挙によって政府や議員に与えられる職権〕
□	a Big Society	大きな社会〔国民に権限を与え，社会を大きく強くしようとする政策〕
□	Balkanization	小国分裂主義〔ある地域や国家が，対立する小さな地域・国家に分裂すること〕
□	an appeasement policy	宥和政策
□	pork-barrel politics	利益誘導型政治〔「特定の選挙区への助成金」は pork money〕
□	checks and balances / separation of power	三権分立
□	spin doctors	スピンドクター〔政治家の広報アドバイザー〕
□	a straw poll	（投票前にする）非公式世論調査
□	an absentee vote	不在投票
□	nonaffiliated voters	無党派層〔unaffiliated voters とも〕
□	a smear campaign	中傷合戦〔「（選挙運動などでの）中傷戦術」は smear tactics〕
□	a major contender [contestant]	有力候補〔「最有力候補」は a front runner〕
□	a presidential primary	アメリカ大統領予備選挙〔Super Tuesday は大統領選の候補者指名争いのヤマ場のこと〕
□	an off-year election	中間選挙〔アメリカで大統領選のない年に行なわれる公選職の選挙〕
□	partisanship	党派心〔アメリカにおいて民主・共和両党の対立を煽ることで自陣営の結束を高める政治〕

□	the State of the Union Message	一般教書〔大統領が憲法上の義務に基づき連邦の状況を議会に報告する〕
□	the Grand Old Party (GOP)	共和党
□	the Democratic Party	民主党
□	the Republican National Convention	共和党大会
□	the Democratic National Convention	民主党大会
□	the Democratic Caucus	民主党幹部会〔「民主党公認候補者」は the Democratic ticket。「《米》民主党員」は a Democrat〕
□	"blue" states and "red" states	民主党支持者の多い州と共和党支持者の多い州
□	secession from the party	党からの脱退，脱党〔「脱党論者」は secessionists〕
□	the Second Amendment	合衆国憲法修正第2条〔1791年採択。市民の武装抵抗権が書かれ，銃所持の根拠となる〕
□	abortion rights	女性の意思で中絶の選択をする権利〔pro-choice とも。賛成派の民主党 vs. 反対派（胎児の命優先派）の共和党の構図がある〕
□	suffragists	女性参政権論者〔19–20世紀に女性の参政権獲得に闘った人々〕
□	the Dreamers	ドリーマーズ〔親と共にアメリカへ不法入国後，アメリカンドリームを目指し頑張っている子どもたち〕
□	a conspiracy theory	陰謀論〔政府・学者の説は嘘で，未知の闇の勢力によって世の中が操作されているという主張〕
□	the far right [extreme right / ultra right]	極右〔多様性や平和共存を拒否し，ナチズムやファシズムに回帰する政治勢力〕
□	the racially charged	人種差別主義者〔racist の婉曲表現〕
□	blackfishing	非黒人が SNS 上で黒人のふりをすること〔非黒人が人為的に肌の色を濃くして黒人の外見を装うことも指す〕
□	police brutality	警察の暴力〔黒人を潜在的犯罪者とみなす米警察の姿勢への批判〕

□	BLM	ブラック・ライブズ・マター〔Black Lives Matter（黒人の命は大事）の略称。警察の黒人への過剰暴力に抗議する大衆運動〕
□	Latina / Latino	中南米系の人〔Hispanic のことで，女性は Latina，男性は Latino〕
□	unilateralism	一国主義，単独行動主義〔国際問題を相手国と協議せず，一方的解決をめざす姿勢〕
□	rapprochement talks	国交回復交渉
□	a proxy war	代理戦争〔「持久戦」は a war of attrition〕
□	a nuclear club	核兵器保有国
□	nuclear deterrence	核抑止〔核報復兵器保持で他国の核兵器使用を抑制すること〕
□	hegemony	主導権，覇権〔長期間大きな権力と地位を持ち続けること〕
□	a preemptive attack	先制攻撃
□	the Maastricht Treaty	マーストリヒト条約〔EU の創設を定めて 1992 年 2 月に調印した条約〕
□	the Amsterdam Treaty	アムステルダム条約〔欧州連合（European Union）を創設したマーストリヒト条約の改正条約〕
□	Brussels	ブリュッセル〔本部があることから EU の代名詞となっている〕
□	functionalism	機能主義〔経済や技術などの協力で国際平和を維持すること〕
□	the National Security Council (NSC)	国家安保理〔アメリカの最高国防会議〕

Rank B

合格圏に達するための
必須「一般語彙」400語を
完全攻略!

Part 1【601～800】

学習日	年 月 日	年 月 日	年 月 日

0601 **abject** [æbdʒekt]
形（極度に）絶望的な，惨めな（≒ **miserable, wretched**）
➤ abject poverty（極貧）
➤ an abject failure（惨めな失敗）

0602 **abridged** [əbrídʒ]
形（辞書・小説などが）簡略した，要約した（≒ **shortened**）
➤ an abridged version of a book（本の簡略版）
反 **unabridged**（簡略化していない，完全版の）

0603 **abstinence** [æbstɪnəns]
名 節制，禁酒，禁欲（≒ **temperance**）
➤ total abstinence (from alcohol)（絶対禁酒）
動 **abstain**（控える）

0604 **abyss** [əbís]
名 奈落の底，どん底，格差（≒ **chasm, bottomless pit**）
➤ in the abyss of despair（絶望のどん底で）

0605 **accommodating** [əká(:)mədèɪtɪŋ|əkɔ́m-]
形 世話好きな，親切な［好意的な］（≒ **helpful, friendly**）
➤ an accommodating host（世話好きな主催者）
➤ accommodating students（親切な生徒）

0606 **accredited** [əkrédətɪd]
形（学校・資格などが）認可された（≒ **official, licensed**）
➤ an accredited school（認可校）
➤ an accredited member（認定会員）

0607 **acrimonious** [ækrɪmóuniəs]
形 辛辣な，痛烈な（≒ **bitter, caustic**）
➤ an acrimonious debate [dispute]（激論）
名 **acrimony**（〔気質・言葉・態度などの〕厳しさ，とげとげしさ，辛辣さ）

0608 **adherent** [ədhíər(ə)nt, æd-]
名 信奉者，支持［援］者（≒ **follower, advocate**）
形 粘着性の
➤ adherents of Judaism（ユダヤ教信奉者）

0609 **admonish** [ədmá(:)nɪʃ|-mɔ́n-]
動 叱る［諭す］，（強く）忠告［勧告］する（≒ **reprove**）
➤ admonish the student for being late（遅刻したことで生徒を叱る）

0610 **adroit** [ədrɔ́ɪt]
形 巧妙な，上手な，器用な（≒ **dexterous, deft**）
➤ adroit management [handling]（巧みな経営［対応］）
名 **adroitness**（巧みさ，器用さ）

0611 **adulterate** [ədʌ́ltərèɪt]
動 混ぜ物をする，(不当利得を得るためにまぜ物で) 純度を落とす (≒ make ... less pure, degrade, debase)
➤ adulterate wine with water (ワインを水で薄める)

0612 **adversary** [ǽdvərsèri|-s(ə)ri]
名 敵 (国)，(競技などの) 対戦相手 (≒ opponent)
➤ her long-running adversary (彼女の長年のライバル)

0613 **affable** [ǽfəb(ə)l]
形 愛想のよい，(返事などが) 思いやりのある (≒ amiable, genial)
➤ an affable personality [character] (愛想のよい性格［人物］)

0614 **affront** [əfrʌ́nt]
名 侮辱，無礼な言動 (≒ insult, offense)　動 侮辱する
➤ an affront to human dignity [democracy] (人間の尊厳［民主主義］への侮辱)

0615 **ameliorate** [əmíːliərèɪt]
動 改良［改善］する (≒ improve, remedy)
➤ ameliorate the symptoms (症状を改善する)
➤ ameliorate the living conditions (生活環境を改善する)

0616 **amenable** [əmíːnəb(ə)l]
形 従順な，(治療などに) 適した (≒ compliant)
➤ *be* amenable to the guidance [demand] (指示［要求］に従う)

0617 **amputate** [ǽmpjətèɪt]
動 (脚・腕〔の一部〕などを) 切断する (≒ sever, cut off)
➤ amputate *one's* finger [leg] (指［片脚］を切断する)

0618 **animated** [ǽnɪmèɪtɪd]
形 生き生きとした，活気に満ちた (≒ lively, spirited)
➤ have an animated discussion (活発な議論をする)
➤ an animated conversation (生き生きとした会話)

0619 **anomalous** [əná(ː)m(ə)ləs|ənɔ́m-]
形 異常な，特異な，変則的な (≒ unusual, abnormal)
➤ anomalous dispersion (異常分散)
➤ anomalous behavior (変則的挙動)

0620 **antagonistic** [æntæ̀gənístɪk]
形 対立［敵対］する (≒ hostile, inimical)
➤ antagonistic relationships (敵対関係)
動 **antagonize** (敵に回す)　名 **antagonism** (敵意，敵対，反目)

学習日	年　月　日	年　月　日	年　月　日

One-paragraph Short Stories & Quizzes【22】

The region annually bears the ①**brunt** of cold weather with a ②**deluge** of snow. That year ③**inclement** weather with high ④**precipitation** ⑤**wreaked** ⑥**havoc** on a village. A ⑦**gale** of wind caused an ⑧**avalanche**, which ⑨**clogged** the roads and ⑩**sequestered** the village. Still, as the ⑪**thaw** set in, the ⑫**harbinger** of spring appeared in the ⑬**staid** atmosphere: Plants were ⑭**germinating** even in the ⑮**chasms** of rocks.

Q. ①～⑮の意味に近い語を選んでください。

①	**brunt**	1. felicity	2. impact	3. gist	4. epitaph
②	**deluge**	1. gorge	2. fortitude	3. torrent	4. hassle
③	**inclement**	1. devout	2. elated	3. dexterous	4. blustery
④	**precipitation**	1. morsel	2. pandemonium	3. snowfall	4. haze
⑤	**wreaked**	1. inflicted	2. broached	3. deprecated	4. heaved
⑥	**havoc**	1. devastation	2. plight	3. remnant	4. criteria
⑦	**gale**	1. racket	2. dearth	3. mien	4. gust
⑧	**avalanche**	1. brawl	2. snowslide	3. upheaval	4. landslide
⑨	**clogged**	1. parried	2. exuded	3. obstructed	4. petrified
⑩	**sequestered**	1. coddled	2. ransacked	3. secluded	4. saturated
⑪	**thaw**	1. temperance	2. schism	3. audacity	4. defrosting
⑫	**harbinger**	1. herald	2. yardstick	3. pinnacle	4. relic
⑬	**staid**	1. full-fledged	2. fallible	3. serene	4. dire
⑭	**germinating**	1. meandering	2. crumbling	3. capitulating	4. sprouting
⑮	**chasms**	1. complicity	2. boon	3. jeopardy	4. rifts

【解答欄】

①	②	③	④	⑤	⑥	⑦	⑧

⑨	⑩	⑪	⑫	⑬	⑭	⑮

(和訳) この地域は毎年，寒さと大量の雪の影響をまともに受ける。その年は，降雪量の多い悪天候で，村は大打撃を受けた。猛烈な風で雪崩が発生し，道路が寸断されて村は孤立してしまったのだ。しかし雪解けの頃になると，静まり返った空気の中に春の兆しが見えてきた。岩の裂け目にも植物が芽生えていたのだ。

解答 …… 選択肢の赤い文字が正答

①	影響	1. 至福	2. 影響	3. 要点	4. 碑文
②	大量／どしゃ降り	1. 渓谷	2. 不屈の精神	3. どしゃ降り	4. 面倒なこと
③	荒れ狂う	1. 信心深い	2. 喜んだ	3. 器用な	4. 荒れ狂う
④	降雪量	1. ひと口	2. 大混乱	3. 降雪	4. 霞
⑤	もたらした	1. 負わせた	2. 切り出した	3. 非難した	4. 持ち上げた
⑥	大混乱	1. 大混乱	2. 苦境	3. 名残	4. 基準
⑦	強風	1. 騒動	2. 不足	3. 表情	4. 突風
⑧	雪崩	1. 乱闘	2. 雪崩	3. 隆起	4. 地すべり
⑨	詰めた	1. かわした	2. 吹き出た	3. ふさいだ	4. すくませた
⑩	隔離した	1. 甘やかした	2. 略奪した	3. 隔離した	4. 充満させた
⑪	雪解け	1. 禁酒	2. 差	3. 大胆さ	4. 解凍
⑫	前触れ	1. 先ぶれ	2. 基準	3. 絶頂	4. 名残
⑬	落ち着いた	1. 一人前の	2. 誤りやすい	3. 落ち着いた	4. ひどい
⑭	発芽している	1. 曲がりくねる	2. 崩壊している	3. 屈服している	4. 発芽している
⑮	裂け目	1. 共犯	2. 恩恵	3. 危険	4. 裂け目

学習日	年 月 日	年 月 日	年 月 日

0621 **appraise** [əpréɪz]
動 評価する，見積もる［査定する］（≒ **a**ssess, **e**valuate）
➤ appraise *one's* work（〜の仕事を評価する）
➤ appraise *one's* property（〜の資産を査定する）

0622 **arcane** [ɑːrkéɪn]
形 不可解な［神秘的な］，難解な（≒ **m**ysterious, **c**ryptic）
➤ arcane arts（神秘的なアート）
➤ an arcane subject（難解なテーマ）

0623 **arduous** [ɑ́ːrdʒuəs|ɑ́ːdju-]
形 困難な，骨の折れる［努力を要する］（≒ **t**ough, **d**emanding）
➤ an arduous task [journey]（困難な仕事［苦難の旅］）
副 **arduously**（大変苦労して，骨折って）

0624 **arid** [ǽrɪd]
形（土地が）不毛の，乾燥した，（討論・人生などが）無味乾燥の（≒ **b**arren, **d**ry）
➤ an arid desert [climate]（不毛の砂漠［乾燥気候］）

0625 **assiduous** [əsídʒuəs|-sídju-]
形 念入りな，勤勉な（≒ **d**iligent, **s**edulous）
➤ pay assiduous attention to details（細部まで入念に注意を払う）

0626 **authoritative** [əθɔ́ːrətèɪtɪv|ɔːθɔ́rɪtətɪv]
形 権威のある，（口調などが）命令的な，信頼できる（≒ **c**ommanding, **r**eliable）
➤ an authoritative statement [voice]（権威ある声明［命令口調］）
➤ authoritative sources of information（信頼できる情報源）

0627 **avaricious** [æ̀vəríʃəs]
形 強欲な（≒ **g**reedy, **v**oracious）
➤ avaricious nature [eyes]（欲深い性格［物欲しそうな目］）
名 **avarice**（〔金銭・利益に対する〕貪欲，強欲）

0628 **backfire** [bǽkfàɪər|⏑⏑]
動（計画・言動などが）裏目に出る（≒ **r**ebound, **b**oomerang）
➤ Their intentions backfired.（彼らの意図は裏目に出た）

0629 **balmy** [bɑ́ːmi]
形（気候などが）穏やかな，（風が）さわやかな（≒ **m**ild, **p**leasant）
➤ balmy weather（穏やかな天気）
➤ a balmy breeze（さわやかな風）

0630 **barrage** [bərɑ́ːʒ|bǽrɑːʒ]
名 集中砲撃，質問攻め（≒ **b**ombardment）
➤ face a barrage of questions（質問攻めに遭う［される］）
➤ encounter a barrage of criticism（非難［批判］の集中砲火を浴びる）

0631 ☐☐☐	**bashful** [bǽʃf(ə)l]	形 恥ずかしがりの，内気な（≒ **sh**y, **c**oy, **d**iffident） ➤ wear a bashful smile [grin]（照れくさそうな笑み［笑い］を浮かべる）
0632 ☐☐☐	**bask** [bæsk|bɑːsk]	動《in を伴って》日向浴をする，(恩恵などに）浴する（≒ **s**unbathe, **e**njoy） ➤ bask in the sun [glory]（日光浴をする［栄光に浸る］）
0633 ☐☐☐	**beleaguered** [bɪlíːgərd]	形（公人・機関などが）問題が山積みの［苦境に立っている］,（軍隊に）包囲された（≒ **t**roubled, **b**esieged） ➤ a beleaguered country [city]（窮地に立たされた国［包囲された都市］）
0634 ☐☐☐	**belie** [bɪláɪ]	動（外見・態度などが～を）誤って［偽って］伝える（≒ **d**isguise, **c**ontradict） ➤ belie the fact（事実を隠す） ➤ belie *one's* words（言っていることと矛盾する）
0635 ☐☐☐	**besiege** [bɪsíːdʒ]	動 取り囲む，(質問・要求などを）浴びせる（≒ **s**urround, **b**eleaguer） ➤ *be* besieged by fans（ファンに取り囲まれる） ➤ *be* besieged with questions（質問ぜめに遭う）
0636 ☐☐☐	**bestow** [bɪstóʊ]	動（名誉・学位・賞などを）授ける（≒ **c**onfer） ➤ bestow an honor on him（彼に名誉を与える）
0637 ☐☐☐	**blissful** [blísf(ə)l]	形 この上なく幸せな，至福の（≒ **ec**static, **eu**phoric） ➤ a blissful life（この上なく幸せな人生） ➤ a blissful moment（至福の瞬間）
0638 ☐☐☐	**bountiful** [báʊntɪf(ə)l]	形 豊富な，気前のよい（≒ **a**bundant, **g**enerous） ➤ a bountiful harvest [crop]（豊作） ➤ bountiful forests（豊かな森林）
0639 ☐☐☐	**brace** [breɪs]	動《brace *one*self で》心の準備をする［備える］，補強する（≒ **p**repare, **r**einforce） ➤ brace *one*self for fierce opposition（激しい反対に備える）
0640 ☐☐☐	**brazen** [bréɪz(ə)n]	形 厚かましい，恥知らずの（≒ **b**rash, **i**nsolent） ➤ brazen behavior（厚かましい態度） ➤ a brazen lie（しらじらしい嘘）

学習日	年　月　日	年　月　日	年　月　日

One-paragraph Short Stories & Quizzes【23】

The ①**avid** anthropologist went on a research ②**jaunt** to write his ③**thesis**. During his ④**sojourn** in a remote village to ⑤**assimilate** its culture, he ⑥**gleaned** data on native ⑦**vernaculars** from the ⑧**rambling** speeches of the ⑨**vociferous** crowd. While ⑩**delving** into their dietary habits, he tried ⑪**edible** mushrooms they eat, but felt ⑫**nauseated** and ⑬**vomited**. Then he examined the food and ⑭**pinpointed** the substance ⑮**innocuous** only to the local people. Later his findings were highly acclaimed by critics.

Q. ①～⑮の意味に近い語を選んでください。

①	**avid**	1. savage	2. cryptic	3. valiant	4. ardent
②	**jaunt**	1. vagabond	2. outing	3. creed	4. travesty
③	**thesis**	1. treatise	2. corollary	3. melee	4. grievance
④	**sojourn**	1. inception	2. altercation	3. rustle	4. stopover
⑤	**assimilate**	1. disseminate	2. grumble	3. imbibe	4. insulate
⑥	**gleaned**	1. acclaimed	2. unearthed	3. garnered	4. foiled
⑦	**vernaculars**	1. dialects	2. epitaphs	3. adages	4. charlatans
⑧	**rambling**	1. bashful	2. digressive	3. dissenting	4. resounding
⑨	**vociferous**	1. clamorous	2. precocious	3. vicarious	4. savory
⑩	**delving**	1. refurbishing	2. slashing	3. investigating	4. tapping
⑪	**edible**	1. posh	2. mottled	3. eatable	4. shaky
⑫	**nauseated**	1. chagrined	2. sickened	3. ragged	4. mollified
⑬	**vomited**	1. flinched	2. balked	3. griped	4. puked
⑭	**pinpointed**	1. gained on	2. doted on	3. nailed down	4. trickled down
⑮	**innocuous**	1. incongruous	2. innoxious	3. irrevocable	4. intoxicated

【解答欄】

①	②	③	④	⑤	⑥	⑦	⑧

⑨	⑩	⑪	⑫	⑬	⑭	⑮

(和訳) その熱心な人類学者は，論文を書くために研究旅行に出かけた。ある村に滞在して彼らの文化に溶け込み，彼らの騒々しい群衆やとりとめのないスピーチから現地語のデータを得た。食生活を調べるために，彼らが食べている食用キノコを食べてみたが，むかむかとして吐きもどしてしまった。彼はそのキノコを調べて現地の人にだけ無害な物質を特定した。その発見は，後に評論家に高く評価された。

解答 …… 選択肢の赤い文字が正答

①	熱心な	1. 凶暴な	2. 謎めいた	3. 勇敢な	4. 熱心な
②	遠足	1. 放浪	2. 遠足	3. 信念	4. まがいもの
③	論文	1. 論文	2. 当然の結果	3. 混乱	4. 不平
④	滞在中	1. 始まり	2. 変更	3. サラサラいう音	4. 滞在
⑤	吸収する	1. 広める	2. 不平を言う	3. 吸収する	4. 隔離する
⑥	集めた	1. 称賛した	2. 発掘した	3. 集めた	4. くじいた
⑦	方言	1. 方言	2. 碑文	3. 諺	4. ペテン師
⑧	とりとめのない	1. 内気な	2. 本題からそれた	3. 異なる	4. 目覚ましい
⑨	騒々しい	1. 騒々しい	2. 早熟な	3. 疑似の	4. 風味のよい
⑩	徹底的に調べる	1. 改装する	2. 切り裂く	3. 調査する	4. 利用する
⑪	食用の	1. 優雅な	2. ぶちの	3. 食べられる	4. 不安定な
⑫	吐き気を催した	1. 悔しがった	2. 吐き気を催した	3. 擦り切れた	4. 和らいだ
⑬	吐いた	1. 尻込みした	2. ためらった	3. 不平を言った	4. 吐いた
⑭	特定した	1. 追い上げた	2. 甘やかした	3. 確定した	4. 流れ落ちた
⑮	無害の	1. 不釣り合いな	2. 無害の	3. 取り返しのつかない	4. 酔った

学習日 年 月 日 | 年 月 日 | 年 月 日

0641 **broach** [broʊtʃ]
動 (言いにくい話題を) 持ち [切り] 出す (≒ **r**aise, **b**ring **u**p)
➤ broach the subject [problem] (その話題 [問題] を切り出す)

0642 **brusque** [brʌsk|brʊsk]
形 無愛想な, ぶっきらぼうな (≒ **b**lunt, **c**urt)
➤ a brusque manner [reply] (素っ気ない態度 [ぶっきらぼうな返事])

0643 **budge** [bʌdʒ]
動 (意見などを) 変える [変えさせる], 動かす (≒ **c**hange *one's* **m**ind, **m**ove)
➤ refuse to budge on the matter (その問題について意見を変えたがらない)

0644 **bungle** [bʌ́ŋg(ə)l]
動 へまをする, しくじる (≒ **m**ishandle) 名 へま
➤ bungle the important job [work] (重要な仕事をしくじる)

0645 **caliber** [kǽləbər]
名 力量, 器量, 能力 (≒ **q**uality, **a**bility)
➤ a person of high caliber (器の大きい人, 優れた人物)
➤ a high-caliber staff (優秀なスタッフ)

0646 **canny** [kǽni]
形 抜け目のない, 慎重な (≒ **sh**rewd, **sm**art)
➤ a canny politician (抜け目のない政治家)
➤ a canny player (慎重な選手)

0647 **caustic** [kɔ́ːstɪk]
形 辛辣な, 腐食性の (≒ **s**cathing, **a**cerbic)
➤ a caustic remark [tongue] (辛辣な言葉)

0648 **cinch** [sɪn(t)ʃ]
名 簡単なこと, 朝飯前 (≒ **b**reeze, **a p**iece **o**f **c**ake)
➤ Driving is a cinch. (運転は朝飯前だ)

0649 **clairvoyant** [kleərvɔ́ɪənt]
形 霊能力のある (≒ **p**sychic) 名 霊能者
➤ a clairvoyant fortune-teller (千里眼の占い師)

0650 **clemency** [klémənsi]
名 (敵・罪人に対する) 寛容, 寛大な処置 (≒ **l**eniency, **m**ercy)
➤ appeal for clemency (寛大な処置を求める)
➤ a plea for clemency (寛大な処置を求める嘆願)

0651 □□□	**cogent** [kóʊdʒ(ə)nt]	形（論拠・理由などが）説得力のある（≒ **con**vincing, **com**pelling） ➤ a cogent argument（説得力のある論拠） ➤ a cogent reason（説得力のある理由）
0652 □□□	**collusion** [kəlúːʒ(ə)n]	名 共謀，結託（≒ **com**plicity, **con**spiracy） ➤ in collusion with the enemy（敵と共謀［結託］して） 動 **collude**（共謀［結託］する）
0653 □□□	**colossal** [kəlɑ́(ː)s(ə)l|-lɔ́s-]	形 途方もなく大きい（≒ **h**uge, **g**igantic） ➤ a colossal amount（莫大な量） ➤ a colossal building（巨大な建物）
0654 □□□	**compunction** [kəmpʌ́ŋ(k)ʃ(ə)n]	名《通例，否定文で》良心の呵責，心の痛み（≒ **s**cruples, **q**ualms） ➤ have no compunction about stealing（盗むことを少しも悪いと思っていない／平気で物を盗む）
0655 □□□	**con** [kɑ(ː)n|kɔn]	動 ～をだまして（お金などを）奪う，～をだまして…させる（≒ **s**windle） ➤ con *someone* out of money（〔人〕をだましてお金を巻き上げる） ➤ con *someone* into transferring money（〔人〕をだまして送金させる）
0656 □□□	**concerted** [kənsə́ːrtɪd]	形 一致団結した，協力［協調］した（≒ **co**llaborative, **j**oint） ➤ make a concerted effort（一致協力する／あらゆる努力をする）
0657 □□□	**concur** [kənkə́ːr]	動 同意［賛成］する（≒ **a**gree） ➤ concur with the decision [idea]（決定に同意する［考えに賛同する］）
0658 □□□	**confide** [kənfáɪd]	動《in を伴って》（信頼して秘密などを）打ち明ける（≒ **r**eveal, **d**isclose） ➤ He confided in friends that he was divorced from his wife.（彼は友人に妻と離婚していることを打ち明けた）
0659 □□□	**congregate** [kɑ́(ː)ŋgrɪgèɪt|kɔ́ŋ-]	動 集まる［集める］（≒ **a**ssemble, **g**ather） ➤ Demonstrators congregated at a square.（デモ参加者たちは広場に集まった） 名 **congregation**（集会）
0660 □□□	**conjecture** [kəndʒéktʃər]	名 推測，憶測（≒ **sur**mise, **s**peculation） 動 推測［臆測］する ➤ a language of conjecture（〔行間を読み取る〕察しの言語） ➤ remain a matter of conjecture（推測の域を出ていない）

学習日	年　月　日	年　月　日	年　月　日

10. 心理学の歴史と PTSD の基礎知識をマスター！

心理学はキリスト教的な魂の研究で始まり，デカルトが**物心二元論**（Mind-Body Cartesian Dualism）を説いた。また，イギリスで**経験心理学**（empirical psychology）が生まれ，ジョン・ロックやヒュームらが提唱した**連想心理学**（associative psychology）へ発展した。18 世紀には哲学的思索からダーウィンの**進化論**（the theory of evolution），**動物心理学**（animal psychology）や**比較心理学**（comparative psychology）のように科学分野として発達し始めた。その後，感覚・知覚の研究，メスメルの**催眠術**（hypnotism）の研究なども盛んになって行った。19 世紀，現代心理学の父と呼ばれるドイツのヴントが **構成心理学**（structural psychology）を提唱したが，20 世紀には分化し，ワトソンによる**行動主義心理学**（behavioral psychology），トールマンやスキナーによる**ゲシュタルト心理学**（Gestalt psychology），フロイトやユングによる**精神分析学**（psychoanalysis），シュブランガーやマズローよる**現象学的心理学**（phenomenological psychology）などが生まれた。

心的外傷後ストレス障害（post-traumatic stress disorder [PTSD]）は，暴力や災害などの**トラウマ的出来事**（traumatic events）にさらされて起こる**不安障害**（an anxiety disorder）である。症状は頻発する**フラッシュバック**（recurrent flashbacks），**トラウマ事象の記憶に対する無感覚**（numbing of memories of traumatic events），**不眠**（insomnia）などの**過覚醒症状**（hyperarousal symptoms），**常時さいなまれる不安**（gnawing anxieties）などがある。有効な治療法に**個人心理療法**（an individual psychotherapy），**認知行動療法**（a cognitive behavioral therapy），**眼球運動による脱感作および再処理法**（Eye Movement Desensitization and Reprocessing [EMDR]）などがある。

心理学の元祖・大家達の生み出したセオリーの基礎知識をマスター！

著書『夢判断（The Interpretation of Dreams）』で知られる**精神分析**（psychoanalysis）の創始者フロイトは，ヒステリー患者が**催眠術下**（under hypnosis）で忘れ去った心の傷の記憶を語ることで症状が寛解（かんかい）する**カタルシス療法**（a cathartic therapy）や，自由連想法により人の心の中に通常認識できない**無意識**（unconsciousness）の存在を発見した。また，**心的外傷**（PTSD）論研究，**神経症**（neurosis）研究と共に独自の治療法を創り上げ，現代の精神分析を誕生させた。弟子のアドラーやユングと共に**精神医学**（psychiatry）・**臨床心理学**（clinical psychology）の基礎を作り，20世紀以降の**社会学**（sociology），**人類学**（anthropology），**教育学**（pedagogy），**文芸**（literature and the arts）に多くの影響を及ぼした。

スキナーは**行動主義心理学**（behavioral psychology）を研究し，**行動療法**（a behavioral therapy）を提唱した。ヒトを含む動物の行動を**レスポンデント**（respondent：パブロフ型の条件反射〔a Pavlovian conditioned response〕）と**オペラント**（operant：自発的行動の条件づけ〔conditioning of spontaneous behaviors〕）に分類し，レバーを押すと餌が得られるという条件刺激・条件反応が学習される「**スキナー箱**（the Skinner Box）」を考案した。その後，薬理学や遺伝学の研究にも活用され，その実戦理論は**応用行動分析**（Applied Behavior Analysis [ABA]）として発展し，組織の人材育成や学校教育，発達障害児の支援教育，臨床行動分析（Clinical Behavior Analysis）や動物の訓練技術（animal training techniques）として応用されている。

恐怖症（phobia）は，「物・状況に対する持続的恐怖」のことで，回避できないときは**著しい苦痛**（marked distress）と**社会的または職業上の活動の妨げ**（interference in social or occupational activities）を被る。恐怖が類似する状況に向けられたとき，**抑圧**（repression）されたりすることがよくあるが，治療には，**リラックス法の習得や徐々に何度も恐怖と対峙する**（learning relaxation techniques and facing your fears gradually and repeatedly）のような**自己救済法**（self-help strategies）や，**認知行動療法**（a

cognitive **b**ehavioral **t**herapy）や**暴露療法**（**an e**xposure **t**herapy）のような**心理療法**（**p**sychotherapy）などがある。

恐怖症患者は，**恐怖心**（**f**earfulness）や**不安感**（**a**nxiety）の程度により**不快感**（**d**iscomfort）や**めまい**（**d**izziness），**吐き気**（**n**ausea）などの症状を催し，極端な場合には**パニック発作**（**p**anic **a**ttack）をきたすこともありうる。種類には**広場恐怖症**（**a**goraphobia），**対人恐怖症**（**a**nthropophobia），**結婚恐怖症**（**g**amophobia），**赤面恐怖症**（**e**rythrophobia），高所恐怖症（**a**crophobia），動物恐怖症（**z**oophobia）などがある。

無意識深層にある人格に影響を与える最も重要な要素（**the m**ost **i**mportant **f**actor **i**nfluencing **p**eople's **p**ersonalities **d**eep **in the u**nconscious）であるコンプレックスは，心理学療法で一般的に用いられる概念である。最も広く知られているものは，おそらく20世紀初めにアルフレッド・アドラーが突き止めた「**劣等感コンプレックス**“**i**nferiority **c**omplex”」である。

失読症（**d**yslexia）は，脳の図形処理障害（**a d**efect **in the b**rain's **p**rocessing **of g**raphic **s**ymbols）で，読み書きの発達障害（**a d**evelopmental **r**eading **d**isorder）である。正常あるいは平均以上の知的能力を有するにもかかわらず，流暢な読みと正確な理解が困難であるのが特徴で，**音韻解読と処理**（**p**honological **d**ecoding **and p**rocessing）言語理解における障害である。努力しても「努力が足りない」と言われ，二重に傷つき，**不登校**（**t**ruancy）や**引きこもり**（**s**ocial **w**ithdrawal）など**二次障害**（**s**econdary **i**llness）を起こすこともある。治療は，**早期発見**（**e**arly **d**etection）と**特化した音読訓練**（**s**pecialized **r**eading **t**raining）などがある。レオナルド・ダ・ヴィンチ（Leonardo da Vinci），トーマス・エジソン（Thomas Edison），アルベルト・アインシュタイン（Albert Einstein）も失読症であったとされる。

人間の行動の原動力となっている防衛機能の基礎知識をマスター！

不安・葛藤などの受け入れ難い感情や体験を避けて精神を安定させようとすることを，心理学で「**防衛機制**（**a defense mechanism**）」と呼んでいる。主なものには，まず苦痛な感情や記憶を無意識の中に封じ込めようとする「**抑圧**（**repression**）」，耐え難い事態に直面したときに自分より幼い時期の発達段階に戻る「**退行**（**regression**）」，満たせない欲求に理由を作り正当化しようとする「**合理化**（**rationalization**）」，社会的に受け入れ難い性衝動などを創造的活動などに転化する「**昇華**（**sublimation**）」などが周知のとおりである。

この他にも，憧れのモデルと同じ髪型にするなど，自分にない名声や権威に自分を近づけようとする「**同一化**（**identification**）」，劣等感を解消するために他分野で優越感を求める「**補償**（**compensation**）」，恋人への愛情が憎しみに変わるような感情を反対のものに変化させる「**逆転**（**inversion**）」，失恋相手に似た別の人を好きになるなど受け入れがたい不快な感情を他のものに向ける「**置き換え**（**displacement**）」，「私は彼を憎んでいる」は「彼は私を憎んでいる」に置き換わったり，いつも失礼な振る舞いをしている人は，いつも他者を失礼な人だと言って回っている**責任転嫁**（**Blame shifting**）するような「**投影**（**projection**）」などがあり，これらは英語の資格検定試験でも重要なトピックなので，それらの違いを認識しておこう。

学習日 年 月 日 | 年 月 日 | 年 月 日

0661 **conjure** [kán(d)ʒər|kʌ́n-]
動《up を伴って》(記憶・イメージなどを) 思い起こす (≒ evoke, call up)
➤ conjure up images of Santa Claus (サンタクロースを彷彿させる)

0662 **consummate** [kənsʌ́mət] 形 [ká(:)nsəmèɪt|kɔ́n-] 動
形 熟達した，完璧な (≒ supreme, ultimate)
動 (契約・取引などを) 完了する，達成する
➤ a consummate skill [artist] (熟達した技［芸術家］)

0663 **contraption** [kəntrǽpʃ(ə)n]
名 特別な仕掛け［装置，機械］，珍妙な考案物 (≒ gadget, device)
➤ a contraption for automatically buttering toast (トーストに自動的にバターをぬる機械装置)

0664 **cornerstone** [kɔ́ːrnərstòʊn]
名 拠り所，土台，基礎，かなめとなるもの (≒ foundation, basis)
➤ the cornerstone of the policy (政策の礎)

0665 **corroborate** [kərá(:)bərèɪt|-rɔ́b-]
動 (陳述・理論などを) 確証する，裏づけする (≒ verify, substantiate)
➤ corroborate the evidence [finding] (証拠［発見］を裏づける)
形 corroborative (裏付けとなる) 名 corroboration (確証，裏付け)

0666 **coup** [kuː] 《発音注意》
名 クーデター，大成功［功績・偉業］(≒ rebellion, feat)
➤ a coup against the government (反政府クーデター)
➤ make [pull off] a great coup (大成功をおさめる)

0667 **covetous** [kʌ́vətəs]
形 強く［むやみに］欲しがる，強欲な (≒ greedy)
➤ *be* covetous of money and power (お金と権力に貪欲である)

0668 **crave** [kreɪv]
動 (愛情，慈悲などを) 切望［懇願］する (≒ long for, yearn for)
➤ crave (for) love (愛情を切望する)
➤ crave (for) mercy (慈悲を請う)

0669 **cringe** [krɪn(d)ʒ]
動 すくむ，畏縮する (≒ cower, flinch, recoil)
名 身がすくむこと
➤ cringe in fear [pain] (恐怖［痛み］ですくむ)

0670 **crisp** [krɪsp]
形 パリパリした，(天気などが) さわやかな (≒ crunchy, refreshing)
➤ a crisp lettuce (パリッとしたレタス)
➤ crisp weather (さわやかな天気)

0671 □□□	**crux** [krʌks]	名《通例, the ～で》(問題・疑問・議論などの) 最重要点, 核心 (≒ essence, core) ➤ get at the crux of the matter [problem] (問題の核心を突く)
0672 □□□	**culpable** [kʌ́lpəb(ə)l]	形 有罪の, (人・行為などが) 非難されるべき (≒ guilty, blameworthy) ➤ culpable homicide (過失殺人)　名 culpability (有罪性)
0673 □□□	**cumbersome** [kʌ́mbərs(ə)m]	形 (手続き・やり方などが) 面倒な [煩わしい] (≒ troublesome, burdensome) ➤ a cumbersome procedure (面倒な [煩雑な] 手続き)
0674 □□□	**cursory** [kə́ːrs(ə)ri]	形 大まかな, ざっとした (≒ perfunctory, casual) ➤ a cursory examination (通り一遍の [簡単な] 検査) ➤ a cursory glance at the article (記事をちらっと見ること)
0675 □□□	**dangle** [dǽŋg(ə)l]	動 ぶら下がる [下げる], ぶらぶら揺れる (≒ hang) ➤ monkeys dangling from trees (木にぶら下がる猿たち)
0676 □□□	**dazzle** [dǽz(ə)l]	動 (光で) 目をくらませる, 目を奪う, 驚嘆させる (≒ blind, overpower) ➤ *(be)* dazzled by the scenery [beauty] (光景 [美しさ] に目を奪われる)
0677 □□□	**debacle** [deɪbɑ́ːk(ə)l, dɪ-]	名 (試みなどの) 大失敗, (選挙の) 大敗, (市場の) 暴落 (≒ failure) ➤ a military debacle (軍事作戦の大失敗) ➤ an election debacle (選挙の大敗)
0678 □□□	**debunk** [dìːbʌ́ŋk]	動 (俗説・主張などの) 実態 [正体] を暴く, 誤りを指摘する (≒ expose, disprove) ➤ debunk the popular notion [myth] (社会通念 [俗説] の誤りを暴く)
0679 □□□	**deform** [dɪfɔ́ːrm]	動 (～を) 変形する [させる] (≒ misshape, disfigure) ➤ deform the shape [structure] (形 [構造] を変形させる)
0680 □□□	**defuse** [dìːfjúːz]	動 (緊張を) 和らげる, (事態・危機を) 打開する (≒ ease, mitigate) ➤ defuse the tension [crisis] (緊張を和らげる [危機を打開する])

学習日	年　月　日	年　月　日	年　月　日

One-paragraph Short Stories & Quizzes【24】

The ①**parsimonious** woman ②**hoarded** money by doing ③**menial** jobs with ④**assiduous** efforts. One day, she was ⑤**tempted** into ⑥**remunerative** business by a ⑦**dubious** man with a ⑧**glib** tongue. His ⑨**verbose** but compassionate explanation gradually made her ⑩**surmise** that he was a ⑪**debonair** and ⑫**steadfast** businessperson. Later, she ⑬**augmented** her income ⑭**exponentially** and led a ⑮**lavish** lifestyle.

Q. ①〜⑮の意味に近い語を選んでください。

①	**parsimonious**	1. brusque	2. fastidious	3. miserly	4. equitable
②	**hoarded**	1. assuaged	2. accentuated	3. accumulated	4. ascribed
③	**menial**	1. avaricious	2. morbid	3. perfunctory	4. humdrum
④	**assiduous**	1. diffident	2. covetous	3. derelict	4. painstaking
⑤	**tempted**	1. coaxed	2. confounded	3. diluted	4. extorted
⑥	**remunerative**	1. pungent	2. lucrative	3. arcane	4. clairvoyant
⑦	**dubious**	1. brash	2. curt	3. shady	4. dreary
⑧	**glib**	1. murky	2. luscious	3. opaque	4. slick
⑨	**verbose**	1. prosaic	2. unscathed	3. loquacious	4. squalid
⑩	**surmise**	1. allocate	2. conjecture	3. dissipate	4. prod
⑪	**debonair**	1. suave	2. prudent	3. mediocre	4. obsolete
⑫	**steadfast**	1. resolute	2. overcast	3. plausible	4. redundant
⑬	**augmented**	1. repelled	2. unfolded	3. withheld	4. enlarged
⑭	**exponentially**	1. strenuously	2. substantially	3. altruistically	4. blatantly
⑮	**lavish**	1. amenable	2. extravagant	3. profuse	4. scrupulous

【解答欄】

①		②		③		④		⑤		⑥		⑦		⑧	

⑨		⑩		⑪		⑫		⑬		⑭		⑮	

(和訳) 倹約家のその女性は，下働きをしてコツコツとお金を貯めていた。ある日，彼女は口のうまい怪しげな男に金儲けの話を持ちかけられた。饒舌(じょうぜつ)だが思いやりのある彼の説明を聞いて，徐々に彼女は彼が礼儀正しい堅実なビジネスマンだと思うようになった。その後，彼女の収入は飛躍的に増え，贅沢な生活を送ることができるようになった。

解答 ...... 選択肢の赤い文字が正答

①	倹約的な	1. 不愛想な	2. 入念な	3. けちな	4. 公平な
②	蓄積した	1. 緩和した	2. 強調した	3. 蓄積した	4. ～に帰した
③	単調な	1. 欲の深い	2. 恐ろしい	3. 形だけの	4. 単調な
④	根気強い	1. 遠慮がちな	2. 強欲な	3. 放棄した	4. 忍耐強い
⑤	誘惑された	1. 説得された	2. 困惑した	3. 薄められた	4. 強請りとられた
⑥	儲かる	1. 辛辣な	2. 儲かる	3. 不可解な	4. 千里眼の
⑦	怪しげな	1. 厚かましい	2. ぶっきらぼうな	3. 怪しげな	4. うんざりして退屈な
⑧	口の達者な	1. 怪しい	2. 甘い	3. 不透明な	4. 口先のうまい
⑨	言葉数の多い	1. 平凡な	2. 無傷の	3. 多弁な	4. 汚らしい
⑩	推測する	1. 割り当てる	2. 推測する	3. 浪費する	4. 駆り立てる
⑪	礼儀正しい	1. 礼儀正しい	2. 慎重な	3. 月並みな	4. 時代遅れの
⑫	堅実な	1. 堅実な	2. 雲に覆われた	3. もっともらしい	4. 不必要な
⑬	増やした	1. 撃退した	2. 広げた	3. 差し控えた	4. 増やした
⑭	急激に	1. 激しく（否認するなど）	2. 大幅に	3. 利他的に	4. 露骨に
⑮	贅沢な	1. 従順な	2. 贅沢な	3. 多量の	4. 入念な

学習日　年　月　日　年　月　日　年　月　日

0681 **dejected** [dɪdʒéktɪd]
形 落胆した，がっかりした（≒ **do**wncast, **des**pondent）
➤ a dejected heart [expression]（落胆した気分［表情］）
名 **dejection**（落胆）

0682 **demean** [dɪmíːn]
動 ～の品位を落とす，卑しめる（≒ **deg**rade, **deb**ase）
➤ demean women [the profession]（女性［その職］の品位を傷つける）
形 **demeaning**（品位を落とすような，〔仕事・扱いなどが〕屈辱的な）

0683 **demeanor** [dɪmíːnər]
名 立ち居ふるまい，態度（≒ **b**ehavior, **m**anner）
➤ a calm [mild] demeanor（温和な物腰）

0684 **denigrate** [dénɪgrèɪt]
動 中傷する，けなす（≒ **b**elittle, **d**isparage）
➤ denigrate the efforts [argument]（努力にけちをつける［主張をけなす］）

0685 **dent** [dent]
名（表面の）へこみ，（数の）減少，《make/put a dent in で》（金額・問題など）減らす　動 へこませる，数量を減少させる
➤ make a dent in the deficit [costs]（借金［費用］を減らす）

0686 **deport** [dɪpɔ́ːrt]
動（強制的に）（不法外国人を）国外退去させる（≒ **e**xpel, **r**epatriate）
➤ deport immigrants（移民を国外追放する）
➤ deport illegal aliens（不法在留外国人を国外追放する）

0687 **deprivation** [dèprəvéɪʃ(ə)n, diːprə-, diːpraɪ-]
名 欠乏，剥奪（≒ **def**iciency, **dea**rth）
➤ sleep deprivation（睡眠不足）

0688 **derision** [dɪríʒ(ə)n]
名 嘲笑（≒ **r**idicule, **m**ockery）
➤ *be* the target of derision（嘲笑の的である）
➤ *be* greeted with derision（嘲笑で迎えられる）

0689 **despotic** [dɪspɑ́(ː)tɪk|-pɔ́t-]
形 独裁［専制］的な，横暴な（≒ **t**yrannical, **d**ictatorial）
➤ a despotic government（独裁政治）
➤ a despotic rule（独裁統治）

0690 **detest** [dɪtést]
動 ひどく嫌う（≒ **a**bhor, **l**oathe）
➤ detest violence [smoking]（暴力［たばこ］をひどく嫌う）
形 **detestable**（大嫌いな）

0691 □□□	**devoid** [dɪvɔ́ɪd]	形《*be* ～ of *A* で》（人・物などが）（～を）欠いている（≒ **bereft of**） ➤ *be* devoid of humor [warmth]（ユーモア［温かみ］がない）
0692 □□□	**dichotomy** [daɪkɑ́(ː)təmi|-kɔ́t-]	名 二分（法），大きな相違，対立，分裂（≒ **split**, **gulf**） ➤ There is a dichotomy between the body and mind.（肉体と精神は二分されている）
0693 □□□	**dilapidated** [dɪlǽpɪdèɪtɪd]	形 老朽化した，荒廃した（≒ **decrepit**, **run-down**） ➤ a dilapidated building（老朽化した建物） 名 **dilapidation**（荒廃）
0694 □□□	**diminutive** [dɪmínjətɪv]	形 小さな，小柄な（≒ **small**, **tiny**） 名 小さい人［物］，愛称《Tom，Sue など》 ➤ a diminutive figure [woman]（小柄な人影［小柄な女性］）
0695 □□□	**discredit** [dɪskrédət]	動《通例，受け身で》信用を失わせる（≒ **disgrace**, **disprove**） ➤ *be* discredited with the public（国民の信頼を失う） 形 a discredited government（**信用を失った**政府）
0696 □□□	**disdainful** [dɪsdéɪnf(ə)l]	形（表情などが）軽蔑的な，高慢な（≒ **contemptuous**） ➤ a disdainful look（軽蔑した顔〔つき〕） 名 動 **disdain**（軽蔑〔する〕）
0697 □□□	**disengage** [dìsɪngéɪdʒ]	動（束縛・義務などから）自由にする，切り離す（≒ **remove**, **withdraw**） ➤ disengage *one*self from debt（借金から自由になる）
0698 □□□	**disgruntled** [dɪsgrʌ́nt(ə)ld]	形（現状などについて）不平［不満］のある（≒ **discontented**） ➤ disgruntled workers [customers]（不満を抱く従業員［客］）
0699 □□□	**dismember** [dɪsmémbə*r*]	動 手足を切断する［ばらばらにする］，分割［解体］する（≒ **mutilate**, **divide**） ➤ dismember a corpse（死体の手足をばらばらにする） ➤ dismember a company（会社を再編成する）
0700 □□□	**disparaging** [dɪspǽrɪdʒɪŋ]	形 見くびった，批判的な（≒ **derogatory**, **belittling**） ➤ disparaging remarks [comments]（侮辱するような発言［批判的なコメント］） 動 **disparage**（見くびる）

学習日	年　月　日	年　月　日	年　月　日

One-paragraph Short Stories & Quizzes【25】

The ①**audacious** robber ②**intruded** into a house through a security ③**loophole**. He ④**fumbled** for valuables and found an ⑤**eclectic** collection of masterpiece paintings. He ⑥**exulted** in a ⑦**blissful** voice, casting ⑧**covetous** eyes on them. He tried ⑨**frantically** to ⑩**contrive** ways to carry those ⑪**hefty** paintings outside by ⑫**stealth**. However, when he ⑬**scrupulously** examined them, he felt ⑭**chagrined** to find all of them ⑮**bogus**.

Q. ①～⑮の意味に近い語を選んでください。

①	**audacious**	1. vehement	2. daring	3. adroit	4. demure
②	**intruded**	1. denounced	2. trespassed	3. inculcated	4. nudged
③	**loophole**	1. flaw	2. fraud	3. foe	4. legacy
④	**fumbled**	1. grazed	2. strayed	3. whined	4. groped
⑤	**eclectic**	1. uplifting	2. belligerent	3. varied	4. destitute
⑥	**exulted**	1. languished	2. sizzled	3. clamored	4. reveled
⑦	**blissful**	1. vicious	2. ecstatic	3. wily	4. mint
⑧	**covetous**	1. acquisitive	2. consummate	3. impious	4. conceited
⑨	**frantically**	1. vigorously	2. excruciatingly	3. desperately	4. unanimously
⑩	**contrive**	1. penetrate	2. ditch	3. concoct	4. belittle
⑪	**hefty**	1. extraterrestrial	2. bulky	3. imperious	4. furtive
⑫	**stealth**	1. dictum	2. charade	3. plea	4. secrecy
⑬	**scrupulously**	1. meticulously	2. unabashedly	3. empirically	4. virulently
⑭	**chagrined**	1. frazzled	2. smeared	3. maligned	4. vexed
⑮	**bogus**	1. phony	2. insolvent	3. mutinous	4. irascible

【解答欄】

①		②		③		④		⑤		⑥		⑦		⑧	
⑨		⑩		⑪		⑫		⑬		⑭		⑮			

(和訳) その大胆な強盗は，セキュリティーの抜け穴をくぐり抜けて家に侵入した。金品を探しているうちに，様々な名画のコレクションを見つけた。彼は歓喜の声を上げて，それらを物欲しげに眺めていた。その重い絵画をこっそり外に持ち出す方法を必死になって考えた。しかし，よくよく調べてみるとどれもこれも偽物であることがわかり，悔しい思いをした。

解答 …… 選択肢の赤い文字が正答

①	大胆な	1. 激しい	2. 大胆な	3. 巧みな	4. 控えめな
②	侵入した	1. 非難した	2. 侵入した	3. 教え込んだ	4. 軽く促した
③	抜け穴	1. 欠陥	2. ペテン師	3. 敵	4. 遺物
④	手探りした	1. 放牧した	2. 逸れた	3. 泣き言を言った	4. 模索した
⑤	多岐にわたる	1. 気分を高揚させる	2. 好戦的な	3. 多様な	4. 極貧の
⑥	大喜びした	1. やつれた	2. ジュージュー焼いた	3. 要求した	4. 非常に喜んだ
⑦	至福の	1. 悪意のある	2. 有頂天になった	3. ずるい	4. 真新しい
⑧	非常に欲しがって	1. 欲しがって	2. 熟達した	3. 冒涜的な	4. 自惚れた
⑨	必死に	1. 溌剌と	2. 極度に	3. 必死に	4. 満場一致で
⑩	企む	1. 侵入する	2. 捨てる	3. 仕組む	4. 見くびる
⑪	かさばる	1. 地球外の	2. かさばる	3. 横柄な	4. こそこそした
⑫	内密	1. 格言	2. ごまかし	3. 嘆願	4. 内密
⑬	細心の注意を払って	1. 注意深く	2. 臆面もなく	3. 実験に基づき	4. 悪意に満ちて
⑭	悔しい	1. くたくたの	2. 汚れた	3. 中傷された	4. いらだった
⑮	偽物の	1. 偽物の	2. 破産した	3. 反抗的な	4. 短気な

学習日 | 年 月 日 | 年 月 日 | 年 月 日

0701 **dissertation** [dìsərtéɪʃ(ə)n]
名 学位［学術］論文（≒ thesis）
➤ a doctoral dissertation（博士論文）

0702 **dissuade** [dɪswéɪd]
動 説得してやめさせる（≒ discourage）
➤ dissuade her from smoking（彼女を説得して喫煙をやめさせる）
名 **dissuasion**（思いとどまらせること，［思いとどまらせるための］説得）

0703 **diverge** [dəvə́ːrdʒ|daɪ-]
動《from を伴って》（生物の種などが）分岐する，（本題・基準などから）それる（≒ deviate）
➤ diverge from a common ancestor（共通の祖先から分岐する）

0704 **divest** [daɪvést, dɪ-]
動《通例，divest *A* of *B* で》A（人）から B（権利・権力・財産など）を奪う（≒ deprive, strip）
➤ divest him of his right [power]（彼から権利［権力］を剥奪する）

0705 **divulge** [dəvʌ́ldʒ|daɪ-]
動 暴露する，あばく（≒ disclose, reveal）
➤ divulge the secret [personal information]（秘密［個人情報］を暴露する）

0706 **draconian** [drəkóʊniən|-kɔ́n-]
形（罰や規則などが）極めて厳しい（≒ harsh, severe）
➤ draconian measures（厳格な措置）
➤ draconian laws（極めて厳しい法律）

0707 **dreary** [dríəri]
形 非常につまらなくてわびしい（≒ gloomy, dull）
➤ a dreary life [routine]（わびしい生活［退屈な仕事］）

0708 **drowsy** [dráʊzi]
形 眠気を誘う，眠そうな（≒ sleepy）
➤ drowsy silence（眠くなるような静けさ）
➤ drowsy driving（居眠り運転）

0709 **dumbfound** [dʌ̀mfáund]
動《通例，受け身形で》唖然とさせる，（ものが言えないほど）驚かせる（≒ astonish, amaze）
➤ *be* dumbfounded by the news（その知らせに唖然となる）

0710 **dupe** [djuːp]
動《dupe *A* into *doing* で》A（人）をだまして～させる（≒ delude, beguile）
➤ dupe *someone* into buying fake goods（～をだまして偽物を買わせる）

0711 □□□	**duplicate** [djúːplɪkət] 形名 [djúːplɪkèɪt] 動	形 複製の 動 複製する 名 写し（≒ **c**opy） ➤ a duplicate copy [key]（複製物［合鍵］） 名 **duplicity**（二枚舌，〔人を欺く〕不誠実な行為）
0712 □□□	**earmark** [íərmɑ̀ːrk]	動（お金をある目的に）当てる（≒ **al**locate, **s**et aside, **d**esignate） ➤ *be* earmarked for education（教育費に割り当てられる） ➤ *be* earmarked as a potential executive（将来の幹部として目されている）
0713 □□□	**ecstatic** [ɪkstǽtɪk, ek-]	形 夢中の，有頂天の（≒ **el**ated, **eu**phoric） 名 有頂天 ➤ an ecstatic dance [welcome]（狂喜のダンス［熱烈な歓迎］）
0714 □□□	**edifying** [édɪfaɪŋ]	形 啓発的な，教訓的な（≒ **e**nlightening, **i**nstructive） ➤ an edifying speech [book]（啓発的なスピーチ［本］） 動 **edify**（啓発する）
0715 □□□	**eerie** [íəri]	形 薄気味悪い，不気味な（≒ **s**inister, **c**reepy） ➤ an eerie silence [night]（薄気味悪い静けさ［夜］）
0716 □□□	**effigy** [éfɪdʒi]	名（憎むべき人物の）人形，肖像（≒ **d**ummy） ➤ burn him in effigy（彼の人形を作って火あぶりにする）
0717 □□□	**elucidate** [ɪlúːsɪdèɪt]	動（難解なことを）解明する，説明する（≒ **i**lluminate, **c**larify） ➤ elucidate the mystery [theory]（神秘を解明する［学説を説明する］） ➤ remain to be elucidated（なお［依然として］不明である）
0718 □□□	**embryonic** [èmbriɑ́(ː)nɪk|-ɔ́n-]	形 胚の，胎児の，（成長・発展などの）初期の，未発達の（≒ **f**etal, **r**udimentary） ➤ embryonic development（胎の発達） ➤ at the embryonic stage（初期段階に）
0719 □□□	**engaging** [ɪngéɪdʒɪŋ]	形 人をひきつける，魅力的な（≒ **c**harming, **a**ppealing） ➤ an engaging story（人をひきつける話） ➤ an engaging smile（魅力的な微笑み）
0720 □□□	**engulf** [ɪngʌ́lf]	動 巻き込む，のみ込む（≒ **e**nvelop, **o**verwhelm） ➤ *(be)* engulfed in flames [wars]（炎［戦争］に巻き込まれる）

学習日　年　月　日　年　月　日　年　月　日

11. 言語学とその技法の基礎知識をマスター！

言語学は音，構造，意味の３つの側面から，①音→**音声学**（**p**honetics）と**音韻論**（**p**honology），②構造→**形態論**（**m**orphology）と**統語論**（**s**yntax），③意味→**意味論**（**s**emantics）と**語用論**（**p**ragmatics）に分かれ，さらにいろいろな角度（歴史，認知，比較など）から派生している。

「**音声学**（**p**honetics）」とは意味の比較をせずに音声を物理的・生理的または発音の観点から分析する学問で，例えば，[r] と [l] の音がどのように作られ，どのように空気中を伝播し，聞き手に知覚されるのか，という音そのものについて研究する。一方，「**音韻論**（**p**honology）」は r と l の意味的比較研究のように，音声面での最小単位である**音素**（**p**honeme）の役割・機能の分析を行う学問である。「形態論」は，photographs を《photo-（光）＋ -graph（記録）＋ s（複数を表す）》に分けるよう，意味上の最小単位である**形態素**（**m**orpheme）を分析する。「統語論」は，単語の次の単位である句・節・文を分析し，「意味論」は語彙の意味の広がりを研究するのに対し，「語用論」は話者が文脈の中で伝えようとしている意味を分析する分野である。

ノーム・チョムスキーが提唱し，現代言語学の主流となったのが**生成文法**（**g**enerative **g**rammar）で，構造を重視するので，音韻・形態・統語の面での分析が中心である。子供が文法的に間違った言葉に曝（さら）されながらも短期間で言語を習得することに注目し，万人の脳に言語の文法の核になるもの**普遍文法**（**u**niversal **g**rammar）が備わっていると考えた。生成文法に対抗して，形式よりも意味や人間の認知能力を重視する**認知言語学**（**c**ognitive **l**inguistics）が登場する。例えば，'The glass is half full.' と 'The glass is half empty.' の２つの文は，どちらもコップに水が半分入っている状態を表現しているが捉え方に違いがある。これは言語の形式面からのみ分析の限界と人間の認知の分析の必要性を表している。

社会言語学（**s**ociolinguistics）は地域・階級・性別・年齢など社会的要因から言語の**多様性**（**d**iversity）を分析する。これは万人共通の言語能力を解明しようとする生成文法に対して，言語ごと，**方言**（**d**ialect）ごとの違いに着目する。**心理言語学**（**p**sycholinguistics）は人間の言語の**獲得**

(**a**cquisition)・**処理**(**p**rocessing)・**産出**(**p**roduction)における人間の心の働きを研究する分野である。**コーパス言語学**(**c**orpus **l**inguistics)は**統計分析**(**s**tatistical **a**nalysis)が可能なように電子化したデータである**コーパス**(**c**orpus)を用いて語彙分析を行う分野である。

修辞技法(**a f**igure **of s**peech)は，効果を生み出すために文字どおりの意味からかけ離れた表現技法のことであり，「〜のような」という接続語を用いて2つのものを比較する「**直喩法**(**s**imile)」，印象づけるために大げさな表現を使った「**誇張法**(**h**yperbole)」，「歳月人を待たず」のように動物・無生物・抽象概念などが人間的な特徴を持っているように表現する「**擬人法**(**p**ersonification)」などがある。他にも，隠喩(**m**etaphor)は 'America is a melting pot.'(アメリカは人種のるつぼである)のように，ある概念を別の概念で比較する技法であり，**換喩**(**m**etonymy)は，the White House(ホワイトハウス)のように，ある概念をその概念が関係しているもので表現する技法で，**提喩**(**s**ynecdoche)は **the strings**(弦楽器)は楽器の部分である弦で全体を指しているように，指示対象の一部で全体，もしくは全体で一部を表現する技法のことである。

この他，**pidgin**(ピジン：異なる母国語を持つグループ間でコミュニケーションのために発展し簡略化された不安定な言語)は，限られた語彙，**基本母音**(**b**asic **v**owels)の使用，単純な節の構造が他の英語などの**自然言語**(**n**atural **l**anguage)と異なる。トク・ピジン語が有名で，英語を基盤として発達し，**パプアニューギニア**(**P**apua **N**ew **G**uinea)の**公用語**(**o**fficial **l**anguage)である。また，**creole**(クレオール語)はピジンから発展した母国語で，比較的安定しており，あるグループでは母国語や第一言語として確立したもので，**ハイチ・クレオール語**(**H**aitian **C**reole)は世界で最も使用されているものである。

学習日 年 月 日 | 年 月 日 | 年 月 日

0721 **enliven** [ɪnláɪv(ə)n]
動（物・事などを）もっと面白くする，活気づける（≒ **invigorate**, **animate**）
➤ enliven the story [party]（話［パーティー］をもっと面白くする）

0722 **enmity** [énməti]
名 敵意，憎しみ，憎悪（≒ **animosity**, **antagonism**）
➤ enmity between the two countries（二国間の敵対心）

0723 **enthrall** [ɪnθrɔ́ːl]
動 夢中にさせる（≒ **enchant**, **captivate**, **mesmerize**）
➤ *be* enthralled by the story（話に夢中になる）
形 **enthralling**（とても面白い）

0724 **entity** [éntəti]
名 一個のもの［存在］，統一体，実体（≒ **organization**, **unit**）
➤ a single entity（ひとつのもの）／a separate entity（独立した一個のもの）
➤ a political entity（政治的実体［政党，政府，国家］）

0725 **envisage** [ɪnvízɪdʒ]
動（将来・可能性などを）心に描く，予想する（≒ **foresee**, **envision**）
➤ envisage the future（将来を心に描く）
➤ envisage the possibility（可能性を予想する）

0726 **epic** [épɪk]
形 壮大な（≒ **heroic**） 名（小説・映画の）大作，叙事詩（≒ **saga**）
➤ an epic battle（壮大な戦い）
➤ an epic journey（大旅行）

0727 **equilibrium** [ìːkwɪlíbriəm]
名（心の）平静，均衡（≒ **composure**, **poise**）
➤ maintain [lose] *his* emotional equilibrium（平静を保つ［失う］）

0728 **eschew** [ɪstʃúː, es-]
動（悪いもの・有害なものなどを）避ける，慎む（≒ **avoid**, **abstain from**）
➤ eschew violence [alcohol]（暴力［酒］を慎む）

0729 **esoteric** [èsətérɪk]
形 秘伝の，難解な，深遠な，秘密の（≒ **arcane**, **enigmatic**）
➤ esoteric Buddhism（密教）
名 **esoterica**（秘事，奥義）

0730 **estranged** [ɪstréɪn(d)ʒɪd]
形 別居中の，疎遠になった，（社会などから）遠ざかった（≒ **alienated**）
➤ *someone's* estranged husband [wife]（～の別居中の夫［妻］）
➤ *someone's* estranged father（～の疎遠になった父）

0731 **euphoric** [jufɔ́ːrɪk|-fɔ́r-]

形 有頂天の，非常に幸せな（≒ **el**ated, **ec**static）
➤ a euphoric feeling [state]（有頂天な感情［状態］）
名 **euphoria**（強い高揚［幸福］感）

0732 **evoke** [ɪvóʊk]

動（感情・記憶などを）呼び起こす（≒ **ca**ll **u**p, **su**mmon）
➤ evoke *one's* emotion [feelings]（感情［気持ち］を呼び起こす）

0733 **excerpt** [éksəːrpt]

名 抜粋，引用，抄録（≒ **ex**tract）
➤ excerpts from the book（本からの抜粋）

0734 **exonerate** [ɪgzɑ́(ː)nərèɪt|-zɔ́n-]

動《from を伴って》～の疑いを晴らす，免除する（≒ **a**bsolve, **vi**ndicate）
➤ *(be)* exonerated from blame [charges]（非難［容疑］を免れる）

0735 **exorbitant** [ɪgzɔ́ːrbət(ə)nt]

形 法外な（≒ **pr**ohibitive, **o**utrageous）
➤ exorbitant prices [fees]（法外な値段［料金］）

0736 **extol** [ɪkstóʊl, eks-]

動 激賞する（≒ **ac**claim）
➤ extol the virtues of the democracy（民主主義の長所を激賞する）
名 **extolment**（激賞）

0737 **extort** [ɪkstɔ́ːrt, eks-]

動（お金・情報などを）取り上げる，強要する（≒ **f**orce, **w**rest）
➤ extort money from him（彼からお金をゆすり取る）
名 **extortion**（恐喝）（≒ **blackmail**）

0738 **extrapolate** [ɪkstræ̀pəlèɪt, eks-]

動 推定する（≒ **es**timate）
➤ extrapolate the future from the past（過去から将来を推測する）
名 **extrapolation**（推定）

0739 **exude** [ɪgzjúːd, egz-]

動（感情・自信などを）あふれさせる，にじみ出させる（≒ **o**oze, **e**manate）
➤ exude confidence [energy]（自信にあふれている［エネルギーを発散させる］）

0740 **fallacy** [fǽləsi]

名 間違った考え，誤信（≒ **m**isconception, **m**isbelief）
➤ a logical fallacy（論理的な誤り） ➤ an argument fallacy（議論における誤り） 形 **fallacious**（間違った）

学習日	年　月　日	年　月　日	年　月　日

One-paragraph Short Stories & Quizzes【26】

The ①**spry** and ②**gregarious** old ③**maestro**, far from ④**senile** dementia, ⑤**inculcated** the ⑥**quintessence** of martial arts in his students. Thanks to the ⑦**impeccable** skills they learned from their mentor through meeting the ⑧**exacting** requirements, they were able to ⑨**rout** their opponents. His ⑩**unshakable** principle has produced many ⑪**exceptional** martial artists who ⑫**exude** energy and ⑬**fortitude**. His fame was soon ⑭**propagated** worldwide, making him a world-class ⑮**maven**.

Q. ①〜⑮の意味に近い語を選んでください。

①	**spry**	1. stately	2. vigorous	3. heinous	4. cordial
②	**gregarious**	1. ferocious	2. squeamish	3. gullible	4. companionable
③	**maestro**	1. master	2. triumph	3. tyranny	4. dynasty
④	**senile**	1. esoteric	2. haggard	3. senescent	4. scarce
⑤	**inculcated**	1. exasperated	2. implicated	3. compiled	4. instilled
⑥	**quintessence**	1. primate	2. guise	3. paragon	4. proclivity
⑦	**impeccable**	1. irresolute	2. immaculate	3. adequate	4. explicit
⑧	**exacting**	1. demanding	2. flimsy	3. insatiable	4. robust
⑨	**rout**	1. discard	2. vanquish	3. jiggle	4. usher
⑩	**unshakable**	1. integral	2. clandestine	3. unwavering	4. transient
⑪	**exceptional**	1. inclusive	2. succinct	3. inept	4. extraordinary
⑫	**exude**	1. replenish	2. procure	3. emanate	4. edify
⑩	**fortitude**	1. suffrage	2. migraine	3. panacea	4. mettle
⑪	**propagated**	1. circulated	2. cringed	3. seceded	4. snipped
⑮	**maven**	1. fortress	2. heretic	3. virtuoso	4. envoy

【解答欄】

①	②	③	④	⑤	⑥	⑦	⑧

⑨	⑩	⑪	⑫	⑬	⑭	⑮

(和訳) 老人性認知症とは程遠いような，元気で陽気な年老いた大家（たいか）は，弟子たちに武術の真髄を教え込んだ。厳格な条件を満たして師匠から学んだ完全なスキルによって，弟子たちは敵を圧倒した。彼の揺るぎない信念は，エネルギーと不屈の精神が溢れる多くの優れた武術家を生み出した。彼の名声はすぐに世界中に広まり，彼は達人とみなされた。

解答……選択肢の赤い文字が正答

①	活発な	1. 風格のある	2. 活発な	3. 凶悪な	4. 情け深い
②	社交的な	1. 凶暴な	2. 神経質な	3. 騙されやすい	4. 気さくな
③	大家	1. 達人	2. 大勝利	3. 専制政治	4. 王朝
④	老人性の	1. 難解な	2. やつれた	3. 老人性の	4. 珍しい
⑤	教え込んだ	1. 憤慨させた	2. 巻き込んだ	3. 編集した	4. 教え込んだ
⑥	真髄	1. 霊長類	2. 見せかけ	3. 模範	4. 傾向
⑦	非の打ちどころのない	1. 優柔不断な	2. 欠点のない	3. 適切な	4. 明白な
⑧	厳しい	1. 厳しい	2. 見え透いた	3. 貪欲な	4. 強健な
⑨	退ける	1. 捨てる	2. 負かす	3. 小刻みに動かす	4. 案内する
⑩	揺るぎない	1. 不可欠の	2. 秘密の	3. 揺るぎない	4. はかない
⑪	並外れた	1. 包括的な	2. 簡潔な	3. 不適切な	4. 並外れた
⑫	溢れ出す	1. 補充する	2. 手に入れる	3. 発散する	4. 啓発する
⑬	不屈の精神	1. 参政権	2. 片頭痛	3. 万能薬	4. 根性
⑭	広まった	1. 広まった	2. 縮み上がった	3. 脱退した	4. チョキンと切った
⑮	達人	1. 要塞	2. 異端児	3. 大家	4. 使者

学習日 年 月 日 | 年 月 日 | 年 月 日

0741 **falter** [fɔ́ːltər]
動 ためらう，よろける，低迷する（≒ **w**aver）
➤ a faltering economy（低迷する経済）
➤ faltering steps（よろめく足取り）

0742 **fastidious** [fæstídiəs, fəs-]
形 細心の，入念な，潔癖な（≒ **f**ussy, **s**crupulous）
➤ *be* fastidious about cleanliness（潔癖なまでのきれい好きである）
➤ take fastidious care（細心の注意を払う）

0743 **feud** [fjuːd]
名（二者の間の）不和，確執 動（長期にわたって）反目している，不和になる（≒ **d**iscord）
➤ a feud between the two countries（両国間の争い）

0744 **figment** [fígmənt]
名 作り事，作り話（≒ **f**abrication, **c**oncoction）
➤ a figment of *his* imagination（想像上の産物）

0745 **flustered** [flʌ́stərd]
形 あわてた，動揺した（≒ **p**erturbed）
➤ get flustered by the question（質問に動揺する）

0746 **foe** [foʊ]
名 敵，敵対者（≒ **e**nemy, **a**dversary）
➤ political friends and foes（政友と政敵）

0747 **forlorn** [fərlɔ́ːrn, fɔːr-]
形 見込みのない，絶望的な（≒ **h**opeless, **d**epressed）
➤ a forlorn hope（かなわぬ望み）
➤ a forlorn look on his face（彼の絶望的な顔つき）

0748 **fortify** [fɔ́ːrtəfàɪ]
動 強化する，要塞化する，元気づける（≒ **s**trengthen）
➤ fortify the defenses [system]（防衛力［システム］を強化する）

0749 **fortuitous** [fɔːrtjúːətəs|-tjúːɪ-]
形 偶然の，思いがけない（≒ **c**hance, **u**nexpected, **f**ortunate）
➤ a fortuitous discovery（偶然の発見）
➤ a fortuitous event（思わぬ出来事）

0750 **frantic** [frǽntɪk]
形 動転した，取り乱した，あわただしい（≒ **d**istraught, **f**renetic）
➤ a frantic search（必死の捜索）
➤ a frantic pace of life（あわただしい生活のペース）

0751 **fumble** [fʌ́mb(ə)l]

動 手探りする，（ボールを）取り損なう（≒ grope, fail to catch）
➤ fumble for the key（鍵を手探りで探す）
➤ fumble a ball（ボールを取り損なう）

0752 **furtive** [fə́ːrtɪv]

形 人目を気にした，こそこそした（≒ surreptitious, sly）
➤ furtive love（人目を忍ぶ恋愛）

0753 **gadget** [gǽdʒɪt]

名（目新しい）道具，装置，気の利いた小物（≒ appliance, tool）
➤ a household gadget for opening cans（缶を開けるための家庭用器具）

0754 **galvanize** [gǽlvənàɪz]

動 活気づける，～（人）を刺激して…させる（≒ invigorate）
➤ galvanize the community [economy]（地域［経済］を活性化する）

0755 **gaunt** [gɔːnt]

形（顔・人が）やせこけた，やつれた，（風景が）荒涼とした（≒ haggard, bleak）
➤ a gaunt figure [face]（やせこけた姿［やつれた顔］）

0756 **genial** [dʒíːnjəl|-niəl]

形 愛想のよい，（気候が）温暖な（≒ amiable, affable）
➤ a genial smile [nature]（朗らかな笑み［気さくな性格］）

0757 **giddy** [gídi]

形 目がくらみそうな（≒ dizzy）
➤ a giddy height（目がくらむ高さ）

0758 **gigantic** [dʒaɪgǽntɪk]

形 巨大な（≒ huge, enormous）
➤ a gigantic size（巨大な規模）
➤ gigantic proportions（巨大な大きさ）

0759 **gist** [dʒɪst]

名《the ～で》要点，主旨（≒ essence, crux, point, core）
➤ the gist of a story（話の要点）
➤ the gist of an argument（主張の要点）

0760 **gratuity** [grətjúːəti]

名 心付け，チップ（≒ tip, gift）
➤ give [receive] a gratuity（心付けをあげる［受ける］）
形 **gratuitous**（理由のない，無料の）

学習日	年　月　日	年　月　日	年　月　日

One-paragraph Short Stories & Quizzes【27】

The fortunes of the ①**totalitarian** military ②**junta** ③precipitously ④**plunged** but it remained ⑤**unchallenged** by the ⑥**plebeian** masses of the ⑦**pariah** state, who ⑧**loathed** to change the ⑨**status quo**. The ⑩**exploiting** policies of the ⑪**vengeful** regime, however, ⑫**invigorated** the ⑬**insurgent** movement, which finally ⑭**thrashed** the ⑮**nefarious** junta.

Q. ①〜⑮の意味に近い語を選んでください。

①	**totalitarian**	1. communitarian	2. authoritarian	3. proletarian	4. egalitarian
②	**junta**	1. corps	2. council	3. coup	4. cabal
③	**precipitously**	1. haltingly	2. falteringly	3. instantaneously	4. tentatively
④	**plunged**	1. plummeted	2. plundered	3. poised	4. placated
⑤	**unchallenged**	1. uncouth	2. unconscionable	3. unabashed	4. unopposed
⑥	**plebeian**	1. pliable	2. proletarian	3. placid	4. plaintive
⑦	**pariah**	1. outcast	2. paragon	3. profane	4. outlying
⑧	**loathed**	1. amenable	2. solicitous	3. detested	4. enamored
⑨	**status quo**	1. status	2. normalcy	3. stratum	4. quota
⑩	**exploiting**	1. manipulating	2. malfunctioning	3. malleable	4. mercurial
⑪	**vengeful**	1. altruistic	2. ancillary	3. august	4. venomous
⑫	**invigorated**	1. repressed	2. jaded	3. enervated	4. galvanized
⑬	**insurgent**	1. tractable	2. conventional	3. insurrection	4. submissive
⑭	**thrashed**	1. coddled	2. mollified	3. annihilated	4. rejuvenated
⑮	**nefarious**	1. wholesome	2. iniquitous	3. creditable	4. sublime

【解答欄】

①	②	③	④	⑤	⑥	⑦	⑧

⑨	⑩	⑪	⑫	⑬	⑭	⑮

(和訳) 全体主義的な軍事政権の命運は急激に尽きたが，現状を改めることをひどく嫌う，国際的に疎外された国家の一般大衆によって受け入れられたままであった。しかしながら，報復主義的政権の搾取政策は反乱の動きを引き起こすことになり，それがついには非道な軍事政権を打ち負かした。

解答 …… 選択肢の赤い文字が正答

①	全体主義の	1. 共同体主義の	2. 権威主義の	3. 無産階級の	4. 平等主義の
②	軍事政権	1. 軍団	2. 評議会	3. クーデター	4. 陰謀団
③	急に	1. たどたどしく	2. ためらいながら	3. 瞬時に	4. 暫定的に
④	急落した	1. 急落した	2. 略奪した	3. 釣り合いをとった	4. なだめられた
⑤	受け入れられている	1. 無作法な	2. 不当な	3. 厚かましい	4. 反対されない
⑥	庶民の	1. 従順な	2. 無産階級の	3. 穏やかな	4. 物悲しい
⑦	疎外されている	1. 疎外された	2. 手本	3. 冒涜的な	4. 中心から離れた
⑧	ひどく嫌った	1. 受け入れた	2. 心配した	3. 嫌った	4. 夢中になった
⑨	現状	1. 地位	2. 常態	3. 階層	4. 割り当て
⑩	搾取する	1. 巧みに操る	2. 機能しない	3. 影響を受けやすい	4. 気分が変わりやすい
⑪	報復的な	1. 利他主義の	2. 補助的な	3. 威厳のある	4. 悪意に満ちた
⑫	活気づけた	1. 抑圧した	2. 疲れ切った	3. 力を弱めた	4. 駆り立てた
⑬	反乱者	1. 従順な	2. 従来の	3. 反乱	4. 従順な
⑭	打ちのめした	1. 大事に扱った	2. なだめた	3. 打ちのめした	4. 若返らせた
⑮	非道な	1. 健全な	2. 非道な	3. 立派な	4. 崇高な

学習日 年 月 日 | 年 月 日 | 年 月 日

0761 □□□ **graze** [greɪz]
動（動物などが）（牧）草を食べる，（物を）かすめる（≒ **f**eed, **s**crape） 名かすり傷
➤ graze on the grass（〔牛・羊などが〕牧草を食べる）

0762 □□□ **grimace** [grɪméɪs, gríməs]
名動しかめ面（をする），険しい表情（≒ **f**rown）
➤ a grimace of pain（苦痛にゆがんだ顔）
➤ grimace in pain（苦痛に顔をゆがめる）

0763 □□□ **grinding** [gráɪndɪŋ]
形過酷な，（きしんで）耳障りな（≒ **g**rating, **j**arring）
➤ grinding poverty（過酷な貧困）
➤ a grinding noise（耳障りな音）

0764 □□□ **harrowing** [hǽroʊɪŋ]
形痛ましい，悲惨な（≒ **t**raumatic, **h**eartbreaking）
➤ a harrowing tragedy [experience]（痛ましい悲劇［経験］）

0765 □□□ **hassle** [hǽs(ə)l]
名面倒なこと，議論（≒ **n**uisance）
動（人を）悩ませる（≒ **h**arass, **p**ester）
➤ avoid the hassle of cleaning（掃除する面倒を避ける）

0766 □□□ **hermit** [hə́ːrmɪt]
名世捨て人，仙人（≒ **r**ecluse）
➤ a hermit living on a remote mountain（山奥に住む世捨て人）
形 **hermitic**（隠遁生活の）

0767 □□□ **hindsight** [háɪn(d)sàɪt]
名後知恵，結果論（≒ **a**fterthought）
➤ with the benefit of hindsight（今になって思い返せば）
反 **foresight**（先見の明）

0768 □□□ **hoax** [hoʊks]
名でっち上げ，悪ふざけ（≒ **d**eception, **t**rick） 動だます，かつぐ
➤ a hoax call（いたずら電話）
➤ an elaborate hoax（手の込んだいたずら）

0769 □□□ **horrendous** [hɔːréndəs|hɔr-]
形身の毛もよだつ，ぞっとする（≒ **h**orrible, **d**readful）
➤ a horrendous crime（身の毛もよだつ犯罪）
➤ horrendous conditions（ぞっとする状況）

0770 □□□ **huddle** [hʌ́d(ə)l]
動集まる，密談する（≒ **g**ather, **t**hrong）
➤ huddle around the fire（火の周りに集まる）

0771 □□□	**hypnotize**	[hípnətàɪz]	動 催眠術をかける，魅了する，うっとりさせる（≒ mesmerize, fascinate） ➤ hypnotize him into believing it（彼に催眠術をかけてそれを信じさせる） ➤ *be* hypnotized by her beauty（彼女の美しさにうっとりする）
0772 □□□	**idolize**	[áɪd(ə)làɪz]	動 溺愛［心酔，敬慕］する，偶像化する，崇拝する（≒ revere, worship） ➤ idolize *his* father（父親を敬慕する） ➤ idolize *his* work（作品に心酔する）
0773 □□□	**illustrious**	[ɪlʌ́striəs]	形 輝かしい，（功績により）有名な（≒ distinguished, prominent） ➤ an illustrious career（輝かしい経歴） ➤ an illustrious scholar（著名な学者）
0774 □□□	**impart**	[ɪmpɑ́ːrt]	動（情報・知識などを）知らせる［伝える，授ける］，（性質などを～に）添える（≒ communicate, teach） ➤ impart information to ...（～に情報を伝える）
0775 □□□	**implacable**	[ɪmplǽkəb(ə)l]	形 執念深い（≒ unforgiving, relentless） ➤ implacable enemies [hatred]（執念深い敵［憎しみ］）
0776 □□□	**imposing**	[ɪmpóʊzɪŋ]	形 堂々とした，人目を引く（≒ impressive, spectacular） ➤ an imposing building（人目を引く建物） ➤ an imposing figure（堂々とした人物）
0777 □□□	**incessant**	[ɪnsés(ə)nt]	形（不快で）絶え間ない，ひっきりなしの（≒ ceaseless, unceasing） ➤ an incessant rain（絶え間ない雨） ➤ incessant noise（絶え間ない騒音） 副 **incessantly**（絶え間なく）
0778 □□□	**incite**	[ɪnsáɪt]	動 扇動する，駆り立てる（≒ instigate, foment） ➤ incite violence [a riot]（暴力［暴動］を煽る）
0779 □□□	**inclement**	[ɪnklémənt]	形 荒れ模様の，無情な（≒ stormy） ➤ under inclement weather conditions（悪天候の状況下で）
0780 □□□	**incorrigible**	[ɪnkɔ́ːrɪdʒəb(ə)l|-kɔ́r-]	形 矯正［善導］できない，救い難い，手に負えない（≒ inveterate, incurable） ➤ an incorrigible liar（どうしようもない嘘つき） ➤ an incorrigible criminal（手に負えない犯罪者）

学習日　年　月　日　年　月　日　年　月　日

12. 天文学の歴史と宇宙の謎に迫る！

天文学（astronomy）の歴史は，恒星や惑星の位置を記す「**位置天文学**（positional astronomy）」に始まり，プトレマイオスの「**天動説**（the geocentric theory）」に基づき天体の哲学的探求がなされ，**占星術**（astrology），**航海術**（navigation）などと結びついて発達した。中世では，コペルニクス（Copernicus）の**地動説**（the heliocentric theory）が，望遠鏡の観測で革新をもたらしたガリレオ（Galileo）と太陽の周りの**惑星の運動法則**（Kepler's laws of planetary motion）の探求したケプラーの支持を得，反射望遠鏡を発明したニュートンの**ニュートン力学**（Newtonian mechanics）と重力の法則へと発展した。

20 世紀は，**分光学**（spectroscopy）や**電波天文学**（radio astronomy）の発明によって地球が存在する**天の川**（the Milky Way）が他から離れたある星の集団で，その外には**無数の銀河**（countless galaxies）が存在し，さらに宇宙が膨張していることがわかった。アインシュタインの**一般相対性理論**（the general theory of relativity）に基づいて，宇宙全体の起源や進化を研究する**宇宙学**（cosmology）が発展し，ガモフによって，宇宙は約 137 億年前，超高温高密度状態（an extremely hot and dense state）から始まり急速に膨張したとする**ビッグバン理論**（the Big Bang Theory）が提唱された。

60 年代までは，トールマンの提唱する宇宙は拡大と収縮を繰り返すという「**振動宇宙理論**（The Oscillating Universe Theory）」とホイルの提唱する，宇宙には始まりも終わりもなく，拡大後に余った空間を満たすために新しい物体が作られるという「**定常宇宙論**（The Steady State Theory）」による論争が見られたが，1960 年代に振動宇宙理論が成立しないことが示され，ハッブル（Hubble）が宇宙の膨張を発見し，それ以後のさまざまな観測データや，1965 年の**宇宙マイクロ波背景放射**（cosmic microwave background radiation）の発見などに基づき，現在，ビッグバン理論が有力視されている。

また，20 世紀には，**銀河系**（the Galaxy）にあると言われている**ブラックホール**（blackhole），**星雲**（nebula），**太陽系惑星**（solar planets），

太陽系外惑星（extra solar planets），**小惑星**（asteroid），**彗星**（comet），**隕石**（meteorite），**流星**（meteor）など宇宙に関するあらゆる事柄が調査されてきた。90年代には，**ハッブル宇宙望遠鏡**（Hubble Space Telescope [HST]）により，銀河中心部，**超新星**（supernova），**球状星団**（globular cluster），**星雲**（nebula）内部などの**高解像度**（high resolution）撮影に成功し，天文界の劇的な進歩につながった。

最近では，天体の**重力崩壊**（gravitational collapse）や超新星爆発（a supernova explosion）などによって**重力波**（a gravitational wave）が起こると言われ，太陽や星の中心で起こる**核反応**（a nuclear reaction）や素粒子反応（a subatomic particle reaction）で発生したニュートリノを観測して**星の進化**（a stellar evolution）や**銀河形成**（galaxy formation）の仕組みを探ろうとする**ニュートリノ天文学**（neutrino astronomy）が注目を集めている。

ダークマター（dark matter〔暗黒物質〕）は宇宙の全質量の大半を占めると仮説される物質で，光の放射や**電磁放射**（electromagnetic irradiation）がなく望遠鏡では見られず，**可視物質**（visible matter），宇宙の大規模構造，**放射線**（radiation）から推測される。宇宙の質量は一般物質4.9%，**暗黒物質**（dark matter）26.8%，**ダークエネルギー**（dark energy）68.3%からなると考えられており，暗黒物質のように**宇宙の膨張**（space expansion）を加速させる。自然界のダークマターをつかまえるのと人工的に作り出すという方法で世界中の科学者がダークマター探索に取り組んでいるが，前者は未知の素粒子を発見する試みで，欧州原子核研究所（the European Organization for Nuclear Research）が取り組んでいる。

学習日	年 月 日	年 月 日	年 月 日

0781 **inculcate** [ɪnkʌ́lkeɪt|ˊ--]
動 教え込む，叩き込む（≒ instill, implant）
➤ inculcate confidence in young people（若者に自信を叩き込む）

0782 **indigent** [índɪdʒ(ə)nt]
形 困窮した，貧相な（≒ impoverished）
➤ an indigent patient [defendant]（貧しい患者［被告人］）

0783 **infatuated** [ɪnfǽtʃuèɪtɪd|-tju-]
形 夢中になった（≒ enamored of, captivated by）
➤ become infatuated with a woman（女性に夢中になる）
名 **infatuation**（夢中にさせる物［人］）

0784 **infiltrate** [ɪnfíltreɪt|ˊ--]
動（～に）浸透［浸潤］する，潜入する（≒ permeate, penetrate）
➤ infiltrate the organization（組織に潜入する）
名 **infiltration**（浸潤，〔好ましくないことの〕浸透，潜入）

0785 **injunction** [ɪndʒʌ́ŋ(k)ʃ(ə)n]
名（裁判所からの）差し止め（命令），（禁止）命令（≒ order, ban）
➤ seek an injunction to stop publication（出版の差し止め請求をする）

0786 **inquisitive** [ɪnkwízətɪv]
形 探求的な，詮索好きな（≒ prying, curious）
➤ an inquisitive mind [child]（探究心［知識欲旺盛な子］）
動 **inquire**（尋ねる） 名 **inquiry**（質問）

0787 **insidious** [ɪnsídiəs]
形 陰湿［狡猾］な，潜行性の（≒ stealthy, crafty）
➤ insidious bullying（陰湿ないじめ）
➤ an insidious threat（陰湿な脅迫）

0788 **insipid** [ɪnsípɪd]
形 味気ない，退屈な（≒ bland, boring）
➤ insipid food（味気ない食べ物）
➤ an insipid taste（味気ない味）

0789 **insurgency** [ɪnsə́ːrdʒ(ə)nsi]
名（政府に対する）暴動，反乱（≒ rebellion, uprising）
➤ suppress [quell] a guerilla insurgency（ゲリラによる反乱を鎮圧する）

0790 **insurmountable** [ìnsərmáʊntəb(ə)l]
形 克服できない，乗り越えられない（≒ unconquerable）
➤ insurmountable difficulties [obstacles]（克服できない困難［乗り越えられない障害］）

0791 □ □ □	**insurrection** [ìnsərékʃ(ə)n]	名 反乱，暴動（≒ **rebellion**, **revolt**） ➤ an insurrection against the government（政府に対する暴動） 形 名 **insurrectionary**（反乱［暴動］の；反乱者）
0792 □ □ □	**intelligible** [ɪntélɪdʒəb(ə)l]	形（発言・文書などが）わかりやすい，明快な（≒ **clear**） ➤ an intelligible speech（理解しやすいスピーチ） ➤ an intelligible account（わかりやすい説明［報告，記述］）
0793 □ □ □	**intrepid** [ɪntrépɪd]	形 勇敢な，大胆不敵な（≒ **gallant**, **valiant**） ➤ an intrepid adventurer [hunter]（勇敢な冒険家［大胆不敵なハンター］）
0794 □ □ □	**irate** [àɪréɪt]	形（不当な扱いを受けて）激怒した（≒ **infuriated**, **enraged**） ➤ irate customers [passengers]（激怒した客［乗客］）
0795 □ □ □	**jeer** [dʒɪə*r*]	動 やじる，あざける（≒ **taunt**, **mock**） 名 やじ，あざけり ➤ jeer at the President（大統領をやじる）
0796 □ □ □	**jovial** [dʒóʊviəl]	形 陽気な（≒ **cheerful**, **jolly**） ➤ in a jovial mood（陽気な気分で） ➤ in a jovial atmosphere（陽気な雰囲気で）
0797 □ □ □	**judicious** [dʒudíʃəs]	形 思慮深い，賢明な（≒ **prudent**, **sagacious**） ➤ a judicious choice [decision]（思慮深い選択［決定］）
0798 □ □ □	**keepsake** [kíːpsèɪk]	名 思い出の品，記念の品，形見（≒ **memento**, **souvenir**） ➤ the keepsake of *my* old friend（旧友の思い出の品）
0799 □ □ □	**knotty** [nɑ́(ː)ti|nɔ́ti]	形（複雑で）解決困難な（≒ **complex**, **complicated**） ➤ a knotty legal problem [issue]（込み入った法的な問題） ➤ a knotty question（難問）
0800 □ □ □	**lackluster** [lǽklʌ̀stə*r*]	形（演技・質などが）パッとしない，活気がない，さえない（≒ **dull**, **unimpressive**） ➤ a lackluster performance（さえない業績［演技］）

学習日	年　月　日	年　月　日	年　月　日

One-paragraph Short Stories & Quizzes【28】

The ①**prolific** author ②**enthralled** fans with his ③**lurid** and ④**racy** novels, but his ⑤**mundane** and ⑥**mediocre** writing style was ⑦**jeered** at and ⑧**castigated** by literary critics. His popularity ⑨**whittled** away after a ⑩**seething** fellow writer ⑪**vilified** him for plagiarism, and ⑫**plummeted** when the ⑬**reviled** author failed to ⑭**snub** these ⑮**sardonic** allegations.

Q. ①～⑮の意味に近い語を選んでください。

①	**prolific**	1. fertile	2. meager	3. sparse	4. indigent
②	**enthralled**	1. mesmerized	2. palliated	3. extenuated	4. impaired
③	**lurid**	1. enticing	2. macabre	3. tantalizing	4. intriguing
④	**racy**	1. vitriolic	2. vapid	3. phlegmatic	4. vivacious
⑤	**mundane**	1. aberrant	2. propitious	3. prosaic	4. prostrate
⑥	**mediocre**	1. predictable	2. eccentric	3. bizarre	4. anomalous
⑦	**jeered**	1. sanctioned	2. derided	3. commended	4. approbated
⑧	**castigated**	1. expounded	2. exonerated	3. lambasted	4. lauded
⑨	**whittled**	1. consolidated	2. redoubled	3. dwindled	4. protracted
⑩	**seething**	1. fulminating	2. furtive	3. grouchy	4. luminous
⑪	**vilified**	1. defamed	2. exalted	3. venerated	4. revered
⑫	**plummeted**	1. spiked	2. nosedived	3. waxed	4. pared
⑬	**reviled**	1. eulogized	2. extolled	3. deified	4. denounced
⑭	**snub**	1. clench	2. rebuff	3. pillage	4. encroach
⑮	**sardonic**	1. acidulous	2. urbane	3. sullen	4. dour

【解答欄】

①		②		③		④		⑤		⑥		⑦		⑧	

⑨		⑩		⑪		⑫		⑬		⑭		⑮	

(和訳) その多作の作家は彼の身の毛もよだつ挑発的な小説でファンを魅了したが，ありふれた平凡な文体は，文学評論家によって嘲笑され酷評された。彼の人気は，腹を立てていた仲間の作家が彼が盗作したとして中傷してから徐々に衰えていき，その中傷された作家がこういった侮蔑的な言いがかりをはねつけることができず，急落に至った。

解答 …… 選択肢の赤い文字が正答

①	多産の	1. 多くの	2. わずかな	3. まばらな	4. 経済的に恵まれない
②	魅了した	1. 魅了した	2. 軽減した	3. 軽減した	4. 弱めた
③	身の毛もよだつ	1. 魅惑的な	2. 気味の悪い	3. 思わせぶりな	4. 興味をそそる
④	挑発的な	1. 辛辣な	2. つまらない	3. 粘液質の	4. 快活な
⑤	ありふれた	1. 異常な	2. 幸先のよい	3. つまらない	4. 降伏した
⑥	平凡な	1. 予測可能な	2. 常軌を逸した	3. 奇妙な	4. 異常な
⑦	あざけた	1. 制裁措置をとった	2. あざけた	3. 称賛した	4. 認可した
⑧	酷評した	1. 詳説した	2. 疑いを晴らした	3. こき下ろした	4. 称賛した
⑨	衰えた	1. 強固にした	2. 倍増した	3. 徐々に衰えた	4. 長引いた
⑩	腹を立てた	1. 罵倒した	2. こそこそした	3. 不機嫌な	4. 輝いた
⑪	中傷した	1. 名誉を毀損した	2. 賛美した	3. 崇拝した	4. 尊敬した
⑫	急落した	1. 急上昇した	2. 急落した	3. 増してきた	4. 削減した
⑬	ののしった	1. 称賛した	2. ほめたたえた	3. 神格化した	4. 非難した
⑭	はねつける	1. しっかり握る	2. 拒絶する	3. 略奪する	4. 侵害する
⑮	嘲笑するような	1. 辛辣な	2. 都会風の	3. 気難しい	4. 厳格な

学習日	年　月　日	年　月　日	年　月　日

4. 科学技術

□	a celestial body	天体〔「星座」は constellation,「十二宮図」は the zodiac〕
□	the galaxy	銀河（系）〔「天の川」は the Milky Way〕
□	terrestrial planets	地球型惑星〔水星，金星，地球，火星などの岩石質の惑星のこと。「木星型惑星（木星，土星，天王星，海王星などのガス状惑星）」は Jovian planets〕
□	a fixed star	恒星〔太陽のように自ら発光する天体〕
□	a dwarf planet	準惑星〔「白色矮星」は white dwarf〕
□	asteroid	小惑星〔「小惑星衝突」は asteroid impact〕
□	quasar	クエーサー〔非常に離れた距離に存在し，恒星のように見える天体のことでかつては「準星」と呼ばれていた。《quasar という語は quasi-stellar（準恒星）の短縮形〕
□	supernova	超新星〔大質量の恒星がその一生を終えるときに起こす爆発現象〕
□	a meteor shower	流星群〔meteor は「流星，隕石 (meteorite)」の意味〕
□	dark matter	暗黒物質〔通常の天体観測手段の電磁波では見つかっていないが，銀河系内に存在するとされている仮説上の物質〕
□	neutrino astronomy	ニュートリノ天文学
□	a rocket trajectory	ロケットの軌跡
□	lift-off	ロケットの打ち上げ〔「着水」は splashdown〕
□	space debris	宇宙ゴミ
□	a stationary satellite	静止衛星〔地球の自転と同じ周期で同じ向きに公転するため，地上からは静止しているように見える人工衛星のこと〕
□	the Hubble Space Telescope (HST)	ハッブル宇宙望遠鏡〔地上約 600km 上空の軌道を周回する宇宙望遠鏡〕

□ debriefing	宇宙飛行士からの報告聴取〔debrief は他動詞で「(特定の任務が終わった人から）報告を受ける」〕
□ a lunar module	月着陸船〔テラフォーミング（terraforming）とは「惑星地球化計画」で，惑星を地球のように変化させて人が住めるようにすること〕
□ the event horizon	事象の地平面〔ブラックホールの周囲にあると数学的に定義されている帰還不能点〕
□ the stratospheric ozone	成層圏オゾン〔「成層圏」は the stratosphere,「対流圏」は the troposphere〕
□ an extraterrestrial《略》ET	地球外生物〔「地球外知的生命探査」は the search for extra-terrestrial intelligence (SETI)〕
□ a digital divide	情報格差
□ e-readiness	電子環境成熟度〔ICT を利用して国・地域・市民が社会・経済発展できる態勢であること〕
□ a wired society	ネットワーク社会
□ infodemiology	情報疫学〔情報（information）と疫学（epidemiology）の合成語。ネット上の悪質な偽情報やウイルスの拡散防止を科学的に研究〕
□ crawler	クローラー〔spider とも。web 情報を集めてまわるプログラムのこと〕
□ skimmer	スキマー〔カード磁気情報読み取り機〕
□ deepfake	ディープフェイク〔人工知能の deep learning（深層学習）を利用した人物画像合成技術。有名人の偽ポルノや偽報道などの動画に使用され問題になっている〕
□ pharming	ファーミング〔金融機関などを装った偽サイトへ誘導し，個人情報を得ようとする手口〕
□ phishing	フィッシング〔金融機関などを装い，ユーザーをだましてパスワードやクレジットカード番号などの個人情報を搾取する行為〕
□ spoofing	なりすまし

□	an Internet dating [matchmaking] site	出会い系サイト
□	a mouse potato	毎日長時間コンピュータの前で過ごす人
□	molecular computing	分子コンピューティング〔ナノテクを用いて性能を向上させる試み〕
□	hydroelectric power generation	水力発電
□	thermal power generation	火力発電
□	tidal power generation	潮力発電
□	geothermal power generation	地熱発電
□	spent fuel disposal	使用済み燃料処理
□	preservative food	保存食〔「レトルト食品」は retort pouches〕
□	therapeutic cloning	医療目的のクローニング
□	human reproductive cloning	人のクローン化

Rank B

合格圏に達するための必須「一般語彙」400語を完全攻略!

Part 2【801～1000】

学習日 年 月 日 年 月 日 年 月 日

0801 **laconic** [ləká(:)nɪk|-kɔ́n-]
形（余計なことが書かれておらず）簡潔な（≒ brief, concise）
➤ a laconic speech [comment]（簡潔なスピーチ［コメント］）

0802 **languish** [lǽŋgwɪʃ]
動 弱る，（長期間）閉じ込められる（≒ weaken）
➤ languish from lack of water（〔植物が〕水不足で弱る） ➤ languish in prison（刑務所暮らしを強いられる） 形 languishing（衰弱する，〔病気などが〕長引く）

0803 **litany** [lít(ə)ni]
名 延々と続く話［もの］（≒ repetition, prayer）
➤ a litany of reasons [complaints]（数々の理由［相次ぐ苦情］）

0804 **lofty** [lɔ́:fti|lɔ́fti]
形 そびえ立つ，高尚な（≒ high, towering）
➤ lofty mountains（そびえ立つ山々）
➤ set a lofty goal（非常に高い目標を掲げる） 名 loftiness（高潔さ）

0805 **lunatic** [lú:nətɪk]
形 狂気じみた（≒ maniac）
➤ lunatic behavior（狂気じみた行動）
➤ the lunatic fringe（〔政治運動などの〕少数過激派）

0806 **lurch** [ləːrtʃ]
動 突然動く［傾く］，よろめく（≒ stagger, sway）
➤ The car lurched forward.（車が急に前のめりした）

0807 **luscious** [lʌ́ʃəs]
形（飲食物が）実においしい，風味豊かな，官能的な（≒ savory）
➤ luscious fruits [food]（おいしい果物［食べ物］）
➤ luscious lips（官能的な唇）

0808 **luxuriant** [lʌgʒʊ́əriənt]
形 青々と茂った，豊かに生える（≒ lush, abundant）
➤ a luxuriant garden [forest]（植物が生い茂る庭［森］）

0809 **macabre** [məká:br(ə)]
形 死を連想させる，ゾッとする（≒ gruesome, horrifying）
➤ a macabre story（ゾッとする話）
➤ macabre death（恐ろしい死）

0810 **malleable** [mǽliəb(ə)l]
形 可鍛（かたん）性の，影響されやすい（≒ ductile, pliable）
➤ malleable metals（打ち延ばしできる金属）
➤ malleable children（影響されやすい子供たち）

0811 **maxim** [mǽksɪm]
名 金言，格言（≒ **pr**overb, **ad**age, **ap**horism）
➤ the maxim of the writer's invention（作家創作の金言）

0812 **mercurial** [məːrkjúəriəl]
形 移り気な，気まぐれの（≒ **v**olatile, **c**apricious）
➤ mercurial mood swings（移り気な気分のむら）
➤ a mercurial temperament（気まぐれな性分）

0813 **mint** [mɪnt]
形 真新しい，新品の，未使用の（≒ **i**mmaculate, **p**ristine）
➤ in mint condition（新品同様で）

0814 **misappropriate** [mìsəpróʊprieɪt]
動 横領［着服］する，使い込む（≒ **e**mbezzle）
➤ misappropriate public funds（公金を横領する）

0815 **mishap** [míshæp, ⁻⁻]
名（軽い）事故［災難］（≒ **a**ccident, **t**rouble）
➤ a traffic mishap（交通事故）
➤ a minor mishap（些細な事故）

0816 **misnomer** [mìsnóʊmər]
名 誤った［不適切な］呼び方，誤称（≒ **w**rong **n**ame [**t**itle]）
➤ misnomers in science [biology]（科学［生物学］における間違った名称）

0817 **mystical** [místɪk(ə)l]
形 神秘主義的な，霊的力を持つ（≒ **s**piritual, **t**ranscendental）
➤ a mystical experience（神秘的な経験）
➤ mystical power（神秘的な力）

0818 **nonchalant** [nɑ̀(ː)nʃəlɑ́ːnt | nɔ́n(t)ʃ(ə)lənt]
形 無関心な，平然とした（≒ **i**ndifferent, **b**lasé）
➤ a nonchalant attitude [expression]（無関心な態度［表情］）

0819 **nullify** [nʌ́lɪfàɪ]
動 無効にする，取り消す（≒ **i**nvalidate）
➤ nullify the law [contract, treaty]（法律［契約，条約］を無効にする）

0820 **obnoxious** [ɑ(ː)bnɑ́(ː)kʃəs | əbnɔ́k-]
形 非常に不快で気に障る，実に嫌な（≒ **d**isgusting, **r**epugnant）
➤ an obnoxious smell [manner]（不快なにおい［不愉快な態度］）

学習日	年　月　日	年　月　日	年　月　日

One-paragraph Short Stories & Quizzes【29】

The ①**onslaught** of the ②**malignant** ③**malady** ④**mystified** doctors. Patients presented ⑤**manifold** symptoms culminating in ⑥**irreparable** ⑦**respiratory** damage. But the ⑧**pandemic** was prevented by a ⑨**maverick** doctor and an ⑩**interdisciplinary** team of his ⑪**protégés** who found an ⑫**innovative** method of ⑬**resuscitating** patients by ⑭**intravenous** administration of a ⑮**leukemia** drug.

Q. ①～⑮の意味に近い語を選んでください。

①	**onslaught**	1. offset	2. ravage	3. offshoot	4. rebound
②	**malignant**	1. magnanimous	2. verbose	3. myopic	4. venomous
③	**malady**	1. infirmity	2. ingenuity	3. insolence	4. maneuver
④	**mystified**	1. mitigated	2. baffled	3. duped	4. conceded
⑤	**manifold**	1. manifest	2. massive	3. merger	4. myriad
⑥	**irreparable**	1. irrelevant	2. irreversible	3. irrational	4. irreverent
⑦	**respiratory**	1. responsory	2. responsive	3. pulmonary	4. pugnacious
⑧	**pandemic**	1. epidemic	2. epilepsy	3. panacea	4. pancreas
⑨	**maverick**	1. hectic	2. malcontent	3. maven	4. heretic
⑩	**interdisciplinary**	1. monodisciplinary	2. transdisciplinary	3. intradisciplinary	4. nondisciplinary
⑪	**protégés**	1. renegades	2. disciples	3. apostates	4. sycophants
⑫	**innovative**	1. inanimate	2. indelible	3. incipient	4. ingenious
⑬	**resuscitating**	1. quenching	2. revitalizing	3. exhuming	4. exhorting
⑭	**intravenous**	1. intractable	2. hypodermic	3. hypothermic	4. intransigent
⑮	**leukemia**	1. embryonic cancer	2. brain cancer	3. esophagus cancer	4. blood cancer

【解答欄】

①	②	③	④	⑤	⑥	⑦	⑧

⑨	⑩	⑪	⑫	⑬	⑭	⑮

（和訳）この悪性疾患の猛威に，医師たちは驚愕した。患者は様々な症状を呈し，ついには手の施しようがないほどの呼吸器系の損傷を受けた。感染爆発を防いだのは，白血病治療薬を静脈内投与して患者を蘇生させるという革新的な方法を発見した破天荒な医師と，その弟子たちの学問分野を超えたチームであった。

解答 …… 選択肢の赤い文字が正答

①	猛攻撃	1. 差し引き	2. 破壊	3. 分派	4. 立ち直り
②	悪性の	1. 寛大な	2. 冗長な	3. 近視眼的な	4. 悪意に満ちた
③	深刻な病気	1. 病弱	2. 創意工夫	3. 無礼	4. 策略
④	当惑させた	1. 軽減した	2. 困惑させた	3. 騙した	4. 認めた
⑤	多数の	1. 明らかな	2. 大規模な	3. 合併	4. 無数の
⑥	取り返しのつかない	1. 無関係な	2. 取り返しのつかない	3. 不合理な	4. 不遜な
⑦	呼吸器の	1. 答辞	2. 反応しやすい	3. 肺の	4. 好戦的な
⑧	世界的流行病	1. 伝染病	2. てんかん	3. 万能薬	4. すい臓
⑨	破天荒な	1. 多忙な	2. 不満の	3. 専門家	4. 異端者
⑩	学際的な	1. 一学問分野の	2. 学問分野を超えた	3. 学内規律の	4. 非懲戒の
⑪	弟子	1. 反逆者	2. 弟子	3. 背信者	4. 追従者
⑫	革新的な	1. 無生物の	2. 消えない	3. 始まりの	4. 創意に満ちた
⑬	蘇生させる	1. 癒す	2. 活性化する	3. 暴く	4. 強く勧める
⑭	静脈内の	1. 手に負えない	2. 皮下の	3. 低体温の	4. 妥協しない
⑮	白血病	1. 胚性癌	2. 脳癌	3. 食道癌	4. 血液の癌

学習日 | 年 月 日 | 年 月 日 | 年 月 日

0821 **ordinance** [ɔ́ːrd(ə)nəns]
名 (政府・王などの) 法令 [布告], (市・町などの) 条例 (≒ **e**dict, **l**aw)
➤ enact a local ordinance (地方条例を制定する)

0822 **ostracize** [ɑ́(ː)strəsàɪz|ɔ́s-]
動 (社会的に) 追放する, のけものにする (≒ **o**ust, **e**xpel)
➤ *(be)* ostracized by the peers [neighbors] (同僚 [近所の人] から仲間外れにされる)

0823 **outcast** [áʊtkæ̀st|-kɑːst]
名 のけ者, 疎外者, 追放者 (≒ **p**ariah)
形 (社会から) 追放 [疎外] された
➤ *(be)* treated as a social outcast (社会的のけ者として扱われる)

0824 **outlandish** [àʊtlǽndɪʃ]
形 風変わりな, 異国風の (≒ **b**izarre, **e**ccentric)
➤ outlandish claims (風変わりな主張)
➤ outlandish costumes (異国風の衣装)

0825 **overcast** [òʊvərkǽst|-kɑ́ːst]
形 雲に覆われた, どんよりした (≒ **c**loudy)
➤ an overcast sky [weather] (曇った空 [どんよりした天気])

0826 **paltry** [pɔ́ːltri]
形 わずかな, 無価値な (≒ **m**eager, **t**rivial)
➤ a paltry sum [amount] of money (わずかなお金)

0827 **pandemonium** [pæ̀ndəmóʊniəm]
名 大混乱, 修羅場 (≒ **t**urmoil, **u**proar)
➤ a political pandemonium (政治的な大混乱)

0828 **paranoid** [pǽrənɔ̀ɪd]
形 被害妄想的な, 偏執症の (≒ **o**ver-**s**uspicious)
➤ a paranoid personality disorder (妄想性人格障害)
名 **paranoia** (偏執症)

0829 **parochial** [pəróʊkiəl]
形 偏狭な (≒ **n**arrow-**m**inded)
➤ parochial interests (偏狭な利害)
➤ parochial views (偏狭なものの見方)

0830 **patent** [pǽt(ə)nt|péɪt-]
形 明白な (≒ **o**bvious, **c**lear) 名 特許
➤ a patent lie [absurdity] (明らかな嘘 [不合理])
副 **patently** (明らかに) (≒ **o**bviously)

0831 **patronizing** [péɪtrənàɪzɪŋ, pǽt-|pǽt-]

形 いばった，横柄な，恩着せがましい（≒ **condescending**）

➤ a patronizing tone（偉そうな口調）

➤ a patronizing manner（偉そうな態度）

0832 **paucity** [pɔ́ːsəti]

名 不足，少量（≒ **dearth**, **deficiency**）

➤ a paucity of information [resources]（情報［資金］不足）

0833 **pejorative** [pɪdʒɔ́ːrətɪv|-dʒɔ́rə-]

形 軽蔑的な，非難的な（≒ **derogatory**, **disparaging**）

➤ a pejorative term（軽蔑語）

➤ pejorative connotations（非難的な含蓄）

0834 **perfunctory** [pərfʌ́ŋ(k)t(ə)ri]

形 形だけの，気のない（≒ **tepid**, **lukewarm**）

➤ a perfunctory greeting [kiss]（形だけのあいさつ［キス］）

0835 **pertinent** [pə́ːrt(ə)nənt]

形 適切な，関連する（≒ **relevant**, **germane**）

➤ pertinent questions [information]（関連する質問［情報］）

動 **pertain**（関連する）

0836 **pester** [péstər]

動 悩ます，苦しめる（≒ **nag**, **badger**）

➤ *(be)* pestered by the media [questions]（メディア［質問］に悩まされる）

0837 **pilfer** [pílfər]

動（価値のない物を）くすねる（≒ **filch**, **snitch**）

➤ pilfer goods at the store（店で品物をくすねる）

0838 **pivotal** [pívət(ə)l]

形 中枢の，重要な（≒ **crucial**）

➤ play a pivotal role in the government（政府において重要な役割をする）

0839 **placid** [plǽsɪd]

形 穏やかな（≒ **tranquil**, **serene**）

➤ a placid lake [sea]（穏やかな湖［海］）

0840 **plethora** [pléθ(ə)rə]

名（必要以上に）過剰，大量（≒ **excess**, **glut**）

➤ a plethora of information [problems]（過剰な情報［問題］）

学習日	年 月 日	年 月 日	年 月 日

One-paragraph Short Stories & Quizzes【30】

The ①**orthodontist's** ②**lucrative** career came to a ③**screeching** halt after it was ④**insinuated** that he was involved in a ⑤**malpractice** ⑥**litigation**. The ⑦**introspective** doctor could not ⑧**quash** suspicions of ⑨**misdemeanor** and was ⑩**ostracized** by his ⑪**intransigent** rivals. After his reputation was ⑫**tarnished**, the ⑬**outcast** doctor ⑭**forfeited** his career to pursue ⑮**paleontology**.

Q. ①～⑮の意味に近い語を選んでください。

①	**orthodontist**	1. dentist	2. pediatrician	3. gynecologist	4. otolaryngologist
②	**lucrative**	1. retrospective	2. retroactive	3. remunerative	4. resurgent
③	**screeching**	1. shifty	2. shrieking	3. shredding	4. shuddering
④	**insinuated**	1. alluded	2. deducted	3. elucidated	4. delineated
⑤	**malpractice**	1. illegitimacy	2. spuriousness	3. negligence	4. obliviousness
⑥	**litigation**	1. lawsuit	2. prosecution	3. deprivation	4. probation
⑦	**introspective**	1. flippant	2. penitent	3. frivolous	4. pensive
⑧	**quash**	1. exacerbate	2. subdue	3. provoke	4. inflame
⑨	**misdemeanor**	1. misgiving	2. misfeasance	3. misnomer	4. misdoubt
⑩	**ostracized**	1. consecrated	2. sanctified	3. debased	4. banished
⑪	**intransigent**	1. visceral	2. venal	3. adamant	4. heinous
⑫	**tarnished**	1. blemished	2. hallowed	3. consorted	4. constrained
⑬	**outcast**	1. jolted	2. lurched	3. mulled	4. ostracized
⑭	**forfeit**	1. forsake	2. foreclose	3. forage	4. fortify
⑮	**paleontology**	1. study of fish	2. study of birds	3. study of fossils	4. study of teeth

【解答欄】

①	②	③	④	⑤	⑥	⑦	⑧

⑨	⑩	⑪	⑫	⑬	⑭	⑮

（和訳） その矯正歯科医師の利益第一のキャリアは，医療過誤訴訟で取りざたされてから突然終わりを迎えた。自己反省しているその医師は軽犯罪の疑いを払拭することができず，不屈のライバルたちからのけ者にされた。彼の名声は地に落ち，その追いやられた医師は古生物学を極めようとキャリアを捨てた。

解答 …… 選択肢の赤い文字が正答

①	矯正歯科医	1. 歯科医	2. 小児科医	3. 婦人科医	4. 耳鼻咽喉科医
②	儲かる	1. 回顧的な	2. 遡及効のある	3. 報酬のある	4. 蘇る
③	キーと音を立てて	1. 胡散臭い	2. 金切り声をあげて	3. 切り刻んで	4. 震えるような
④	ほのめかす	1. それとなく言う	2. 差し引く	3. 解明する	4. 描写する
⑤	医療過誤	1. 非合法	2. 不確かさ	3. 過失	4. 無知
⑥	訴訟	1. 訴訟	2. 起訴	3. 剥奪	4. 執行猶予
⑦	内省的な	1. 不真面目な	2. 後悔した	3. 軽薄な	4. 物思いにふけった
⑧	無効とする	1. 悪化させる	2. 鎮圧する	3. 引き起こす	4. 悪化させる
⑨	軽犯罪	1. 疑念	2. 不正行為	3. 誤記	4. 疑念
⑩	排斥された	1. 神聖にされた	2. 容認された	3. 品格を落とした	4. 追放された
⑪	妥協しない	1. 内臓の	2. 腐敗した	3. 断固とした	4. 凶悪な
⑫	退色した	1. 損なわれた	2. 神聖視された	3. 調和された	4. 強いられた
⑬	追放された	1. 揺さぶられた	2. よろめいた	3. 思案された	4. 追放された
⑭	喪失する	1. 見捨てる	2. 排除する	3. 探し回る	4. 防備する
⑮	古生物学	1. 魚類学	2. 鳥類学	3. 化石の研究	4. 歯の研究

学習日	年 月 日	年 月 日	年 月 日

No.	見出し語	意味・例
0841 □□□	plunder [plʌ́ndər]	動 略奪する［盗む］，（場所を）荒らす（≒ loot, pillage） ➤ plunder treasures（財宝を略奪する） ➤ plunder a village（村を〔略奪して〕荒らす）
0842 □□□	posh [pɑ(:)ʃ|pɔʃ]	形（ホテル・レストランなどが）豪華な［しゃれた］，（ふるまい・話し方などが）上品な（≒ luxurious, ritzy） ➤ a posh restaurant [accent]（一流レストラン［気品のある口調］）
0843 □□□	precinct [príːsɪŋ(k)t]	名 構内，所轄署，近隣（≒ premise, area） ➤ in the shrine [temple] precincts（神社［寺］の境内で）
0844 □□□	preemptive [priém(p)tɪv]	形 先制の（≒ preventive） ➤ a preemptive attack [strike]（先制攻撃） ➤ preemptive rights（先取権）
0845 □□□	premonition [prèmənɪ́ʃ(ə)n, prìː-]	名 予感，前兆（≒ presentiment, foreboding） ➤ have an uneasy premonition of danger [death]（危険［死］の不吉な予感がする）
0846 □□□	prerogative [prɪrɑ́(:)gətɪv|-rɔ́g-]	名 特権，権限，優越性（≒ privilege, entitlement） ➤ presidential [royal] prerogatives（大統領［王室の］特権）
0847 □□□	presumptuous [prɪzʌ́m(p)tʃuəs]	形 厚かましい，ずうずうしい（≒ brazen, arrogant） ➤ a presumptuous claim [attitude]（厚かましい要求［態度］）
0848 □□□	pretext [príːtekst]	名 口実，弁解（≒ subterfuge） 動 口実にする ➤ under the pretext of being sick（病気を口実にして）
0849 □□□	primate [práɪmət, -meɪt]	名 霊長類，大司教（≒ archbishop） ➤ a primate research center（霊長類研究センター）
0850 □□□	procreate [próʊkrièɪt]	動（子どもを）生む（≒ reproduce） ➤ procreate a baby [child]（赤子［子ども］を生む） 名 procreation（生殖）

0851 □□□	**promulgate** [prɑ́(ː)m(ə)lɡèɪt|prɔ́m-]	動 公布する，広める（≒ **e**nact, **a**nnounce） ➤ promulgate the law（法律を公布する） ➤ promulgate the idea（アイデアを広める）
0852 □□□	**prophetic** [prəfétɪk]	形 予言的な（≒ **pre**scient, **pro**gnostic） ➤ a prophetic dream（正夢） ➤ a prophetic voice（予言的な声）
0853 □□□	**propitious** [prəpíʃəs]	形 幸先のよい，好都合な（≒ **a**uspicious） ➤ a propitious time [day]（縁起のよい時［日］）
0854 □□□	**proprietor** [prəpráɪətə*r*]	名（企業・ホテル等の）オーナー（≒ **o**wner, **p**ossessor） ➤ the proprietor of a hotel [shop]（ホテル［店］のオーナー）
0855 □□□	**prosaic** [proʊzéɪɪk]	形 平凡な，退屈な（≒ **h**umdrum, **m**undane） ➤ a prosaic life [style]（平凡な生活［散文形式］） 名 **prose**（散文，単調）
0856 □□□	**pugnacious** [pʌɡnéɪʃəs]	形 好戦的な（≒ **b**elligerent, **m**ilitant） ➤ a pugnacious character（けんかっ早い性格） ➤ a pugnacious disposition（好戦的な気質）
0857 □□□	**pungent** [pʌ́n(d)ʒ(ə)nt]	形 鼻にツンとくる，辛らつな（≒ **a**crid, **p**iquant） ➤ a pungent smell [odor]（鼻にツンとくる臭い） ➤ a pungent taste（辛味）
0858 □□□	**quandary** [kwɑ́(ː)nd(ə)ri|kwɔ́n-]	名 苦境，困惑，板ばさみ（≒ **p**light, **q**uagmire） ➤ ethical [moral] quandaries（倫理的［道徳的］な板ばさみ）
0859 □□□	**quench** [kwen(t)ʃ]	動（渇きを）癒やす，（火を）消す（≒ **s**atiate, **e**xtinguish） ➤ quench *my* thirst [appetite]（渇き［食欲］を和らげる）
0860 □□□	**quintessence** [kwɪntés(ə)ns]	名《the ～で》真髄，本質，典型（≒ **es**sence, **so**ul, **ep**itome） ➤ the quintessence of the idea（アイデアの神髄） ➤ the quintessence of the art（芸術の神髄）

学習日　年　月　日　年　月　日　年　月　日

13. 星の種類の基礎知識をマスター！

恒星（**f**ixed **s**tars）は太陽のように自ら発光する天体で，**惑星**（**p**lanet）は恒星の周りを**軌道**（**o**rbit）に沿って**公転**（**r**evolution）する比較的大きな天体の総称である。太陽系には８個の惑星が存在し，星の明るさは**等級**（**m**agnitude）で表され，星と星の間の距離は**光年**（**a** **l**ight **y**ear）で測定され，地球から最も遠くにある非常に明るい星は**準星**（**q**uasar）と呼ばれる。惑星の周りを公転する小天体は**衛星**（**s**atellite）と呼ばれ，水星と金星には衛星はないが，木星や土星には複数の衛星がある。また火星と木星との間には，多数の**小惑星**（**a**steroid）が公転しており，**小惑星帯**（**the** **a**steroid **b**elt）を形成している。さらに太陽系では無数の**彗星**（**c**omet）や**流星**（**s**hooting **s**tars）があり，地球の**大気**（**the** **a**tmosphere）に衝突し燃え尽きるのが**流星**（**m**eteor）で，地上に落下して**クレーター**（**c**rater）を作るものは流星**隕石**（**m**eteorite）と呼ばれる。

太陽よりも半径の小さい星は**矮星**（**d**warf **s**tars）と呼ばれ，**白色矮星**（**a** **w**hite **d**warf）は恒星の進化の最終段階と考えられている。それより大きい星は，**巨星**（**g**iant）や**超巨星**（**s**upergiant）と呼ばれ，中には太陽の半径の数百倍の半径をもつのもある。星は進化の最終段階で**超新星爆発**（**s**upernova **e**xplosion）を起こして死に至るが，その後には**中性子星**（**n**eutron **s**tars）や**ブラックホール**（**a** **b**lack **h**ole）が残り，寿命が尽き爆発する星は太陽の約 10 倍の質量がある。

1961 年，旧ソ連の宇宙飛行士ガガーリン（Gagarin）によって，人類史上初の**宇宙飛行**（**s**pace **f**light）が行われ，1969 年には米国が人類初の月面着陸（**l**anding **on** **the** **m**oon）を成し遂げた。その後，1984 年に，人類にとって初めての**国境のない場所**（**a** **b**orderless **f**rontier）である**国際宇宙ステーション**（**I**nternational **S**pace **S**tation **[ISS]**）計画が発表されるまで，激しい宇宙競争の中で両国は独自の研究を重ねた。その後，月の基地建設や火星の**有人探査**（**a** **m**anned **e**xpedition）などを目指して，ソユーズ計画，スカイラブ計画，スペースシャトル計画に見られるような宇宙飛行士の長期滞在実験を行う**宇宙医学**（**s**pace **m**edicine）や，**地球外生命**（**extra-**

terrestrial life）の存在の可能性や，宇宙由来のDNAの研究を行う**宇宙生物学**（astrobiology）が発展した。そして地球の**環境悪化**（environmental degradation）に伴い，**火星探査**（the Mars mission）が進み，**米国航空宇宙局**（NASA）は，火星へ人間を送り込むため，**温室効果ガス**（a greenhouse gas）を放出し温度を上げ，地下水を表面に戻し，川や海を蘇らせる**テラフォーミング**（terraforming）計画や，第2の地球を探すための拠点となる**スペースコロニー**（space colony）計画を進めている。そして**地球外知的生命体探査**（the Search for Extra-Terrestrial Intelligence [SETI]）プロジェクトが発足し，同時に**銀河の地図作り**（galactic mapping）も進行している。

宇宙開発（space exploration）は，**天気予報**（weather forecast），**カーナビ**（car navigation system），**衛星放送**（satellite broadcasting），携帯電話，**国際ナマ中継**（international live broadcasting），**地図・測量**（mapping and survey），**国防**（national defense），**新素材開発**（new material development），**地球環境の監視**（monitoring of the global environment），**海洋調査**（marine survey）などメリットは多いが，**火星探査**（exploration of Mars），**月面基地建設**（moon colonization）などは採算性が低く政府や企業からの支援を得にくい。宇宙航空研究開発機構[JAXA]の予算額はNASAの10分の1，**欧州宇宙機関**（the European Space Agency [ESA]）の約半分だが，2010年，**小型惑星探査機**（unmanned spacecraft）「はやぶさ」は，**地球近傍（きんぼう）小惑星**（a small near-Earth asteroid）「イトカワ」の地表サンプルを持ち帰るという世界初の偉業を成し遂げ，多くの人々に夢と宇宙開発を見直すきっかけを与えた。

一般語彙【Rank A】 一般語彙【Rank B】 一般語彙【Rank C】 句動詞【Rank A】 句動詞【Rank B】 句動詞【Rank C】

学習日 年 月 日 | 年 月 日 | 年 月 日

0861 **quip** [kwɪp]
名 動 気の利いた言葉（を言う）（≒ jest, joke, pun）
➤ witty [funny] quips（機知に富んだ［面白い］言葉）

0862 **quixotic** [kwɪksɑ́(:)tɪk|-sɔ́t-]
形 非現実的な（≒ idealistic, unrealistic）
➤ a quixotic attempt（非現実的な試み）
➤ a quixotic adventure（非現実的な冒険）

0863 **racket** [rǽkət]
名 不正な商売，大騒ぎ（≒ fraud, uproar）
➤ make [raise] a racket（大騒ぎを起こす）

0864 **radiant** [réɪdiənt]
形 光を放つ，きらきら輝く，喜びに満ちた（≒ shining, joyful）
➤ radiant heat（放射熱）
➤ *be* radiant with happiness（喜びに満ちている）

0865 **raze** [reɪz]
動 破壊しつくす，破壊する（≒ destroy, level）
➤ raze the building（建物を破壊しつくす）
➤ raze the village（村を破壊する）

0866 **reactionary** [riǽkʃənèri|-ʃ(ə)n(ə)ri]
形 保守的な，反動的な（≒ conservative）
➤ a reactionary idea（保守的な考え）

0867 **rebuke** [ribjú:k]
動 叱責する，戒める（≒ reprimand） 名 叱責，非難
➤ rebuke him for his laziness（怠慢で彼を叱責する）

0868 **rebut** [ribʌ́t]
動 反論［反証］する（≒ refute, disprove）
➤ rebut an argument [evidence]（主張［証拠］に反論する）
名 **rebuttal**（〔罪状・批判などへの〕反論，反駁〔はんばく〕）

0869 **recant** [rikǽnt]
動 取り消す，撤回する（≒ retract, withdraw）
➤ recant *his* earlier statement（前言を撤回する）

0870 **recapitulate** [rì:kəpítʃəlèɪt]
動 要約する，要点を繰り返す（≒ summarize）
➤ recapitulate the main points（主な点を要約する）

0871 □□□	**receptive** [riséptɪv]	形（意見などを）受け入れる［受容力のある］，理解の早い（≒ **open-minded, responsive**） ➤ a receptive audience（乗りのいい観客）
0872 □□□	**reclusive** [riklúːsɪv]	形 孤立［隠遁］した（≒ **secluded, isolated**） ➤ a reclusive state（孤立国家） ➤ a reclusive monk（隠遁した僧侶）
0873 □□□	**recoil** [rikɔ́ɪl]	動（驚き・恐怖などで）後ずさりする，尻込みする（≒ **flinch**） ➤ recoil in horror（恐怖で尻込みする） ➤ recoil from the gun（銃から後ずさりする）
0874 □□□	**recount** [rìkáʊnt]	動 詳しく話す（≒ **describe, tell**） ➤ recount *one's* history（歴史を詳しく話す） ➤ recount *one's* experiences（経験を詳しく語る）
0875 □□□	**redouble** [riːdʌ́b(ə)l]	動 強める，増す（≒ **intensify, increase**） ➤ redouble *one's* efforts（より一層努力する） ➤ redouble *one's* support（支援を強める）
0876 □□□	**reek** [riːk]	動 ～の悪臭を放つ，～の気味がある（≒ **stink, smell**） ➤ reek of garlic [blood]（にんにく［血］のにおいがぷんぷんする） 形 **reeking**（泥酔した）
0877 □□□	**reminiscent** [rèmɪnís(ə)nt]	形《通例，*be* ～ of で》～を思い出させる（≒ **evocative**） ➤ *be* reminiscent of the past（過去を思い起こさせる） 動 **reminisce**（回想する）
0878 □□□	**remnant** [rémnənt]	名（後に残ったわずかの）残骸，名残，面影（≒ **remains**） ➤ the remnants of the star（星の残骸） ➤ the remnants of the castle（城の面影）
0879 □□□	**remunerative** [rimjúːn(ə)rətɪv, -rèɪt-]	形 儲かる，報酬の多い（≒ **lucrative**） ➤ a remunerative job [deal]（報酬の多い仕事［取引］）
0880 □□□	**repast** [ripǽst|-pɑ́ːst]	名 食事（≒ **meal**） ➤ a light repast of bread and cheese（パンとチーズの軽い食事）

学習日	年　月　日	年　月　日	年　月　日

One-paragraph Short Stories & Quizzes【31】

The movie ①**magnate** was a ②**misanthropist** with an ③**affinity** for ④**marsupials**. Ignoring ⑤**taunts** from even his ⑥**sycophants**, he ⑦**underwrote** a ⑧**quaint** effort to ⑨**repatriate** kangaroos to Australia. However, the ⑩**asinine** scheme was ⑪**torpedoed** by ⑫**livid** environmentalists who dismissed the plan as a ⑬**malevolent** and ⑭**morbid** enterprise ⑮**pernicious** to the animals.

Q. ①〜⑮の意味に近い語を選んでください。

①	**magnate**	1. tycoon	2. maharaja	3. sheriff	4. dictator
②	**misanthropist**	1. quixote	2. hermit	3. misfit	4. bohemian
③	**affinity**	1. disgust	2. discomfort	3. disagreement	4. empathy
④	**marsupials**	1. animals with tails	2. animals with spines	3. animals with a pouch	4. animals with warm blood
⑤	**taunts**	1. punditry	2. adulation	3. scoffing	4. asphyxiation
⑥	**sycophant**	1. psychopath	2. sucker	3. grumbler	4. flunky
⑦	**underwrote**	1. sponsored	2. mollified	3. begrudged	4. beseeched
⑧	**quaint**	1. ubiquitous	2. picaresque	3. offbeat	4. hilarious
⑨	**repatriate**	1. exude	2. deport	3. evacuate	4. expedite
⑩	**asinine**	1. abrasive	2. canny	3. grumpy	4. ludicrous
⑪	**torpedoed**	1. disclaimed	2. attenuated	3. unveiled	4. squashed
⑫	**livid**	1. sanguine	2. fuming	3. saturnine	4. somber
⑬	**malevolent**	1. benign	2. maladroit	3. salacious	4. malignant
⑭	**morbid**	1. reticent	2. husky	3. doleful	4. unwholesome
⑮	**pernicious**	1. intoxicated	2. noxious	3. pertinent	4. nominal

【解答欄】

①	②	③	④	⑤	⑥	⑦	⑧

⑨	⑩	⑪	⑫	⑬	⑭	⑮

(和訳) 映画界の大物は有袋類に親近感を持つ人間嫌いの人だった。彼は自分の追従者からの軽蔑さえ無視して，カンガルーをオーストラリアに強制的に送還するという風変わりな試みを引き受けた。しかし，この愚かな計画は，環境保護論者たちに動物にとって致命的で悪意ある愚かな事業であるとはねつけられ，阻止された。

解答 …… 選択肢の赤い文字が正答

①	大物	1. 巨頭	2. マハラジャ	3. 保安官	4. 独裁者
②	人間嫌いの人	1. 空想家	2. 世捨人	3. 不適任者	4. 奔放主義者
③	親近感	1. 嫌悪感	2. 不一致	3. 不正	4. 共感
④	有袋類	1. 尾を持つ動物	2. 脊椎動物	3. 有袋動物	4. 恒温動物
⑤	軽蔑	1. 学者	2. 評判	3. 冷笑	4. 窒息
⑥	追従者	1. 精神病質者	2. 騙されやすい人	3. 不平を言う人	4. 媚びへつらう人
⑦	引き受けた	1. 支持した	2. なだめた	3. ねたんだ	4. 懇願した
⑧	風変わりな	1. 至る所にある	2. 悪漢ものの	3. 突飛な	4. とても面白い
⑨	強制送還する	1. 発散させる	2. 国外追放する	3. 避難させる	4. 早める
⑩	愚かな	1. 耳障りな	2. 抜け目のない	3. 気難しい	4. 滑稽な
⑪	ぶち壊した	1. 否認した	2. 弱めた	3. 発表した	4. 押しつぶした
⑫	怒り狂った	1. 楽観的な	2. 激怒して	3. 険悪な	4. 憂鬱な
⑬	悪意のある	1. 良性の	2. 不器用な	3. 猥褻な	4. 悪意のある
⑭	病的な	1. 無口な	2. ハスキーな声の	3. 悲しい	4. 不健全な
⑮	致命的な	1. 陶酔した	2. 有害な	3. 関連した	4. 名ばかりの

学習日 年 月 日 年 月 日 年 月 日

0881 **repercussion** [rìːpərkʌ́ʃ(ə)n]
名《通例，複数形で》（悪）影響，波紋，反動（≒ **consequence**）
➤ political [social] repercussions（政治的［社会的］影響）

0882 **replete** [riplíːt]
形（～で）いっぱいの［満ちた］，（設備などを）十分備えた（≒ **teeming**, **brimming**）
➤ *be* replete with photos [information]（写真［情報］でいっぱいである）

0883 **replicate** [réplɪkèɪt]
動 複製する（≒ **copy**, **duplicate**）
➤ replicate the data [information]（データ［情報］を複製する）
名 **replica**（複写，複製品）

0884 **reprieve** [riprίːv]
動 刑の執行を猶予する（≒ **pardon**） 名 刑執行の猶予
➤ a reprieve from a death sentence（死刑執行猶予）

0885 **repulsive** [ripʌ́lsɪv]
形 ひどく不快な，反発の（≒ **repugnant**, **revolting**）
➤ a repulsive force [energy]（反発力）
➤ a repulsive smell [odor]（ひどく不快な臭い）

0886 **resounding** [rizáʊndɪŋ]
形 目覚ましい，顕著な（≒ **tremendous**, **impressive**）
➤ a resounding victory [success]（目覚ましい勝利［成功］）

0887 **resplendent** [rispléndənt]
形 まばゆい，光輝く（≒ **glittering**, **splendid**）
➤ resplendent jewelry（光輝く宝石類）

0888 **resurgence** [risə́ːrdʒ(ə)ns]
名 復活，盛り返し（≒ **revival**, **resurrection**）
➤ a resurgence of nationalism（国粋主義の復活）
形 **resurgent**（生き返る，再起の）

0889 **retort** [ritɔ́ːrt]
動 反論する，言い返す 名 鋭い言い返し（≒ **riposte**, **answer**）
➤ retort to the teacher（先生に言い返す）

0890 **retrieve** [ritríːv]
動 回復する，回収する，検索する（≒ **redeem**, **recover**）
➤ retrieve the password（パスワードを回復する）
名 **retrieval**（回復，復旧，回収，検索）

0891	**revolting** [rivóʊltɪŋ]	形 とても不快な，あまりにも不愉快な（≒ **re**pulsive, **re**pugnant） ➤ a revolting smell（不快な臭い） ➤ a revolting crime（忌まわしい犯罪）
0892	**rife** [raɪf]	形 ～がはびこって（≒ **w**idespread, **r**ampant） ➤ *be* rife with corruption [crime]（汚職［犯罪］がはびこる）
0893	**rout** [raʊt]	動（戦い・選挙などで）完敗させる（≒ **d**efeat） ➤ rout the enemy [opposition]（敵［相手］を完敗させる）
0894	**rubric** [rú:brɪk]	名 手引書，説明書，心得（≒ **p**rocedure, **r**ule） ➤ a rubric for public speaking [the exam]（パブリックスピーキング［受験］の手引書）
0895	**rummage** [rʌ́mɪdʒ]	動 かき回して探す（≒ **s**earch, **r**ifle） ➤ rummage through his desk（彼の机の中をかき回して探す）
0896	**salient** [séɪliənt]	形 最も重要な，目立つ（≒ **s**triking, **n**oticeable） ➤ salient features [characteristics]（目立った特徴）
0897	**sanguine** [sǽŋgwɪn]	形 陽気な，楽天的な（≒ **o**ptimistic） ➤ *be* sanguine about *his* chance of success（成功の可能性を楽観する）
0898	**sap** [sæp]	動（体力・気力などを）弱らせる，奪う（≒ **e**rode, **d**rain） ➤ sap *his* power（彼の力を弱らせる） ➤ sap the strength（体力を〔徐々に〕奪う）
0899	**sardonic** [sɑːrdá(:)nɪk|-dɔ́n-]	形 皮肉な，小馬鹿にしたような（≒ **s**arcastic, **c**ynical） ➤ a sardonic smile（冷笑） ➤ sardonic humor（皮肉なユーモア）
0900	**savor** [séɪvər]	動 味わう，楽しむ（≒ **r**elish） 名 味わい，楽しみ ➤ savor the moment [victory]（その瞬間［勝利］を味わう）

学習日	年　月　日	年　月　日	年　月　日

One-paragraph Short Stories & Quizzes【32】

The ①**impertinent** ②**patriarch** sent only a ③**shoddy** ④**nuptial** gift to his daughter. Taking ⑤**umbrage** at her father's ⑥**obnoxious** behavior, the ⑦**vindictive** daughter, with her ⑧**siblings**, ⑨**retaliated** by ⑩**diffusing** the rumors of her father's ⑪**licentious** private life. The ⑫**propagated** ⑬**salacious** details of his ⑭**lascivious** doings caused an ⑮uproar.

Q. ①～⑮の意味に近い語を選んでください。

①	**impertinent**	1. impervious	2. impulsive	3. impudent	4. imminent
②	**patriarch**	1. paterfamilias	2. confluence	3. monarch	4. misnomer
③	**shoddy**	1. shady	2. shabby	3. shaggy	4. shanty
④	**nuptial**	1. miscellaneous	2. matriarchal	3. nutritious	4. matrimonial
⑤	**umbrage**	1. pique	2. pittance	3. vengeance	4. vie
⑥	**obnoxious**	1. luscious	2. abhorrent	3. felicitous	4. palatable
⑦	**vindictive**	1. venal	2. inimical	3. verdant	4. innate
⑧	**sibling**	1. accomplice	2. benefactor	3. kindred	4. expounder
⑨	**retaliated**	1. scourged	2. scrimped	3. scuttled	4. severed
⑩	**diffusing**	1. retrenching	2. retrieving	3. circulating	4. revoking
⑪	**licentious**	1. lecherous	2. luxuriant	3. frigid	4. celibate
⑫	**propagated**	1. dissipated	2. disseminated	3. evaporated	4. dissolved
⑬	**salacious**	1. salient	2. lewd	3. officious	4. menial
⑭	**lascivious**	1. lacerate	2. languid	3. obsequious	4. obscene
⑮	**uproar**	1. rumble	2. uprising	3. commotion	4. upstart

【解答欄】

①	②	③	④	⑤	⑥	⑦	⑧

⑨	⑩	⑪	⑫	⑬	⑭	⑮

（和訳）その無礼な家長は娘に粗末な結婚祝いを送っただけだった。父親の不快な振る舞いに腹を立て，復讐心に燃えた娘は，兄弟と一緒に父親の不謹慎な私生活の噂を広めて仕返しをした。父のみだらな行いについて拡散された好色な詳細は大騒動を引き起こした。

解答 …… 選択肢の赤い文字が正答

①	無礼な	1. 不浸透の	2. 衝動的な	3. 厚かましい	4. 差し迫った
②	家長	1. 家父長	2. 合流点	3. 君主	4. 間違った名称
③	粗末な	1. 日陰になった	2. 粗末な	3. 毛羽立った	4. 掘っ立て小屋
④	結婚の	1. 多種多様の	2. 女性支配の	3. 栄養価の高い	4. 結婚の
⑤	立腹	1. 立腹	2. わずかな手当て	3. 復讐	4. 競争
⑥	不愉快な	1. 甘美な	2. 嫌悪を催させる	3. 適切な	4. 好ましい
⑦	復讐心に燃えた	1. 買収による	2. 敵意のある	3. 新緑に覆われた	4. 生来の
⑧	兄弟姉妹	1. 共犯者	2. 恩人	3. 親族	4. 解説者
⑨	報復した	1. 厳しく罰した	2. 節約した	3. 台無しにした	4. 切断した
⑩	広めること	1. 切り詰めること	2. 取り戻すこと	3. 広めること	4. 無効にすること
⑪	みだらな	1. 好色な	2. 豊かな	3. 極寒の	4. 独身主義の
⑫	伝播された	1. 追い払われた	2. 普及された	3. 蒸発した	4. 溶解した
⑬	好色な	1. 顕著な	2. 卑猥な	3. でしゃばりな	4. 単調な
⑭	みだらな	1. 深い傷を負わせる	2. 無気力な	3. 媚びへつらった	4. わいせつな
⑮	大騒動	1. 騒音	2. 反乱	3. 騒ぎ	4. 成り上がり者

学習日 年 月 日 年 月 日 年 月 日

0901 **scathing** [skéɪðɪŋ]
形 痛烈な，容赦ない（≒ **c**austic, **s**harp）
➤ scathing criticism [comments]（痛烈な非難［コメント］）

0902 **scavenge** [skǽvɪn(d)ʒ]
動 あさる，清掃する（≒ **h**unt, **r**ummage）
➤ scavenge for food in kitchen waste（食べ物を求めて台所のゴミをあさる）

0903 **scoff** [skɑ(ː)f|skɔf]
動 あざ笑う，嘲笑する（≒ **j**eer, **s**corn） 名 冷笑，嘲り
➤ scoff at his idea [claim]（彼の考え［主張］をあざ笑う）

0904 **scorching** [skɔ́ːrtʃɪŋ]
形 焼けつくような，酷暑の（≒ **t**orrid, **s**weltering）
➤ scorching summer（猛暑の夏）
➤ the scorching sun（灼熱の太陽）

0905 **scour** [skaʊər]
動 汚れを落とす，除去する，探し回る（≒ **s**crub, **c**omb）
➤ scour the floor（床をゴシゴシ洗う）
➤ scour the countryside（田舎を探し回る）

0906 **scourge** [skəːrdʒ]
名 災難，ムチ（≒ **a**ffliction, **c**urse）
➤ the scourge of war [terrorism]（戦禍［テロの惨劇］）

0907 **secrete** [sɪkríːt]
動（ホルモン・酵素など）を分泌する（≒ **d**ischarge）
➤ secrete hormones（ホルモンを分泌する）
➤ secrete milk（母乳を分泌する）

0908 **sequel** [síːkw(ə)l]
名 続編，続き（≒ **f**ollow-up, **c**onsequence）
➤ a sequel to the novel [film]（小説［映画］の続編）

0909 **showdown** [ʃóʊdàʊn]
名 土壇場の対決（≒ **f**ace-off, **c**onfrontation）
➤ a fateful showdown（宿命の対決）

0910 **shroud** [ʃraʊd]
動 隠す，包む（≒ **v**eil, **e**nvelop, **c**loak）
➤ The story is shrouded in mystery.（その話は謎に包まれている）

0911 **shudder** [ʃʌ́dər]

動（恐怖・寒さで）震える 名 身震い（≒ shiver）

➤ shudder with fear [cold]（恐怖［寒さ］で震える）

0912 **shun** [ʃʌn]

動 避ける（≒ avoid, shy away from）

➤ shun publicity [society]（世間［社会］の注目を避ける）

0913 **singular** [síŋgjələr]

形 まれに見る，風変りな（≒ exceptional, unusual）

➤ singular abilities（まれに見る才能）

➤ a singular coincidence（珍しい偶然の一致）

0914 **sizzling** [síz(ə)lɪŋ]

形 非常に暑い，燃えるような（≒ blazing, passionate）

➤ a sizzling summer [steak]（非常に暑い夏［ジュージューと音を立てているステーキ］）

動 **sizzle**（ジュージューいう，焼けるように暑い）

0915 **slash** [slæʃ]

動（価格・コスト・予算などを）大幅に削減する，ざっくり切る（≒ reduce, gash）

➤ slash the costs [prices, budget]（コスト［価格，予算］を大幅に減らす）

0916 **sleek** [sliːk]

形 つやのある，しゃれた（≒ glossy, shining）

➤ sleek hair（つやのある髪）

➤ a sleek design（しゃれたデザイン）

0917 **slovenly** [slʌ́v(ə)nli]

形 だらしのない，ずさんな（≒ unkempt, disheveled）

➤ a slovenly dress [appearance]（だらしのないドレス［身なり］）

0918 **smolder** [smóʊldər]

動 くすぶる，うっせきする［もやもやする］（≒ burn slowly, seethe）

➤ smolder with anger（怒りでもやもやしている）

0919 **smother** [smʌ́ðər]

動（笑い・あくび・怒りなどを）こらえる［抑える］，（物で覆ったりして）火を消す，窒息死させる（≒ suppress, extinguish, suffocate）

➤ smother a yawn（あくびを抑える）

0920 **sordid** [sɔ́ːrdəd]

形 卑劣な，むさくるしい（≒ despicable, sleazy）

➤ sordid crimes（卑劣な犯罪）

➤ sordid rooms（汚い部屋）

学習日　年　月　日　年　月　日　年　月　日

14. 医学の基礎知識をマスター！

医学（**m**edicine）は，**基礎医学**（**e**xperimental **m**edicine）と**臨床医学**（**c**linical **m**edicine）に大別される。前者は，**解剖学**（**a**natomy），**生理学**（**ph**ysiology），**生化学**（**bi**ochemistry），**病理学**（**p**athology），**細菌学**（**ba**cteriology），**栄養学**（**n**utrition），**衛生学**（**h**ygiene）などの人体の構造や生理を研究する分野が含まれが，後者は，さまざまな**病気**（**d**isease）や**けが**（**in**juries ／ **w**ounds）の**診断**（**d**iagnosis）と**治療**（**t**reatment ／ **c**ure）の実践，**内科**（**in**ternal **m**edicine），**外科**（**s**urgery），**整形外科**（**o**rthopedics），**小児科**（**p**ediatrics），**産婦人科**（**o**bstetrics），**皮膚科**（**d**ermatology），**泌尿器科**（**u**rology），**眼科**（**o**phthalmology），**耳鼻咽頭科**（**o**tolaryngology），**精神科**（**p**sychiatry），**歯科**（**d**entistry）などに分れる。

現代人を悩ませている難病にはどんなものがある !?

人間はさまざまな病気に悩まされるが，中でも日常かかりやすいのは**インフルエンザ**（**i**nfluenza），**花粉症**（**h**ay **f**ever），**アトピー性皮膚炎**（**a**topic **d**ermatitis），**結核**（**tu**berculosis），**高血圧**（**h**ypertension ／ **h**igh **bl**ood **p**ressure），**動脈硬化症**（**a**rterial **s**clerosis），**白内障**（**c**ataract），**盲腸炎**（**a**ppendicitis），**リューマチ**（**r**heumatism），**糖尿病**（**d**iabetes）などがある。また一度かかると完治しにくいものは，**肝炎**（**h**epatitis）や**脳梗塞**（**s**troke ／ **c**erebral **i**nfarction），**梅毒**（**s**yphilis），**淋病**（**g**onorrhea），AIDS などの**性病**（**s**exually **t**ransmitted **d**iseases **[STD]**）などがある。女性は，**乳癌**（**br**east **c**ancer）や**子宮筋腫**（**u**terine **m**yoma），**子宮癌**（**u**terine **ca**ncer），**骨粗鬆症**（**o**steoporosis），**パーキンソン病**（**P**arkinson's **d**isease）などが深刻な病気である。さらに，IT 社会では，**VDT 症候群**（**v**isual **d**isplay **t**erminal **s**yndrome），**ドライアイ**（**d**ry **e**ye）なども深刻である。

伝染病（**in**fectious **[c**ommunicable**] d**iseases）は，**バクテリア細菌**（**b**acteria）や**ウイルス**（**v**irus）などの病原体が，口などの感染経路や小動物・昆虫を媒介に体内に侵入することで引き起こされる。かつて伝染病は死亡の最大の原因であったが，**抗生物質**（**a**ntibiotic）や**ワクチン**（**v**accine）による予防の発達によって大幅に減少した。最近，世界中を襲った新型コロナウイルスなど様々な**感染症**（**i**nfections）を引き起こす**病原体**（**p**athogens）には，**ウイルス**（**v**irus），**細菌**（**b**acteria），**原虫**（**p**rotozoa）などがある。ウイルス感染症は，COVID-19，重症化が少ないインフルエンザ，**デング熱**（**d**engue **f**ever），**ノロウイルス感染症**（**n**orovirus **i**nfection），**麻疹**（**m**easles）などがある。細菌感染症は，重症化の危険性は高くないが集団発生を起こしやすい経口感染症の**赤痢**（**d**ysentery），**コレラ**（**ch**olera），**腸チフス**（**t**yphoid **f**ever）などがあり，原虫感染症は**マラリア**（**m**alaria）がある。

これに対して**非伝染性疾病**（**non-i**nfectious [**nonc**ommunicable] **d**iseases）は**心臓病**（**h**eart **d**isease），**脳卒中**（**s**troke），**脳溢血**（**c**erebral **h**emorrhage），**脳梗塞**（**c**erebral **i**nfarction），**肺炎**（**p**neumonia），**動脈硬化**（**a**rteriosclerosis）など命に関わるものが多く，他にも重要なものに，**喘息**（**a**sthma），**慢性関節リウマチ**（**ch**ronic **r**heumatism），**糖尿病**（**d**iabetes），**高血圧**（**h**igh **b**lood **p**ressure／**h**ypertension），**失明**（**v**ision **l**oss），**難聴**（**i**mpaired **h**earing）などがある。

また，**うつ病**（**d**epression），**不安症**（**a**nxiety **d**isorders），**統合失調症**（**s**chizophrenia），**痴呆**（**d**ementia），**てんかん**（**e**pilepsy）などの**精神の病気**（**m**ental **d**isorders）も社会的な問題になっており，厚生労働省の調査によると，日本の精神患者数は300万人以上で，それはがん，**脳卒中**（**s**troke），**急性心筋梗塞**（**a**cute **c**ardiac **i**nfarction），**糖尿病**（**d**iabetes）の4大疾病の患者数を大きく上回ることから，4大疾病に新たに**精神疾患**（**m**ental **d**isorders）を加え，5大疾病とした。

学習日	年 月 日	年 月 日	年 月 日

0921 **sparse** [spɑːrs]
形 まばらな，少ない，（髪が）薄い（≒ scanty, scarce）
➤ a sparse population（わずかな人口）
副 sparsely（まばらに，少なく）

0922 **spearhead** [spíərhèd]
動 先頭に立つ，陣頭指揮を執る（≒ lead, head）
➤ spearhead a campaign [movement]（運動の先頭に立つ）

0923 **speculative** [spékjəlèɪtɪv|spékjʊlə-]
形 投機的な，推論的な［憶測による］（≒ risky, conjectural）
➤ a speculative investment（投機的投資）
名 speculation（投機，推測［憶測］）

0924 **spew** [spjuː]
動《out を伴って》（煙･毒物などを）吐き出す［噴出する］（≒ emit, gush）
➤ spew out lava（溶岩を吹き出す）

0925 **splurge** [spləːrdʒ]
名 動 散財（する），ぜいたく（をする）（≒ squander）
➤ splurge on food [luxury]（食べ物［ぜいたく品］に散財する）

0926 **squeamish** [skwíːmɪʃ]
形 すぐに気分が悪くなる，潔癖の（≒ easily nauseated, fastidious）
➤ *be* squeamish about blood [bugs]（血［虫］を見るとすぐに気分が悪くなる）

0927 **squirm** [skwəːrm]
動 身をよじる，もじもじする（≒ wriggle）
➤ squirm in pain [discomfort]（痛み［不快］で落ち着かない）
➤ squirm with embarrassment（恥ずかしさでもじもじする）

0928 **stalk** [stɔːk]
動 忍び寄る，大またで歩く（≒ shadow, creep up on） 名 茎
➤ stalk a woman（女性に忍び寄る）
➤ stalk prey（獲物に忍び寄る）

0929 **standoffish** [stæ̀ndɔ́ːfɪʃ|-ɔ́f-]
形 よそよそしい（≒ aloof, detached）
➤ a standoffish attitude（よそよそしい態度）
➤ a standoffish manner（よそよそしい様子）

0930 **statute** [stǽtʃuːt, -tjuːt]
名 法令，規則（≒ law, regulation）
➤ run out (of) the statute of limitations（時効が成立する）
➤ the statute of the company（〔会社の〕定款〔ていかん〕）

0931 □□□	**stipend** [stáɪpend]	名 給付金［奨学金］，（特に牧師，公務員への）俸給（≒ **remuneration**） ➤ a monthly stipend for students（学生への毎月の奨学金）
0932 □□□	**stray** [streɪ]	動 それる，はぐれる（≒ **deviate**, **wander off**） 形 はぐれた（≒ **homeless**） 名 道に迷った［飼い主のいない］動物 ➤ stray from the path [group]（道からそれる［集団からはぐれる］）
0933 □□□	**stunt** [stʌnt]	動 抑制する，阻む（≒ **inhibit**, **hamper**） ➤ stunt the growth（成長を阻む） ➤ stunt the development（発展を阻む）
0934 □□□	**stymie** [stáɪmi]	動 妨害する，邪魔する（≒ **impede**, **inhibit**） ➤ stymie the development（開発を妨害する） ➤ stymie the growth（成長を邪魔する）
0935 □□□	**supplant** [səplǽnt|-plɑ́ːnt]	動 取って代わる，地位を奪い取る（≒ **supersede**） ➤ supplant the old system（旧制度に取って代わる）
0936 □□□	**surmise** [sərmáɪz, 《英》 sə́ːmaɪz]	動（既知情報で）推測する（≒ **conjecture**） 名 推量 ➤ She surmised that he missed the train.（彼女は彼が電車に乗り遅れたと推測した）
0937 □□□	**swerve** [swəːrv]	動（車・人などが）急にそれる［曲がる］（≒ **veer**） ➤ swerve to the right（右によける） ➤ swerve off a road（〔車が〕道路からそれる）
0938 □□□	**synopsis** [sɪnɑ́(ː)psɪs|-nɔ́p-]	名 概要，あらすじ（≒ **summary**, **abstract**） ➤ the synopsis of the play（劇の概要） ➤ the synopsis of the speech（スピーチの概要）
0939 □□□	**tantamount** [tǽntəmàʊnt]	形《否定的に》《*be* ～ to *A* で》（行為・計画などが）A（動詞・動名詞）にも等しい，A も同然である（≒ **equivalent**, **equal**） ➤ Her request is tantamount to a threat.（彼女の要求は脅しに等しい）
0940 □□□	**tattered** [tǽtərd]	形 ぼろぼろの（≒ **old and torn**） ➤ tattered jeans [clothes]（ぼろぼろのジーパン［服］） 動 **tatter**（ぼろぼろに裂ける）

学習日	年　月　日	年　月　日	年　月　日

One-paragraph Short Stories & Quizzes【33】

The ①**pallid** victim ②**writhed** in agony, bleeding from every ③**orifice**, as his ④**nefarious** ⑤**nemesis** watched on with a ⑥**scowl** on his face the ⑦**noxious** tonic ⑧**snitched** from a pharmacist's ⑨**repository** take effect. No ⑩**tyro** in toxicology, the ⑪**vindictive** villain ended the ⑫**saga** of the ⑬**vendetta** between the two in this ⑭**tavern** ⑮**redolent** with the fumes of beer by poisoning his opponent.

Q. ①～⑮の意味に近い語を選んでください。

①	**pallid**	1. savvy	2. ravage	3. pally	4. anemic
②	**writhed**	1. squirmed	2. recoiled	3. reconciled	4. squabbled
③	**orifice**	1. laceration	2. aperture	3. propriety	4. altercation
④	**nefarious**	1. felicitous	2. delectable	3. reprehensible	4. pedantic
⑤	**nemesis**	1. artifact	2. antagonist	3. atheist	4. nominee
⑥	**scowl**	1. grimace	2. smirk	3. grudge	4. snigger
⑦	**noxious**	1. repulsive	2. repugnant	3. paltry	4. toxic
⑧	**snitched**	1. counterfeited	2. forfeited	3. gleamed	4. misappropriated
⑨	**repository**	1. requisite	2. cache	3. cachet	4. repertoire
⑩	**tyro**	1. apostle	2. aficionado	3. apprentice	4. maven
⑪	**vindictive**	1. retaliatory	2. unrelenting	3. docile	4. impassive
⑫	**saga**	1. nexus	2. paradigm	3. narrative	4. parable
⑬	**vendetta**	1. quirk	2. fete	3. fluke	4. feud
⑭	**tavern**	1. brothel	2. emporium	3. pub	4. sanatorium
⑮	**redolent**	1. aromatic	2. enigmatic	3. rancid	4. nauseating

【解答欄】

①		②		③		④		⑤		⑥		⑦		⑧	
⑨		⑩		⑪		⑫		⑬		⑭		⑮			

（和訳） 青ざめた被害者は，体のあらゆる開口部から血を流して苦悶の表情を浮かべていたが，非道な強敵は薬局の保管庫から盗んだ有害な強壮剤が効いてくるのをしかめっ面で見守った。毒物学の初学者ではないが，その執念深い悪人は，ビールの香気が立ち込めるこの酒場で，二人の間の一連の復讐劇を相手に毒を盛ることによって終えた。

解答 …… 選択肢の赤い文字が正答

①	青ざめた	1. 精通した	2. 荒廃	3. 親しい	4. 貧血の
②	身もだえした	1. 体をよじった	2. 後ずさりした	3. 和解した	4. 言い合った
③	体の開口部	1. 裂傷	2. 穴	3. 礼儀正しさ	4. 口論
④	非道の	1. 精選された	2. とてもおいしい	3. 非難すべき	4. 規律にうるさい
⑤	強敵	1. 遺物	2. 敵対者	3. 無神論者	4. 候補者
⑥	しかめっ面	1. しかめっ面	2. 薄ら笑い	3. 恨み	4. しのび笑い
⑦	有害な	1. とても不快な	2. とても嫌な	3. わずかばかりの	4. 有毒の
⑧	くすねた	1. 偽造した	2. 失った	3. かすかに光った	4. 横領した
⑨	保管庫	1. 必要品	2. 貯蔵所	3. 名声	4. レパートリー
⑩	初心者	1. 使徒	2. 愛好家	3. 初心者	4. 達人
⑪	復讐心に燃えた	1. 報復的な	2. 容赦しない	3. 素直な	4. 冷静な
⑫	物語	1. 結び付き	2. 範例	3. 物語	4. たとえ話
⑬	復讐，確執	1. 気まぐれ	2. 祝宴	3. 思わぬ幸運	4. 確執
⑭	居酒屋	1. 売春宿	2. 大規模小売店	3. 酒場	4. 療養所
⑮	よい香りの	1. 香りのよい	2. 謎めいた	3. くさい	4. 吐き気を起こさせる

学習日 年 月 日 | 年 月 日 | 年 月 日

0941 **taunt** [tɔːnt]
動 あざける，なじる，嘲笑する（≒ jeer at, ridicule）
➤ taunt the loser（敗者をなじる）
形 taunting（ばかにした）

0942 **telltale** [téltèɪl]
形 （感情・秘密などを）隠しきれない［はっきり示す］（≒ revealing）
➤ telltale signs of panic（パニックをはっきり示す兆候）

0943 **temperance** [témp(ə)r(ə)ns]
名 自制，節制（≒ abstinence, self-control）
➤ temperance in drinking（節酒）
➤ temperance in eating（節食）

0944 **tenet** [ténɪt, tíːn-]
名 （集団・思想などの）主義，教義（≒ principle, creed）
➤ the tenets of communism（共産主義）
➤ the tenets of Islam（イスラム教義）

0945 **thorny** [θɔ́ːrni]
形 厄介な，困難な，（植物などが）とげのある（≒ knotty）
➤ a thorny issue（厄介な問題）
➤ a thorny question（難しい議題）

0946 **throng** [θrɔːŋ|θrɔŋ]
名 群衆，人だかり，大勢（≒ swarm） 動 押し寄せる
➤ a throng of shoppers [tourists]（大勢の買物客［観光客］）

0947 **tirade** [taɪréɪd, 《米》 ´-]
名 長い非難［批判］演説（≒ diatribe, harangue）
➤ *his* tirade against the new policies（新政策に対する長い非難演説）

0948 **torrid** [tɔ́ːrəd|tɔ́r-]
形 灼熱の，熱烈な（≒ sweltering, scorching, passionate）
➤ torrid summer [sun]（灼熱の夏［太陽］）
➤ a torrid romance（激しい恋愛）

0949 **translucent** [trænslúːs(ə)nt, trænz-]
形 半透明の（≒ semi-transparent）
➤ translucent plastic（半透明プラスチック）
➤ translucent glass（半透明ガラス）

0950 **travesty** [trǽvəsti]
名 曲解，茶番，もじり（≒ mockery, parody）
➤ a travesty of the law（法の曲解）
➤ a travesty of justice（茶番の裁判）

0951 treacherous [trétʃ(ə)rəs]
形 不誠実な［裏切りの］，危険の潜む（≒ unfaithful, dangerous）
➤ a treacherous plot（裏切りの策略）
➤ treacherous mountain roads（危険な山道）

0952 trepidation [trèpɪdéɪʃ(ə)n]
名 不安，恐怖（≒ uneasiness, nervousness, dread）
➤ look at them in trepidation（彼らをおびえた目で見る）

0953 tribulation [trìbjəléɪʃ(ə)n]
名 苦悩，苦難，試練（≒ hardship, ordeal）
➤ the trials and tribulations of everyday life（日常生活の苦悩）

0954 tribute [tríbju:t]
名 感謝［賞賛，尊敬］のしるし，賛辞，贈り物（≒ praise, manifestation）
➤ floral tributes（献花）　➤ silent tribute（黙祷）

0955 trite [traɪt]
形 陳腐で使い古された，ありふれた（≒ banal, stale）
➤ a trite saying（常套句）
➤ trite remarks（陳腐な発言）

0956 tyrannical [tɪrǽnɪk(ə)l, taɪ-]
形 専制的な，暴君的な（≒ despotic, dictatorial）
➤ a tyrannical rule（専制的な支配）
➤ a tyrannical leader（暴君的な指導者）

0957 unassuming [ʌ̀nəsjú:mɪŋ, -ʃú:mɪŋ]
形 控えめな，謙虚な，気取らない（≒ unpretentious）
➤ an unassuming manner（控えめな態度）
➤ an unassuming personality（控えめな性格）

0958 uncanny [ʌ̀nkǽni]
形 不可思議な，（感覚・能力などが）並はずれて鋭い（≒ supernatural）
➤ an uncanny phenomenon [ability]（不可思議な現象［人間離れした能力］）

0959 uncouth [ʌnkú:θ]
形 （人が）無作法な，粗野な（≒ boorish, crude）
➤ an uncouth child（粗野な子ども）
➤ an uncouth manner（無礼な態度）

0960 undaunted [ʌ̀ndɔ́:ntɪd]
形 《通例 *be* ～で》恐れない，ひるまない（≒ unafraid, unflinching）
➤ *be* undaunted by failure（失敗を恐れない）
➤ *be* undaunted by obstacles（障害にひるまない）

学習日	年　月　日	年　月　日	年　月　日

One-paragraph Short Stories & Quizzes【34】

The ①**laissez-faire** director had no ②**inkling** of the ③**inordinate** number of ④**unremitting** complaints against his ⑤**lackluster** sales manager. The matter came to ⑥**loggerheads** when one ⑦**irascible** and ⑧**obstreperous** client accused the ⑨**jovial** director of lack of ⑩**oversight** and requested him to ⑪**intervene** to ⑫**preempt** ⑬**irrevocable** damage. The director had no choice but to ⑭**jettison** his ⑮**subordinate**.

Q. ①～⑮の意味に近い語を選んでください。

①	**laissez-faire**	1. indulgent	2. indolent	3. indifferent	4. indelible
②	**inkling**	1. interim	2. intimation	3. inquiry	4. tinkle
③	**inordinate**	1. flagrant	2. miserly	3. exorbitant	4. extraneous
④	**unremitting**	1. incessant	2. unnerving	3. unruly	4. spiteful
⑤	**lackluster**	1. poignant	2. pedestrian	3. quaint	4. deviant
⑥	**loggerheads**	1. wrangle	2. retribution	3. secession	4. tantrum
⑦	**irascible**	1. eerie	2. responsive	3. peevish	4. gregarious
⑧	**obstreperous**	1. acquiescent	2. servile	3. subservient	4. clamorous
⑨	**jovial**	1. frisky	2. torpid	3. listless	4. industrious
⑩	**oversight**	1. modulation	2. superintendence	3. hindsight	4. foresight
⑪	**intervene**	1. intercede	2. inter	3. superimpose	4. ingratiate
⑫	**preempt**	1. forgo	2. forestall	3. preside	4. presuppose
⑬	**irrevocable**	1. inconceivable	2. incongruous	3. infallible	4. irreparable
⑭	**jettison**	1. disperse	2. disengage	3. dismantle	4. discharge
⑮	**subordinate**	1. subversion	2. adjutant	3. tertiary	4. vagrant

【解答欄】

①	②	③	④	⑤	⑥	⑦	⑧

⑨	⑩	⑪	⑫	⑬	⑭	⑮

(和訳) 放任主義のディレクターは，さえない営業部長に対する異常なまでの絶え間ないクレームには全く気づかなかった。その問題は，ある癇癪持ちの手に負えない顧客が，陽気なディレクターの監督不行き届きを非難し，また，取り返しのつかない損害を未然に防ぐために介入するよう要求し，対立にまで発展した。そのディレクターは部下を見捨てざるを得なかった。

解答 ...... 選択肢の赤い文字が正答

①	放任主義の	1. 大目に見る	2. ものぐさの	3. 無頓着の	4. 消えない
②	うすうす感じること	1. 暫定	2. ほのめかし	3. 問い合わせ	4. リンリンという音
③	とてつもない	1. 凶悪な	2. ケチな	3. 法外な	4. 本質的でない
④	絶え間ない	1. 絶え間ない	2. 怯えさせるような	3. 手に負えない	4. 意地悪い
⑤	さえない	1. 痛烈な	2. つまらない	3. 古風で趣のある	4. 逸脱した
⑥	対立	1. 論争	2. 報復	3. 脱退	4. かんしゃく
⑦	かんしゃく持ちの	1. 不気味な	2. すぐに反応する	3. 短気な	4. 社交的な
⑧	手に負えない	1. 黙認する	2. 追従的な	3. 従属的な	4. 手に負えない
⑨	快活な	1. はしゃいだ	2. 鈍い	3. 無気力の	4. 勤勉な
⑩	監督	1. 調節	2. 監督	3. あと知恵	4. 先見の明
⑪	介入する	1. 仲介する	2. 埋める	3. 重ね合わせる	4. 取り入る
⑫	回避する	1. 差し控える	2. 阻止する	3. 主宰する	4. 前提とする
⑬	取り返しのつかない	1. 考えられない	2. 場にそぐわない	3. 常に正しい	4. 取り返しのつかない
⑭	切り捨てる	1. 追い散らす	2. 解放する	3. 解体する	4. 解雇する
⑮	部下	1. 転覆	2. 補佐	3. 第三系	4. 浮浪者

学習日 年 月 日 | 年 月 日 | 年 月 日

0961 **underscore** [ʌ̀ndərskɔ́ːr]
動 強調する，明確に示す，下線を引く（≒ **a**ccentuate, **h**ighlight） 名 下線
➢ underscore the fact [need]（その事実［必要性］を強調する）

0962 **undulating** [ʌ́ndʒəlèɪtɪŋ|-dju-]
形 起伏する［のある］，波打つ（≒ **w**aving, **b**illowing）
➢ an undulating landscape（起伏のある風景）
➢ an undulating sea（うねる海）

0963 **unearth** [ʌ̀nə́ːrθ]
動 発掘する，暴く（≒ **e**xcavate, **u**ncover）
➢ unearth a treasure（宝物を発掘する）
➢ unearth the truth（真実を暴く）

0964 **unleash** [ʌ̀nlíːʃ]
動（抑えていた感情・暴力などを）爆発させる，解き放つ（≒ **r**elease）
➢ unleash sexual energy（性エネルギーを発散させる）

0965 **unparalleled** [ʌ̀npǽrəleld]
形 比類なき，たぐいまれ（≒ **u**nmatched, **p**eerless）
➢ unparalleled service（比類のないサービス）
➢ the unparalleled level（他にはないレベルの）

0966 **unrelenting** [ʌ̀nriléntɪŋ]
形 容赦ない，不快な状況が長く続く（≒ **i**mplacable）
➢ the unrelenting pressures of the job（仕事の容赦ないプレッシャー）

0967 **unrest** [ʌ̀nrést]
名（特に社会的な）不安，不穏（な状態）（≒ **d**isturbance, **t**urmoil）
➢ social unrest（社会不安）
➢ political unrest（政情不安）

0968 **unscrupulous** [ʌ̀nskrúːpjələs]
形 やり方の汚い，悪徳な（≒ **u**nethical, **c**orrupt）
➢ an unscrupulous lawyer（悪徳弁護士）

0969 **unsettling** [ʌ̀nsét(ə)lɪŋ]
形 不安にさせる，落ち着かなくさせる（≒ **d**isturbing, **u**psetting）
➢ unsettling news [feelings]（不安になるニュース［落ち着かない気持ち］）
動 **unsettle**（不安にする） 形 **unsettled**（不安〔定〕な）

0970 **untenable** [ʌ̀nténəb(ə)l]
形 支持できない，擁護できない（≒ **r**efutable, **f**limsy）
➢ an untenable argument（支持できない主張）

0971 **unveil** [ʌnvéɪl]
動 (新製品などを) 発表する, ～のベール [覆い] を取る (≒ release, reveal)
➤ unveil new plans (新計画を発表する)
➤ unveil the mystery (謎を解明する)

0972 **uphold** [ʌphóʊld]
動 支持する, 守る (≒ endorse, sustain)
➤ uphold the law (法を遵守する)
➤ uphold the decision (決定を支持する)

0973 **uplifting** [ʌplíftɪŋ]
形 気分を高揚させる, 励みとなる (≒ encouraging, inspiring)
➤ an uplifting story [experience] (気分を高揚させる話 [体験])
動 名 **uplift** (高揚〔させる〕, 上昇〔させる〕)

0974 **uproar** [ʌ́prɔ̀ːr]
名 反対の声, 激しい抗議, わめき叫ぶ声 (≒ turmoil, tumult)
➤ uproar over tax increase (増税に対する反対の声)

0975 **upscale** [ʌ̀pskéɪl]
形 高所得者用の, 高級な (≒ high-end, luxurious)
➤ an upscale hotel (高級ホテル)
➤ upscale restaurants (高級レストラン)

0976 **vandalize** [vǽndəlàɪz]
動 (意図的に) (芸術作品・公共物・他人の所有物などを) 破壊する (≒ demolish, raze)
➤ vandalize the car [house] (車 [家] を破損する)

0977 **vanquish** [vǽŋkwɪʃ]
動 征服する, 打ち勝つ (≒ subjugate, conquer)
➤ vanquish the enemy [army] (敵 [軍隊] を征服する)

0978 **vengeance** [vén(d)ʒ(ə)ns]
名 復讐, 報復 (≒ revenge, retaliation)
➤ vengeance against the enemy (敵に対する復讐)

0979 **vent** [vent]
動 発散させる, 排出する (≒ discharge, release)
名 通気孔, はけ口 (≒ outlet)
➤ vent her anger [fury] (怒りを発散させる)

0980 **verbose** [vəːrbóʊs]
形 冗長な, 言葉数の多い (≒ wordy, redundant)
➤ verbose speeches [comments] (冗長な演説 [論評])

学習日 年 月 日 年 月 日 年 月 日

15. 世界の健康管理機関 WHO の報告とは !?

世界保健機関（**the World Health Organization [WHO]**）は，病気や健康問題に関して次のような報告を発表している。まず，5歳以下の子供は，死因の 50% が**下痢**（**diarrhea**），**麻疹**（**measles**），**マラリア**（**malaria**），**栄養失調**（**malnutrition**），**急性呼吸器感染症**（**acute respiratory infections**）などで，もう少し年齢が進むと，**寄生虫感染**（**infection with parasites**），**軽度から中等度の栄養不良**（**mild-to-moderate malnutrition**），**慢性中耳炎**（**chronic otitis media**），**視聴覚障害**（**visual and auditory disorders**）などが問題となり，思春期では**薬物濫用**（**substance abuse**）や **HIV 感染**（**HIV infection**）などの問題が深刻である。

遺伝学（**genetics**）の研究は，**遺伝病**（**genetic diseases**）の解明や新しい治療の研究に活かされている。例えば，**抗ガン剤**（**anticancer drugs**）に対して，**副作用**（**a side effect**）の少ない**ハーセプチン**（**Herceptin**）のような**単クローン抗体**（**monoclonal antibody**）を用いた癌の治療法や，**癌抑制遺伝子**（**cancer-controlling genes**）を用いてガン細胞を殺す **p53 遺伝子**（**p53 Mutations**）などが開発されたり，Alzheimer disease の場合，脳内で**ベータアミロイド**（**beta-amyloid**）と呼ばれる**たんぱく質**（**protein**）の異常やその原因となる遺伝子の解明によってその**ワクチン**（**vaccine**）が開発されている。

また，**ニコチン**（**nicotine**）を使わない禁煙補助薬や，無精子症の男性でも精子を培養できる**不妊症治療**（**infertility treatment**）や，人体の組織を培養技術で再生させる**再生工学**（**tissue engineering**）も進んでいる。また DNA を用いた薬には，**成長ホルモン**（**growth hormones**）や**心臓発作**（**a heart attack**）用の**組織プラスミノゲン活性化因子**（**a TPA [tissue plasminogen activator]**）や，**癌**（**cancer**）用のウイルス抑制因子（**interferons**）などがある。さらに，**欠陥遺伝子**（**defective genes**）を直す**遺伝子**（**gene**）を**体細胞**（**somatic cells**）に注入する**遺伝子療法**（**a gene therapy**）は**生殖細胞**（**reproductive cells**）を用いて病気を治す**生殖細胞療法**（**a germ-line therapy**）が行われている。

再生医療は，臨床用の**組織増殖メカニズム**（the tissue growth mechanism for clinical use）を研究する**学際的な分野**（an interdisciplinary field）で，**バイオマテリアル**（biomaterials），**幹細胞**（stem cells），**生体模倣の環境**（biomimetic environments）の進歩は，細胞，**生物学的活性分子**（biologically active molecules）の組み合わせから組織を作り上げるユニークな機会をもたらした。患者自身からiPS細胞を作る技術が確立すれば，**拒絶反応**（a rejection response）のない**移植**（transplant）用組織や臓器の作製が可能になると期待されている。

世界初の**クローン羊**（cloned sheep）を生んだ英国のセラピューティクス社は，5匹の**ノックアウト子ブタ**（knockout piglets）を，ヒトの**免疫機構**（immune system）に**拒絶反応**（rejection）がないように**遺伝子操作**（gene manipulation）して誕生させたが，この成功は**異種移植**（xenotransplantation）〔動物から人間への臓器移植〕への躍進である。これは**糖尿病**（diabetes）の治療や，Parkinson's，Alzheimer's，心臓病にも有効で，**ヒト免疫不全ウイルス**（human immunodeficiency virus [HIV]）に耐性のあるヒヒの骨髄移植はエイズ治療にも役立つ。

日本の臓器移植数は，他の先進諸国に比べ非常に少なく，**臓器提供意思表示カード**（an organ donor card）の所持率は10%以下で，**移植臓器**（organs for transplantation）数が圧倒的に不足している。国内での移植手術の平均待機期間は，**心臓移植**（heart transplant）が2年8か月，**肝臓移植**（liver transplant）が約2年，**腎臓移植**（kidney transplant）が約14年である。また，臓器移植による5年後生存率は，心臓94.2%，腎臓89.6%，肝臓71.3%，肺66.1%となっている。

学習日 | 年 月 日 | 年 月 日 | 年 月 日

0981 **vex** [veks]
動 いらだたせる，悩ませる（≒ irritate, annoy）
➤ *(be)* vexed by the problem（問題に悩まされる）
形 **vexed**（イライラした） 形 **vexing**（イライラさせる）

0982 **vindicate** [víndɪkèɪt]
動（潔白を）証明する，正当さを立証する（≒ clear, establish）
➤ vindicate *my* rights [honor]（権利［名誉］を回復する）
名 **vindication**（立証，照明）

0983 **volition** [voʊlíʃ(ə)n, və-]
名 意思，決断力（≒ free will, choice）
➤ of *my* own volition（自分の自由意志で）

0984 **voluptuous** [vəlʌ́ptʃuəs]
形 官能的な［肉感的な］，グラマーな（≒ alluring, seductive）
➤ a voluptuous blonde [model]（官能的な金髪の女性［モデル］）

0985 **wane** [weɪn]
動 徐々に弱まる，衰える（≒ diminish, deteriorate） 名 衰弱，減退
➤ wane with age（年齢とともに減少する［衰える］）
形 waning popularity [influence]（**衰える**人気［**弱まる**影響力］）

0986 **wanton** [wɑ́(ː)nt(ə)n|wɔ́n-]
形 故意の，理不尽な［残忍な］（≒ willful, malevolent）
➤ wanton destruction（故意による破壊行為）
➤ a wanton killing（理不尽な殺人）

0987 **wary** [wéəri]
形 用心深い，慎重な（≒ cautious, careful）
➤ *be* wary of strangers（人見知りをする）
➤ keep a wary eye on the weather（天候を注意深く見守る）

0988 **wayward** [wéɪwərd]
形（子ども・態度などが）手に負えない［わがままな］（≒ willful）
➤ a wayward child（わがままな［言うことを聞かない］子供）
➤ wayward behavior（勝手気ままな行動）

0989 **weary** [wíəri]
形 疲れ果てた，退屈な（≒ tired, exhausted）
動 疲れさせる，うんざりさせる
➤ a weary face（疲れた顔） ➤ a weary sigh（疲れ切ったため息）

0990 **whet** [(h)wet]
動（興味・食欲などを）そそる，刺激する（≒ stimulate）
➤ whet *my* appetite（食欲をかき立てる）

0991	**whimsical** [(h)wímzɪk(ə)l]	形 奇抜な［とっぴな］，気まぐれな，ふざけた（≒ **capricious**, **playful**） ➤ a whimsical idea（奇抜な思いつき） ➤ a whimsical fancy（気まぐれな空想）
0992	**whopping** [(h)wά(:)pɪŋ|wɔ́pɪŋ]	形《通例，a ～ *A* で》途方もない，とてつもなく大きい *A*（≒ **huge**, **massive**） ➤ a whopping amount（とてつもない量） ➤ a whopping bill（途方もない額の請求書）
0993	**willful** [wílf(ə)l]	形（不法行為などが）故意の，意図的な（≒ **deliberate**, **intentional**） ➤ willful misconduct（故意の違法行為） ➤ a willful failure（意図的な失敗）
0994	**wince** [wɪns]	動 顔をゆがめる，たじろぐ，ひるむ（≒ **grimace**, **recoil**） ➤ wince in pain（苦痛で顔をしかめる）
0995	**wistful** [wís(t)f(ə)l]	形 悲しげで物欲しそうな（≒ **wishful**, **longing**, **sorrowful**） ➤ a wistful look（悲しげで物欲しそうな顔つき）
0996	**withhold** [wɪðhóʊld, wɪθ-]	動 差し控える，保留する（≒ **hold back**, **retain**） ➤ withhold payment（支払いを保留する） ➤ withhold information about the case（訴訟の情報の公開を控える）
0997	**wrath** [ræθ|rɔθ]	名 激怒，復讐（≒ **rage**, **fury**） ➤ the wrath of God（神の怒り）
0998	**wrenching** [rén(t)ʃɪŋ]	形 悲痛な，胸が痛むような（≒ **heartbreaking**） ➤ a wrenching story（悲痛な物語） 動 **wrench**（ねじる，もぎ取る，捻挫する）
0999	**yardstick** [jά:*r*dstìk]	名 基準，指標（≒ **touchstone**, **barometer**） ➤ Salary is a yardstick of success.（給料は成功の指標である）
1000	**zenith** [zí:nəθ|zénɪθ]	名（成功・人生などの）絶頂，天頂（≒ **climax**, **pinnacle**） ➤ at the zenith of *his* career（成功の絶頂〔期〕に） 反 **nadir**（どん底）

学習日	年　月　日	年　月　日	年　月　日

One-paragraph Short Stories & Quizzes【35】

The ①**pathology** of ②**pneumonia**, an ③**insidious** disease that can ④**ravage** the most ⑤**resilient** of patients, is extremely complex. However, researchers made a medical ⑥**breakthrough** by the surprising ⑦**revelation**. The ⑧**judicious** ⑨**sublingual** administration of ⑩**wholesome** ⑪**germs** to ⑫**intercept** the pathogen ⑬**microbes** was a ⑭**viable** cure for this seemingly ⑮**insurmountable** condition.

Q. ①～⑮の意味に近い語を選んでください。

①	**pathology**	1. pathosis 2. anthropology 3. tautology 4. anthology
②	**pneumonia**	1. brain inflammation 2. lung inflammation 3. eye inflammation 4. liver inflammation
③	**insidious**	1. edifying 2. insipid 3. disingenuous 4. stealthy
④	**ravage**	1. refute 2. redeem 3. devastate 4. debauch
⑤	**resilient**	1. hardy 2. rigid 3. reciprocal 4. refractory
⑥	**breakthrough**	1. sally 2. relapse 3. revolution 4. levy
⑦	**revelation**	1. disclosure 2. validation 3. dissertation 4. revelry
⑧	**judicious**	1. rudimentary 2. discreet 3. olfactory 4. audacious
⑨	**sublingual**	1. in the eye 2. under the tongue 3. under the arm 4. in a cavity
⑩	**wholesome**	1. blithe 2. winsome 3. sensual 4. salubrious
⑪	**germs**	1. microorganism 2. mold 3. pathogen 4. fungi
⑫	**intercept**	1. assimilate 2. interdict 3. obstruct 4. amass
⑬	**microbes**	1. algae 2. bacterium 3. toxin 4. biomass
⑭	**viable**	1. feasible 2. futile 3. mercurial 4. void
⑮	**insurmountable**	1. invincible 2. impetuous 3. insuperable 4. indolent

【解答欄】

①	②	③	④	⑤	⑥	⑦	⑧

⑨	⑩	⑪	⑫	⑬	⑭	⑮

（和訳） 知らない間に進行する病気であり，最も回復力の強い患者をも苦しめる肺炎の病理は複雑である。しかし，この病気は一見，克服できないと思われていたが，研究者たちは驚くべき新発見により医学を飛躍的に発展させた。その発見とは，病原体である微生物を遮断するために健全な菌を適度に舌下投与する治療は成功が見込めるというものだった。

解答 …… 選択肢の赤い文字が正答

①	病理学	1. 病態	2. 人類学	3. 類語反復	4. 作品集
②	肺炎	1. 脳炎	2. 肺炎	3. 眼炎	4. 肝炎
③	潜行性の	1. 啓発的な	2. 無味乾燥な	3. 誠意のない	4. 忍び寄る
④	荒らす	1. 反論する	2. 改善する	3. 破壊する	4. 堕落させる
⑤	回復力のある	1. 丈夫な	2. 頑固な	3. 相互の	4. 治療しにくい
⑥	躍進／突破口	1. 出撃	2. ぶり返し	3. 大変革	4. 課税
⑦	驚くべき発見	1. 発表	2. 検証	3. 学術論文	4. お祭り騒ぎ
⑧	程よい	1. 初歩的な	2. 慎重な	3. 臭覚の	4. 大胆な
⑨	舌下の	1. 目で	2. 舌の下で	3. 腕の下	4. 空洞で
⑩	健全な	1. 軽率な	2. 愛嬌のある	3. 官能的な	4. 健康的な
⑪	病原菌	1. 微生物	2. かび	3. 病原体	4. 菌類
⑫	途中で捉える	1. 同化する	2. 禁止する	3. ふさぐ	4. 蓄える
⑬	細菌	1. 藻類	2. 細菌	3. 毒素	4. 生物量
⑭	成功の見込める	1. 実現可能な	2. 無駄な	3. 気まぐれな	4. 空虚な
⑮	克服できない	1. 無敵の	2. 衝動的な	3. 克服できない	4. 怠惰な

学習日	年 月 日	年 月 日	年 月 日

5-1. 経済①

□ a subsistence economy	自給自足経済〔生活物資を主に天然資源でまかなう非貨幣経済。消費に見合った生産を行う〕
□ physical stores	実店舗〔⇔「ネット店」は online stores〕
□ a supply chain	製品の原材料調達から生産・販売を経て消費者に届く全過程
□ industrial hollowing-out	産業空洞化
□ consortium	共同事業［企業］体〔特に開発途上国に対する国際借款団を指す〕
□ laissez-faire	自由放任主義〔自由な経済活動を擁護し，政府の市場経済への介入に反対する資本主義の原則〕
□ surveillance capitalism	監視資本主義〔企業が営利目的で個人の消費傾向などの情報を収集し利益を得る経済の仕組み〕
□ bailout money	救済支援金
□ the sharing economy	共有経済〔物やサービスなどをシェアする仕組み〕
□ job action	（労働組合の）抗議行動〔industrial action とも〕
□ a per capita annual income	１人当たり年間所得
□ an economic stimulus package	景気刺激策〔「呼び水政策」は pump-priming measures〕
□ credit relaxation [expansion]	金融緩和　⇔貸し渋り　a credit squeeze
□ indexation	物価スライド制〔物価変動に合わせて受給額を調整する年金の制度〕
□ parity	平価〔一通貨の他の通貨に対する交換比率。公定価格〕
□ revaluation	平価切上げ〔貿易黒字を縮小する一方，通貨の購買力を高めることで国の経済的地位の向上をもたらす通貨政策〕

□ a convertible currency	兌換紙幣〔金や世界各国の通貨と容易に交換することができる紙幣。hard currency は「交換可能通貨」〕
□ exploitation and abuse of employees	従業員の搾取や酷使
□ a three-martini lunch	社用の昼食，豪華な昼食
□ maternalism	仕事と家庭を両立できるように女性従業員に配慮した労務政策〔デイケア，フレックスタイムなど〕
□ a severance pay	解雇手当〔a retention bonus は「残留特別手当」〕
□ a boom-and-bust cycle	景気の波〔economic fluctuation のこと〕
□ assets and liabilities	資産と負債
□ gig workers	独立業務請負人〔independent contractors, contract firm workers, on-call workers, temporary workers の総称〕
□ essential workers	必須労働者〔医療関係者や清掃業者などインフラ維持に不可欠な仕事の従事者〕
□ fringe benefits	付加給付〔「役得」は perquisites〕
□ rank and files	平社員
□ a performance-based pay system	能力給
□ underemployed	不完全雇用の〔学歴や職歴から考えると能力を発揮できない，畑違いの仕事に従事していること〕
□ an employee turnover rate	離職率
□ absenteeism	常習的欠勤
□ hands-on training	実地訓練〔「見習い期間」は a probation period〕
□ children on daycare waiting lists	待機児童〔保育施設に入れず待機リストに載っている児童〕

□	redundant or unproductive workforce	余剰人員や非生産的労働者
□	a performance appraisal [evaluation / review]	勤務評定
□	Generation Z	Z 世代〔Baby Boomers［1946 － 64 生まれ］, Generation X［1965 － 80］, Generation Y / Millennials［1981 － 96］に続く世代［1997 － 2012］のこと〕

Rank C

余裕合格するための 重要「一般語彙」300語を 完全攻略!

Part 1【1001～1200】

学習日 年 月 日 | 年 月 日 | 年 月 日

1001 **abdicate** [æbdɪkèɪt]
動 退位する［退く］，放棄する（≒ **renounce, relinquish**）
➤ abdicate the throne [crown]（王位を退位する）
➤ abdicate *(one's)* responsibility（責任を放棄する）

1002 **abrasive** [əbréɪsɪv]
形 不愉快な，（音などが）耳障りな，研磨用の（≒ **offensive, harsh**）
➤ an abrasive manner（不愉快な［失礼な］態度）
名 **abrasion**（磨耗，〔皮膚の〕擦り傷）

1003 **abrogate** [æbrəgèɪt]
動 廃止する，無効［撤回］にする（≒ **repeal, revoke**）
➤ abrogate the law [rule]（法律［規則］を無効にする）

1004 **accentuate** [əksén(t)ʃuèɪt, æk-]
動 強調する，目立たせる（≒ **underscore, underline**）
➤ accentuate the point [features]（その点［特徴］を強調する）

1005 **accolade** [ǽkəlèɪd, ⸗⸗⸗]
名 称賛［賛辞］，賞［栄誉］（≒ **tribute, acclaim**）
➤ receive an accolade for the work（その作品で称賛を得る）

1006 **accrue** [əkrúː]
動（利息・収益などが）増えていく，貯まる（≒ **accumulate**）
➤ Interests accrue to the deposit.（預金には利息が貯まる）

1007 **acerbic** [əsə́ːrbɪk]
形 辛辣な，とげとげしい（≒ **sharp, sarcastic**）
➤ an acerbic wit（辛辣な機知）
➤ acerbic humor（辛辣なユーモア）

1008 **acquisitive** [əkwízətɪv]
形 貪欲な［欲深い］，物質欲のある（≒ **greedy, covetous**）
➤ an acquisitive society（利益追求社会）
➤ *be* acquisitive of knowledge（知識欲がある）

1009 **acrid** [ǽkrɪd]
形（におい・味などが）つんとくる，（言葉・態度が）辛辣な（≒ **pungent, caustic**）
➤ an acrid smoke [odor]（鼻を突く煙［匂い］）

1010 **adage** [ǽdɪdʒ]
名 金言（≒ **proverb, maxim, aphorism**）
➤ as the old adage goes（古い諺にあるように）

1011	**adulation** [ædʒəléɪʃ(ə)n|ædju-]	**名**（過度の）お世辞，賛美（≒ **h**ero-**w**orship） ➤ adulation of fans [friends]（ファン［友人］からの誇大な称賛）
1012	**alacrity** [əlǽkrəti]	**名** 機敏さ，熱心さ，活発さ（≒ **p**romptness, **e**agerness） ➤ act with alacrity（即座に［てきぱきと］行動する）
1013	**align** [əláɪn]	**動** 一直線にする［整列させる］，提携する（≒ **ar**range, **l**ine **u**p） ➤ Desks are aligned in straight rows.（机が一直線に並んでいる）
1014	**altercation** [ɔ̀ːltərkéɪʃ(ə)n]	**名** 口論，議論（≒ **q**uarrel, **ar**gument） ➤ have an altercation with *my* brother（兄と口論する） **動** **altercate**（口論する）
1015	**angst** [ɑːŋst|æŋst]	**名**（人生・将来などに対する）苦悩，不安（≒ **a**nxiety, **f**ear） ➤ have adolescent angst（青年期の不安がある） ➤ have middle-aged angst（中年の苦悩がある）
1016	**annotation** [æ̀nətéɪʃ(ə)n]	**名** 注釈，注記（≒ **n**ote, **f**ootnote） ➤ book [novel] annotations（本［小説］の注釈）
1017	**antiquated** [ǽntəkwèɪtɪd]	**形** 時代遅れの，古くさい（≒ **o**utdated, **o**ld-**f**ashioned） ➤ an antiquated view（時代遅れの考え方） ➤ an antiquated system（古めかしい制度）
1018	**ascribe** [əskráɪb]	**動**《ascribe *A* to *B* で》A の原因を B のせいにする，A（作品・成果など）を B のものと見なす（≒ **a**ttribute） ➤ ascribe *one's* failure to bad luck（失敗を不運のせいにする）
1019	**askew** [əskjúː]	**副** 斜めに，ゆがんで　**形** 斜めになった，ゆがんだ（≒ **t**ilted） ➤ wear a hat slightly askew（帽子をやや斜めに被る）
1020	**assuage** [əswéɪdʒ]	**動** 和らげる，静める，緩和する（≒ **al**leviate, **mi**tigate） ➤ assuage *your* pain [thirst]（痛み［のどの渇き］を和らげる）

一般語彙【Rank A】 一般語彙【Rank B】 一般語彙【Rank C】 句動詞【Rank A】 句動詞【Rank B】 句動詞【Rank C】

学習日	年　月　日	年　月　日	年　月　日

One-paragraph Short Stories & Quizzes【36】

①**Perplexed** by medical ②**jargon** unfamiliar to ③**laymen**, the ④**novice** ⑤**obstetrician** purchased a ⑥**lexicon** to master the ⑦**pertinent** vocabulary. ⑧**Undaunted** by this task and without ⑨**procrastination**, the ⑩**resourceful** ⑪**neophyte** developed an ⑫**intricate** ⑬**mnemonic** system to ⑭**inscribe** the words into his brain and was able to remember ⑮**verbatim** the entire lexicon.

Q. ①〜⑮の意味に近い語を選んでください。

①	**perplexed**	1. convexed	2. convulsed	3. confounded	4. corroded
②	**jargon**	1. verve	2. vintage	3. argot	4. creole
③	**laymen**	1. amateurs	2. virtuosos	3. underwriters	4. superintendent
④	**novice**	1. flunky	2. mastermind	3. tyro	4. mentor
⑤	**obstetrician**	1. pediatrist 3. ophthalmologist		2. gynecologist 4. cardiologist	
⑥	**lexicon**	1. obituary	2. milieu	3. glossary	4. hieroglyph
⑦	**pertinent**	1. germane	2. prodigal	3. pristine	4. sanctioned
⑧	**undaunted**	1. intimidated	2. intrepid	3. dampened	4. demarcated
⑨	**procrastination**	1. dithering 3. circumlocution		2. clairvoyance 4. bravado	
⑩	**resourceful**	1. fatuous	2. rueful	3. nonconformist	4. ingenious
⑪	**neophyte**	1. greenhorn	2. veteran	3. geek	4. iconoclast
⑫	**intricate**	1. inanimate	2. convoluted	3. incipient	4. ethereal
⑬	**mnemonic**	1. mimetic	2. memorizing	3. memorial	4. memorable
⑭	**inscribe**	1. engrave	2. enlist	3. entail	4. endear
⑮	**verbatim**	1. veritably	2. literally	3. wittingly	4. libelously

【解答欄】

①	②	③	④	⑤	⑥	⑦	⑧

⑨	⑩	⑪	⑫	⑬	⑭	⑮

(和訳) 素人には馴染みのない医学用語に戸惑いながらも，その新米産科医は，適切な語彙をマスターするために語彙集を購入した。この作業にもひるむことなく，先延ばしもせず，この機知にとんだ新人はその単語を脳に刻むための複雑な記憶術を編み出し，その語彙のすべてを逐語的に記憶できた。

解答 ...... 選択肢の赤い文字が正答

①	当惑した	1. 凸状にした	2. 揺さぶられた	3. 困惑した	4. 腐食した
②	専門用語	1. 気迫	2. 年代物の	3. 業界用語	4. 混成語
③	素人	1. 素人	2. 巨匠	3. 保険業者	4. 監督者
④	初心者	1. おべっか使い	2. 黒幕	3. 未熟者	4. 師
⑤	産科医	1. 小児科医	2. 婦人科医	3. 眼科医	4. 心臓専門医
⑥	語彙集	1. 死亡記事	2. 境遇	3. 用語集	4. 象形文字
⑦	適切な	1. 適切な	2. 放蕩の	3. 元のままの	4. 承認された
⑧	ひるまない	1. 怯えている	2. 大胆な	3. 減衰した	4. 区別された
⑨	先延ばし	1. 躊躇すること	2. 千里眼	3. 遠回しな表現	4. 虚勢
⑩	機知に富んだ	1. 愚かな	2. 悲しそうな	3. 反体制の	4. 創意工夫のある
⑪	新人	1. 新米・駆け出し	2. 退役軍人	3. 変わり者	4. 因習打破主義者
⑫	複雑な	1. 無生物の	2. 複雑な	3. 初期の	4. 極めて優美な
⑬	記憶を助ける	1. 模倣の	2. 記憶すること	3. 記念の	4. 思い出に残る
⑭	刻み付ける	1. 深く刻み込まれる	2. 協力を求める	3. もたらす	4. 慕わせる
⑮	逐語的に	1. 本当に	2. 逐語的に	3. 故意に	4. 中傷して

学習日 年 月 日 | 年 月 日 | 年 月 日

1021 **astound** [əstáʊnd]
動《通例, *be* astounded by [at] で》(～に) びっくり仰天する (≒ amaze, astonish)
➤ *(be)* astounded by the event (出来事にびっくり仰天する)

1022 **banter** [bǽntər]
名 機転をきかせた会話, 冗談 (の言い合い), (悪気のない) からかい (≒ a witty conversation, repartee)
➤ friendly banter (気さくな会話) ➤ idle banter (ムダな会話)

1023 **bastion** [bǽstʃ(ə)n|-tiən]
名《比喩的に》(思想・活動などを固守する) 砦, (国・軍隊の) 防衛拠点 (≒ stronghold, bulwark)
➤ a bastion of conservatism (保守主義の砦)

1024 **bent** [bent]
名《単数形で》傾向, 適性, 好み (≒ inclination, predisposition)
➤ people with a political bent (政治好きな人々)

1025 **bequeath** [bɪkwíːð, -kwíːθ]
動 (人に) 遺贈する (≒ make over, leave)
➤ bequeath *one's* property to ... (遺産を～に譲る)

1026 **berate** [bɪréɪt]
動 (強く) 非難 [叱責] する, 叱る (≒ rebuke, reprimand)
➤ berate him for his forgetfulness [tardiness] (彼の物忘れ [遅刻] を叱りつける)

1027 **bigoted** [bígətɪd]
形 偏狭 [偏屈] な (≒ prejudiced, opinionated)
➤ a bigoted conservative (偏狭な保守派)
名 bigotry (偏見, 凝り固まった考え [行為]) 名 bigot (偏狭な人)

1028 **blasé** [blɑːzéɪ|´--]
形 無関心な, 無感動の (≒ indifferent, impassive)
➤ *be* blasé about money (お金に無関心である)
➤ *be* blasé about the dangers of smoking (喫煙の危険性に無関心である)

1029 **boisterous** [bɔ́ɪst(ə)rəs]
形 騒がしい, にぎやかな, 元気いっぱいの (≒ rowdy, clamorous)
➤ a boisterous crowd (騒がしい集団)
➤ boisterous laughter (にぎやかな笑い声)

1030 **boorish** [bʊ́ərɪʃ]
形 粗野な, がさつな (≒ coarse, uncouth)
➤ a boorish attitude (粗野な態度)
➤ boorish behavior (がさつな振る舞い)

1031 **brandish** [brǽndɪʃ]

動（武器などを）振り回す，（物を）誇示する（≒ **wield**）

➤ brandish a weapon [gun]（武器を振り回す［銃を振りかざす］）

1032 **brash** [bræʃ]

形 生意気な，厚かましい（≒ **insolent**）

➤ a brash and arrogant young man（生意気で横柄な若者）

1033 **bravado** [brəvɑ́ːdoʊ]

名 からいばり，強がり，虚勢（≒ **bombast, boldness**）

➤ drunken bravado（酒に酔った上でのからいばり）

➤ a masculine display of bravado（男らしさを示す強がり）

1034 **callous** [kǽləs]

形 冷淡な，無情な（≒ **heartless, uncaring**）

➤ callous treatment（冷淡な扱い）

➤ callous behavior（冷淡な振る舞い）

1035 **camaraderie** [kɑ̀ːmərɑ́ːdəri|kæ̀mə-]

名 友情，仲間意識（≒ **fellowship**）

➤ build a sense of camaraderie（仲間意識を生む）

名 **comrade**（戦友）

1036 **cantankerous** [kæntǽŋk(ə)rəs]

形 怒りっぽい，愚痴っぽい（≒ **bad-tempered, irascible**）

➤ a cantankerous old man（怒りっぽいお爺さん）

1037 **capitalize** [kǽpət(ə)làɪz]

動《～ on *A* で》利用する（≒ **take advantage of, make the most of**）

➤ capitalize on the opportunity（機会を活かす）

➤ capitalize on *one's* ability（能力を利用する）

1038 **capitulate** [kəpítʃəlèɪt|-pítju-]

動（要求などを譲歩して）受け入れる，降伏する（≒ **yield, give in**）

➤ capitulate to his demands（彼の要求をのむ）

名 **capitulation**（受諾，降伏）

1039 **cede** [siːd]

動（権利を）譲る［譲渡する］，（領土を）割譲する（≒ **surrender, concede**）

➤ cede control of resources（資源の掌握を譲る）

1040 **celibacy** [séləbəsi]

名（特に宗教的な誓いによる）独身［禁欲］（主義）（≒ **singleness, chastity**）

➤ a choice between marriage and celibacy（結婚か独身かの選択）

形 **celibate**（〔宗教理由で〕独身の，禁欲の）

学習日	年 月 日	年 月 日	年 月 日

One-paragraph Short Stories & Quizzes【37】

①**Tormented** with ②**insomnia** subsequent to her ③**menopause** and at the end of her ④**tether**, the lady ⑤**ventured** into the use of ⑥**sedatives** to ⑦**induce** sleep, but to no avail. Her ⑧**munificent** ⑨**spouse** offered a fortune to an ⑩**erudite** researcher to find a ⑪**therapeutic** approach to this ⑫**irksome** condition. Then his ⑬**assiduous** efforts led to a ⑭**prodigious** ⑮**feat**.

Q. ①～⑮の意味に近い語を選んでください。

①	**tormented**	1. reprieved	2. smoldered	3. afflicted	4. thwarted
②	**insomnia**	1. restlessness	2. indigestion	3. myopia	4. migraine
③	**menopause**	1. malaise	2. climacteric	3. cataclysm	4. depravity
④	**tether**	1. temperament	2. recalcitrance	3. leash	4. regimen
⑤	**ventured**	1. lusted	2. lampooned	3. vexed	4. gambled
⑥	**sedatives**	1. stimulants	2. narcotics	3. vassals	4. trinkets
⑦	**induce**	1. stifle	2. wheedle	3. exhort	4. catalyze
⑧	**munificent**	1. pastoral	2. bounteous	3. rabid	4. reverend
⑨	**spouse**	1. neophyte	2. partner	3. pundit	4. apprentice
⑩	**erudite**	1. scholarly	2. machiavellian	3. reactionary	4. slovenly
⑪	**therapeutic**	1. mauve	2. noisome	3. baneful	4. curative
⑫	**irksome**	1. aggravating	2. sanctimonious	3. promontory	4. prophetic
⑬	**assiduous**	1. persevering	2. pernicious	3. clandestine	4. rapacious
⑭	**prodigious**	1. compelling	2. impertinent	3. imperious	4. staggering
⑮	**feat**	1. rendition	2. exploit	3. sedition	4. elucidation

【解答欄】

①	②	③	④	⑤	⑥	⑦	⑧
⑨	⑩	⑪	⑫	⑬	⑭	⑮	

(和訳) 更年期以降に続く不眠症に悩まされ，それが限界に達し，その女性は睡眠を誘発するために鎮静薬の使用を試みたが効果はなかった。彼女の寛大な配偶者は，この厄介な症状に対して治療法を見つけるため，ある博学な研究者に財産を提供した。後に，彼の根気強い努力は信じがたいほどの偉業につながった。

解答 ...... 選択肢の赤い文字が正答

①	苦しめられた	1. 猶予された	2. くすぶった	3. 苦しめられた	4. 阻止された
②	不眠症	1. 不眠	2. 消化不良	3. 近視	4. 片頭痛
③	更年期	1. 不快感	2. 更年期	3. 激変	4. 堕落
④	限界	1. 気質	2. 強情さ	3. 革ひも	4. 養生法
⑤	試みた	1. 熱望した	2. 風刺した	3. いらだたせた	4. 思い切ってやった
⑥	鎮静剤	1. 興奮剤	2. 催眠薬	3. 家臣	4. 小さな飾り物
⑦	誘導する	1. 押し殺す	2. 口車に乗せる	3. 熱心に勧める	4. 変化を促進させる
⑧	寛大な	1. 牧歌的な	2. 気前のよい	3. 狂信的な	4. 聖職の
⑨	配偶者	1. 新参者	2. 配偶者	3. 専門家	4. 見習い
⑩	博学な	1. 学究的な	2. 策略にたけた	3. 保守的な	4. いい加減な
⑪	治療の	1. ふじ色の	2. 不快な	3. 致命的な	4. 治療の
⑫	鬱陶しい	1. 腹立たしい	2. 偉そうな	3. 岬	4. 予言どおりで
⑬	根気強い	1. 粘り強い	2. 有害な	3. 秘密の	4. 強欲な
⑭	信じられない	1. 否定しがたい	2. 生意気な	3. 尊大な	4. 驚異的な
⑮	偉業	1. 演出	2. 偉業	3. 扇動	4. 解明

学習日	年 月 日	年 月 日	年 月 日

1041 **chagrined** [ʃəgríndǀʃǽgrɪnd]
形《通例, be ~ ed で》(~を) 悔しく思う, 残念がる (≒ **a**nnoyed, **v**exed)
➤ *be* chagrined at/by the failure (失敗を悔しがる)
➤ *be* chagrined at/by the loss (敗北を悔しがる)

1042 **charade** [ʃəréɪdǀ-rɑ́ːd]
名 見え透いた芝居［ごまかし］, 茶番 (劇) (≒ **f**a**k**e, **f**ar**c**e)
➤ The interview was just a charade. (会見は単なる茶番だった)

1043 **charlatan** [ʃɑ́ːrlət(ə)n]
名 ペテン師, 大ぼらふき (≒ **c**rook, **q**uack, **i**mposter)
➤ *(be)* taken in by a charlatan (ペテン師にだまされる)

1044 **chastise** [tʃæstáɪz, 《米》 ⸗⸗]
動 叱責する［厳しく非難する］, 体罰を加える (≒ **c**astigate, **r**eprimand)
➤ chastise him for smoking (タバコを吸ったことで彼を叱責する)

1045 **chide** [tʃaɪd]
動 たしなめる［叱る, 非難する］(≒ **c**hastise, **s**cold)
➤ chide him for his conduct (行為のことで彼をたしなめる) ➤ chide him for not eating properly (きちんと食事を取っていないことで彼を叱る)

1046 **circumlocution** [sə̀ːrkəmloʊkjúːʃ(ə)nǀ-lə-]
名 遠回しな言い方, 婉曲表現 (≒ **p**eriphrasis)
➤ use (a) circumlocution (遠回しに言う)
➤ unnecessary circumlocution(s) (不要な婉曲表現)

1047 **coalesce** [kòʊəlés]
動 合体する, 融合する (≒ **i**ntegrate, **a**malgamate)
➤ coalesce different parties into one party (異なる政党を 1 つの政党に合併する)

1048 **coddle** [kɑ́(ː)d(ə)lǀkɔ́d-]
動 大事に育てる, 甘やかす (≒ **p**amper, **c**osset)
➤ coddle a baby (赤ちゃんを大事に育てる)
➤ coddle a child (子供を甘やかす)

1049 **commandeer** [kɑ̀(ː)məndíərǀkɔ̀m-]
動 奪い取る, (軍が) 接収する (≒ **s**eize, **h**ijack)
➤ commandeer a vehicle (乗り物を奪い取る)
➤ commandeer the property (財産を接収する)

1050 **commensurate** [kəméns(ə)rətǀ-ʃ(ə)rət]
形 釣り合った, ふさわしい (≒ **e**quivalent)
➤ Salary is commensurate with experience [age]. (給料は経験［年齢］に釣り合っている)

1051 □□□	**complexion** [kəmplékʃ(ə)n]	名 (顔の) 肌の色, 顔色, 様子 [様相, 性質] (≒ skin color, aspect) ➤ have a fine [pale] complexion (顔色がいい [悪い]) ➤ assume a serious complexion (重大な様相を呈する)
1052 □□□	**complicity** [kəmplísəti]	名 共謀, 共犯 (≒ collusion) ➤ complicity in a crime (犯罪の共謀)
1053 □□□	**conciliatory** [kənsíliətɔ̀:ri|-t(ə)ri]	形 なだめるような (≒ appeasing, pacifying) ➤ a conciliatory tone of voice (なだめるような口調)
1054 □□□	**concomitant** [kənkɑ́(:)mət(ə)nt |-kɔ́mɪ-]	形 付随する, 伴う (≒ accompanying) ➤ concomitant responsibility (付帯責任)
1055 □□□	**connive** [kənáɪv]	動 黙認する, 共謀する (≒ overlook, ignore, conspire) ➤ connive at a crime [wrongdoing] (犯罪 [悪事] を黙認する)
1056 □□□	**consecrate** [kɑ́(:)nsəkrèɪt|kɔ́nsɪ-]	動 (教会·場所·物などを) 奉献する, 神聖にする (≒ dedicate, sanctify) ➤ consecrate a church (献堂する) 名 **consecration** (奉献, 神聖化)
1057 □□□	**consort** [kɑ́(:)nsɔ:rt|kɔ́n-]	動 (特に好ましくない人と) 付き合う (≒ associate) 名 《通例, 国王・女王の》配偶者 (≒ spouse) ➤ consort with criminals (犯罪者と付き合う)
1058 □□□	**constellation** [kɑ̀(:)nstəléɪʃ(ə)n|kɔ̀n-]	名 星座, (同種の物の) 集まり (≒ cluster) ➤ observe a constellation (星座を観察する) ➤ a constellation of stars (星の集まり)
1059 □□□	**consternation** [kɑ̀(:)nstərnéɪʃ(ə)n|kɔ̀n-]	名 驚愕, 仰天, 狼狽 (≒ dismay, alarm) ➤ *(be)* struck with consternation and fear (驚愕と恐怖におそわれる)
1060 □□□	**contingent** [kəntín(d)ʒ(ə)nt]	形 《contingent on [upon] ... で》〜次第の, 〜にかかっている (≒ dependent) ➤ remuneration contingent on success (成功報酬)

学習日	年　月　日	年　月　日	年　月　日

16. 政治学の歴史の基礎知識をマスター！

近世以前の法律は特定の地域でのみ**法的効力**（**a legal force**）を有する**国内法**（**a domestic law**）だったため，16～17 世紀頃には国家間の**利害対立**（**conflict of interest**）が顕著になり，**30 年戦争**（**the Thirty Year's War**）のような国際**宗教戦争**（**a religious war**）が活発化した。そこで「国際法の父」グロティウスは，『**戦争と平和の法**（**On the Laws of War and Peace**）』を記し，人間の生来的な**自然権**（**a natural right**）の保護目的で普遍的な**自然法**（**a natural law**）を人類史上初めて提唱した。また**国際慣習法**（**an international custom law**）や**条約**（**treaty**）などの**国際法**（**an international law**）の重要性も強調した。

その後，モンテスキュー（Montesquieu），ロック（Locke），ルソー（Rousseau）などの**啓蒙思想家**（**philosophers of enlightenment**）が社会に強く影響した。モンテスキューは**三権分立**（**separation of powers**）を提唱し，ロックとルソーは，**王権神授説**（**the theory of divine right of kings**）による**絶対王政**（**absolute monarchy**）の**専制政治**（**despotism**）への不満の中，**アメリカ独立戦争**（**the American War of Independence**）や**フランス革命**（**the French Revolution**）などの**市民革命**（**the revolution**）に影響した。近代以降は，**キリスト教**（**Christianity**）の影響が弱まり，**政教分離の原則**（**separation of politics and religion**）が普及するようになった。

市民革命以降，次第に**民主主義**（**democracy**）に基づく政治制度が発展したが，国によって**憲法**（**constitution**），**選挙制度**（**an election system**），**司法制度**（**judiciary**）は多様である。また，多くの国家の経済の基礎にある**資本主義**（**capitalism**）に対し，**旧ソ連**（**the former Soviet Union**）のように**社会主義**（**socialism**）を基礎におく国家もある。

さらに，20 世紀最大の惨禍である**第二次世界大戦**（**World War II**）を引き起こした**全体主義**（**totalitarianism**）や**帝国主義**（**imperialism**）という概念も理解しておく必要がある。

アメリカの**大統領選挙**（**a presidential election**）は**直接民主制**（**direct** democracy）のように思われがちだが，実際にはまず**予備選挙**（**a primary election**）という形で，国民は州ごとに**大統領選挙人**（**presidential electors**）を選出し，続いて大統領選挙人の集合である**選挙人団**（**the electoral college**）が**大統領候補者**（**presidential candidates**）に投票するシステムを採用しており，ある程度，**間接民主制**（**indirect democracy**）的な側面もある。

米国は**民主党**（**the Democratic Party**）と**共和党**（**the Republican Party**）の**二大政党制**（**a two-party system**）である。また，政党はイギリスの**ホイッグ**（**Whig**）党のような**革新主義**（**progressivism**）と**トーリー**（**Tory**）党のような**保守主義**（**conservatism**）がある。選挙で自党に有利な**選挙区**（**constituency**）の設定は**ゲリマンダー**（**gerrymandering**），**予備選挙**（**a primary election**）で地区レベルでの政党党員の集会はcaucus，選挙によって政府や議員に与えられる権限はmandateと言われる。また，日本と異なり，米，英，独などではネット選挙を活用しており，**戸別訪問**（**door-to-door canvassing**）も可能である。

米国大統領は**法案提出権**（**the right to submit a bill**）や議会解散権をもたないため，**議院内閣制**（**a parliamentary system**）の日本の政治とは異なる。議院内閣制の国では複数の政党が政権を担うことがあり，これを**連立政権**（**coalition administration**）と呼ぶ。また，**間接民主制**（**indirect democracy**）の国家では，国会の見解と世論が異なる時に，国民が**直接投票**（**a direct popular vote**）を行うことがある。英語では決定権や拘束力をもつものをplebiscite，持たないものをreferendumという。

学習日 年 月 日 | 年 月 日 | 年 月 日

1061 **contravene** [kɑ̀(:)ntrəví:n|kɔ̀n-]
動 違反する，（原則と）矛盾する（≒ **breach**, **conflict with**）
➤ contravene the rules（規則に違反する）
➤ contravene basic human rights（基本的人権と反する）

1062 **contrite** [kəntráɪt|kɔ́ntraɪt]
形（犯した罪・悪業などを）後悔している，自責の念を抱いた（≒ **remorseful**, **repentant**）
➤ a contrite apology [look]（罪を深く悔いた謝罪［顔つき］）

1063 **corollary** [kɔ́:rəlèri|kərɔ́l(ə)ri]
名 必然的な結果，自然に引き出せる結論（≒ **consequence**, **result**）
➤ the natural corollary of the discovery（発見の必然的な結果）

1064 **corpulent** [kɔ́:rpjələnt]
形 肥満した，肥満形の（≒ **obese**, **overweight**）
➤ a corpulent body [figure]（肥満体）

1065 **coy** [kɔɪ]
形 純情ぶる，恥ずかしそうなふりをする（≒ **shy**, **bashful**）
➤ a coy smile（はにかんだような笑み）
➤ act [play] coy（恥ずかしそうなふりをする）

1066 **crafty** [krǽfti|krá:fti]
形 ずる賢い，悪賢い（≒ **cunning**, **wily**）
➤ a crafty fox（ずる賢いキツネ）
➤ a crafty cat（悪賢い猫）

1067 **credulous** [krédʒ(ə)ləs|-djʊ-]
形 だまされやすい（≒ **gullible**, **naive**）
➤ credulous investors [shoppers]（だまされやすい投資家たち［買い物客たち］）

1068 **cryptic** [kríptɪk]
形 謎めいた，不可解な（≒ **enigmatic**, **arcane**）
➤ cryptic messages [notes]（謎めいたメッセージ［メモ］）

1069 **dabble** [dǽb(ə)l]
動 遊び半分に手を出す，かじる（≒ **play with**）
➤ dabble in literature（道楽半分にものを書く）
➤ dabble in music（音楽をかじる）

1070 **dawdle** [dɔ́:d(ə)l]
動 ぐずぐずする，時間を無駄にする（≒ **linger**）
➤ dawdle over *my* work（仕事をだらだらする）

1071 □□□	**debilitating** [dɪbílɪtèɪtɪŋ]	形 衰弱させるような，（組織などを）弱体化させるような（≒ enervating） ➤ debilitating diseases [malnutrition]（衰弱させる病気［栄養不良］） 動 **debilitate**（〔体を〕衰弱させる，〔組織などを〕弱体化させる）
1072 □□□	**decrepit** [dɪkrépɪt]	形 老朽化した，老衰した（≒ dilapidated, feeble） ➤ a decrepit house（おんぼろの家） ➤ a decrepit old man（よぼよぼのお爺さん）
1073 □□□	**defile** [dɪfáɪl]	動 汚す，（神聖さ・名声・名誉・評判などを）汚す（≒ sully, mar） ➤ defile the holy place by a sacrilegious act（不敬な行為で聖地を汚す） ➤ defile the image（イメージを汚す）
1074 □□□	**defray** [dɪfréɪ]	動（費用・経費などを）負担する［支払う］（≒ pay (for), cover） ➤ defray the cost（費用を払う） ➤ defray the expenses（必要経費を払う）
1075 □□□	**delectable** [dɪléktəb(ə)l]	形（飲食物が）とてもおいしい，おいしそうな（≒ delicious, appetizing） ➤ delectable dishes（とてもおいしい料理） ➤ delectable food（おいしそうな食べ物）
1076 □□□	**delineate** [dɪlínièɪt]	動 描写する，輪郭を描く，詳細に描写［叙述］する（≒ describe, outline） ➤ delineate the role（役を〔丁寧に〕描き出す） ➤ delineate the character（人物を明確に叙述する）
1077 □□□	**delirium** [dɪlíriəm, 《英》-líər-]	名 せん妄状態，一時的精神錯乱状態，興奮状態（≒ derangement） ➤ lapse into delirium（せん妄状態に陥る） ➤ talk in delirium（うわ言を言う）
1078 □□□	**demarcate** [dɪmɑ́ːrkeɪt|díːmɑːkèɪt]	動 境界を定める［区切る］，一線を画する（≒ separate, divide） ➤ demarcate the boundaries of the property（地所の境界を定める） 名 **demarcation**（区分，境界〔設定〕）
1079 □□□	**denote** [dɪnóʊt]	動（文字・符号などが）意味する，示す（≒ signify, designate） ➤ The mark on the map denotes a station.（その地図のマークは駅を示します）
1080 □□□	**denounce** [dɪnáʊns]	動 公然と非難する（≒ decry, censure） ➤ denounce the movie as immoral（映画を不道徳と公然と非難する） 名 **denouncement**（公然の非難）

一般語彙【Rank A】 一般語彙【Rank B】 一般語彙【Rank C】 句動詞【Rank A】 句動詞【Rank B】 句動詞【Rank C】

学習日	年　月　日	年　月　日	年　月　日

One-paragraph Short Stories & Quizzes【38】

The ①**iniquitous** ②**mercenaries** ③**surreptitiously** spread ④**insinuations** against the captain's ⑤**probity** among the ⑥**susceptible** sailors to ⑦**instigate** a ⑧**mutiny**. ⑨**Mayhem** ⑩**ensued** as the ⑪**beguiled** sailors ⑫**massacred** the officers of the ship, while the ⑬**opportunistic** mercenaries ⑭**looted** the vessel of its ⑮**priceless** treasure.

Q. ①～⑮の意味に近い語を選んでください。

①	**iniquitous**	1. nefarious　2. venerable　3. vehement　4. devious
②	**mercenaries**	1. soldiers of fortune　2. soldiers of adventure 3. soldiers of bounty　4. soldiers of overseas
③	**surreptitiously**	1. nonchalantly　2. pretentiously　3. stealthily　4. guilelessly
④	**insinuations**	1. innuendoes　2. insularism　3. paroxysms　4. revulsions
⑤	**probity**	1. corruption　2. prowess　3. integrity　4. waywardness
⑥	**susceptible**	1. despondent　2. naive　3. desultory　4. nascent
⑦	**instigate**	1. incite　2. abbreviate　3. banter　4. abrogate
⑧	**mutiny**	1. mutilation　2. insurgency　3. decorum　4. upheaval
⑨	**mayhem**	1. uproar　2. personification　3. ramification　4. consternation
⑩	**ensued**	1. followed　2. abated　3. engrained　4. severed
⑪	**beguiled**	1. enticed　2. estranged　3. debunked　4. sequestered
⑫	**massacred**	1. martyred　2. rejuvenated　3. slaughtered　4. straggled
⑬	**opportunistic**	1. opinionated　2. covetous　3. circumstantial　4. peevish
⑭	**looted**	1. jostled　2. ransacked　3. leveraged　4. nauseated
⑮	**priceless**	1. invaluable　2. shoddy　3. seamless　4. volatile

【解答欄】

①		②		③		④		⑤		⑥		⑦		⑧	

⑨		⑩		⑪		⑫		⑬		⑭		⑮	

(和訳) 凶悪な傭兵たちは反乱を扇動するため，多感な船員たちの間に船長の誠実さとは逆の噂を密かに広めた。暴動が間もなく起き，だまされた水兵［下級船員］たちが高級船員たちを虐殺し，一方で好機を狙っていた傭兵たちは高価な財宝を積んだ船を略奪した。

解答 …… 選択肢の赤い文字が正答

①	凶悪な	1. 凶悪な	2. 尊敬できる	3. 強烈な	4. 不正な
②	傭兵	1. 傭兵	2. 冒険心あふれる兵士	3. 報償に値する兵士	4. 外国人部隊
③	こっそりと	1. 無頓着に	2. 気取って	3. こっそりと	4. 率直に
④	（他人の悪事などの）当てこすり	1. 当てこすり	2. 島国根性	3. 発作	4. 反感
⑤	誠実さ	1. 腐敗	2. 卓越した技量	3. 誠実さ	4. わがまま
⑥	多感な	1. 失望した	2. だまされやすい	3. 漠然とした	4. 発生期の
⑦	扇動する	1. 扇動する	2. 簡約する	3. 冷やかす	4. 廃止する
⑧	反乱	1. 切断	2. 反乱	3. 礼儀正しさ	4. 大変動
⑨	騒乱	1. 騒動	2. 擬人化	3. 影響	4. 狼狽
⑩	結果として起こった	1. 続いて起こった	2. 減少した	3. 染みついた	4. 切断された
⑪	だまされた	1. そそのかされた	2. 疎遠になった	3. 暴かれた	4. 隔離された
⑫	虐殺した	1. 迫害された	2. 活性化した	3. 虐殺した	4. はぐれた
⑬	チャンスを狙った	1. 独善的な	2.（他人のもの・富などを）強く欲しがる	3. 状況的な	4. いらいらした
⑭	略奪した	1. 突いた	2. 略奪した	3. 借入金による	4. 吐き気を催した
⑮	貴重な	1. 非常に貴重な	2. 粗悪な	3. 途切れのない	4. 揮発性の

学習日 年 月 日 | 年 月 日 | 年 月 日

1081 **depose** [dɪpóʊz]
動 (王を) 退位させる，(政治指導者などを) 退陣させる (≒ overthrow, oust)
➤ depose the king (王を退位させる)
➤ depose the president (大統領を辞任させる)

1082 **depraved** [dɪpréɪv]
形 堕落した，邪悪な (≒ corrupt, degenerate)
➤ live [lead] a depraved life (堕落した人生を送る)
➤ depraved fantasies (邪悪な空想) 名 depravity (堕落)

1083 **deprecate** [déprəkèɪt]
動 非難する，咎める，軽視する (≒ deplore, condemn)
➤ deprecate the vices of humankind (人間の悪行を強く非難する)

1084 **deranged** [dɪréɪn(d)ʒd]
形 錯乱した，狂った，乱れた (≒ insane, mad)
➤ seriously deranged behavior (ひどく錯乱した行動)
➤ a deranged fan (精神が錯乱したファン)

1085 **derelict** [dérəlikt]
形 (建物・土地などが) 放置 [放棄] された，見捨てられた (≒ deserted)
➤ a derelict building [land] (放置されたビル [土地])

1086 **desiccated** [désɪkèɪtɪd]
形 (保存のために) 乾燥させた，乾燥しきった [干からびた] (≒ dried, dehydrated)
➤ desiccated milk (粉ミルク) ➤ desiccated skin (乾燥した肌)

1087 **despondent** [dɪspá(:)nd(ə)nt |-spɔ́nd-]
形 落胆 [意気消沈] した (≒ downcast, disheartened)
➤ a despondent mood [heart] (落胆したムード [気分])

1088 **devious** [dí:viəs]
形 よこしまな，不正な，遠回りの (≒ sly, insidious)
➤ a devious mind (よこしまな心)
➤ devious means (不正な手段)

1089 **diatribe** [dáɪətràɪb]
名 (人・意見・活動などに対する) 痛烈な批判，酷評 (≒ tirade)
➤ a diatribe against the government's policy (政府の政策に対する痛烈な批判)

1090 **dilated** [daɪléɪtɪd, dɪ-]
形 (瞳孔・血管などが) 広がった，拡張した (≒ enlarged, widened)
➤ dilated pupils (散大した瞳孔)
➤ dilated blood vessels (拡張した血管)

1091 **disavow** [dìsəváʊ]
動（関与・責任などを）否定［否認］する（≒ negate, disclaim）
➤ disavow any connection with the radical group（過激派とのいかなる関係をも否定する）

1092 **disheveled** [dɪʃév(ə)ld]
形（髪が）ぼさぼさの，（服装などが）だらしない（≒ unkempt, untidy）
➤ disheveled hair（ぼさぼさの髪）
➤ a disheveled appearance（だらしない身なり）

1093 **dislodge** [dɪslɑ́(ː)dʒ|-lɔ́dʒ]
動 追い払う，（固定・安定した場所から）取り除く（≒ oust, displace）
➤ dislodge the army [enemy]（軍隊［敵］を追い払う）
➤ dislodge the stone（石を取り除く）

1094 **disparate** [díspərət]
形（質や種類において）まったく異なる［さまざまな］，異種の（≒ different, differing）
➤ disparate elements [subjects]（まったく異なる要素［さまざまな話題］）

1095 **dissect** [dɪsékt, daɪ-]
動 解剖する，詳しく分析する（≒ anatomize, analyze）
➤ dissect a body（死体を解剖する）
➤ dissect the problem（問題を詳細に分析する）

1096 **distraught** [dɪstrɔ́ːt]
形（心配・嘆きで）取り乱した，動転した（≒ distressed）
➤ *be* distraught with grief（悲しみに打ちひしがれる）
➤ *be* distraught with fear（不安にさいなまれる）

1097 **divisive** [dɪváɪsɪv]
形 対立させる，不和を生じさせる（≒ contentious）
➤ a divisive issue [problem]（対立を引き起こす問題）

1098 **downcast** [dáʊnkæ̀st|-kɑ̀ːst]
形 うつむいた，意気消沈した（≒ despondent, disheartened）
➤ downcast eyes（伏し目）
➤ a downcast expression（がっかりした様子）

1099 **drab** [dræb]
形 単調な，さえない（≒ dull, dull-colored）
➤ a drab room（殺風景な部屋）
➤ drab clothes（パッとしない服装）

1100 **ebb** [eb]
名 引き潮，衰退［減退］
動（潮が）引く，衰退［減退］する（≒ retreat）
➤ an ebb and flow of the tide（潮の干満）

学習日	年 月 日	年 月 日	年 月 日

One-paragraph Short Stories & Quizzes【39】

The ①**laconic** ②**undergraduate** would hardly ③**murmur** a word in class, but would ventilate his ④**pent-up** feelings in ⑤**whimsical** ⑥**haphazard** ⑦**outbursts** of ⑧**onomatopoeia**, which ⑨**disconcerted** his classmates. He was a ⑩**vulnerable** character but neither a ⑪**neurotic** nor a ⑫**recluse**. With a ⑬**nimble** mind and a ⑭**gargantuan** appetite for knowledge, he became a scholar in an ⑮**exalted** position.

Q. ①～⑮の意味に近い語を選んでください。

①	**laconic**	1. taciturn	2. coy	3. garrulous	4. holistic
②	**undergraduate**	1. understudy	2. collegian	3. coterie	4. sophomore
③	**murmur**	1. mumble	2. articulate	3. enunciate	4. promulgate
④	**pent-up**	1. vented	2. contravened	3. inhibited	4. impeccable
⑤	**whimsical**	1. impassioned	2. capricious	3. inexplicable	4. jaundiced
⑥	**haphazard**	1. tumultuous	2. hapless	3. hazy	4. arbitrary
⑦	**outburst**	1. eruption	2. influx	3. exodus	4. profusion
⑧	**onomatopoeia**	1. vocal imitation 3. facial recognition		2. manual gesticulation 4. metonymic expression	
⑨	**disconcerted**	1. disconnected	2. unsettled	3. estranged	4. nettled
⑩	**vulnerable**	1. omnipotent	2. tenuous	3. onerous	4. sedulous
⑪	**neurotic**	1. maniac	2. savant	3. psychopath	4. paranoid
⑫	**recluse**	1. jerk	2. hermit	3. lassitude	4. nonentity
⑬	**nimble**	1. infernal	2. agile	3. jaunty	4. laudable
⑭	**gargantuan**	1. leviathan	2. halcyon	3. municipal	4. minute
⑮	**exalted**	1. distinguished	2. exuberant	3. extant	4. steadfast

【解答欄】

①	②	③	④	⑤	⑥	⑦	⑧

⑨	⑩	⑪	⑫	⑬	⑭	⑮

(和訳) その無口な大学生は，クラスで一言も言葉を発することはほとんどなかったが，突飛にめちゃくちゃな擬音語を吐き出すことで彼の鬱積した感情のはけ口にし，クラスメートを動揺させた。彼は傷つきやすい性格だったが，神経症でも隠遁者でもなかった。機知と膨大な知識欲で，彼は高貴な学者となった。

解答 …… 選択肢の赤い文字が正答

①	無口な	1. 無口な	2. 純情ぶった	3. おしゃべりな	4. 全体論的な
②	大学生	1. 代役俳優	2. 大学生	3. 同人	4. 2年生
③	つぶやく	1. ぶつぶつ言う	2. はっきり表現する	3. はっきり発音する	4. 公布する
④	鬱積した	1. 発散した	2. 違反した	3. 抑制された	4. 非の打ちどころのない
⑤	突飛な	1. 情熱的な	2. 気まぐれな	3. 不可解な	4. 黄疸にかかった
⑥	でたらめの	1. 大騒ぎの	2. 不運な	3. ぼんやりした	4. 気まぐれな
⑦	噴出	1. 噴火	2. 大量流入	3. 大量流出	4. 多量
⑧	擬音語	1. 声の模倣	2. 手まね	3. 顔認識	4. 換喩的表現
⑨	動揺させた	1. 相違	2. 困惑させた	3. 遠ざけた	4. イライラさせた
⑩	傷つきやすい	1. 全能の	2. もろい	3. うんざりする	4. 勤勉な
⑪	神経症患者	1. 熱狂的愛好家	2. 学者	3. 変質者	4. 偏執症患者
⑫	隠遁者	1. 急な動き	2. 隠者	3. 倦怠	4. 重要でない人
⑬	機転のきく	1. ひどい	2. 頭の回転が速い	3. 快活な	4. 賞賛に値する
⑭	巨大な	1. 巨大な	2. 平穏な	3. 地方自治の	4. 詳細な
⑮	高貴な	1. 高貴な	2. あふれんばかりの	3. 現存している	4. 揺るぎない

学習日　年　月　日　年　月　日　年　月　日

1101 **ebullient** [ɪbʌ́liənt]
形 活気にあふれた，威勢のいい（≒ **exuberant**, **buoyant**）
➤ an ebullient mood（活気にあふれた雰囲気）
➤ an ebullient personality（威勢のいい性格）

1102 **eclipse** [ɪklíps]
動 上回る［凌駕する，しのぐ］（≒ **outshine**, **surpass**）
➤ eclipse the ability（能力を上回る）
➤ eclipse the scale（規模を上回る）

1103 **egregious** [ɪgríːdʒəs]
形 実にひどい，言語道断な（≒ **glaring**）
➤ an egregious error（甚だしい誤り）
➤ an egregious lie（とんでもないうそ）

1104 **embittered** [ɪmbítərd]
形 怒りと悲しみに満ちた
➤ *be* embittered by the unfair treatment（不公平な仕打ちで怒りと悲しみに満ちた）

1105 **endearing** [ɪndíərɪŋ]
形 かわいらしい，親しみやすい［人に好かれる］（≒ **lovable**, **adorable**）
➤ an endearing smile（愛くるしい微笑み）
➤ an endearing character（親しみやすい性格）

1106 **enraptured** [ɪnrǽptʃərd]
形 うっとりした，有頂天になった（≒ **delighted**, **enchanted**）
➤ an enraptured audience（酔いしれている聴衆）
➤ an enraptured crowd（有頂天になった群衆）

1107 **ephemeral** [ɪfém(ə)r(ə)l, -fíːm-]
形 はかない，つかの間の（≒ **transitory**, **transient**）
➤ an ephemeral life（はかない人生）
➤ ephemeral beauty（はかない美しさ）

1108 **epitaph** [épɪtæ̀f|-tɑ̀ːf]
名 碑文，墓碑銘（≒ **inscription**, **epigraph**）
➤ an epitaph on the grave [tombstone]（墓の碑文［墓碑銘］）

1109 **equitable** [ékwətəb(ə)l]
形 公平な，公正な（≒ **fair**）
➤ an equitable distribution [treatment]（均等配分［公平な待遇］）
名 **equity**（公正さ）

1110 **espouse** [ɪspáʊz]
動（主義・政策などを）支持する（≒ **adopt**, **embrace**）
➤ espouse a belief（信念を支持する）
➤ espouse a principle（主義を支持する）

1111 **expound** [ɪkspáʊnd, eks-]

動 詳しく説明する（≒ explain, elucidate）
➤ expound the law（法律を詳しく説明する）
➤ expound the theory（理論を詳しく説明する）

1112 **extant** [ékst(ə)nt, ekstǽnt]

形（文書・建物などが）現存している，残存する（≒ existing）
➤ an extant document（現存する文書）
➤ *be* no longer extant（もはや現存しない）

1113 **extradite** [ékstrədàɪt]

動（犯人・亡命者などを）引き渡す，送還する（≒ hand over）
➤ extradite the terrorist to the country（テロリストをその国へ引き渡す）

1114 **exuberant** [ɪgz/júːb(ə)r(ə)nt, egz-]

形 元気溢れる，生い茂る，派手な（≒ ebullient, lush）
➤ exuberant young people（元気溢れる若者）
➤ exuberant energy（溢れんばかりのエネルギー）

1115 **exult** [ɪgzʌ́lt, egz-]

動 歓喜［狂喜］する（≒ rejoice）
➤ exult in the success [victory]（成功［勝利］に歓喜する）
名 **exultation**（歓喜，狂喜）

1116 **facetious** [fəsíːʃəs]

形（発言などが）ふざけた，おどけた（≒ frivolous, jocular）
➤ facetious remarks [jokes]（おどけた発言［冗談］）

1117 **faux pas** [fòʊpάː]

名（社交の場での）失言，非礼，エチケット違反（≒ gaffe, blunder）
➤ a faux pas at the ceremony（式典での失言）
➤ a faux pas at the wedding（結婚式での非礼）

1118 **faze** [feɪz]

動（物が言えない［動けない］くらい～を）驚かせる，困らせる
➤ *(be)* not fazed by the event（出来事に慌てふためかない［動じない］）

1119 **felicity** [fəlísəti]

名 至福，（表現の）適切さ［うまさ］（≒ rapture, bliss, euphoria）
➤ domestic felicity（家庭の至福）
➤ a felicity of expression（適切な表現）

1120 **flabby** [flǽbi]

形 たるんだ，締まりのない（≒ loose, lax）
➤ flabby skin（たるんだ肌）
➤ a flabby belly（締まりのない腹）

学習日　　年　月　日　｜　　年　月　日　｜　　年　月　日

17. アートの歴史の基礎知識をマスター！

人類最古の美術は，**先史時代**（**the prehistoric age**）に，獲物の捕獲の祈りを込めて描いた旧石器時代の洞窟壁画**ラスコーの馬の洞窟壁画**（**Cave painting of a dun horse at Lascaux**）が有名だ。紀元前 8000 年～1000 年のメソポタミア（Mesopotamia）では，シュメール人（Sumerians）は世界初の文字，**楔形**（くさびがた）**文字**（**cuneiform characters**）を発明し，**神殿**（**shrines**）や**城壁**（**rampart**）をもつ**都市国家**（**a city state**）を形成した。**モザイク画**（**mosaic**）や使われる**装飾品**（**accessories**）などの多数の美術品を生み出したとも言われている。

エジプト美術（**Egyptian Art**：紀元前 3000 ～ 300 年頃）と言えば，パピルスに書かれた「死者の書（The Book of the Dead)」にあるように，**死後の魂の存続**（**eternity of soul after death**）を求めた古代エジプト人の創造したピラミッド（pyramid)，ミイラ（mummy）が有名だ。ちなみに，**フレスコ壁画**（**fresco paintings**）に見られる，エーゲ海（the Aegean Sea）で栄えた**クレタ文明**（**the Cretan civilization**）の絵画技法はエジプト美術を手本としたと言われている。

古代ギリシャ人（紀元前 1000 年～ 550 年）は肉体・精神の調和美を追求し，主題である**神々**（**gods**）の彫像や神殿を創った。これに対して古代ローマ（紀元前 50 ～ 550 年）美術の主題は「現実の人物（humans)」で，**騎馬像**（**equestrian statues**）や**凱旋門**（がいせんもん）（**the Arch of Triumph**）のような**戦争で活躍した英雄**（**war heroes**）を称えたものが多い。東ローマ帝国（the Eastern Roman [Byzantine] Empire）で生まれた，**初期キリスト教美術**（**Early Christian art**）はイスタンブールの聖ソフィア寺院（Hagia Sophia, Istanbul）に見られるように，鮮やかな色彩の**モザイク壁画**（**mosaic murals**）や**聖画像・イコン**（**icon**）が特徴。

東・西ローマ帝国滅亡後，欧州各地にキリスト教の修道院や聖堂が多く造られた。10 ～ 13 世紀の**ロマネスク様式**（**Romanesque**）は最初のヨーロッパ建築で，**古代ローマ建築とビザンチン建築が融合**（**a fusion of ancient Roman and Byzantine buildings**）し，**厚い壁と頑丈な柱**（**thick walls**

and sturdy pillars)，**円形の装飾的なアーチ**（**round decorative arches**），**大きなタワー**（**large towers**）と**簡素**（**simplicity**）を特徴とし，世界遺産**ピサの大聖堂と斜塔**（**the Cathedral and Leaning Tower of Pisa**）が代表例である。12～16世紀は**ゴシック様式**（**the Gothic style**）が生まれ，世界最大のゴシック建築，ケルン大聖堂（Cologne Cathedral）に見られる，尖った**尖塔アーチ**（**pointed arches**）や**細長い窓や柱**（**tall narrow windows and columns**）による**高さの強調**（**emphasis on verticality**）と**壮麗**（**majesty**）を特徴とする。

14世紀には**伝統的キリスト教の考え方**（**a traditional Christian perspective**）よりも**科学的な見方**（**a scientific perspective**）や**人間味豊かな芸術**（**art with a human touch**）を求めるようになり，古代ギリシア・ローマ文化の「ルネッサンス（Renaissance）」が起こった。『モナリザ（Mona Lisa）』『最後の晩餐（The Last Supper）』を描いたレオナルド・ダ・ビンチ（Leonardo da Vinci），バチカン宮殿（the Palace of the Vatican）のシスティーナ礼拝堂（the Sistine Chapel）の壁画『**最後の審判**（**The Last Judgment**）』で有名なミケランジェロ（Michelangelo），バチカンのサン・ピエトロ大聖堂の『アテネの学堂（The School of Athens）』や多くの**聖母像**（**Virgin Mary**）を描いたラファエロ（Raffaello）がその三大巨匠である。この運動は，ヨーロッパ北方へ広がり，オランダのブリューゲル（Bruegel）に代表される写実的な作品が生まれ，特に「北方ルネサンス（the Northern Renaissance）」と呼ばれている。

バロック（Baroque）は17世紀フランスの国王ルイ14世統治下の重苦しい雰囲気の中で生まれた，**複雑かつ動的でドラマチック，重厚な表現**（**complicated, dynamic, dramatic and ponderous expressions**）を特徴とする様式である。古都ローマを絢爛豪華（けんらんごうか）な都に変貌させたことで有名なベルニーニのバチカンのサン・ピエトロ広場（St. Peter's Square），フランスのベルサイユ宮殿（the Palace of Versailles），ローマのトレヴィの泉（the Trevi Fountain），ウィーンのベルヴェデーレ宮殿（the Belvedere）などが有名である。後期バロック建築を受け継いだ**ロココ建築**（**Rococo architecture**）は，ドイツのサンスーシ宮殿（Schloss Sanssouci）に見ら

学習日　年　月　日　年　月　日　年　月　日

れるように，**渦巻き装飾**（**s**crollwork）と**左右非対称パターン**（**a**symmetrical **p**atterns）を特徴とし，**優美・繊細**（**e**legant **and d**elicate）である。

18～19世紀ヨーロッパで，芸術的自由を抑圧した**古典主義や啓蒙主義的社会規範に反発**（**a b**acklash **against the n**orms **of C**lassicism **and E**nlightenment **i**deals）して起こった**ロマン主義**（**R**omanticism）は，**合理主義**（**r**ationalism）に対して個人の**感受性**（**s**ensitivity）を重視した。**神秘主義**（**m**ysticism），**恋愛賛美**（**g**lorification **of l**ove），**民族意識**（**e**thnic **c**onsciousness）を特徴とした。ロマン派画家は，極限状況下の人間ドラマを**大胆な構図**（**d**aring **c**ompositions）・**強烈な色彩**（**v**ivid **c**olors）でリアルに描いた。『着衣のマハ（The Clothed Maja）』と『裸のマハ（The Nude Maja）』で知られるスペイン最高位の画家ゴヤ（Goya）は有名である。19世紀には**ロマン主義への反動**（**a b**acklash **against R**omanticism）として，身近な風景や人々の日常生活をありのまま描く**写実主義**（**R**ealism）・**自然主義**（**N**aturalism）が生まれた。**自然主義的な風景画**（**n**aturalistic **l**andscape **p**aintings）や**写実的な農民画**（**r**ealistic **p**aintings **of p**easantry）を描いたコロー（Corot）やミレー（Millet）などのバルビゾン派（the Barbizon School）画家が登場した。

1886年～1910年，印象主義の制限を超える**後期印象主義**（**P**ost-**I**mpressionism）が起こり，**幾何学的な形**（**g**eometric **f**orms），**表現効果を狙い形を歪ませる手法**（**d**istort **f**orms **for e**xpressive **e**ffects），**不自然な色使い**（**u**se **of u**nnatural **c**olors）が特徴で，ゴーギャン（Gauguin），ゴッホ（Gogh），セザンヌ（Cezanne）などが代表例である。19世紀後半には「自然の模倣」という西洋美術の伝統的概念を捨て，**空想と無意識**（**i**magination **and the u**nconscious）を尊重する抽象芸術（**a**bstract **a**rt）が誕生した。**深い感情**（**d**eep **e**motions）を呼び起こすロシアの現代画家，カンディンスキー（Kandinsky）に代表される抽象画は，20世紀に**野獣派**（**F**auvism），**表現主義**（**E**xpressionism），**立体派**（**C**ubism），**未来派**（**F**uturism）へと発展して行った。

20世紀になると，心の動きの表現にフォーカスし，色彩は「感情を表現するための手段」とする**野獣派**（**F**auvism）が登場した。彼らは**自然の色彩を考**

慮せず（without regard for the subject's natural colors），熱狂的で，しばしば**不調和の色彩**（dissonant colors）を使って感情を表現した。野獣派は，**マチス**（Matisse），が提唱した一種の**表現主義**（Expressionism）である。

立体派（Cubism）は，ピカソ（Picasso）やブラック（Braque）に見られるような，**写実的描写**（realistic description）から絵画を解放し，**抽象的描写**（abstract description）を重視した20世紀の芸術運動で，アフリカやオセアニアの**部族美術**（tribal art）から発想を得た。オブジェや人を同時に異なる角度から見たかのように描き，**単純な幾何学的形態**（simple geometric shapes）や，**交差する平面**（interlocking planes），**コラージュ**（collage）などの使用が特徴である。

文学（literature）は言語で思想や感情を表現した芸術作品を指し，**詩**（poetry）と**散文**（prose）に大別される。詩は言葉をリズミカルに配列し，**隠喩**（metaphor）によって**象徴性**（symbolism）を持たせたもので，**叙事詩**（epic）と**抒情詩**（lyric）と**ソネット**（sonnet）に分かれる。叙事詩は歴史的事件や神話などをテーマに描いた長大な**韻文**（verse）で，『イリアス（Iliad）』『オデュッセイア（Odyssey）』やJohn Miltonの『失楽園（Paradise Lost）』などが代表例。抒情詩は，**個人の感情・思想**（personal feelings and thoughts）を伝える詩で，ワーズワース（Wordsworth），バイロン（Byron），キーツ（Keats）らが代表例。**ソネット**（sonnet）は14行の**定型詩**（a fixed form of verse）で，シェイクスピア（William Shakespeare）のソネットは非常に有名。

散文（prose）は**フィクション**（fiction）と**ノンフィクション**（non-fiction）に大別され，前者には**冒険小説**（adventure novels），**恋愛小説**（romance），**歴史小説**（historical novels）などが，後者には**随筆**（essay），**民話**（tale），**戯曲**（drama），**伝記**（biography），**日記**（diary），**年代記**（chronicle）などが含まれる。

学習日 年 月 日 年 月 日 年 月 日

1121 **flaunt** [flɔːnt]
動 誇示する，見せびらかす（≒ **p**arade, **s**how **o**ff）
➤ flaunt *his* wealth [knowledge]（富［知識］を誇示する）

1122 **fledgling** [flédʒlɪŋ]
形（組織などが）できたばかりの，駆け出しの（≒ **e**merging, **b**udding）
➤ a fledgling company（創業間もない会社）
➤ a fledgling journalist（駆け出しのジャーナリスト）

1123 **flinch** [flɪn(t)ʃ]
動 しりごみする，ひるむ（≒ **w**ince, **s**hrink）
➤ flinch at the thought（その考えにしりごみする）
➤ flinch at the sight（その光景にひるむ）

1124 **flippant** [flíp(ə)nt]
形 軽々しい［軽薄な，軽率な］（≒ **f**rivolous, **s**hallow）
➤ a flippant attitude（軽々しい態度）
➤ a flippant comment（軽率な発言）

1125 **flounder** [fláʊndər]
動 低迷する，（混乱して）四苦八苦する（≒ **f**alter, **s**truggle）
➤ The economy is floundering.（景気は低迷している）
➤ flounder on an important issue（重要な問題で四苦八苦する）

1126 **flout** [flaʊt]
動（規則などを）破る［無視する］，（権威・慣習などに）逆らう（≒ **de**fy, **di**sobey）
➤ flout the law [truth]（法［真実］を無視する）

1127 **foreboding** [fɔːrbóʊdɪŋ]
名 予感，前兆，虫の知らせ（≒ **pr**esentimen**t**, **pr**emonitio**n**）
➤ have forebodings about *one's* safety（安全に対しての虫の知らせを感じる）

1128 **forgo** [fɔːrgóʊ]
動（楽しみなどを）差し控える，あきらめる［断念する］（≒ **d**o **w**ithout, **r**elinquish）
➤ forgo alcohol [a vacation]（お酒を控える［休暇をあきらめる］）

1129 **fractious** [frǽkʃəs]
形（人・動物・組織が）手に負えない，（子ども・老人などが）怒りっぽい［気難しい，すねる］（≒ **g**rumpy, **w**ayward）
➤ fractious politics（厄介な政争） ➤ a fractious child（すねる子供）

1130 **frayed** [freɪd]
形（布などが）すり切れた，（神経が）すり減った（≒ **w**orn **o**ut）
➤ a frayed carpet（すり切れたカーペット）
➤ a frayed shirt（ぼろぼろになったシャツ）

1131 □□□	**freewheeling** [friː(h)wíːlɪŋ]	形 自由奔放な，気ままな（≒ **footloose**） ➤ a freewheeling life（自由奔放な生活）
1132 □□□	**frenetic** [frənétɪk]	形 あわただしい，熱狂的な（≒ **frantic**, **frenzied**） ➤ the frenetic pace of life in the city（都会あわただしい生活のペース） ➤ frenetic action（あわただしい行動）
1133 □□□	**frisky** [fríski]	形（犬・馬・人などが元気に）跳ね回る，よくじゃれる，はしゃいでいる，快活な（≒ **lively**, **bouncy**） ➤ frisky puppies（よくじゃれる子犬） ➤ a frisky nature（活発な性質）
1134 □□□	**gaffe** [gæf]	名（社交上の）失敗［失態］，失言（≒ **blunder**, **mistake**） ➤ a gaffe in the article（記事での失言） ➤ a gaffe in the speech（スピーチでの失敗）
1135 □□□	**garbled** [gáːrb(ə)ld]	形（話・報告などが）不明瞭な，（メールなどが）文字化けした ➤ a garbled speech（不明瞭なメッセージ） ➤ a garbled message（文字化けしているメッセージ）
1136 □□□	**gargantuan** [gaːrgǽn(t)ʃuən |-tjʊən]	形 巨大な，ものすごい量の（≒ **enormous**, **massive**） ➤ gargantuan proportions（巨大な規模） ➤ a gargantuan task（膨大な量の仕事）
1137 □□□	**garish** [géərɪʃ,《米》gǽr-]	形 派手な（≒ **gaudy**, **flashy**） ➤ a garish color（派手な色） ➤ a garish neon sign（派手なネオンサイン）
1138 □□□	**garrulous** [gǽr(ə)ləs]	形 おしゃべりな，口数の多い（≒ **talkative**, **loquacious**） ➤ a garrulous woman（おしゃべりな女性） ➤ a garrulous boss（おしゃべりな上司）
1139 □□□	**genteel** [dʒentíːl]	形 上品な，上品ぶった，家柄のよい（≒ **refined**, **well-bred**） ➤ a genteel woman [lady]（上品ぶった女性）
1140 □□□	**grandiose** [grǽndiòʊs]	形（計画・考えなどが）壮大な，（建物などが）巨大な（≒ **magnificent**, **ambitious**） ➤ a grandiose plan（壮大な計画） ➤ a grandiose idea（大それた考え）

一般語彙【Rank A】 一般語彙【Rank B】 一般語彙【Rank C】 句動詞【Rank A】 句動詞【Rank B】 句動詞【Rank C】

学習日	年　月　日	年　月　日	年　月　日

One-paragraph Short Stories & Quizzes【40】

The ①**philistine** police officer ②**procured** ③**kickbacks** from ④**narcotics** merchants seeking ⑤**inroads** into the ⑥**illegitimate** market. His ⑦**transgressions** were ⑧**divulged** by a ⑨**disgruntled** drug ⑩**peddler** who had been ⑪**disparaged** by the officer. Even as a prison ⑫**inmate**, the former officer showed no ⑬**remorse** for his offenses that were ⑭**tantamount** to ⑮**larceny**.

Q. ①～⑮の意味に近い語を選んでください。

①	**philistine**	1. uncouth	2. interminable	3. lunatic	4. objectionable
②	**procured**	1. inducted	2. garnered	3. jostled	4. nestled
③	**kickbacks**	1. payoff	2. nugget	3. outset	4. gratuity
④	**narcotic**	1. placebo	2. opium	3. analgesic	4. sedative
⑤	**inroads**	1. scaffolds	2. threshold	3. incursion	4. barrage
⑥	**illegitimate**	1. irreverent	2. unlawful	3. felicitous	4. incorrigible
⑦	**transgressions**	1. transition	2. breach	3. digression	4. wrangling
⑧	**divulged**	1. revealed	2. divested	3. fathomed	4. honed
⑨	**disgruntled**	1. polarized	2. discontented	3. disheveled	4. ravished
⑩	**peddler**	1. swindler	2. hawker	3. paddler	4. panhandler
⑪	**disparaged**	1. dispatched	2. depreciated	3. depicted	4. dispersed
⑫	**inmate**	1. abettor	2. convict	3. pimp	4. scalper
⑬	**remorse**	1. nonchalance	2. adultery	3. profligacy	4. contrition
⑭	**tantamount**	1. impervious	2. paramount	3. equivalent	4. testimonial
⑮	**larceny**	1. perjury	2. arson	3. felony	4. embezzlement

【解答欄】

①	②	③	④	⑤	⑥	⑦	⑧

⑨	⑩	⑪	⑫	⑬	⑭	⑮

（和訳） その粗野な警察官は，非合法な市場に参入することを模索していた麻薬の売人から賄賂を得ていた。彼の違法行為は，以前その警察官にけなされ，不満を抱いていた麻薬の行商人によって暴露された。刑務所の受刑者としてさえ，この元警察官は窃盗罪に匹敵する罪を犯したことに反省の色はなかった。

解答 …… 選択肢の赤い文字が正答

①	俗物的な	1. 粗野な	2. 飽きるほど長い	3. 狂気の	4. 腹立たしい
②	調達した	1. 入会させた	2. 獲得した	3. 押しやった	4. 心地よく落ち着いた
③	賄賂	1. 賄賂	2. 塊	3. 最初	4. 心付け
④	麻薬	1. 偽薬	2. アヘン	3. 鎮痛剤	4. 鎮静剤
⑤	参入	1. 足場	2. 敷居	3. 侵略	4. 集中攻撃
⑥	違法な	1. 不敬な	2. 違法の	3. 適切な	4. 手に負えない
⑦	違法行為	1. 推移	2. 違反	3. 脱線	4. 論争
⑧	漏らされた	1. 明らかにされた	2. 奪われた	3. 理解された	4. 磨かれた
⑨	不満のある	1. 二極化した	2. 不満の	3. だらしない	4. うっとりした
⑩	行商人	1. 詐欺師	2. 行商人	3. カヌーを漕ぐ人	4. 物乞い
⑪	侮辱された	1. 派遣された	2. 見くびられた	3. 描写された	4. 分散した
⑫	受刑者	1. 教唆者	2. 受刑者	3. ポン引き	4. ダフ屋
⑬	自責	1. 無頓着	2. 不倫	3. 放蕩	4. 後悔
⑭	同等の	1. 影響されない	2. 最も重要な	3. 相当する	4. 証明となる
⑮	窃盗罪	1. 偽証罪	2. 放火罪	3. 重罪	4. 窃盗

一般語彙【Rank A】 一般語彙【Rank B】 一般語彙【Rank C】 句動詞【Rank A】 句動詞【Rank B】 句動詞【Rank C】

学習日 年 月 日 | 年 月 日 | 年 月 日

1141 **gratification** [græ̀tɪfɪkéɪʃ(ə)n]
名 喜び，満足（感），（娯楽などの）喜び［満足］を与えてくれるもの（≒ **s**atisfaction, **f**ulfillment）
➤ instant gratification（すぐに得られる喜び） 動 **gratify**（喜ばせる）

1142 **halcyon** [hǽlsiən]
形 穏やかな，平穏な（≒ **p**eaceful）
➤ halcyon days（平和な時代）

1143 **hallowed** [hǽloʊd]
形 神聖な（≒ **s**acred, **h**oly, **c**onsecrated）
➤ hallowed ground（霊地）
➤ hallowed halls（神聖な殿堂）

1144 **harangue** [hərǽŋ]
動（長々と）熱弁を振るう（≒ **l**ecture, **t**irade）
➤ harangue the audience（聴衆に長々と熱弁を振るう）

1145 **heresy** [hérəsi]
名 異端（≒ **p**agan, **u**northodox）
➤ *(be)* tried for heresy（異端として裁かれる）

1146 **heyday** [héɪdèɪ]
名 全盛期，絶頂（≒ **p**rime, **z**enith）
➤ heyday of *one's* life（人生の絶頂）
➤ heyday of *one's* time（時代の全盛期）

1147 **hiatus** [haɪéɪtəs]
名 中断，休止（≒ **p**ause, **b**reak）
➤ a six-year hiatus（6年間の中断）

1148 **humdrum** [hʌ́mdrʌ̀m]
形 単調でマンネリの，平凡な（≒ **m**undane, **d**ull）
➤ a humdrum job（単調な仕事）
➤ a humdrum routine（平凡な日課）

1149 **idiosyncratic** [idiəsɪŋkrǽtɪk]
形 特異な，特異体質の（≒ **p**eculiar, **d**istinctive）
➤ an idiosyncratic style [culture]（特異なスタイル［文化］）
名 **idiosyncrasy**（特異性）

1150 **imbue** [ɪmbjúː]
動 吹き込む，染み込ませる（≒ **in**fuse, **in**still）
➤ *(be)* imbued with a sense of mission（使命感に燃えている）

1151	**impinge** [ɪmpín(d)ʒ]	動 侵す，侵害する（≒ **infringe**, **invade**） ➤ impinge on the right（権利を侵害する） ➤ impinge on the property（財産を侵す）
1152	**impregnable** [ɪmprégnəb(ə)l]	形 難攻不落の，堅固な（≒ **invulnerable**, **impenetrable**） ➤ an impregnable fortress [fort]（難攻不落の砦）
1153	**incapacitate** [ìnkəpǽsɪtèɪt]	動（病気・事故などが人から）能力を奪う（≒ **disable**） ➤ *(be)* incapacitated by an accident [a stroke]（事故［脳卒中］で正常な機能を奪われた） 形 **incapacitated**（再起不能の）
1154	**incisive** [ɪnsáɪsɪv]	形（意見・質問などが）鋭い，痛快な（≒ **penetrating**, **sharp**） ➤ incisive criticism（鋭い批判） ➤ incisive comments（痛快なコメント）
1155	**incognito** [ìnkɑ(ː)gníːtoʊ |-kɔg-]	形 偽名で，身分を隠して，お忍びで（≒ **disguised**, **camouflaged**） ➤ travel across the country incognito（お忍びでその国を旅する）
1156	**incongruous** [ɪnkɑ́(ː)ŋgruəs |-kɔ́ŋ-]	形（～と）調和しない，不釣り合いな（≒ **unsuitable**） ➤ *be* incongruous with the situation [character]（状況［性格］と一致しない） 名 **incongruity**（不一致）
1157	**indelible** [ɪndéləb(ə)l]	形（印象・記憶が）拭うことができない［いつまでも残る］，（インク・汚れなどが）消えない（≒ **ineradicable**, **permanent**） ➤ an indelible impression（拭い去れない印象）
1158	**infallible** [ɪnfǽləb(ə)l]	形（人・判断が）絶対正しい，（効果・方法などが）確実な（≒ **unfailing**, **guaranteed**） ➤ an infallible word（絶対正しい言葉） ➤ an infallible cure（必ず効く治療法）
1159	**infinitesimal** [ìnfɪnɪtésɪm(ə)l]	形 非常に小さい，微小の（≒ **minuscule**） ➤ an infinitesimal distance（無限小距離） ➤ an infinitesimal area（極小領域）
1160	**ingenuous** [ɪndʒénjuəs]	形 素直な，無邪気な（≒ **innocent**） ➤ an ingenuous smile（無邪気な笑み）

学習日	年　月　日	年　月　日	年　月　日

One-paragraph Short Stories & Quizzes【41】

Even those ①**proficient** in ②**seismology** cannot ③**presage** earthquakes, but can only ④**rationalize** them in ⑤**retrospect**. However, ⑥**surveillance** of ⑦**parameters** that ⑧**prognosticate** earthquakes, such as the buildup of ⑨**molten** lava in subterranean ⑩**reservoirs** in the ⑪**perimeter** of volcanoes, can ⑫**facilitate** a ⑬**tentative** ⑭**prognosis**, ⑮**erratic** as they may be.

Q. ①～⑮の意味に近い語を選んでください。

①	**proficient**	1. offset　2. adept　3. offshoot　4. rebound
②	**seismology**	1. study of the weather　2. study of the earth 3. study of volcanoes　4. study of earthquakes
③	**presage**	1. prognosticate　2. precipitate　3. premiere　4. prevaricate
④	**rationalize**	1. regress　2. revert　3. append　4. explain
⑤	**retrospect**	1. circumspection　2. review　3. retrocession　4. reappeal
⑥	**surveillance**	1. scrutiny　2. surfeit　3. surmise　4. salvo
⑦	**parameter**	1. parity　2. paucity　3. velocity　4. factor
⑧	**prognosticate**	1. probe　2. presage　3. procure　4. recoup
⑨	**molten**	1. monolithic　2. mural　3. smattering　4. liquefied
⑩	**reservoir**	1. powerhouse　2. mine　3. citadel　4. wellspring
⑪	**perimeter**	1. pyrometer　2. circumference　3. contour　4. modicum
⑫	**facilitate**	1. aggravate　2. appease　3. exasperate　4. expedite
⑬	**tentative**	1. ostentatious　2. provisional　3. categorical　4. contingent
⑭	**prognosis**	1. phenomenon　2. prediction　3. foreboding　4. profligate
⑮	**erratic**	1. haphazard　2. methodical　3. deterrent　4. erstwhile

【解答欄】

①		②		③		④		⑤		⑥		⑦		⑧	

⑨		⑩		⑪		⑫		⑬		⑭		⑮	

(和訳) 地震学に精通している人でさえ，地震を予知することはできず，後で振り返って理屈づけることしかできない。しかしながら，地震を予知する要素を監視すること，例えば火山の周囲にある地下の貯水池に溶岩が堆積しているといったようなことは，場当たり的なものかもしれないが，暫定的な予知を容易にすることはできる。

解答 ...... 選択肢の赤い文字が正答

①	熟練した	1. 相殺する	2. 熟達して	3. 分派	4. 回復
②	地震学	1. 気象学	2. 地表学	3. 火山学	4. 地震学
③	予知する	1. 予知する	2. 沈殿させる	3. 初演する	4. はぐらかす
④	理由付けする	1. 後戻りする	2. 復帰する	3. 添付する	4. 説明する
⑤	過去に遡ること／回顧	1. 用心	2. 回顧	3. 後退	4. 再抗告
⑥	監視	1. 精査	2. 過剰	3. 推量	4. 一斉射撃
⑦	要素	1. 同等	2. 不足	3. 速度	4. 要素
⑧	予知する	1. 探り出す	2. 予測する	3. 斡旋する	4. 取り戻す
⑨	溶けた	1. 完全に統制された	2. 壁面の	3. 不十分な	4. 液化した
⑩	貯水池	1. 発電所	2. 鉱床	3. とりで	4. 源
⑪	周囲	1. 高温計	2. 周辺	3. 輪郭	4. 少量
⑫	容易にする	1. 悪化させる	2. なだめる	3. 怒らせる	4. 促進する
⑬	暫定的な	1. 派手な	2. 暫定的な	3. 断定的な	4. 偶発的な
⑭	予知	1. 現象	2. 予知	3. いやな予感	4. 浪費家
⑮	場当たり的な	1. 行き当たりばったりの	2. 組織的な	3. 抑止力	4. かつて

学習日 年 月 日 | 年 月 日 | 年 月 日

1161 **innocuous** [ɪnɑ́(ː)kjuəs|ɪnɔ́k-]
形 無難な，無害な（≒ safe, harmless）
➤ innocuous questions（差し障りのない質問）
➤ an innocuous gas（無害な気体）

1162 **innuendo** [ìnjuéndoʊ]
名（不快な内容の）ほのめかし，（中傷的）当てこすり（≒ insinuation）
➤ make sexual innuendos（性的なほのめかしをする）

1163 **inordinate** [ɪnɔ́ːrd(ə)nət|-dɪ-]
形 とてつもない，過度の［法外な］（≒ excessive, unreasonable）
➤ spend an inordinate amount of time（途方もない時間を費やす）

1164 **instrumental** [ìnstrəmént(ə)l,（英）´-ˋ-]
形《通例，*be* ～で》役に立つ（≒ helpful）
➤ Smartphones are instrumental in communication.（スマホはコミュニケーションに役立つ）

1165 **intercede** [ìntərsíːd]
動 仲裁する，仲を取り持つ（≒ arbitrate, mediate）
➤ intercede with the government on the issue（その問題に関して政府にとりなす）

1166 **introspective** [ìntrəspéktɪv]
形 内省的な（≒ introverted, inward-looking）
➤ an introspective nature [mind]（内省的な性質［気質］）

1167 **irrefutable** [ɪrɪfjúːtəb(ə)l, ɪréfjə-]
形 反ばくできない，反論できない（≒ indisputable, undeniable）
➤ irrefutable evidence（動かぬ証拠）
➤ an irrefutable proof（反論できない証拠）

1168 **jaded** [dʒéɪdɪd]
形《食欲・感覚が》衰えた，なまった，疲れきった（≒ satiated）
➤ a jaded appetite（衰えた食欲／飽満）
➤ with a jaded eye（疲れ切った目で［をして］）

1169 **jettison** [dʒétɪs(ə)n]
動（貨物・考えなどを）捨てる（≒ dump, drop）
➤ jettison the idea（考えを捨てる）
➤ jettison the fuel（燃料を投棄する）

1170 **juxtaposition** [dʒʌ̀kstəpəzíʃ(ə)n]
名《比較・対照のための》並列，並記（≒ comparison, contrast）
➤ the juxtaposition of contrasting elements（対照的な内容の併記）

1171	**lambaste** [læmbéɪst]	動（人前で）厳しく非難する（≒ **admonish, castigate**） ➤ lambaste the government for its failures（政府の失敗を酷評する）
1172	**lanky** [lǽŋki]	形 ひょろっとした，細い（≒ **tall and thin**） ➤ a lanky body [figure]（ほっそりした体［ひょろっとした人］）
1173	**lascivious** [ləsíviəs]	形 好色な，扇情的な ➤ a lascivious old man（好色な高齢男性） ➤ lascivious pictures（扇情的な写真）
1174	**laureate** [lɔ́:riət]	名（大きな賞の）受賞者（≒ **winners**） ➤ Nobel prize laureates（ノーベル賞受賞者）
1175	**lecherous** [létʃ(ə)rəs]	形 スケベな，淫乱な（≒ **lascivious, lewd**） ➤ a lecherous old man（スケベなお爺さん） ➤ a lecherous gaze（いやらしい視線）
1176	**leeway** [lí:wèɪ]	名（時間・空間・お金などの）余裕，（〜する）自由，余地（≒ **freedom, latitude**） ➤ hour's leeway to catch the trains（電車に間に合うための時間の余裕）
1177	**lethargy** [léθərdʒi]	名 倦怠感，無気力（≒ **sluggishness, listlessness**） ➤ summer lethargy（夏ばて） 形 **lethargic**（けだるい）
1178	**lewd** [lu:d, lju:d]	形 わいせつな，みだらな（≒ **vulgar, crude**） ➤ lewd comments（いやらしい発言） ➤ lewd behavior（みだらな振る舞い）
1179	**limbo** [límboʊ]	名 宙ぶらりんの状態［どっちつかずの状態］，忘却［無視］されている状態 ➤ *be* in limbo（宙ぶらりんの状態である）
1180	**luminary** [lú:mənèri|-mɪn(ə)ri]	名（ある分野の）権威，著名人（≒ **inspiration, leading light**） ➤ jazz [musical] luminaries（ジャズ［ミュージカル］の権威）

学習日	年　月　日	年　月　日	年　月　日

One-paragraph Short Stories & Quizzes【42】

The ①**meteor** that approached the ②**proximity** of Earth at the ③**onset** of the new ④**millennium** was ⑤**comparable** to the Peekskill Meteor of 1992, but ⑥**pandemonium** broke out when ⑦**repugnant** ⑧**minuscule** creatures were found ⑨**teeming** on the meteor. The ⑩**rugged** organisms had a ⑪**singular** ⑫**metabolism** which enabled them to ⑬**withstand** their ⑭**odyssey** through the ⑮**vacuum** of space.

Q. ①～⑮の意味に近い語を選んでください。

①	**meteor**	1. shooting star	2. asteroid	3. quasar	4. galaxy
②	**proximity**	1. calamity	2. vicinity	3. enmity	4. equanimity
③	**onset**	1. inception	2. cessation	3. hiatus	4. onslaught
④	**millennium**	1. nirvana	2. eon	3. kiloannum	4. centennial
⑤	**comparable**	1. compatible	2. unparalleled	3. paradoxical	4. analogous
⑥	**pandemonium**	1. angst	2. uproar	3. juggernaut	4. rancor
⑦	**repugnant**	1. auxiliary	2. abominable	3. resplendent	4. representative
⑧	**minuscule**	1. scrupulous	2. infinitesimal	3. indebted	4. insular
⑨	**teeming**	1. voluptuous	2. wrenching	3. swarming	4. verdant
⑩	**rugged**	1. sturdy	2. titular	3. vibrant	4. venal
⑪	**singular**	1. propitious	2. phenomenal	3. vernacular	4. secular
⑫	**metabolism**	1. chemical changes in cells		2. reproduction of cells	
		3. cell death		4. cell mutations	
⑬	**withstand**	1. forfeit	2. wither	3. weather	4. outwit
⑭	**odyssey**	1. exploration	2. excursion	3. travesty	4. retribution
⑮	**vacuum**	1. void	2. anomie	3. expanse	4. infinity

【解答欄】

①	②	③	④	⑤	⑥	⑦	⑧

⑨	⑩	⑪	⑫	⑬	⑭	⑮

(和訳) 新しい千年紀の始まりに地球の近くに接近した隕石は，1992 年のピークスキル隕石に匹敵するものだったが，その隕石には嫌悪すべき極小生物が多く付着しているのが発見されると大騒動になった。その頑強な生物は真空の宇宙空間での放浪の旅に耐えることのできる並みはずれた代謝をしていた。

解答 …… 選択肢の赤い文字が正答

①	隕石	1. 流れ星	2. 小惑星	3. クエーザー	4. 銀河
②	近接	1. 災難	2. 近接	3. 敵意	4. 平静
③	始まり	1. 開始	2. 中止	3. 休止	4. 襲来
④	千年紀	1. 涅槃	2.10 億年	3. 千年	4. 百年祭
⑤	同等である	1. 互換性のある	2. 比類のない	3. 逆説的な	4. 類似する
⑥	大混乱	1. 不安	2. 混乱	3. 不可抗力	4. 憎しみ
⑦	とても嫌な	1. 補助の	2. 忌まわしい	3. まばゆい	4. 代表的な
⑧	極小の	1. 細心の	2. 極小の	3. 債務がある	4. 島国根性の
⑨	いっぱいいる	1. 官能的な	2. 苦渋の	3. わんさといる	4. 青々とした
⑩	頑丈な	1. 頑丈な	2. 名ばかりの	3. 活気に満ちた	4. お金で動く
⑪	並みはずれた	1. 幸先のよい	2. 並みはずれた	3. 固有の	4. 世俗的な
⑫	代謝	1. 細胞内化学変化	2. 細胞の再生	3. 細胞死	4. 細胞突然変異
⑬	耐える	1. 放棄する	2. 枯れる	3. 乗り越える	4. 出し抜く
⑭	放浪の旅	1. 探検	2. 周遊旅行	3. 戯画化	4. 天罰
⑮	真空	1. 真空	2. 無規範	3. 広がり	4. 無限の宇宙

学習日 年 月 日 年 月 日 年 月 日

1181 □□□ **mangle** [mǽŋg(ə)l]
動《通例, 受け身で》(押し) 潰される, (原典・演奏などを) 台なしにする (≒ mutilate)
➤ *be* mangled in the accident (事故で押しつぶされる)

1182 □□□ **mayhem** [méɪhem]
名 騒乱, 傷害 [破壊] 行為 (≒ chaos, havoc)
➤ social mayhem (社会的大混乱)
➤ political mayhem (政治的破壊行為)

1183 □□□ **mercenary** [mə́ːrs(ə)nèri|-n(ə)ri]
形 金目当ての, (軍隊に) 雇われた (≒ avaricious, grasping)
➤ mercenary politicians (金権政治家)
➤ a mercenary army (雇い兵軍)

1184 □□□ **mollify** [mά(ː)lɪfàɪ|mɔ́l-]
動 なだめる, 慰める, 和らげる [静める] (≒ appease, mitigate)
➤ mollify his anger [fears] (彼の怒りをなだめる [恐怖を静める])

1185 □□□ **moor** [mʊər]
動 係留 [停泊] する (≒ tie up, secure)
➤ moor (up) a boat (ボートを係留する)

1186 □□□ **morsel** [mɔ́ːrs(ə)l]
名 一口, 少量 (≒ mouthful, tidbit)
➤ a morsel of food [information] (少量の食べ物 [情報])

1187 □□□ **mortifying** [mɔ́ːrtəfàɪɪŋ]
形 屈辱的な (≒ humiliating, insulting)
➤ a mortifying experience (屈辱的な [恥ずかしい] 経験)
動 mortify the flesh by fasting (断食**苦行する**)

1188 □□□ **nadir** [néɪdɪər, nǽ-]
名 どん底, 最悪の時期 (≒ the bottom)
➤ the nadir of *one's* career (経歴のどん底)

1189 □□□ **nebulous** [nébjələs]
形 漠然とした, 不明瞭な (≒ indistinct, vague)
➤ a nebulous concept (漠然とした構想)
➤ a nebulous idea (漠然とした考え)

1190 □□□ **nefarious** [nɪféəriəs]
形 非道な [極悪な], 不正な (≒ wicked, evil)
➤ a nefarious plot (非道な企て)
➤ a nefarious purpose (不正目的)

1191 **noncommittal** [nà(ː)nkəmít(ə)l|nɔ̀n-]
□□□
形 曖昧な，言質（げんち）を与えない（≒ **ev**asive, **equ**ivocal）
➤ take a noncommittal attitude（曖昧な態度を取る［で接する］）
➤ a noncommittal reply（当たり障りのない返答）

1192 **noxious** [ná(ː)kʃəs|nɔ́k-]
□□□
形 有害な（≒ **p**oisonous, **t**oxic）
➤ noxious fumes（有害な煙）
➤ noxious gases（有害ガス）

1193 **nudge** [nʌdʒ]
□□□
動（注意を引くために）ひじで軽く突く，軽く促す（≒ **po**ke, **pr**od）
名 ひじの軽いつつき
➤ nudge members into action（メンバーを行動へと軽く促す）

1194 **oblique** [əblíːk]
□□□
形 斜めの，遠回しの（≒ **r**oundabout）
➤ an oblique glance（横目）
➤ an oblique reference to the problem（問題への遠回しな言及）

1195 **obsequious** [əbsíːkwiəs]
□□□
形 こびへつらう，こびるような（≒ **s**ervile, **i**ngratiating）
➤ obsequious to the boss（上司にこびへつらう）
➤ an obsequious smile（こびるような笑い）

1196 **obtrusive** [əbtrúːsɪv]
□□□
形 出しゃばりの，押しつけがましい，目障りな（≒ **i**ntrusive, **c**onspicuous）
➤ an obtrusive manner（出しゃばった態度）
動 **obtrude**（出しゃばる） 名 **obtrusion**（押しつけ）

1197 **officious** [əfíʃəs]
□□□
形 おせっかいな，差し出がましい（≒ **s**elf-**i**mportant, **i**nterfering）
➤ an officious lie（余計な嘘）
➤ officious interference（おせっかいな干渉）

1198 **offshoot** [ɔ́ːfʃùːt|ɔ́f-]
□□□
名 子会社，（グループの）分派，派生物，子孫（≒ **s**ubsidiary, **b**ranch）
➤ an offshoot of the company（その会社の子会社）
➤ an offshoot of the organization（その組織の分派）

1199 **onerous** [óʊn(ə)rəs,《英》ɔ́n-]
□□□
形 骨の折れる，煩わしい，有償の（≒ **b**urdensome, **h**eavy）
➤ an onerous task [burden]（骨の折れる仕事［煩わしい負担］）

1200 **onset** [á(ː)nsèt, ɔ́ːn-|ɔ́n-]
□□□
名《通例，the ～ of *A* で》A（特に望ましくないこと）の始まり，開始，A（病気）の初期（≒ **b**eginning）
➤ at the onset of disease [cancer]（病気［ガン］の初期に）

学習日	年 月 日	年 月 日	年 月 日

5-2. 経済②

□ trickle-down economics	トリクルダウン政策〔大企業優先の経済政策〕
□ microfinance	マイクロファイナンス〔貧困層・低所得者層のための金融サービス〕
□ a solvency margin	ソルベンシーマージン〔保険会社の支払い能力の指標〕
□ royalty	特許権，印税〔「独占契約」は an exclusive contract〕
□ a wealth tax	富裕税〔1% の最富裕層の中でも上位 10% の超富裕層だけに課税する財産税〕
□ progressive taxation	累進課税 ⇔ regressive taxation〔逆進課税〕
□ a tax haven	税逃れの場所〔「脱税」は tax evasion,「不正資金浄化」は money laundering〕
□ offshore funds	在外投資信託〔税制上の優遇を受けるため租税回避地［タックスヘイブン］に本拠地を置いた投資信託〕
□ a tax deduction for spouse [dependents]	配偶者［扶養家族］控除
□ a tight-money policy ／ belt-tightening	金融引き締め政策
□ IPO [initial public offering]	新規株式公開〔非公開企業が新たな資金調達のため，初めて株式を一般に公開すること〕
□ a hedge fund	ヘッジファンド〔金融派生商品，債券，外国為替などの市場に投資し，高い運用パフォーマンスをめざす投資信託〕
□ crowdfunding	クラウドファンディング〔ネットで少額寄付を大勢に募り資本を調達すること〕
□ TOB [a takeover bid]	株式公開買い付け〔買収対象の株式を時価より高い価格で市場を通じて買い取るという宣言〕
□ capital gains	（株式などの）資産売却所得〔「配当」は dividend〕
□ arbitrage	さや取り〔相場などの利ざやで儲けること〕
□ the futures market	先物市場

□ a home equity loan	**住宅担保貸付**〔家を担保にして借りるローン〕
□ a credit crunch	**貸し渋り**
□ the Big Board	**ニューヨーク証券取引所**〔株価を示す巨大な掲示板があることから〕〔「ヨーロッパの株式市場」は bourse〕
□ a cash crop	**換金作物**〔売ることを目的として作る農産物〕
□ a land speculation	**土地投機**〔「投機家」は speculators〕
□ a stock option	**社員の株式購入権**〔自社の株式を一定期間内にあらかじめ決められた価格で購入できる権利〕
□ greenmail	**グリーンメール**〔買収対象となった会社が，仕掛人の取得した株式を高額で譲り受けること〕
□ derivative	**金融派生商品**〔株式などの価格を基準に価値が決まる金融商品。futures（先物）や取引権利売買の options（オプション）など〕
□ mail-order business	**通信販売**〔「無店舗販売」は non-store retailing〕
□ low-end products	**低価格商品 ⇔ high-end products**〔「金持ち消費者」は upscale consumers〕
□ long tail marketing	**ロングテール商法**〔あまり売れない商品をネット上のニッチな市場でターゲット顧客に効果的に販売すること〕
□ shakeout	**業界再編成**〔競争が激しい業界で数社だけが生き残ること〕
□ shorting a security	**空売り**〔short selling とも。非所有株・商品を買戻しによる差益を目的として売ること↔ margin buying「空買い」〕
□ planned obsolescence	**計画的陳腐化**
□ default	**債務不履行**〔「支払い不能」は insolvency,「債権者」は creditors,「債務者」は debtors〕
□ testimonial advertising	**テスティモニアル広告**〔専門家や著名人などに広告商品の優秀性を証言させる形の広告〕
□ decoupling	**協力・提携関係の断絶**〔企業間提携や国家間の同盟・条約などを断つこと〕

学習日　年　月　日　年　月　日　年　月　日

18. 修正条項から成る独特の合衆国憲法の基礎知識をマスター！

アメリカ合衆国憲法は**権力分立**（**separation of powers**）を厳格に定めているが，イギリスの法体制は**立法権**（**the legislative power**）と**司法権**（**the judiciary power**）を明確に分けていない。また，本来の**条文**（**articles**）はわずか7条しかなく，**修正条項**（**articles of amendment**）を随時追加してゆくシステムである。27の**修正条項**（**amendments**）から成り，最初の10の条項は**権利章典**（**the Bill of Rights**）と呼ばれ，修正第12条は大統領選の**選挙団**（**the electoral college**），14条は**市民権**（**citizenship rights**），19条は**女性参政権**（**women's suffrage**）に関するものである。**修正条項にはいまだ批准されていないものや廃止されたもの**（**unratified or abolished articles of amendment**）がある。日本国憲法が制定から70年後も改正されていないのに対して，合衆国憲法には**変更点**（**revisions**）が多く対極的である。またイギリスでは，憲法が**不文律**（**an unwritten code**）で，マグナカルタ（the Magna Carta）などの古い法がいまだ有効であり裁判所の判例を重視する傾向も強い。

ヨーロッパ諸国は国王の**圧政**（**despotism**）に苦しんだ結果，**立法府**（**the legislature**：大衆の代表）を創設したため，立法府自体が，その**法令**（**decree**）の**違憲審査権**（**a constitutional review**）を持ったが，英国立法府の不公平な法律に苦しんだアメリカは裁判所に違憲審査権をもたせた。ちなみにGHQ（the General Headquarters of the Allied Forces）下で作成された日本国憲法は，同様に裁判所が違憲審査権を有している。

Rank C

余裕合格するための
重要「一般語彙」300語を
完全攻略!

Part 2 【1201～1300】

学習日 年 月 日 | 年 月 日 | 年 月 日

1201 **onslaught** [ɑ́(ː)nslɔ̀ːt, ɔːn-|ɔ́n-]
名 猛攻撃，（厳しい）批判（≒ attack, raid）
➤ an onslaught on the city（その都市への猛攻撃）

1202 **ooze** [uːz]
動 にじみ［流れ］出る（≒ seep, flow）
➤ Blood oozed from the wound.（傷口から血がにじみ出た）
➤ He's oozing with sweat.（彼は汗がにじみ出ている）

1203 **opportune** [ɑ̀(ː)pərt*j*úːn|ɔ́pət*j*ùːn]
形 好都合の（≒ timely）
➤ an opportune offer of assistance（タイミングのいい援助の申し出）

1204 **opulent** [ɑ́(ː)pjələnt|ɔ́pjʊ-]
形 裕福な，豪華な（≒ luxurious, wealthy）
➤ opulent lifestyles [jewelry]（ぜいたくな生活様式［豪華な宝石］）

1205 **ornate** [ɔːrnéɪt]
形 飾り立てた，華美な（≒ elaborate, grandiose）
➤ ornate interior（凝った装飾のインテリア）
➤ ornate furniture（華美な家具）

1206 **outset** [áutsèt]
名《the ～で》最初，出だし（≒ start, beginning）
➤ at the outset of the administration（政権の初期に）
➤ from the outset（最初から）

1207 **pagan** [péɪg(ə)n]
形 異教の（≒ heathen, infidel）
➤ pagan religion（異教の宗教）
➤ pagan worship（異教の崇拝）

1208 **palatable** [pǽlətəb(ə)l]
形（まずまず）味のよい［口に合う］，（考え・方法などが）受け入れられる（≒ tasty, acceptable）
➤ palatable food（おいしい食べ物） ➤ a palatable choice（好ましい選択）

1209 **pariah** [pəráɪə, pǽriə]
名（社会の）のけ者（≒ outcast, untouchable）
➤ a social pariah（社会ののけ者）
➤ an international pariah（世界ののけ者）

1210 **parry** [pǽri]
動（攻撃・質問・議論を）かわす［受け流す］（≒ dodge, evade, sidestep） 名 受け流し
➤ parry attacks [questions]（攻撃［質問］をかわす）

1211 **pedantic** [pɪdǽntɪk]
形 杓子定規な［細部にこだわりすぎる］，物知り顔の（≒ **o**verscrupulous）
➤ pedantic scholars（杓子定規な学者たち）

1212 **penchant** [pén(t)ʃ(ə)nt|pɔ́ːŋʃɔːŋ]
名 好み，傾向（≒ **prop**ensity, **proc**livity）
➤ have a penchant for drinking（酒を好む傾向がある）

1213 **peremptory** [pərém(p)t(ə)ri]
形 有無を言わせぬ，横柄な（≒ **i**mperious, **a**bsolute）
➤ a peremptory command（有無を言わせぬ命令）
➤ a peremptory demand（有無を言わせぬ要求）

1214 **pernicious** [pərníʃəs]
形 有害な，危険な（≒ **m**alignant, **d**etrimental）
➤ pernicious effects of smoking（タバコの悪影響）

1215 **perturb** [pərtə́ːrb]
動 かき乱す，動揺させる（≒ **up**set, **un**settle）
➤ *be* perturbed by his arrogance（彼の横柄さに動揺している）

1216 **petrify** [pétrɪfàɪ]
動（恐怖などで）すくませる，化石化する（≒ **t**errify, **sh**udder）
➤ *(be)* petrified with fear [terror]（恐れで固まる）

1217 **petulant** [pétʃ(ə)lənt|pétjʊ-]
形 不機嫌（そう）な，すねた（≒ **p**eevish, **b**ad-**t**empered）
➤ with a petulant eye（不機嫌そうな目で）
➤ like a petulant child（すねた子供のように）

1218 **plaintive** [pléɪntɪv]
形 悲しげな，哀れな（≒ **m**ournful, **s**ad）
➤ a plaintive melody（哀調を帯びた旋律）
➤ a plaintive cry（哀れな泣き声）

1219 **polemic** [pəlémɪk]
形 論争の，論争好きな，論争を引き起こす（≒ **cr**itical, **ca**ustic）
➤ a polemic essay（論争のエッセイ）
➤ polemic literature（論争文学）

1220 **pontificate** [pɑ(ː)ntífɪkeɪt|pɔn-]
動（～について）独善的に意見を述べる，尊大な態度をとる（≒ **p**reach, **d**ogmatize）
➤ pontificate on the issue（問題に関して尊大に話す）

学習日	年　月　日	年　月　日	年　月　日

One-paragraph Short Stories & Quizzes【43】

The village was an ①**outpost** of ②**occidental** culture ③**encompassed** by ④**pagan** ⑤**nomads**. There was a vast ⑥**schism** in social ⑦**mores** between the two, one based on ⑧**monotheism** and practicing monogamy, and the other on polytheism and practicing ⑨**polygamy**. However, it was a ⑩**tribute** to the ⑪**lenient** ⑫**temperament** of both that ⑬**tempestuous** ⑭**skirmishes** were ⑮**precluded**.

Q. ①～⑮の意味に近い語を選んでください。

①	**outpost**	1. outlay	2. exclave	3. outreach	4. extension
②	**occidental**	1. Northern	2. Southern	3. Eastern	4. Western
③	**encompassed**	1. encircled	2. enrolled	3. cordoned	4. deluged
④	**pagan**	1. gentile	2. pageant	3. cogent	4. genital
⑤	**nomads**	1. imposter	2. migrants	3. tyro	4. courier
⑥	**schism**	1. schizophrenic	2. divisiveness	3. schema	4. antagonism
⑦	**mores**	1. convention	2. moors	3. misnomer	4. decorum
⑧	**monotheism**	1. one god	2. many gods	3. a male god	4. no gods
⑨	**polygamy**	1. polyglot	2. polymerase	3. polyandry	4. polygraph
⑩	**tribute**	1. manifestation	2. tribunal	3. adulation	4. invocation
⑪	**lenient**	1. scathing	2. forgiving	3. peripatetic	4. portly
⑫	**temperament**	1. disposition	2. eccentricity	3. facade	4. premonition
⑬	**tempestuous**	1. bilateral	2. turbulent	3. communal	4. truculent
⑭	**skirmishes**	1. skewer	2. parley	3. fray	4. overhaul
⑮	**precluded**	1. obviated	2. procreated	3. rebutted	4. repudiated

【解答欄】

①		②		③		④		⑤		⑥		⑦		⑧	

⑨		⑩		⑪		⑫		⑬		⑭		⑮	

(和訳) この村は異教徒の遊牧民によって包囲された西洋文化の砦だった。一神教に基づいて一夫一婦制を実践している者と，多神教に基づいて一夫多妻制を実践している者との二者の間の社会的慣習の違いは大きかった。しかし，嵐のような小競り合いが回避されたのは，両者の寛大な性格のお陰だった。

解答 ...... 選択肢の赤い文字が正答

①	砦	1. 資金	2. 飛び地	3. 奉仕活動	4. 延長
②	西洋の	1. 北の	2. 南の	3. 東洋の	4. 西洋の
③	包囲された	1. 囲まれた	2. 入学した	3. 非常線を張られた	4. 押し寄せた
④	異教徒の	1. 異教徒の	2. 野外劇	3. 説得力のある	4. 生殖器の
⑤	遊牧民	1. ペテン師	2. 移住者	3. 初心者	4. 特使
⑥	分裂	1. 統合失調症患者	2. 対立	3. 図解	4. 敵意
⑦	慣習	1. 礼儀作法	2. 荒地	3. 誤称	4. マナー
⑧	一神教の	1. 唯一神	2. 八十神	3. 男神	4. 神なし
⑨	一夫多妻制	1. 多言語に通じた	2. ポリメラーゼ	3. 一妻多夫制	4. うそ発見器
⑩	良さの表れ	1. 表れ	2. 裁判所	3. へつらい	4. 祈り
⑪	寛大な	1. 辛辣な	2. 寛容な	3. 歩き回る	4. かっぷくのよい
⑫	気質	1. 気質	2. 奇行	3. 正面	4. 予感
⑬	嵐のような	1. 相互の	2. 荒れ狂う	3. 共同社会の	4. 残忍な
⑭	小競り合い	1. 串	2. 和平会議	3. 争い	4. 総点検
⑮	妨げられた	1. 回避された	2. 生まれた	3. 反論した	4. 否認された

一般語彙【Rank A】 一般語彙【Rank B】 一般語彙【Rank C】 句動詞【Rank A】 句動詞【Rank B】 句動詞【Rank C】

学習日　　年　月　日　　年　月　日　　年　月　日

19. 必須の英米文学の基礎知識をマスター！

チョーサー（Chaucer）の『**カンタベリー物語**（*The Canterbury Tales*）』（1387-1400）で，**頭韻**（**a**lliteration）ではなく**脚韻**（**an end rhyme**）を用いてカンタベリー大聖堂に参詣する巡礼者が披露した物語詩を描き，時代の先駆けとなった。**エリザベス朝**（**the E**lizabethan **p**eriod）には，教会で上演されていた**奇蹟劇**（きせきげき）（**a m**iracle **p**lay）や**教訓劇**（**a m**oral **p**lay）が専門化して，**戯曲**（**d**rama）が書かれるようになった。

19世紀には小説が躍進したが，その代表が『**傲慢と偏見**（*Pride and Prejudice*）』で知られる**ジェーン・オースティン**（Jane Austin）である。地方の貴族の閉鎖的な世界を，**緻密さ**（**p**recision），**優美**（**d**elicacy），**機知**（**wit**）に富む文章で描いた。女性が社会的立場や経済的な安定の確保のために結婚に頼ることをテーマとしており，**巧みな性格描写**（**s**killful **c**haracterization），**辛辣な皮肉**（**a b**iting **i**rony），**鋭い社会洞察**（**p**enetrating **s**ocial **o**bservation）で評論家や学者に絶賛されている。人間性の普遍さなどを徹底的に描き，**近代イギリス長編小説**（**B**ritish **m**odern **f**ull-length **l**iterature）の頂点と言われている。

シャーロット・ブロンテ（Charlotte Brontë）は『**ジェーン・エア**（*Jane Eyre*）』を，**エミリー・ブロンテ**（Emily Jane Brontë）は『**嵐が丘**（*Wuthering Heights*）』で，当時の社会を打破する小説を発表した。この時代の代表的作家で後に国民作家と呼ばれる**チャールズ・ディケンズ**（Charles Dickens）は『**オリバー・ツイスト**（*Oliver Twist*）』や『**デイヴィット・コパフィールド**（*David Copperfield*）』を発表。19世紀の後半には現実の暗さを描いた**ジョージ・エリオット**（George Eliot）や**トーマス・ハーディ**（Thomas Hardy）が登場する。また，この時代の小説は挿絵を含むものが多く，**ルイス・キャロル**（Lewis Carroll）の『**不思議の国のアリス**（*Alice in Wonderland*）』がその代表である。

20世紀は第一次世界大戦を経て，詩人の**T・S・エリオット**（T. S. Eliot），アイルランド出身の小説家**ジェイムズ・ジョイス**（James Joyce），**ヴァージニア・ウルフ**（Virginia Wolf）らによる**モダニズム**（**m**odernism）運動の時代となる。現代では，長編小説『**日の名残り**（*The Remains of the Day*）』でイギリス最高の文学賞**ブッカー賞**（**the B**ooker **P**rize）（1989）や**ノーベル文学賞**（**the N**obel **P**rize **in L**iterature）（2017）を受賞した**カズオ・イシグロ**（Kazuo Ishiguro）らが活躍中である。

植民地時代（**the colonial period**）の初期アメリカ文学は，**ピューリタニズム**（**puritanism**），特に**カルビニズム**（**Calvinism**）の信仰を基調とする作品が多かった。日常生活や魂の内省を記録した**日記**（**diary**），**自伝**（**autobiography**），**旅行記**（**travelogue**），**年代記**（**annals**）などで，当時は，文学一般が危険視される風潮が根強く，**小説**（**fiction**）というジャンルはまだ確立されていなかった。

1830 年代，American Renaissance というロマン主義が**超絶主義**（**Transcendentalism**）で始まった。**エマーソン**（Emerson）に代表されるこの思想は**ユニタリアニズム**（**Unitarianism**）という**三位一体**（**trinity**）を否定する宗教思想から生まれたもので，**神秘主義とデモクラシーの融合**（**integration of mysticism and democracy**）が特徴である。彼は『**自然論**（*Nature*）』をはじめ多くのエッセーを書き，弟子の**ソロー**（Thoreau）は師の思想を実践し，『**ウォールデン 森の生活**（*Walden, or Life in the Woods*）』を著したことで有名である。

19 世紀中頃のロマン主義成熟期に執筆された作品では**ホーソン**（Hawthorne）の『**緋文字**（ひもんじ）（*The Scarlet Letter*）』，**メルヴィル**（Melville）の『**白鯨**（*Moby-Dick*）』，**ストウ**（Stowe）の『**アンクル・トムの小屋**（*Uncle Tom's Cabin*）』などが有名である。また，怪奇短編小説を書いた**エドガー・アラン・ポー**（Edgar Allan Poe）や，宗教・自然を主題とした女流詩人**エミリー・ディキンソン**（Emily Dickinson）はロマン主義とは別個に独自の文学世界を切り開いた。やがて南北戦争を経て，アメリカ文学の中心は個人的なロマン主義から，社会の現実や人生を実証的にとらえる**リアリズム**（**Realism**）へ移行し，『**ハックルベリー・フィンの冒険**（*The Adventures of Huckleberry Finn*）』で知られる**マーク・トウェイン**（Mark Twain）のような作家に受け継がれていった。

20 世紀では『陽はまた昇る』を書いた**ヘミングウェイ**（Ernest Hemingway），『**偉大なるギャッツビー**（*The Great Gatsby*）』を著した**フィッツジェラルド**（Fitzgerald），『**響きと怒り**（*The Sound and the Fury*）』を著した**ウィリアム・フォークナー**（William Faulkner）が，**失われた時代**（**the Lost Generation**）の代表作家だ。これは第一次世界大戦の残酷さを実感し，既成の価値観に絶望して指針を見失った**狂乱の 1920 年代**（**the Roaring Twenties**）に現れた世代をいう。大恐慌を経た 1930 年代になると，社会問題にフォーカスした作品『**怒りの葡萄**（*The Grapes of Wrath*）』を著した**スタインベック**（Steinbeck）や『**ライ麦畑でつかまえて**（*The Catcher in the Rye*）』で有名なユダヤ系作家**サリンジャー**（Salinger）が生まれた。

学習日 年 月 日 | 年 月 日 | 年 月 日

1221 **portent** [pɔ́ːrtent]
名 前兆（≒ omen, threat）
➤ a portent of death（死の前兆）
➤ a portent of danger（危険の前触れ）

1222 **precept** [príːsept]
名 教訓，（行動・考え方の）指針，規範（≒ tenet）
➤ moral [legal] precepts（道徳的な教え［法的な規範］）

1223 **precipitous** [prɪsípətəs]
形 急激な（≒ steep, abrupt）
➤ a precipitous decline in sales（販売の急激な減少）
動 precipitate（突然引き起こす）

1224 **predilection** [prèd(ə)lékʃ(ə)n|priːdɪ-]
名（偏よる）好み，ひいき（≒ propensity, penchant）
➤ have a predilection for alcohol [gambling]（酒［ギャンブル］を特に好む）

1225 **predisposition** [priːdɪspəzíʃ(ə)n]
名 傾向，性向，素因（≒ proneness, tendency）
➤ have a predisposition to obesity（肥満の傾向がある）

1226 **prescient** [préʃ(ə)nt|-siənt]
形 先見の明のある（≒ prophetic, visionary）
➤ a prescient warning [prediction]（先を見越した警告［予告］）

1227 **presentiment** [prɪzéntɪmənt]
名 予感，虫の知らせ（≒ foreboding, premonition）
➤ feel a presentiment of danger（危険なことが起こりそうな予感がする）

1228 **proclivity** [proʊklívəti]
名（特に悪い）傾向，性癖（≒ disposition, propensity）
➤ have a proclivity for reckless driving（無謀運転の傾向がある）

1229 **prodigal** [prɑ́(ː)dɪg(ə)l|prɔ́d-]
形 放蕩の，金遣いの荒い（≒ wasteful, extravagant）
➤ a prodigal son（放蕩息子）
➤ a prodigal daughter（金遣いの荒い娘）

1230 **profligate** [prɑ́(ː)flɪgət|prɔ́f-]
形 浪費の激しい，放蕩な（≒ wasteful, extravagant）
➤ profligate use（浪費の激しい使用）
➤ a profligate spender（浪費家）

1231 **progeny** [prá(:)dʒ(ə)ni|prɔ́dʒ-]

名 子孫，子供たち（≒ **o**ffspring, **d**escendant）
➤ the progeny of the family [plants]（その一族［植物］の子孫）

1232 **prostrate** [prá(:)streɪt|prɔ́s-]

動 ひれ伏す
形（崇敬・降伏で）ひれ伏した（≒ **b**owed **l**ow）
➤ prostrate *him*self before a king（王の前にひれ伏す）

1233 **protruding** [prətrú:dɪŋ, (米) proʊ-]

形 突き出ている
➤ a protruding navel（出べそ）
➤ protruding teeth（出っ歯）

1234 **quash** [kwɑ(:)ʃ|kwɔʃ]

動 無効にする，鎮圧する（≒ **c**ancel, **r**escind）
➤ quash the decision（決定を無効にする）
➤ quash the revolt（反乱を鎮圧する）

1235 **queasy** [kwí:zi]

形 むかつく，吐き気がする，落ち着かない（≒ **n**auseou**s**, **n**ausea**ted**）
➤ have a queasy stomach [feeling]（吐き気がする）

1236 **quirk** [kwə:rk]

名（運命・歴史などの）気まぐれ［いたずら］，変な癖（≒ **f**luke）
➤ by a quirk of fate（運命の気まぐれで）

1237 **ravishing** [ǽvɪʃɪŋ]

形 非常に美しい，うっとりさせる（≒ **g**orgeous, **s**tunning）
➤ a ravishing woman（非常に美しい女性）
➤ ravishing beauty（うっとりさせる美しさ）

1238 **recalcitrant** [rikǽlsɪtr(ə)nt]

形 反抗的な，手に負えない（≒ **u**ncooperative, **i**ntractable）
➤ recalcitrant children（反抗的な子供たち）
➤ recalcitrant students（反抗的な学生たち）

1239 **redolent** [réd(ə)lənt]

形《redolent of ... で》（～を）思わせる［しのばせる］，においが強い，芳しい（≒ **e**vocative, **r**eminiscent）
➤ a house redolent of a colonial era（植民地時代をしのばせる家）

1240 **refractory** [rifrǽkt(ə)ri]

形 治療［治癒］しにくい，溶けにくい［耐火性の］，頑固な（≒ **s**tubborn, **o**bstinate, **f**ireproof）
➤ a refractory disease（難治性の病気） ➤ a refractory brick（耐火性レンガ）

学習日	年　月　日	年　月　日	年　月　日

One-paragraph Short Stories & Quizzes【44】

The demagogue ①**spouted** ②**virulent** ③**fabricated** accounts of foreigners ④**molesting** the young. This ⑤**invoked** ⑥**xenophobia** among the ⑦**populace** and led to ⑧**intermittent** ⑨**rampages** against the foreign community. The ⑩**unrest** was eased only after it was ⑪**divulged** that the ⑫**loquacious** ⑬**incendiary** was a foreign ⑭**spook** on a mission to spread social ⑮**upheaval**.

Q. ①～⑮の意味に近い語を選んでください。

①	**spouted**	1. pontificated	2. espoused	3. eschewed	4. bluffed
②	**virulent**	1. virtuous	2. malicious	3. dismal	4. makeshift
③	**fabricated**	1. debased	2. defiled	3. falsified	4. unfounded
④	**molesting**	1. mishandling	2. panhandling	3. smothering	4. manhandling
⑤	**invoked**	1. equivocated	2. engendered	3. spanked	4. diverted
⑥	**xenophobia**	1. jingoism	2. nepotism	3. favoritism	4. Zionism
⑦	**populace**	1. multitude	2. denizen	3. deference	4. hoodlum
⑧	**intermittent**	1. tautological	2. recurrent	3. precocious	4. provisional
⑨	**rampages**	1. rampart	2. riot	3. condemnation	4. shamble
⑩	**unrest**	1. disquiet	2. disarmament	3. hype	4. repose
⑪	**divulged**	1. reneged	2. exposed	3. replenished	4. effaced
⑫	**loquacious**	1. grandiloquent	2. voluble	3. ignominious	4. inept
⑬	**incendiary**	1. incinerator	2. increment	3. mutineer	4. demagogue
⑭	**spook**	1. daredevil	2. denizen	3. mole	4. fraudster
⑮	**upheaval**	1. disruption	2. headway	3. upshot	4. windfall

【解答欄】

①	②	③	④	⑤	⑥	⑦	⑧

⑨	⑩	⑪	⑫	⑬	⑭	⑮

(和訳) 扇動政治家は外国人が若者を虐待しているという敵意に満ちた作り話をまくし立てた。これが民衆の間に外国人恐怖症を引き起こし，外国人社会に対して散発的な暴動につながった。この騒動は，饒舌な扇動者が社会的混乱を広めることを目的にした外国人スパイだったと明らかになって初めて静まった。

解答 …… 選択肢の赤い文字が正答

①	まくし立てた	1. 尊大に述べた	2. 支持した	3. 避けた	4. だました
②	悪質な	1. 徳の高い	2. 悪意のある	3. 陰気な	4. その場しのぎの
③	でっち上げた	1. 質の低い	2. 冒涜する	3. 改ざんされた	4. 事実無根の
④	危害を加える	1. 乱暴に扱う	2. 物乞いをする	3. 窒息死させる	4. 手荒く扱う
⑤	引き起こした	1. 言葉を濁した	2. 引き起こした	3. 平手で叩いた	4. 転用した
⑥	外国人恐怖症	1. 好戦的愛国主義	2. 縁故主義	3. えこひいき	4. ユダヤ主義
⑦	民衆	1. 大衆	2. 居住者	3. 敬意	4. ちんぴら
⑧	散発的な	1. 類語反復の	2. 繰り返し起こる	3. 早熟な	4. 一時的な
⑨	暴動	1. 城壁	2. 暴動	3. 糾弾	4. よろよろ歩き
⑩	騒動	1. 不穏	2. 軍縮	3. 誇大広告	4. 休憩
⑪	明らかにした	1. 破棄した	2. 暴露した	3. 補充した	4. 拭い去った
⑫	饒舌な	1. 大げさな	2. おしゃべりな	3. 不名誉な	4. 不器用な
⑬	扇動家	1. 焼却炉	2. 増加	3. 反逆者	4. 扇動政治家
⑭	スパイ	1. 無謀な人	2. 住人	3. スパイ	4. 詐欺師
⑮	混乱，大変動	1. 混乱	2. 進捗	3. 結果	4. 棚ぼた

学習日 年 月 日 | 年 月 日 | 年 月 日

1241 **rehash** [ríːhæʃ] 名 [rìːhǽʃ] 動
名《通例，単数形で》（考え・作品・映画などの）焼き直し，蒸し返し
動 焼き直す［改作する，改める］（≒ **ad**apt, **al**ter）
➤ a rehash of old ideas [stories]（古いアイデア［話］の焼き直し）

1242 **rendition** [rendíʃ(ə)n]
名《通例，単数形で》（音楽・劇の）演奏，解釈，（犯罪容疑者などの）引き渡し（≒ **p**erformance, **i**nterpretation）
➤ a rendition of the music [song]（音楽［歌］の演奏）

1243 **renege** [riníg|-níːg, -néɪg]
動（約束を）破る，裏切る（≒ **d**efault [**g**o **b**ack] **o**n）
➤ renege on the agreement [deal]（同意［契約］を破る）
名 形 **renegade**（裏切り者〔の〕）

1244 **rapacious** [rəpéɪʃəs]
形 貪欲な［がつがつした］，強欲な（≒ **a**varicious, **v**oracious）
➤ a rapacious appetite（貪欲な食欲）
➤ rapacious hands（強欲なやり方）

1245 **repudiate** [ripjúːdièɪt]
動 拒否する，否定する（≒ **r**eject, **d**eny）
➤ repudiate the contract（契約を拒否する）

1246 **residue** [rézɪdjùː]
名 少量の残物，残留物，かす（≒ **r**emainder, **r**est）
➤ chemical residues in milk（牛乳に含まれる化学残留物）

1247 **revulsion** [rivʌ́lʃ(ə)n]
名 嫌悪，反感（≒ **d**isgust, **r**epulsion）
➤ revulsion against war（戦争に対する嫌悪）
➤ revulsion against violence（暴力に対する反感）

1248 **ruminate** [rúːmɪnèɪt]
動 熟考する，よく考える（≒ **d**eliberate, **c**ontemplate）
➤ ruminate over the problem [possibility]（その問題［可能性］について熟考する）

1249 **sagacious** [səgéɪʃəs]
形 賢明な，聡明な（≒ **w**ise, **c**lever）
➤ a sagacious observer（聡明な観察者）
➤ a sagacious animal（利口な動物）

1250 **schism** [skíz(ə)m, síz(ə)m]
名 分裂，分立（≒ **d**ivision, **r**ift, **ru**pture）
➤ a schism between the two parties（2党の分裂）

1251 □□□	scrawl [skrɔːl]	動 走り［殴り］書きする（≒ scribble, jot down） 名 走り［殴り］書き ➤ scrawl a message [note]（伝言［メモ］を走り書きする）
1252 □□□	scuttle [skʌ́t(ə)l]	動（計画などを）台無しにする，失敗させる（≒ wreck, foil） ➤ scuttle the plan [deal]（計画［取引］を台無しにする）
1253 □□□	self-effacing [sèlfɪféɪsɪŋ]	形 控えめな，出しゃばらない（≒ retiring, reticent） ➤ a self-effacing man（控えめな男性） ➤ a self-effacing manner（控えめな態度）
1254 □□□	semblance [sémbləns]	名 外見，うわべ（≒ appearance, facade） ➤ a semblance of peace（見せかけの平和）
1255 □□□	sequester [sɪkwéstər]	動 差し押さえる（≒ confiscate, seize） ➤ sequester the property（財産を差し押さえる） ➤ sequester the asset（資産を差し押さえる）
1256 □□□	sham [ʃæm]	形 みせかけの，偽装の，模擬の（≒ fake, pretended） ➤ a sham election（いかさま選挙） ➤ a sham marriage [battle]（偽装結婚［模擬戦］）
1257 □□□	slay [sleɪ]	動 殺害する（≒ kill, murder） ➤ slay the king（国王を殺害する） ➤ slay the enemy（敵を殺す）
1258 □□□	smattering [smǽt(ə)rɪŋ]	名《a ～ of *A* で》生かじりの A の知識，少しの A（≒ bit, little） ➤ speak a smattering of French（片言のフランス語を話す）
1259 □□□	snide [snaɪd]	形（遠回しで）嫌みな，意地悪な（≒ disparaging, derogatory） ➤ snide remarks [comments]（嫌みな発言）
1260 □□□	snug [snʌg]	形 居心地のよい，（衣類が体に）ぴったり合う（≒ cozy, comfortable, tight） ➤ a snug bar [room]（居心地のよいバー［部屋］） ➤ snug jeans（ぴったりしたジーンズ）

学習日	年　月　日	年　月　日	年　月　日

One-paragraph Short Stories & Quizzes【45】

The ①**ebbing** death rate has definitely had ②**perturbing** ③**repercussions** on the ④**mortician**'s business. Reciting a ⑤**litany** of financial ⑥**distress** and ⑦**setbacks** to his banker, he ⑧**solicited** a ⑨**moratorium** on his ⑩**mortgage** payments as a ⑪**stopgap** measure to ⑫**avert** becoming ⑬**insolvent** and having to ⑭**liquidate** all his assets to pay off his ⑮**liabilities**.

Q. ①～⑮の意味に近い語を選んでください。

①	**ebbing**	1. flourishing	2. embedding	3. decreeing	4. waning
②	**perturbing**	1. tranquilizing	2. unsettling	3. pertaining	4. agonizing
③	**repercussions**	1. differentials	2. incidences	3. consequences	4. coordinates
④	**mortician**	1. impresario	2. undertaker	3. overseer	4. plasterer
⑤	**litany**	1. repetition	2. lassitude	3. levity	4. extravaganza
⑥	**distress**	1. affiliation	2. affliction	3. discourse	4. discrepancy
⑦	**setbacks**	1. turmoil	2. hitch	3. drawbacks	4. refuge
⑧	**solicit**	1. rebuff	2. implore	3. arbitrate	4. grope
⑨	**moratorium**	1. remission	2. deferral	3. hibernation	4. aberration
⑩	**mortgage**	1. affidavit	2. honorarium	3. pledge	4. ransom
⑪	**stopgap**	1. meddlesome	2. temporary	3. non-committal	4. derogatory
⑫	**avert**	1. prod	2. forestall	3. pulverize	4. defer
⑬	**insolvent**	1. matured	2. bankrupt	3. overdue	4. unredeemed
⑭	**liquidate**	1. settle	2. vandalize	3. optimize	4. capitalize
⑮	**liabilities**	1. reparations	2. debts	3. ledgers	4. utilities

【解答欄】

①		②		③		④		⑤		⑥		⑦		⑧	

⑨		⑩		⑪		⑫		⑬		⑭		⑮	

(和訳) 死亡率の低下は，葬儀ビジネスに明らかに不安にさせる悪影響を与えた。彼は経済的な苦悩や挫折といった長々とした話を銀行員に語りながら，その場しのぎの方策として，住宅ローンの支払い猶予を懇願したのだが，それは支払い不能に陥り，負債を返済するために彼の全資産を整理しなければならないのを避けるためだった。

解答 ...... 選択肢の赤い文字が正答

①	減少する	1. 繁栄する	2. 埋め込む	3. 法令を定める	4. 下がる
②	心配させる	1. 落ち着かせる	2. 心を乱す	3. 関する	4. 苦痛の
③	悪影響	1. 差異	2. 発生率	3. 影響	4. 座標
④	葬儀屋の	1. 興行主	2. 葬儀屋	3. 監督者	4. 左官屋
⑤	(問題点や言い訳を)長々と連ねたもの	1. 繰り返し	2. 脱力感	3. 軽率さ	4. 奇抜な作品
⑥	苦悩	1. 提携	2. 苦悩	3. 談話	4. 不一致
⑦	挫折	1. 騒動	2. つまづき	3. 欠点	4. 避難
⑧	懇願する	1. 拒絶する	2. 懇願する	3. 仲裁する	4. まさぐる
⑨	支払い猶予	1. 一時的回復・減刑	2. 延期	3. 冬眠	4. 逸脱
⑩	住宅ローン設定	1. 宣誓供述書	2. 謝礼金	3. 抵当	4. 身代金
⑪	その場しのぎの	1. お節介な	2. 一時的な	3. あやふやな	4. 軽蔑的な
⑫	避ける	1. 駆り立てる	2. 未然に防ぐ	3. 粉砕する	4. 延期する
⑬	支払い不能の	1. 満期になった	2. 破産した	3. 延滞の	4. 未決済の
⑭	清算する	1. 清算する	2. 破壊する	3. 最善にする	4. 資本化する
⑮	負債	1. 賠償金	2. 未納金	3. 出納簿	4. 公共料金

学習日 | 年 月 日 | 年 月 日 | 年 月 日

20. 経済学の歴史の基礎知識をマスター！

経済学（**economics**）は，近代になって**政治経済学**（**political economies**）として始まった。**商人**（**merchants**）の活躍によって中世の**封建制**（**feudalism**）が崩壊し，**絶対主義国家**（**an absolutist state**）が誕生すると，国王は貿易によって国家に**富**（**wealth**）となる**貴金属**（**rare metals**）をもたらす商人を手厚く保護する**重商主義**（**mercantilism**）を取った。しかし，国家の富は貴金属ではなく**生産物**（**farm products**）であり，経済が**自由放任**（**laissez-faire**）によって最も機能すると主張する**重農主義者**（**physiocrats**）が反対した。ここに，経済のしくみを包括的に捉える政治経済学が誕生したのである。

18 世紀，**産業革命**（**the Industrial Revolution**）が起こった英国で，**経済学の父**（**the father of economics**）と呼ばれる**アダム・スミス**（Adam Smith）は，『**国富論**』（*The Wealth of Nations*）の中で，農産物も**工業製品**（**industrial products**）も国家の富であり，**分業**（**division of labor**）によってその生産を増進すべきとし，**市場経済**（**the market economy**）では個人の自由な利益追求が**社会に最大の利益**（**maximum benefits to society**）をもたらす「**見えざる手**（**an invisible hand**）」の自己調整機能を初めて体系的に裏付けた。この**市場メカニズム**（**a market mechanism**）の発見が近代経済学の基礎となったのである。

19 世紀の英国では，農地の「**囲い込み**」（**enclosure**）によって職を失い，都市に流れ込んできた**労働階級**（**the working class**）は劣悪な環境で働かされていた。そんな中で**科学的社会主義**（**scientific socialism**）の道を模索したマルクスとエンゲルスは共に『**共産党宣言**』（*The Communist Manifesto*）を発表し，『資本論』（*The Capital*）の中で労働者を苦しめている資本主義の本質を究明しようとした。マルクスは，**資本家**（**capitalists**）である工場経営者を**ブルジョワジー**（**the bourgeoisie**），労働者を**プロレタリア**（**the proletariat**）と呼び，**労働者搾取**（**exploitation**）の仕組みを明らかにした。また，資本主義には**恐慌**（**depression**）の必然性があり，圧迫された**労働者革命**（**revolution**）によって崩壊すると予言した。その予言を受けて，共産主義革命が起こり，ロシアでは**レーニン**（V. Lenin）が，中国では**毛沢東**（Mao Zedong）が**ソビエト連邦**（**the Soviet Union; USSR**）と**中華人民共和国**（**the**

People's Republic of China）という，二つの社会主義国を樹立した。

19 世紀初頭，ナポレオンの**大陸封鎖**（**the continental blockade**）で高騰したイギリスの**穀物価格**（**grain prices**）は，**ナポレオン戦争**（**the Napoleonic Wars**）の終結で暴落した。そこでイギリスの**地主階級**（**landowners**）は**穀物法**（**the Corn Laws**）を制定し，輸入穀物に**高い関税**（**high tariff**）をかけて自らの利益を守った。マルサスはこれを支持し，食料輸入の不安定性などから**保護貿易**（**protectionism**）を擁護したが，リカードは反対し，各国が得意分野に特化して生産を行うことによる**比較優位**（**a comparative advantage**）を強調し，**自由貿易**（**free trade**）を主張した。その後，穀物法は**反穀物法同盟**（**the Anti-Corn Law League**）などの活躍で廃止されて自由貿易の時代がもたらされた。保護貿易 v.s. 自由貿易論争はここに始まったのである。

しかし，18 世紀の**保護主義**（**protectionism**）を非難するスローガンとして用いられたポリシーである**完全競争市場**（**a perfectly competitive market**）が実現したとしても，市場が完全に機能するわけではない。**独占・寡占**（**oligopoly**）による非競争的な価格のつり上げや，環境破壊などの**社会的費用**（**social costs**）がかさむ等の**外部不経済**（**external diseconomies**）によって，**市場の失敗**（**a market failure**）が起こり得る。

スミスとリカード以来，貿易は**国際的な分業**（**international division of labor**）と捉えられ，西洋諸国を中心に**貿易自由化**（**trade liberalization**）が進められてきた。とりわけ，**世界恐慌**（**the Great Depression**）後の各国の極端な**ブロック経済**（**the block economy**）が世界大戦につながったとの反省から，戦後，アメリカを中心としてますます**国際貿易の自由化**（**liberalization of international trade**）が進められた。まず，1947 年に **GATT**（**関税及び貿易に関する一般協定**〔the General Agreement on Tariffs and Trade〕）が発足し，世界の貿易自由化への基礎が作られ，日本の牛肉・オレンジの輸入自由化を決めた**ウルグアイ・ラウンド**（**the Uruguay Round**）を経て，1995 年には **WTO**（**世界貿易機関**〔**the World Trade Organization**〕）へと発展した。

互恵性（**reciprocity**）を重視し，**最恵国待遇**（**the most-favored-nation clause**）を原則とした加盟国の**多角的貿易交渉**（**multilateral trade negotiations**）も，加盟国が多くなるにつれ交渉が難渋することも多くなっ

学習日	年　月　日	年　月　日	年　月　日

たので，利害の一致する国同士が**FTA**（**自由貿易協定**〔**the Free Trade Agreement**〕）や**EPA**（**経済連携協定**〔**the Economic Partnership Agreement**〕）を結び，個別的に経済協力を目指すようになった。**TPP**（**環太平洋経済連携協定**〔**the Trans-Pacific Partnership**〕）も，そうしたEPAの一種である。FTAは**調印国**（**signatory countries**）間の**関税**（**tariffs**）や企業規制などの**非関税障壁**（**non-tariff barriers**）を取り払い，物やサービスの流通の自由化を目指すが，EPAは投資や**知的財産の保護**（**protection of intellectual property**）も含む幅広い経済関係の強化を目的としている。

1929年，ウォール街の**株価大暴落**（**a stock market crash**）に端を発した**世界大恐慌**（**the Great Depression**）によって，アメリカは**労働力人口**（**labor force**）の約25％の失業者を出した。この事態に対処するためにケインズが説いた「政府が適度な**介入**（**intervention**）によって**有効需要**（**effective demand**）を管理しない限り，市場は**不完全雇用**（**underemployment**）を生みだす」という理論をローズヴェルトは導入し，**ニューディール**（the New Deal）政策を実施し，**公共事業**（**public works**）によって積極的に雇用を創出し，米国経済は立ち直ることができた。しかし，1973年の**オイルショック**（**the oil crisis**）による先進国の深刻な**スタグフレーション**（**stagflation**）に，ケインズ理論は有効ではなかったので，シカゴ大学のフリードマンは，固定的な**金融政策**（**a monetary policy**）による**マネタリズム**（**monetarism**）を打ち出した。彼は「**大きな政府**」（**a big government**）を嫌い，**貨幣供給量**（**money supply**）管理に限定する「**小さな政府**」（**a small government**）を目指したので**新自由主義**（**neoliberalism**）と呼ばれた。マネタリズムは80年代にサッチャー政権やレーガン政権に採用され，それぞれ**サッチャリズム**（**Thatcherism**），**レーガノミクス**（**Reaganomics**）と呼ばれた。

また，**未来学者**（**futurologist**）とも呼ばれる経営学者のP. Druckerは資本主義社会の行方について多くの著作を残しており，**ガルブレイス**（J. K.Galbraith）も，『**ゆたかな社会**（*The Affluent Society*）』，『**新しい産業国家**（*The New Industrial State*）』等の多くの著作の中で資本主義国の行方を描いた。同じくインド人の**ムハマド・ユヌス**（Muhammad Yunus）は，**マイクロファイナンス**（**microfinance**）と呼ばれる貧困層向けの融資を行うGrameen Bankを創設し，**ソーシャル・ビジネス**（**social business**）を提唱したことで知られている。

資本主義社会（a capitalist society）では，経済はかなり**規則的上下変動を繰り返し**（cyclical fluctuations），生産・売上・雇用などが連動して一体となったものを**景気**（business conditions）と呼び，その周期的な変動は**景気循環**（a business cycle）と言われる。その上昇局面は景気**拡大期**（expansion），それが頂点に達する**景気の山**（peak）を経て，景気の**後退期**（recession）に入る。それは通常景気の**谷**（trough）を経てまた拡大期に至るが，特に長期化すると**不況**（depression）と呼ばれる。この判断は**内閣府**（the Cabinet Office）が毎月発表する**景気動向指数**（a composite index：CI）の総合的な**景気指標**（a business index）によってなされている。

インフレ（inflation）は物価の持続的な上昇で，**デフレ**（deflation）はその持続的な下落である。前者には，好景気で需要が供給を上回るために起こる**ディマンド・プル**（demand-pull）型と原料価格の高騰などによる**コスト・プッシュ**（cost-push）型がある。第一次大戦後のドイツではフランスの要求した多額の**賠償金**（war reparations）で経済が逼迫(ひっぱく)し，ナチス台頭の一因にもなった物価約1兆倍という**ハイパーインフレ**（hyperinflation）が起こった。一方，デフレは需要が減退して**供給過剰**（oversupply）の時に起こる。そして，商品**売り上げ低下**（a sales decline）→**企業収益悪化**（a profit decline）→**従業員給料低下**（a pay decline）→さらに売れ行き低下という悪循環「**デフレスパイラル**（a deflationary spiral）」に陥りやすい。日本も**バブル崩壊**（the collapse of the bubble economy）以来，そこから抜け出せていない。

1944年の**ブレトンウッズ協定**（the Bretton Woods Agreement）で**IMF**（**国際通貨基金**〔the International Monetary Fund〕）と**世界銀行**〔the World Bank〕）が発足し，各国通貨は**基軸通貨**（a key currency）で金と兌換(だかん)可能な米ドルとの**固定相場制**（a fixed exchange rate system）を取った。しかし，1971年，**ニクソン大統領の金ドル兌換停止でドルの信用は揺らぎ**（the Nixon Shock），**ドル平価切下げ**（devaluation of the dollar）の効果もむなしく，1973年以降，主要国は**変動相場制**（a floating exchange rate system）に移行していった。以後，**為替レート**（the exchange rate）は**外国為替市場**（the foreign exchange market）における需給関係によって決まるようになり，通貨価値Upは**騰貴**（appreciation），Downは**下落**（depreciation）と呼ばれている。

学習日 年 月 日 年 月 日 年 月 日

1261 **spasm** [spǽz(ə)m]
名 (感情・活動などの) 発作, けいれん (≒ convulsion)
➤ a spasm of fear (突然襲う恐怖)
➤ a spasm of coughing (咳の発作)

1262 **specious** [spíːʃəs]
形 もっともらしい (≒ plausible)
➤ a specious argument (もっともらしい言い分)
➤ specious reasoning (もっともらしい推理)

1263 **spurious** [spjʊ́əriəs]
形 偽の, 誤った (≒ bogus, phony, false)
➤ a spurious document (偽の文書)
➤ a spurious argument (誤った論拠)

1264 **spurn** [spəːrn]
動 はねつける, 拒絶する (≒ refuse, reject)
➤ spurn the offer (申し出をはねつける)
➤ spurn the advice (アドバイスをはねつける)

1265 **stately** [stéɪtli]
形 風格のある, 立派な, ゆったりとした (≒ dignified, majestic)
➤ a stately mansion (風格のある邸宅)
➤ at a stately pace (ゆったりした足取りで)

1266 **steadfast** [stédfæst|-fɑ̀ːst]
形 揺るぎない, 不動の (≒ staunch, unwavering)
➤ steadfast support for her (彼女に対する揺るぎなき支援)
➤ a steadfast faith (確固たる信念)

1267 **stench** [sten(t)ʃ]
名 悪臭 (を放つもの), 《比喩的に》(不正などの) におい [気配] (≒ stink, reek)
➤ the stench of rotten meat (腐った肉の悪臭)

1268 **strident** [stráɪd(ə)nt]
形 耳障りな, 執拗 (しつよう) な (≒ raucous, grating)
➤ a strident voice (耳障りな声)
➤ strident demands (執拗な要求)

1269 **sublimate** [sʌ́blɪmèɪt]
動 昇華 [転化] する [させる] (≒ divert, purify)
➤ sublimate his sexual desire into artistic works (彼の性的欲望を芸術作品に転化する)

1270 **subservient** [səbsə́ːrviənt]
形 従属 [追従] 的な, (～の) 言いなりになる (≒ submissive, deferential)
➤ *be* subservient to the government's wishes (政府の意向に逆らわない)

1271	**subterranean** [sʌ̀btəréɪniən]	形 地下の，地底の（≒ underground） ➤ a subterranean tunnel（地下道）
1272	**supersede** [sùːpərsíːd,《英》sjùː-]	動《しばしば受け身で》(～に) 取って代わる（≒ replace, supplant） ➤ Film cameras have been superseded by digital cameras. （フィルムカメラはデジタルカメラに取って代わられました）
1273	**surreptitious** [sə̀ːrəptíʃəs|sʌ̀r-]	形 秘密の，こそこそした，不正な（≒ stealthy, covert） ➤ a surreptitious attempt [look]（密かな試み［盗み見］）
1274	**sweltering** [swélt(ə)rɪŋ]	形 うだるように暑い，（暑さが）うだるような ➤ a sweltering summer（うだるように暑い夏） ➤ sweltering heat（うだるような暑さ）
1275	**sycophantic** [sìkəfǽntɪk]	形 おべっかを使う，へつらう（≒ obsequious, servile） ➤ sycophantic media（おべっか使いのマスコミ） ➤ the sycophantic press（へつらった論評）
1276	**tantrum** [tǽntrəm]	名（特に子供の）かんしゃく，だだをこねること（≒ a fit of temper） ➤ have [throw] a tantrum（かんしゃくを起こす，だだをこねる）
1277	**taut** [tɔːt]	形（ロープなどが）ぴんと張った（≒ stretched） ➤ a taut rope（ぴんと張ったロープ）
1278	**temper** [témpər]	動 和らげる，加減する，（鋼鉄などを）鍛える（≒ moderate） ➤ temper criticism with sympathy（同情で批評を和らげる） ➤ temper *his* words（言葉を加減する）
1279	**tepid** [tépɪd]	形（湯茶・液体が）なまぬるい，（感情・歓迎などが）熱意のない（≒ lukewarm, unenthusiastic） ➤ tepid water（ぬるま湯） ➤ a tepid response（気のない返事）
1280	**terse** [təːrs]	形（返事・伝言などが）そっけない，（文体・表現が）簡潔な（≒ curt, brief） ➤ a terse reply（そっけない返信） ➤ a terse comment（簡潔なコメント）

学習日	年　月　日	年　月　日	年　月　日

One-paragraph Short Stories & Quizzes【46】

The ①**jocular** ②**photogenic** thespian was of ③**premium** ④**pedigree** in the theatrical world and a ⑤**polyglot** who was ⑥**lauded** for his accomplishments worldwide. However, he was an ⑦**inscrutable** character with a ⑧**proclivity** to ⑨**idiosyncratic** behavior backstage. His character ⑩**irked** his associates and ⑪**instilled** strong ⑫**misgivings** in his manager, who had thought his ⑬**petulant** behavior would ⑭**mar** his ⑮**stature**.

Q. ①～⑮の意味に近い語を選んでください。

①	**jocular**	1. fractious	2. facetious	3. factitious	4. fallow
②	**photogenic**	1. photosensitive	2. vicarious	3. aesthetic	4. photosynthetic
③	**premium**	1. extravagant	2. preferential	3. premonition	4. extravasate
④	**pedigree**	1. genealogy	2. pedantic	3. geology	4. pedicure
⑤	**polyglot**	1. polygamy	2. multilingual	3. polygon	4. linguistics
⑥	**lauded**	1. fumbled	2. excoriated	3. loitered	4. hailed
⑦	**inscrutable**	1. implacable	2. impenetrable	3. impressive	4. insinuate
⑧	**proclivity**	1. proclaim	2. epidermal	3. apteral	4. aptitude
⑨	**idiosyncratic**	1. peculiar	2. idolatry	3. idyllic	4. attrition
⑩	**irked**	1. chafed	2. quirked	3. raved	4. razed
⑪	**instilled**	1. distilled	2. inculcated	3. imbibed	4. imparted
⑫	**misgiving**	1. mishap	2. reservation	3. niche	4. drudgery
⑬	**petulant**	1. crotchety	2. perverse	3. piddling	4. clairvoyant
⑭	**mar**	1. earmark	2. smear	3. singe	4. undermine
⑮	**stature**	1. prominence	2. statute	3. symbiosis	4. proponent

【解答欄】

①		②		③		④		⑤		⑥		⑦		⑧	

⑨		⑩		⑪		⑫		⑬		⑭		⑮	

(和訳) このひょうきんな写真写りのよい俳優は演劇界では超一流の血統であり，世界的に称賛される数か国語に通じる人物であった。しかしながら，彼の性格は不可解であり，舞台裏では特異な振る舞いをする傾向があり，それが関係者を苛立たせ，彼のマネージャーに強い不信感を抱かせていた。マネージャーは，彼の気難しい態度が彼の名声を落とすことになるだろうと考えた。

解答 …… 選択肢の赤い文字が正答

①	ひょうきんな	1. 手に負えない	2. ひょうきんな	3. 人為的な	4. 休耕中の
②	写真写りのよい	1. 感光性の	2. 疑似の	3. 美的な	4. 光合成の
③	超一流の	1. 贅沢な	2. 優先的な	3. 悪い予感	4. 血管外遊出する
④	血統	1. 系図学	2. 学者ぶった	3. 地質学	4. 足の治療
⑤	多言語を話す人	1. 複婚	2. 多言語を話す人	3. 多角形	4. 言語学
⑥	賞賛された	1. しくじった	2. 酷評された	3. ぶらぶらした	4. 絶賛された
⑦	不可解な	1. 執念深い	2. 見通せない	3. 印象的な	4. ほのめかす
⑧	性向	1. はっきり示す	2. 表皮の	3. 側廊のない	4. 素質
⑨	特異な	1. 特異な	2. 偶像崇拝	3. 牧歌的な	4. 消耗
⑩	うんざりした	1. 怒った	2. ねじまげられた	3. 怒鳴られた	4. 破壊された
⑪	教え込んだ	1. 蒸留した	2. 教え込んだ	3. 吸収した	4. 伝授した
⑫	不信感	1. 災難	2. 疑念	3. 適所	4. 退屈な骨折り仕事
⑬	気難しい	1. 気難しい	2. ひねくれた	3. つまらぬ	4. 透視力のある
⑭	弱める	1. 割り当てる	2. 汚す	3. 焦がす	4. 弱める
⑮	名声	1. 著名	2. 法令	3. 共存	4. 支持者

学習日 年 月 日 年 月 日 年 月 日

No.	見出し語	意味・用例
1281	**titillating** [tít(ə)lèitiŋ|títil-]	形 （性的に）刺激的な，（興味などを）くすぐる（≒ sexually-stimulating） ➤ a titillating story（刺激的な［興味をそそる］話）
1282	**touchy** [tʌ́tʃi]	形 （問題などが）扱いに慎重を要する，神経過敏な（≒ sensitive, delicate） ➤ a touchy issue [subject]（デリケートな問題［話題］） ➤ *be* touchy about *one's* appearance（外見に敏感である）
1283	**transgress** [trænsgrés|trænz-]	動 （法律・規則などを）犯す，（～に）違反する，（限度などを）越える（≒ contravene） ➤ transgress the law（法を犯す） 名 transgression（違反）
1284	**traverse** [trəvə́ːrs]	動 横断する，前後に動く（≒ cross, travel across） 名 横断 ➤ traverse the mountain [desert]（山［砂漠］を横断する）
1285	**unabashed** [ʌ̀nəbǽʃt]	形 あからさまな，臆面もない（≒ unashamed, brazen） ➤ with unabashed enthusiasm（熱意をあらわにして） ➤ with unabashed curiosity（好奇心をあらわにして）
1286	**unconscionable** [ʌ̀nká(ː)nʃ(ə)nəb(ə)l|-kɔ́n-]	形 途方もない［法外な］，不当な（≒ excessive, unreasonable） ➤ an unconscionable price（法外な価格） ➤ an unconscionable contract（不当な契約）
1287	**underpinning** [ʌ́ndərpìniŋ, ˌ-ˈ-ˌ-]	名 基盤，土台（≒ foundation, groundwork） ➤ underpinning of democracy（民主主義の基盤） ➤ underpinning of the society（社会の基盤）
1288	**unscathed** [ʌ̀nskéiðd]	形 無傷の，痛手を受けていない（≒ unharmed, undamaged） ➤ escape [survive] unscathed（無傷のまま逃げる［生き延びる］）
1289	**unwitting** [ʌ̀nwítiŋ]	形 知らず知らずの，それと知らずに陥った（≒ unconscious, ignorant） ➤ an unwitting mistake（うっかりミス，過失） ➤ an unwitting accomplice（〔知らないうちに〕共犯者に仕立てられた人）
1290	**upstage** [ʌ̀pstéidʒ]	動 人気（にんき）をさらう，鼻であしらう（≒ outshive, overshadow） ➤ upstage the actors（俳優たちの人気をさらう） ➤ upstage *one's* boss（上司を鼻であしらう）

1291	**vacillate** [vǽsɪlèɪt]	動 (2 つの間で心・考えが) 揺れ動く, 決めかねる, 迷う (≒ **dither**, **waver**) ➤ vacillate between love and hate (愛と憎しみの間で揺れ動く)
1292	**valiant** [vǽljənt|-liənt]	形 勇敢［果敢］な (≒ **intrepid**, **audacious**)　名 勇敢な人 ➤ a valiant soldier (勇敢な兵士) ➤ a valiant attempt (果敢な試み)
1293	**venal** [víːn(ə)l]	形 賄賂で動く, 賄賂で得られた, 腐敗した (≒ **corrupt**, **bribable**) ➤ a venal politician (賄賂で動く政治家) ➤ venal practices (腐敗した慣習［買収行為］)
1294	**verbatim** [vəːrbéɪtəm]	形 逐語的な, 言葉どおりの (≒ **word for word**) ➤ a verbatim record (逐語的な記録) ➤ a verbatim translation (逐語訳)
1295	**vestige** [véstɪdʒ]	名 名残, 痕跡 (≒ **remnant**, **relic**) ➤ a vestige of tradition [culture] (伝統［文化］の名残)
1296	**vicissitude** [vəsísətjùːd|vaɪ-]	名 浮き沈み, 絶え間ない変化 (≒ **change**, **alteration**) ➤ the vicissitudes of life (人生の浮き沈み) ➤ the vicissitudes of the stock market (株式市場の変遷)
1297	**virulent** [vír(ə)lənt|vírʊ-]	形 猛毒の, 悪性の, 敵意［悪意, 憎悪］に満ちた (≒ **poisonous**, **toxic**) ➤ a virulent attack (劇毒性の攻撃) ➤ virulent hostility (激しい敵意)
1298	**vociferous** [voʊsíf(ə)rəs]	形 声高な, 騒々しい (≒ **vehement**, **vocal**) ➤ vociferous opposition (声高な反対) ➤ a vociferous crowd (やかましい群衆)
1299	**wry** [raɪ]	形 苦々しい, しかめた, 皮肉な (≒ **displeased**, **ironic**) ➤ with a wry smile (苦笑いを浮かべて) ➤ give a wry look (しかめっ面をする)
1300	**zest** [zest]	名 熱意, 強い興味, 面白味 (≒ **zeal**, **fervor**, **ardor**) ➤ have a zest for life [living] (生きることに意欲的である)

学習日	年　月　日	年　月　日	年　月　日

One-paragraph Short Stories & Quizzes【47】

The newly hired ①**stenographer** had hardly finished his ②**probation** period before showing the ③**telltale** signs of alcohol abuse. Although claiming to be a ④**teetotaler**, he ⑤**incessantly** failed ⑥**sobriety** tests and was often barely ⑦**lucid**, ⑧**languidly** writing ⑨**obscure** ⑩**scribbles** or ⑪**enigmatic** ⑫**pictographic** symbols. Yet he had the ⑬**temerity** to ⑭**whine** about his ⑮**remuneration**.

Q. ①～⑮の意味に近い語を選んでください。

①	**stenographer**	1. scrivener	2. shorthand clerk	3. accountant	4. janitor
②	**probation**	1. moratorium	2. furlough	3. parole	4. trial
③	**telltale**	1. rickety	2. revealing	3. stale	4. impregnable
④	**teetotaler**	1. abstainer	2. scion	3. scoundrel	4. fugitive
⑤	**incessantly**	1. intermittently	2. ingeniously	3. inadvertently	4. perpetually
⑥	**sobriety**	1. sobriquet	2. hubris	3. abstinence	4. penance
⑦	**lucid**	1. sensible	2. lush	3. meteoric	4. nebulous
⑧	**languidly**	1. interactively	2. sluggishly	3. jubilantly	4. marginally
⑨	**arcane**	1. offhand	2. ostensible	3. cryptic	4. chary
⑩	**scribbles**	1. scrawl	2. juggling	3. panhandling	4. crouch
⑪	**enigmatic**	1. emphatic	2. mystic	3. seasoned	4. musty
⑫	**pictographic**	1. choreographic	2. hieroglyphic	3. demographic	4. iconographic
⑬	**temerity**	1. throttle	2. equanimity	3. duplicity	4. audacity
⑭	**whine**	1. gripe	2. grip	3. whiff	4. wiggle
⑮	**remuneration**	1. renunciation	2. emolument	3. renovation	4. premeditation

【解答欄】

①	②	③	④	⑤	⑥	⑦	⑧

⑨	⑩	⑪	⑫	⑬	⑭	⑮

(和訳) 新たに雇われた速記者は，試用期間を終えるや否や明らかにアルコール依存症を示すような兆候を現した。彼は禁酒主義者だと主張していたが，飲酒検査にたびたびひっかかり，不明瞭な走り書きや謎めいた絵文字を無気力に書いていて，意識がはっきりしないことも頻繁だった。だが彼は，自分の報酬について厚かましくも不平を言った。

解答 ...... 選択肢の赤い文字が正答

①	速記者	1. 公証人	2. 速記者	3. 会計士	4. 管理人
②	試用期間	1. 猶予期間	2. 自宅待機	3. 仮釈放期間	4. トライアル
③	証拠を示す	1. ぐらぐらの	2. 暴露する	3. 新鮮でない	4. 難攻不落の
④	禁酒主義者	1. 禁酒家	2. 末裔	3. ろくでなし	4. 逃亡者
⑤	たびたび	1. 断続的に	2. 独創的に	3. うっかりと	4. 絶え間なく
⑥	禁酒	1. あだ名	2. 高慢さ	3. 節制	4. 懺悔
⑦	活発な	1. 分別のある	2. 緑豊かな	3. 華々しい	4. 漠然とした
⑧	無気力に	1. 双方向に	2. 無気力に	3. 歓喜にあふれて	4. わずかに
⑨	不可解な	1. 思い付きの	2. 表向きの	3. 不可解な	4. 気乗りのしない
⑩	走り書き	1. 殴り書き	2. 曲芸	3. 物もらい	4. しゃがむこと
⑪	謎めいた	1. 強調された	2. 神秘的な	3. 年季の入った	4. かび臭い
⑫	絵文字	1. 振り付けの	2. 象形文字の	3. 人口統計学の	4. 図像的な
⑬	厚かましさ	1. 加速力	2. 落ち着き	3. 二枚舌	4. 大胆さ
⑭	不平を言う	1. 不平を言う	2. 握る	3. 匂いをかぐ	4. 小刻みに動く
⑮	報酬	1. 放棄	2. 報酬	3. 改修	4. 練りに練った計画

学習日	年　月　日	年　月　日	年　月　日

21. 通貨危機の仕掛け人，ヘッジファンドの基礎知識をマスター！

1997 年，タイの**バーツ**（**b**aht）をはじめアジア各国の通貨が暴落し，深刻な**通貨危機**（**the A**sian **F**inancial **C**risis）が，金融機関や資産家の**資金運用**（**a s**peculative **i**nvestment）利益を追求する投資集団**ヘッジファンド**（**a h**edge **f**und）によって起こされた。主要国が変動相場制に移行した後も**ドルとの固定相場制**（**ドルペッグ制**〔**a d**ollar **p**eg **s**ystem〕）を取って**輸出産業**（**the e**xport **i**ndustry）を伸ばすアジア諸国は，米国の「**強いドル政策**（**a s**trong **d**ollar **p**olicy）」でドルに連動したアジアの通貨も高騰して輸出が落ち込んだ。そこで欧米資本のアジアからの撤退を読んだヘッジファンドは，アジア通貨の**空売り**（**s**hort **s**elling）を仕掛け，自国通貨を買い支えられなくなった国は変動相場制に移行した。その結果，通貨価値が暴落し，IMF がこの通貨危機の尻ぬぐいをさせられ，ヘッジファンドは巨利を得て去っていった。

2009 年，ギリシャの**財政赤字**（**fi**scal **d**eficits）の**ごまかし**（**粉飾決算**〔**w**indow **d**ressing〕）の発覚でギリシャ**国債**（**a n**ational **b**ond）が暴落し，EU の抱えるさまざまな問題が浮き彫りになった。1993 年，**マーストリヒト条約**（**the M**aastricht **T**reaty）によって EC（欧州共同体）の後に発足した EU は欧州**政治・経済統合**（**p**olitical **& e**conomic **i**ntegration）である。しかし，財政状況の悪い “PIIGS”「ポルトガル・イタリア・アイルランド・ギリシャ・スペイン」は EU 経済の足を引っ張り，統一通貨**ユーロ**（**e**uro）によって**ユーロ圏**（**the e**urozone）は各国独自の金融政策が取れないために，加盟国は財政赤字解消のための**金利引き下げ**（**an i**nterest **r**ate **c**ut）ができず国債を発行し続け，事態が悪化した。

金融資本主義（**fi**nancial **c**apitalism）とも言われる今日の世界経済では，**株式**（**s**tock），**債券**（**b**onds **a**nd **d**ebentures〔公社債〕）などの**有価証券**（**s**ecurities），**先物**（**f**utures）・**オプション**（**o**ptions）・**スワップ**（**s**wap）などの**デリバティブ**（**d**erivative〔金融派生商品〕）が盛んに取引される。米国の金融機関は，**商業銀行**（**c**ommercial **b**anks），**証券会社**（**s**ecurities **c**ompanies）と，**有価証券**（**s**ecurities）売買や企業の**合併・買収**（**M&A**

[**m**ergers **a**nd **a**cquisitions]）の仲介等によって利益を上げる**投資銀行**（**i**nvestment **b**anks）の3つに分かれる。J. P. Morgan や Goldman Sachs やリーマン・ブラザーズなどが代表例である。

90年代の**ITバブル**（**the d**ot-com **b**ubble）崩壊後，“超金余り”状況で**住宅バブル**（**the h**ousing **b**ubble）が進行していたとき，多くが購入住宅**転売**（**r**esell）利益を出そうとした。すると複数の住宅ローンを組み合わせて**証券化**（**s**ecuritization）し，新しい金融商品の**不動産担保証券**（**MBS** [**M**ortgage-**b**acked **S**ecurities]）として売り出す投資銀行も現れた。やがてバブルが弾け，土地・住宅の暴落で信用度の低い顧客への**高金利住宅ローン**（**s**ubprime **l**oans）を多く扱っていたリーマンブラザーズは，多くの**不良債権**（**n**onperforming **l**oans）を出して株価の**暴落**（**m**eltdown）を招いた。さらに**自己資本**（**n**et **w**orth）を超過した取引，**レバレッジ**（**l**everage）も重なり，米国史上最大の負債を抱えて2008年に倒産した。

資本主義による**不平等**（**i**nequality）の拡大に警鐘を鳴らす，フランスの経済学者**トマ・ピケティ**（Thomas Piketty）の著，『21世紀の資本論（*The Capital in the Twenty-first Century*）』が世界の経済界の注目を集めた。資本主義社会での**所得格差**（**an i**ncome **d**isparity）は年々拡大し，欧米では上位10％の富裕層が国全体の富の約60％（米国では70％以上）を保有しているという。**勤労所得**（**an e**arned **i**ncome）よりも**遺産相続**（**i**nheritance）によって貧富の差が決まる社会では**民主主義社会**（**a d**emocratic **s**ociety）を支えている**機会均等**（**e**qual **o**pportunity）と**能力主義**（**m**eritocracy）への信頼が失われ，“**過去が未来を食い潰す**”（**t**he **p**ast **d**evours **t**he **f**uture）と言う。対策として**資産への累進課税**（**p**rogressive **t**axation **o**n **c**apital）を提言するが，一国だけが実施すればその国の資産は非課税の他国に流れてしまうので世界で同時的に実施するために各国の緊密な協力が不可欠であると説く。

学習日	年　月　日	年　月　日	年　月　日

6-1. 教育一般

□ project-based learning	プロジェクト取り組み型授業〔「問題解決型授業」は problem-based learning（課題に取り組み，問題解決方法を学ぶ学習）〕
□ heuristic education	体験発見型教育
□ an honor student	優等生〔「優等で卒業した人」は cum laude〕
□ classroom disruption [chaos]	学級崩壊
□ a substitute teacher	代用教員〔「教員免許状」は a teaching certificate〕
□ a credit-system high school	単位制高校〔「全寮制の学校」は a boarding school〕
□ co-education	男女共学〔「女子校」は all-girl school [girls' school]〕
□ a make-up test [retake, make-up exam]	追試験
□ a charter school	特別認可校〔保護者や教師が認可を受けて公費で運営する〕
□ divergent thinking	拡散的独創的思考
□ a field study	野外研究〔「実習コース」は laboratory course〕
□ credit reciprocity	履修単位の互換性
□ lingua franca	共通語，通商語

6-2. 大学教育

□ a master's thesis	修士論文〔「博士論文」は dissertation〕
□ extension courses	大学公開講座〔「講義要綱」は course syllabus〕
□ a college entrance rate	大学進学率〔「進学組」は college-bound students〕

□	audit the class	聴講する〔「（大学の）聴講生」は an auditor〕
□	an interdisciplinary approach	超学際的アプローチ
□	a sabbatical	（大学教授の）長期有給休暇〔「大学を正当な理由で一定期間休学すること」は a leave of absence〕
□	an alumnus	同窓生男性〔「同窓生女性」は an alumna〕
□	a prestigious [prestige] university	名門大学
□	an emeritus [honorary] professor	名誉教授
□	a valedictorian speech	（卒業生の）別れの演説

6-3. 青少年非行

□	social withdrawal	引きこもり
□	a reform school/reformatory	少年院
□	withdrawal	退学（自主的退学）〔expulsion from school は「罰としての退学」〕
□	liberal [neglectful] parenting	放任主義の親〔「甘やかす親」は indulgent parenting,「権威を押しつける親」は authoritarian parenting〕
□	an underachiever	落ちこぼれ〔「成績優秀者」は a high-achiever,「優等生」は an honors student,「模範生」は a model student〕
□	suspension from school	停学〔「高校中退者」は a high-school dropout〕

Chapter 2
英検®1級
必須「句動詞」
450語 完全攻略

Rank A

絶対に覚えるべき最重要「句動詞」150語を完全攻略!

【1301〜1450】

学習日 年 月 日 | 年 月 日 | 年 月 日

1301 **act up** [ǽkt ʌ́p]
(機械などが) 調子が悪い，ふざける (≒ fail, misbehave)
➤ The TV is acting up. (テレビの調子が悪い)

1302 **add up** [ǽd ʌ́p]
《通例，否定文で》筋が通る，つじつまが合う (≒ make sense)
➤ Her story doesn't add up. (彼女の話はつじつまが合わない)

1303 **amount to** [əmáunt tu]
(合計で) ～になる，～を意味する (≒ add up to, *be* equal to)
➤ His action amounts to a criminal offense. (彼の振舞いは犯罪行為も同然だ)

1304 **bail out** [bèɪl áʊt]
救済する，保釈する (≒ rescue, release)
➤ bail out major banks (主要銀行を救済する)

1305 **bank on** [bǽŋk á(:)n|ɔ́n]
頼る，当てにする (≒ depend [rely, count] on)
➤ bank on public support (国民の支持に頼る)

1306 **barge into** [bá:rdʒ ɪntu]
ずかずか入り込む，(会話などに) 割り込む (≒ break [muscle] in)
➤ barge into the office (事務所に押しかける)

1307 **bawl out** [bɔ̀:l áʊt]
ひどく叱る，厳しく非難する (≒ chew out, tell off)
➤ bawl him out for being late (遅刻したことで彼を叱りつける)

1308 **bear out** [bèər áʊt]
裏付ける，支持する (≒ uphold, support)
➤ bear out the fact [claim] (事実 [主張] を裏付ける)

1309 **beef up** [bì:f ʌ́p]
強化する，増強する (≒ step up, rev up)
➤ beef up security (セキュリティーを強化する)

1310 **boil down to** [bɔ̀ɪl dáʊn tə/tu]
(状況・問題などが) 結局 [詰まるところ] ～ということになる (≒ add up to)
➤ The dispute boils down to the issue of territory. (紛争は詰まるところ領土の問題になる)

1311 **bottle up** [bɑ̀(:)t(ə)l|bɔ̀t(ə)l ʌ́p]
(感情を) 抑える，(場所などを) 封じ込める (≒ **choke back**, **hold back**)
➤ bottle up *my* anger (怒りを抑える)

1312 **bottom out** [bɑ̀(:)təm|bɔ̀t- áʊt]
(状況・価格などが) 底に達する (≒ **stop getting worse**, **hit the bottom**)
➤ The recession is finally bottoming out. (景気後退がついに底入れしつつある)

1313 **bounce back** [bàʊns bǽk]
(病気・打撃などから) 回復する，立ち直る (≒ **recover**, **pick up**)
➤ bounce back from failure (失敗から立ち直る)

1314 **bow out** [bòʊ báʊt]
(活動・仕事などから) 身を引く，退く (≒ **drop out**, **pull out**)
➤ bow out of politics (政界から身を引く)

1315 **break in** [brèɪk ín]
訓練する，慣らす，押し入る (≒ **train**, **hold up**)
➤ break in new employees (新入社員を訓練する)

1316 **buckle down** [bʌ̀k(ə)l dáʊn]
真剣に～に取り組む (≒ **get** [**knuckle**] **down to**)
➤ buckle down to work (真剣に仕事に取り組む)

1317 **buoy up** [bù:i|bɔ̀ɪ ʌ́p]
士気を高める，(≒ **cheer up**, **pump up**)
➤ buoy up their spirits (彼らの士気を高める)

1318 **butter up** [bʌ̀tər ʌ́p]
お世辞を言う，ごまをする (≒ **play** [**kiss**] **up to**)
➤ butter up (to) the boss (上司にごまをする)

1319 **capitalize on** [kǽpət(ə)làɪz ɑ́(:)n|ɔ́n]
便乗する，付け込む (≒ **cash in on**)
➤ capitalize on the tourist boom (観光ブームに便乗する)

1320 **cash in on** [kæʃ ín ɑn| - ɔn]
(利益を得るために) 活用する，付け込む (≒ **capitalize on**)
➤ cash in on the global trend (グローバルトレンドを活用する)

学習日 年 月 日 | 年 月 日 | 年 月 日

1321 **chew out** [tʃùː áʊt]
叱りつける，ひどく非難する（≒ **reprimand**, **rebuke**）
➤ She got chewed out by the boss for being late.（彼女は遅刻して上司にこっぴどく叱られた）

1322 **chime in** [tʃàɪm ín]
割り込む，口を挟む（≒ **chip** [**cut**, **break**] **in**）
➤ chime in on the conversation（会話に口を挟む）

1323 **choke off** [tʃòʊk ɔ́ːf|ɔ́f]
妨げる，首を締め付ける（≒ **choke down**, **choke back**）
➤ choke off economic recovery（経済の回復を妨げる）

1324 **churn out** [tʃə́ːrn áʊt]
大量生産する（≒ **crank** [**turn**] **out**）
➤ churn out new products（新製品を大量生産する）

1325 **clam up** [klæ̀m ʌ́p]
口を閉ざす，黙り込む（≒ **shut** [**hush**] **up**）
➤ The suspect clammed up during interrogation.（容疑者は尋問中黙秘した）

1326 **clamp down on** [klæ̀mp dáʊn ɑn|ɔn]
（～を）取り締まる，弾圧する（≒ **crack down on**）
➤ clamp down on drug trafficking（麻薬密売を取り締まる）

1327 **conjure up** [kɑ̀n(d)ʒər|kʌ̀n- ʌ́p]
（記憶・イメージ・アイデアなどを）呼び起こす，～を素早く用意する（≒ **call up**）
➤ conjure up an image of ancient times（古代のイメージを呼び起こす）

1328 **cordon off** [kɔ́ːrd(ə)n ɔ́ːf|ɔ́f]
（～への）交通を封鎖する，非常線を張る（≒ **mark off**）
➤ cordon off the street（その通りを封鎖する）

1329 **count in** [kàʊnt ín]
（～を）仲間［数］に入れる（≒ **include**）
➤ Count me in!（私を仲間に入れて！）
反 **count out**（除外する）（≒ **exclude**）

1330 **crack down on** [kræ̀k dáʊn ɑn|ɔn]
厳しく取り締まる，断固たる処置をとる（≒ **clamp down on**）
➤ crack down on drunk driving（飲酒運転を厳しく取り締まる）

No.	見出し語	意味・例文
1331	**crack up** [krǽk ʌ́p]	精神的に参る，大笑いする（≒ **burn out**） ➤ crack up under the pressure of work（仕事のプレッシャーで精神的に参る）
1332	**crop up** [krɑ̀(ː)p|krɔ̀p ʌ́p]	(問題などが)急に思いがけなく起こる，(名前・話題などが)口に出る［持ち上がる］（≒ **spring** [**turn**] **up**） ➤ A new problem has cropped up.（新たな問題が思いがけなく起こった）
1333	**cut out for** [kʌ̀t áʊt fər]	《*be* ～ out for [to be] で》《通例，否定文・疑問文で》（職業に／～になることに）向いている［適している］（≒ *be* **suitable** [**good**] **for**） ➤ I am not cut out for the job.（私はその仕事に向いていない）
1334	**dawn on** [dɔ̀ːn ɑ́(ː)n|ɔ́n]	（考えなどが人に）わかり始める（≒ **cross** *one's* **mind**） ➤ The real truth dawned on me.（真実がわかり始めた）
1335	**deck out** [dèk áʊt]	美しく着飾る，飾り立てる（≒ **dress up**, **gussy up**） ➤ The room is decked out with antiques.（その部屋は骨董品で飾られている）
1336	**dip into** [díp ɪntu]	（貯金などに）手をつける，軽く目を通す（≒ **spend**, **look through**） ➤ dip into *my* savings（貯金を取り崩す）
1337	**dole out** [dòʊl áʊt]	（お金・食べ物などを）分配する（≒ **dish** [**hand**, **give**] **out**） ➤ dole out money [foods]（お金［食糧］を分配する）
1338	**draw on** [drɔ̀ː ɑ́(ː)n|ɔ́n]	（経験・知識に）頼る，（時間が）進む（≒ **depend** [**bank**, **rely**] **on**） ➤ draw on *my* personal experiences（個人的経験に頼る）
1339	**draw up** [drɔ̀ː ʌ́p]	（書類・リスト・計画などを）作成する，（図面などを）書く［描く］，（車が）止まる（≒ **make up**, **map out**） ➤ draw up a contract（契約書を作成する）
1340	**drift off** [drìft ɔ́ːf|ɔ́f]	眠りに落ちる，（知らない間に）眠る（≒ **doze off**, **nod off**） ➤ drift off to sleep（眠りに落ちる）

学習日 年 月 日 年 月 日 年 月 日

1341 **drown out** [dràʊn áʊt]
（小さい音を）かき消す（≒ **muffle**）
➤ The noise drowned out my voice.（その騒音は私の声をかき消した）

1342 **drum up** [drʌ̀m ʌ́p]
呼び集める，獲得する（≒ **win over, woo**）
➤ drum up public support（国民の支持を集める）

1343 **dwell on** [dwèl á(ː)n|ɔ́n]
くよくよ考え込む，長々と話す（≒ **brood over, harp on**）
➤ dwell on the past（過去をくよくよ考える）

1344 **egg on** [èg á(ː)n|ɔ́n]
（人を）扇動する，（人を）けしかける（≒ **goad on, incite**）
➤ egg him on to fight（彼にけんかをするようにけしかける）

1345 **even out** [ìːv(ə)n áʊt]
（変化・違いを）ならす，平等［均一］にする（≒ **even up, level**）
➤ even out income differences（所得格差をなくす）

1346 **fall for** [fɔ̀ːl fər]
（～に）騙される，惚れる（≒ *be* **taken in by, fall in love with**）
➤ fall for online fraud（オンライン詐欺に騙される）

1347 **fall out with** [fɔ̀ːl áʊt wɪθ]
仲たがいする，けんかする （≒ **break up with**）
➤ fall out with *my* sister（姉と仲たがいする）

1348 **fall through** [fɔ̀ːl θrúː]
失敗に終わる（≒ **fail**）
➤ fall through due to the storm（嵐のために失敗する）

1349 **fan out** [fæ̀n áʊt]
扇型に広がる，散開する（≒ **spread out**）
➤ The police fanned out across the town.（警察が町中に散開した）

1350 **farm out** [fɑ̀ːrm áʊt]
外注する，下請けに出す（≒ **subcontract**）
➤ farm out the work（仕事を下請けに出す）

1351 **fed up with** [fèd ʌ́p wɪθ]

(～に) うんざりする (≒ *be* (sick and) tired of)

➤ *be* fed up with long waits (長時間待つことにうんざりする)

1352 **fend off** [fènd ɔ́ːf|ɔ́f]

(攻撃や質問) から身を守る (≒ ward off)

➤ fend off attacks [questions] (攻撃 [質問] をかわす)

1353 **fiddle (around) with** [fíd(ə)l (əráʊnd) wɪθ]

(物を) いじくりまわす (≒ monkey [tamper] with)

➤ fiddle with old computers. (古いコンピュータをいじくる)

1354 **fire away** [fàɪər əwéɪ]

どんどん質問を続ける (≒ start to ask questions)

➤ Fire away. (どんどん質問してください)

1355 **fish for** [fíʃ fər]

得ようとする (≒ angle for, *be* gunning for)

➤ fish for compliments (ほめてもらおうとする)

1356 **fizzle out** [fìz(ə)l áʊt]

かけ声倒れに終わる (≒ fall through, fail)

➤ The protest movement fizzled out. (抗議運動は徐々に収束した)

1357 **flare up** [flèər ʌ́p]

爆発する, 勃発する (≒ erupt, explode)

➤ The war flared up again. (戦争が再び勃発した)

1358 **flesh out** [flèʃ áʊt]

(詳細部分を) 肉付けする (≒ elaborate on)

➤ flesh out the plan (計画を肉付けする)

1359 **fork over** [fɔ̀ːrk óʊvər]

(お金を) 渋々支払う (≒ shell out, cough up)

➤ fork over money (お金を渋々支払う)

1360 **fritter away** [frìtər əwéɪ]

浪費する, 費やす (≒ idle away)

➤ fritter away a fortune (財産を浪費する)

学習日 年 月 日 | 年 月 日 | 年 月 日

1361 **gloss over** [glɑ̀(ː)s|glɔ̀s óʊvər]
隠す，言い繕う（≒ cover up, paper over）
➤ gloss over the failure（失敗を隠す）

1362 **gobble up** [gɑ̀(ː)b(ə)l|gɔ̀b- ʌ́p]
大量に使う，がつがつ食べる（≒ waste a lot of it）
➤ gobble up most of the budget（予算の大半を食いつぶす）

1363 **goof off** [gùːf ɔ́ːf|ɔ́f]
仕事を怠ける，サボる（≒ idle [while] away）
➤ goof off at work（職場で仕事をサボる）

1364 **hammer out** [hǽmər áʊt]
（徹底的に議論し）案を考え出す（≒ work [thrash] out）
➤ hammer out an agreement（合意を成立させる）

1365 **hang around** [hǽŋ əráʊnd]
うろつく（≒ sit around, hang out）
➤ hang around downtown（繁華街をうろつく）

1366 **hung up on** [hʌ̀ŋ ʌ́p ɑn|ɔn]
（人・物に）夢中である，（一方的に）電話を切る（≒ *be* obsessed with, *be* devoted to）
➤ Tom is hung up on her.（トムは彼女に夢中だ）

1367 **harp on** [hɑ̀ːrp ɑn|ɔn]
くどくど［繰り返し］言う（≒ rub it in）
➤ harp on about the same thing（同じことをくどくど話す）

1368 **haul up** [hɔ̀ːl áʊt]
引きずり出す，召喚する，停止する（≒ draw up, pause）
➤ *be* hauled up in court（法廷に引きずり出される）

1369 **head off** [hèd ɔ́ːf|ɔ́f]
阻止する，回避する（≒ stave off, prevent）
➤ head off the conflict（争いを回避する）

1370 **idle away** [àɪd(ə)l əwéɪ]
（時間を）無駄にぶらぶらと過ごす（≒ while away, hang around）
➤ Don't idle away the whole afternoon.（午後中ずっと無駄に過ごすな）

1371 □□□	**iron out** [àɪərn áʊt]	（問題を）解決する（≒ **work** [**sort**, **straighten**] **out**） ➤ iron out the problem（問題を解決する）
1372 □□□	**jazz up** [dʒǽz ʌ́p]	魅力的にする，活気づける（≒ **ginger** [**liven**, **pep**] **up**） ➤ jazz up a room（部屋を魅力的にする）
1373 □□□	**jot down** [dʒɑ̀(ː)t|dʒɔ̀t dáʊn]	書き留める（≒ **get down**, **put down**, **take down**） ➤ jot down his name（彼の名前を書き留める）
1374 □□□	**kick around** [kìk əráʊnd]	話し合う，ぶらぶらする（≒ **discuss**, **knock around**） ➤ kick around the suggestion（提案について話し合う）
1375 □□□	**kick in** [kìk ín]	始まる，寄付する（≒ **chip in**） ➤ The medicine kicked in.（薬が効き始めた） ➤ kick in a few dollars（数ドル寄付する）
1376 □□□	**lag behind** [lǽg bɪháɪnd]	立ち遅れる　（≒ **fall behind**） ➤ lag behind the other countries in technology（科学技術で他国に立ち遅れる）
1377 □□□	**lash out** [lǽʃ áʊt]	激しく批判する（≒ **sail into**, **lace into**） ➤ lash out at the media（メディアを批判する）
1378 □□□	**level off** [lèv(ə)l ɔ́ːf|ɔ́f]	横ばいになる，水平になる（≒ **become even**） ➤ The company sales are leveling off.（会社の売上が横ばいになっている）
1379 □□□	**level with** [lèv(ə)l wíθ]	率直に打ち明ける，腹を割って話す（≒ **speak directly and honestly with**） ➤ level with the police about the crime（警察に犯罪を打ち明ける）
1380 □□□	**live down** [lìv dáʊn]	（汚名を）そそぐ，忘れ去られる（≒ **make people forget about**） ➤ live down the scandal（スキャンダルが忘れられる）

一般語彙【Rank A】 一般語彙【Rank B】 一般語彙【Rank C】 句動詞【Rank A】 句動詞【Rank B】 句動詞【Rank C】

学習日 年 月 日 | 年 月 日 | 年 月 日

1381 **lord it over** [lɔ́ːrd ɪt óʊvər]
(～に) 威張り散らす (≒ **d**omineer **o**ver)
➤ He used to lord it over his inferiors. (彼はいつも下々の者に威張り散らしていた)

1382 **lump together** [lʌ̀mp təgéðər]
ひとまとめにする (≒ **p**ut **t**ogether)
➤ Don't lump us together! (十把一絡げにするな！)

1383 **make off with** [mèɪk ɔ́ːf|ɔ́f wɪθ]
(～を) 持ち逃げする (≒ **g**et [**w**alk] **a**way **w**ith)
➤ make off with lots of money (大金を持ち逃げする)

1384 **mark down** [mɑ̀ːrk dáʊn]
値下げする，書き留める (≒ **d**iscount, **w**rite **d**own)
➤ mark down books by 10% (本を 10%値下げする)

1385 **move up** [mùːv ʌ́p]
前倒しする，昇進させる (≒ **a**dvance, **i**ncrease)
➤ move up the schedule by two hours (2時間スケジュールを前倒しにする)

1386 **mull over** [mʌ̀l óʊvər]
熟考する，検討する (≒ **r**eflect **o**n)
➤ mull over the proposal (提案を熟考する)

1387 **narrow down** [næ̀roʊ dáʊn]
(範囲などを) 絞る [狭める]，絞り込む (≒ **l**imit **t**o)
➤ narrow down the topic (話題を絞る)

1388 **nod off** [nɑ̀(ː)d ɔ́ːf|nɔ̀d ɔ́f]
居眠りする (≒ **d**oze **o**ff)
➤ nod off during class (授業中に居眠りする)

1389 **own up (to)** [òʊn ʌ́p (tu)]
白状する，認める (≒ **c**onfess [**a**dmit] **t**o)
➤ own up to breaking the vase (花瓶を割ったことを認める)

1390 **palm off** [pɑ̀ːlm/pɑ̀ːm ɔ́ːf|pɑ̀ːm ɔ́f]
(偽物などを) つかませる (≒ **f**ob **o**ff)
➤ palm off fake bills as real ones (偽札を本物としてつかませる)

1391	**pan out** [pǽn áʊt]	《通例，否定文・疑問文で》うまくいく，結局～となる（≒ **work out**） ➤ Things didn't pan out as expected.（事態は予想どおりうまくいかなかった）
1392	**pass up** [pǽs|pɑ́ːs ʌ́p]	見逃す　（≒ **miss out on**） ➤ pass up the chance to go to Europe（ヨーロッパに行く機会を逃す）
1393	**patch up** [pǽtʃ ʌ́p]	仲直りをする，修復する（≒ **settle, repair**） ➤ patch up relations with China（中国と関係を修復する）
1394	**peter out** [píːtər áʊt]	先細りになって消える（≒ **taper off, trail off**） ➤ The movement has petered out.（その運動は徐々に収束した）
1395	**phase out** [féɪz áʊt]	段階的に減らす（≒ **phase down, scale down**） ➤ phase out the production（生産を段階的に減らす）
1396	**pin down** [pín dáʊn]	突きとめる，（約束などに）縛りつける（≒ **nail down, track down**） ➤ pin down the cause（原因を突きとめる）
1397	**pine for** [páɪn fər]	恋い焦がれる，思い焦がれる（≒ **long [yearn] for**） ➤ pine for my hometown（故郷を恋しがる）
1398	**pitch in** [pítʃ ín]	懸命にやりだす，協力する　（≒ **cooperate**） ➤ I'm ready to pitch in.（いつでも協力するよ）
1399	**play down** [pléɪ dáʊn]	軽く扱う，見くびる　（≒ **make little of**） ➤ play down the severity of the accident（事故の深刻さを軽く扱う）
1400	**poke around** [póʊk əráʊnd]	探し回る，探りを入れる（≒ **snoop around**） ➤ poke around in the room（部屋を探し回る）

学習日 年 月 日 | 年 月 日 | 年 月 日

1401 **pore over** [pɔ̀ːr óʊvər]
熟読する，（地図・写真などを）入念に見る（≒ **read intently, peruse**）
➤ pore over a book（本を読みふける）

1402 **pull off** [pʊ̀l ɔ́ːf|ɔ́f]
成し遂げる，救出する （≒ **bring off, carry off**）
➤ pull off the tough task（厳しい仕事を成し遂げる）

1403 **pull *oneself* together** [pʊ̀l wʌnsèlf təgéðər]
気を取り直す（≒ **recover, get *one's* act together**）
➤ Pull yourself together and get your homework done!（しゃきっとして，宿題を終わらせなさい！）

1404 **pull through** [pʊ̀l θrúː]
切り抜ける（≒ **come through, get over, ride out**）
➤ pull through the difficulties（苦境を乗り切る）

1405 **pull together** [pʊ̀l təgéðər]
団結して働く（≒ **collaborate, cooperate**）
➤ pull together for the nation's sake（国のために団結する）

1406 **rattle off** [rǽt(ə)l ɔ́ːf|ɔ́f]
スラスラ言う，暗唱する（≒ **reel off**）
➤ rattle off some instructions（説明をスラスラ述べる）

1407 **ride out** [ràɪd áʊt]
乗り越える，切り抜ける（≒ **get over, tide over**）
➤ ride out the recession（不況を乗り超える）

1408 **rifle through** [ràɪf(ə)l θrúː]
くまなく［素早く］探し回る（≒ **rummage through**）
➤ rifle through her bag（彼女のカバンの中をくまなく探し回る）

1409 **rip off** [rìp ɔ́ːf|ɔ́f]
ぼったくる，だまし取る（≒ **overcharge**）
➤ rip off consumers through online sales（オンライン販売で客からぼったくる）

1410 **root out** [rùːt áʊt]
根絶する，一掃する（≒ **weed [wipe] out**）
➤ root out corruption（汚職を根絶する）

1411	**rope into [in]** [róʊp ɪntu, ròʊp ín]	（人を）説得して〜させる（≒ **e**ntice） ➤ rope *someone* into buying stuff [in to buy stuff]（〔人を〕言いくるめて物を買わせる）
1412	**round up** [ràʊnd ʌ́p]	（人・動物・物を）寄せ集める，切り上げる，一斉検挙する（≒ **b**ring **t**ogether, **s**crape **u**p） ➤ round up volunteers（ボランティアを集める）
1413	**rub off (on)** [rʌ̀b ɔ́ːf|ɔ́f (ɑn|ɔn)]	（人）に影響を与える（≒ **i**nfluence, *be* **t**ransferred **t**o） ➤ Enthusiasm rubs off on students.（情熱は生徒に伝わるものだ）
1414	**rule out** [rùːl áʊt]	除外する，妨げる （≒ **e**xclude, **p**reclude） ➤ rule out the possibility of an accident（事故の可能性を除外する）
1415	**scrape by** [skrèɪp báɪ]	どうにか暮らす（≒ **s**queak [**g**et] **by**） ➤ scrape by on $1 a day（一日１ドルでどうにか暮らす）
1416	**set aside** [sèt əsáɪd]	取っておく，除外する （≒ **r**eserve, **e**armark） ➤ set aside money for a rainy day（まさかの時のために貯金をしておく）
1417	**settle down** [sèt(ə)l dáʊn]	落ち着く，定住する，取り組む（≒ **c**alm **d**own） ➤ settle down to a new life（新生活に慣れて落ち着く）
1418	**settle for** [sèt(ə)l fɔ́ːr]	手を打つ，妥協する（≒ **a**gree **t**o, **c**omply **w**ith） ➤ settle for the low-priced car（低価格の車で手を打つ）
1419	**shell out** [ʃèl áʊt]	（大金を）渋々支払う（≒ **c**ough **u**p, **f**ork **o**ut） ➤ shell out money for an annual fee（年会費を渋々払う）
1420	**sink in** [sìŋk ín]	十分に理解される（≒ **g**et **t**hrough [**a**cross]） ➤ The reality has sunk in.（事実は次第に理解された）

学習日 年 月 日 | 年 月 日 | 年 月 日

1421 **size up** [sàɪz ʌ́p]
判断する，評価する（≒ **ev**aluate, **ex**amine, **w**eigh **u**p）
➤ size up the economic situation（経済状況を見極める）

1422 **skirt around** [skə̀ːrt əráʊnd]
避ける，回避する，迂回する（≒ **g**et **a**round）
➤ skirt around the issue（問題を避ける）

1423 **sleep on** [slíːp ɑn|ɔn]
一晩寝て考える（≒ **t**hink **o**ver, **k**ick **a**round）
➤ sleep on her proposal（彼女の提案について一晩寝て考える）

1424 **smoke out** [smòʊk áʊt]
（犯人などを）探り出す，（秘密などを）暴く（≒ **f**ind **o**ut, **u**nearth）
➤ smoke out the suspect（容疑者を探り出す）

1425 **smooth over** [smùːð óʊvər]
（問題を）丸く収める［取り繕う］（≒ **s**traighten **o**ut）
➤ smooth over the problem（問題を丸く収める）

1426 **stake out** [stèɪk áʊt]
（場所を）確保する［仕切る］，（自分の意見・立場などを）明確に示す，張り込む（≒ **m**ark **o**ff, **s**peak **o**ut, **w**atch）
➤ stake out a good spot（よい場所取りをする）

1427 **stamp out** [stæ̀mp áʊt]
撲滅する，根絶する（≒ **w**ipe [**s**nuff] **o**ut）
➤ stamp out terrorism（テロを撲滅する）

1428 **step down** [stèp dáʊn]
降りる，辞職する（≒ **l**eave, **r**esign）
➤ step down from the post（そのポストを辞職する）

1429 **stir up** [stə̀ːr ʌ́p]
（騒ぎなどを）巻き起こす，（感情などを）かきたてる，駆り立てる，（ほこりを）舞い上がらせる（≒ **c**ause, **w**hip **u**p, **ex**cite）
➤ stir up a controversy（物議を醸す）

1430 **tamper with** [tǽmpər wɪθ]
改ざんする，いじる（≒ **t**inker [**f**iddle] **w**ith）
➤ tamper with the evidence（証拠を改ざんする）

1431	**tap into** [tǽp ɪntu]	（情報や資金などを）利用する（≒ **u**tilize） ➤ tap into an opportunity [resources]（機会［資源］を利用する）
1432	**taper off** [tèɪpər ɔ́ːf|ɔ́f]	先細る，すたれる（≒ **f**izzle **o**ut, **p**eter **o**ut） ➤ Business tapered off.（ビジネスは次第にすたれた）
1433	**tell off** [tèl ɔ́ːf|ɔ́f]	ひどく叱る（≒ **b**awl [**c**hew] **o**ut, **c**all **d**own） ➤ She told off her son for his misconduct.（彼女は息子の非行に対し，強く叱った）
1434	**thumb through** [θʌ̀m θrúː]	素早く目を通す（≒ **l**eaf [**fl**ip] **t**hrough） ➤ thumb through a magazine（雑誌に素早く目を通す）
1435	**tide over** [tàɪd óʊvər]	（～に困難な状況を）乗り越える［させる］（≒ **r**ide **o**ut, **g**et **o**ver） ➤ tide the company over the financial crisis（会社に金融危機を乗り越えさせる）
1436	**tinker with** [tíŋkər wɪθ]	いじくりまわす　（≒ **f**iddle **w**ith, **t**amper **w**ith） ➤ Don't tinker with my camera.（私のカメラをいじくりまわさないで）
1437	**tip off** [tìp ɔ́ːf|ɔ́f]	密告する［たれ込む］，こっそり教える（≒ **s**queal **o**n, **r**at **o**n） ➤ tip off the police about the crime（犯罪について警察に密告する）
1438	**toy with** [tɔ́ɪ wɪθ]	（アイデア・可能性などを）面白半分に考える，いじる（≒ **f**lirt **w**ith） ➤ toy with the idea of studying abroad（留学を戯れに考える）
1439	**tune in to** [tjùːn [tʃùːn] ín tu]	（チャンネルや人の気持ちに）波長を合わせる，理解を示す　（≒ **syn**chronize [**sym**pathize] **with**） ➤ tune in to a TV show（テレビ番組にチャンネルを合わせる）
1440	**usher in** [ʌ́ʃər ín]	（～の）到来を告げる，案内して通す（≒ **h**erald, **e**scort） ➤ usher in a new era（新時代の到来を告げる）

学習日 年 月 日 | 年 月 日 | 年 月 日

1441 **verge on** [vɚ́ːrdʒ ɑn|ɔn]
(～に) ほとんど等しい (≒ **b**order **o**n, *be* **v**ery **c**lose **t**o)
➤ His confidence verges on arrogance. (彼の自信は傲慢と紙一重だ)

1442 **vouch for** [váʊtʃ fər]
個人的に保証する (≒ **a**nswer **f**or, **g**uarantee)
➤ vouch for the product quality (商品品質を保証する)

1443 **ward off** [wɔ̀ːrd ɔ́ːf|ɔ́f]
防ぐ，追い払う (≒ **f**end **o**ff, **d**rive **a**way)
➤ ward off evil spirits (悪霊を追い払う)

1444 **weed out** [wìːd áʊt]
除去する，一掃する (≒ **r**oot [**w**ipe] **o**ut)
➤ weed out illegal immigrants (不法移民を一掃する)

1445 **whip up** [(h)wìp ʌ́p]
かきたてる (≒ **w**ork **u**p, **s**tir **u**p)
➤ whip up a nationalist sentiment (国粋主義的感情を刺激する)

1446 **wind down** [wàɪnd dáʊn]
段階的に縮小する，くつろぐ (≒ **s**low **d**own)
➤ wind down production (生産を徐々に減らす)

1447 **wind up** [wàɪnd ʌ́p]
結局～になる，終える (≒ **e**nd **u**p, **t**urn **o**ut)
➤ I never thought it would wind up like this. (こんなことになろうとは夢にも思わなかった)

1448 **wrap up** [ræ̀p ʌ́p]
終わりにする，(同意を) まとめる，(勝利を) 収める (≒ **f**inish [**r**ound] **o**ff, **w**ind **u**p)
➤ wrap up the job [meeting] (仕事［会議］を終える)

1449 **write off (as)** [ràɪt ɔ́ːf|ɔ́f (əz)]
帳消しにする，(～を…と) みなす (≒ **d**ismiss, **c**ancel)
➤ write off the public work as a waste of money (その公共事業をお金の無駄とみなす)

1450 **zero in on** [zíəroʊ ín ɑn|ɔn]
(～に) 的を絞る，(～に) 照準を合わせる (≒ **f**ocus **o**n, **p**inpoint)
➤ zero in on the problem (問題に焦点を当てる)

Rank B

合格圏に達するための
必須「句動詞」150語を
完全攻略!

【1451~1600】

学習日	年 月 日	年 月 日	年 月 日

1451 **back out** [bǽk áʊt]
(約束などを) 取り消す，手を引く (≒ go back on, back away)
➤ back out of the deal at the last moment (土壇場で取引から手を引く)

1452 **bargain for** [bá:rgɪn/-g(ə)n fər]
交渉する,《否定文，比較構文で》当てに [予想，期待] する (≒ negotiate, expect)
➤ bargain for a car (車を値切る)
➤ I didn't bargain for rain. (雨のことを考えていなかった)

1453 **bear down on** [bèər dáʊn ɑn|ɔn]
迫ってくる，圧迫する (≒ weigh [press] down on)
➤ The storm is bearing down on the land. (嵐がその土地に迫ってきている)

1454 **bear on** [béər ɑn|ɔn]
関係する，影響する，のしかかる (≒ pertain to)
➤ bear on the subject (その話題に関係がある)

1455 **blot out** [blɑ̀(:)t|blɔ̀t áʊt]
消し去る，覆い隠す (≒ blank out, obliterate)
➤ blot out the memory of the incident (事件の記憶を拭い去る)

1456 **blow away** [blòʊ əwéɪ]
感動させる，射殺する，負かす (≒ knock out, overwhelm)
➤ The performance blew away the audience. (その演技は聴衆を感動させた)

1457 **blow over** [blòʊ óʊvər]
収まる，忘れ去られる (≒ die down, fade away)
➤ The scandal will blow over after a few years. (スキャンダルは数年で忘れ去られるだろう)

1458 **bog down** [bɑ̀(:)g/bɔ:g|bɔg dáʊn]
行き詰まる，泥沼に落ち込む (≒ get stuck, stall)
➤ The negotiations got bogged down. (交渉は行き詰まった)

1459 **bone up on** [bòʊn ʌ́p ɑn|ɔn]
詰め込み勉強をする (≒ cram up, grind away)
➤ bone up on physics (一生懸命物理を勉強する)

1460 **botch up** [bɑ̀(:)tʃ|bɔ̀tʃ ʌ́p]
台無しにする (≒ mess up, screw up)
➤ botch up the party (パーティーを台無しにする)

1461	**bow to** [bóʊ tu]	屈服する，従う（≒ **cave in to**, **give in to**） ➤ bow to the workers' demands（労働者の要求に従う）
1462	**bowl over** [bòʊl óʊvər]	ひどく驚かせる（≒ **blow away**, **knock out**） ➤ The incident completely bowled people over.（その事件は人々をひどく驚かせた）
1463	**brush aside** [brʌ̀ʃ əsáɪd]	はねつける（≒ **brush off**, **dismiss**, **ignore**） ➤ brush aside the proposal（提案をはねつける）
1464	**buckle under** [bʌ̀k(ə)l ʌ́ndər]	屈する，負ける（≒ **give in to**, **yield to**, **bow to**） ➤ buckle under the military pressure（軍の圧力に屈する）
1465	**butt in on** [bʌ̀t ín ɑn|ɔn]	（話に）割り込む（≒ **horn [chime] in on**） ➤ butt in on the conversation（会話に割り込む）
1466	**cancel out** [kæ̀ns(ə)l áʊt]	相殺する（≒ **offset**） ➤ His weakness canceled out his virtues.（彼の弱点が彼の長所を帳消しにした）
1467	**carve out** [kɑ̀ːrv áʊt]	切り開く，彫って作る（≒ **build**, **create**） ➤ carve out a career for myself（自分で職業を切り開く）
1468	**cave in** [kèɪv ín]	屈服する，崩れ落ちる（≒ **bow to**, **succumb to**） ➤ cave in to foreign pressure（外圧に屈する）
1469	**chalk up** [tʃɔ̀ːk ʌ́p]	得点を得る，利益を挙げる（≒ **rack [notch] up**） ➤ chalk up higher profits（高い利益を挙げる）
1470	**chip in** [tʃìp ín]	カンパする，会話に割り込む（≒ **pitch [kick] in**） ➤ chip in money for a present（贈り物にお金を出し合う）

学習日 年 月 日 | 年 月 日 | 年 月 日

1471 □□□ **choke up** [tʃòʊk ʌ́p]
(物事が人を) 口がきけなくする, (緊張して) 硬くなる (≒ daze, overwhelm)
➤ He was all choked up about the treatment. (彼はその待遇にひどく腹が立って絶句した)

1472 □□□ **confide in** [kənfáɪd ɪn]
(信頼して秘密・問題を) 打ち明ける (≒ open up)
➤ He confided in his friends about his divorce from his wife. (彼は友人に妻と離婚したことを打ち明けた)

1473 □□□ **conk out** [kɑ̀(:)ŋk|kɔ̀ŋk áʊt]
(エンジンなどが) 急に止まる, (くたくたに疲れて) バタンと寝る (≒ break down, zonk out)
➤ conked out halfway up the hill (坂の途中でエンストした)

1474 □□□ **cook up** [kʊ̀k áʊt]
(計画などを) 作り上げる , (話・言い訳などを) でっち上げる, 手早く料理する (≒ make up, trump up)
➤ cook up a story [plan] (話をでっち上げる [計画を練り上げる])

1475 □□□ **cop out** [kɑ̀(:)p|kɔ̀p áʊt]
(義務・責任などから) 逃げ出す «of», (仕事などを) さぼる, すっぽかす «on» (≒ duck [wriggle] out)
➤ cop out of *one's* responsibilities (責任から逃れる)

1476 □□□ **cough up** [kɔ̀:f|kɔ̀f ʌ́p]
(お金を) 渋々支払う (≒ fork [shell] out)
➤ cough up money for repairs (修理にお金を渋々支払う)

1477 □□□ **descend on** [dɪsénd ɑn|ɔn]
(大勢の人々が) 押し寄せる [襲来する] (≒ invade)
➤ descend on a tourist spot (観光名所に押し寄せる)

1478 □□□ **dig into** [díg ɪntu]
研究する, かぶりつく (≒ poke into, look into)
➤ dig into the works of an author (ある作家の作品を入念に調べる)

1479 □□□ **double up** [dʌ̀b(ə)l ʌ́p]
折りたたむ, 体を折り曲げる (≒ fold in two, bend over)
➤ double up with pain (痛みで体を折り曲げる)

1480 □□□ **doze off** [dòʊz ɔ́:f|ɔ́f]
居眠りをする (≒ drop [drift, nod] off)
➤ doze off at work (仕事中に居眠りする)

1481 □□□ **dress down** [drès dáʊn]

吐りつける（≒ **call down**, **tell off**）

➤ dress down the waiter for bringing cold soup（冷たいスープを出したことでウェイターを吐りつける）

1482 □□□ **ease out** [iːz áʊt]

自発的に辞職に追い込む，肩たたきをする（≒ **boot** [**kick**] **out**）

➤ He was eased out of his job.（彼は彼は肩たたきにあった）

1483 □□□ **ease up on** [iːz ʌ́p ɑn|ɔn]

手控える，（圧力などを）緩める，（感情・態度・言動などを）和らげる（≒ **cut back** [**down**] **on**）

➤ ease up on drinking（飲酒を控える）

1484 □□□ **eat into** [íːt ɪntu]

（貯金などを）使い込んでしまう，むしばむ（≒ **use up**, **consume**）

➤ eat into *one's* savings（貯金を使い込む）

1485 □□□ **edge out** [èdʒ áʊt]

徐々に押しのける，辛勝する（≒ **nose out**）

➤ edge out the opponent（対戦相手に辛勝する）

1486 □□□ **eke out** [iːk áʊt]

辛うじて生計を立てる（≒ **earn**, **scrape up**）

➤ eke out a living on pensions（年金で何とか生活する）

1487 □□□ **factor in** [fǽktər ín]

考慮に入れる，計算に入れる（≒ **take into account**）

➤ factor in inflation（インフレを考慮に入れる）

1488 □□□ **fall in with** [fɔ́ːl ín wɪθ]

賛成する，（好ましくない人と）つきあい始める（≒ **go along with**, **take up with**）

➤ fall in with her plan（彼女の計画に賛成する）

1489 □□□ **ferret out** [fèrət áʊt]

突き止める，探し出す（≒ **find out**, **dig up**）

➤ ferret out the truth（真実を探し出す）

1490 □□□ **fire up** [fàɪər ʌ́p]

かき立てる，激怒する（≒ **stir up**, **ignite**）

➤ fire up his imagination（彼の想像力をかき立てる）

学習日 年 月 日 | 年 月 日 | 年 月 日

1491 **flip through** [flíp θruː]
素早く（ページを）めくる（≒ leaf [thumb] through）
➤ flip through a book（本をパラパラめくって目を通す）

1492 **flirt with** [fləːrt wɪθ]
気軽に考える，（面白半分に）手を出す（≒ toy with）
➤ flirt with the idea of moving to the country（田舎に引越しすることを気軽に考える）

1493 **follow through** [fɑ̀(ː)loʊ|fɔ̀l- θrúː]
最後までやり抜く（≒ see [carry] through）
➤ follow through on *my* promise（約束をやり抜く）

1494 **fork out** [fɔ̀ːrk áʊt]
（多くのお金を）渋々支払う（≒ cough up, shell out）
➤ fork out money on a meal（食事にお金を渋々支払う）

1495 **gear up** [gìər ʌ́p]
（～に備えて）準備する（≒ make ready, prepare for）
➤ The town is gearing up for the festival.（町はフェスティバルに備えて準備中である）

1496 **grind down** [gràɪnd dáʊn]
すりつぶす，苦しめる（≒ oppress, persecute）
➤ grind down the poor（貧しい人を苦しめる）

1497 **grope for** [gróʊp fər]
手探りで探す，模索する（≒ search for）
➤ grope for words（適切な言葉を探す）

1498 **grow on** [gróʊ ɑn|ɔn]
だんだん好きになる（≒ become increasingly attractive）
➤ The town is growing on me.（その町がだんだん好きになっている）

1499 **hail from** [héɪl frəm]
～の出身である（≒ come from, originate from）
➤ hail from Kyoto（京都出身である）

1500 **hang back** [hæ̀ŋ bǽk]
しり込みする，ためらう（≒ hold back, draw back）
➤ hang back from performing in public（人前での演技をためらう）

1501 □□□	**hang together** [hæŋ təgéðər]	団結する，つじつまが合う（≒ **pull** [**stick**] **together**） ➤ hang together in the project（プロジェクトで協力し合う）
1502 □□□	**hinge on** [hín(d)ʒ ɑn|ɔn]	～次第である，～にかかっている（≒ **depend** [**pivot**] **on**） ➤ The country's fate hinges on the result of the election.（国の運命は選挙の結果次第である）
1503 □□□	**hit it off** [hìt ɪt ɔ́ːf|ɔ́f]	仲良くする，意気投合する（≒ **get along well together**） ➤ hit it off with each other（意気投合する）
1504 □□□	**horn in on** [hɔ̀ːrn ín ɑn|ɔn]	割り込む，干渉する（≒ **break in**, **chime in**） ➤ Don't horn in on other people's conversations.（他人の会話に割り込んではいけない）
1505 □□□	**horse around** [hɔ́ːrs əráʊnd]	ばか騒ぎをする（≒ **monkey around**, **fool around**） ➤ horse around at the bar（酒場でばか騒ぎをする）
1506 □□□	**impose on** [**upon**] [ɪmpóʊz ɑn|ɔn [əpɑ́(ː)n, əpɔ́ːn|əpɔ́n]]	付け込む，だます（≒ **play on**, **take advantage of**） ➤ impose on her kindness（彼女の親切心につけこむ）
1507 □□□	**jack up** [dʒæ̀k ʌ́p]	値上げする，持ち上げる（≒ **drive up**, **push up**） ➤ jack up the price（値段を上げる）
1508 □□□	**jockey for** [dʒɑ́(ː)ki|dʒɔ́ki fər]	（～を得ようと）画策する（≒ ***be*** **gunning for**, **aim for**） ➤ jockey for position [power]（主導権［権力］争いする）
1509 □□□	**key up** [kìː ʌ́p]	緊張する，心配する（≒ **get nervous**, **strung up**） ➤ I'm keyed up about an exam.（試験のことで緊張する）
1510 □□□	**kick back** [kìk bǽk]	リラックスする，蹴り返す（≒ **relax**, **sit back**） ➤ kick back and watch TV（リラックスしてテレビを見る）

学習日 年 月 日 | 年 月 日 | 年 月 日

1511 **knock up** [nɑ́(ː)k|nɔ̀k ʌ́p]
手早く作る（≒ whip up, rustle up）
➤ knock up dinner（夕食を手早く作る）

1512 **knuckle down** [nʌ́k(ə)l dáʊn]
真剣に取り掛かる（≒ get [buckle] down to）
➤ knuckle down to work（仕事に本腰を入れる）

1513 **leaf through** [líːf θruː]
ぱらぱらめくる（≒ flip [thumb] through）
➤ leaf through a book（本をパラパラめくる）

1514 **lean on** [líːn ɑn|ɔn]
頼る，脅す，圧力をかける（≒ depend on, pressure）
➤ lean on my friend for support（友人の支援に頼る）

1515 **let in on** [lèt ín ɑn|ɔn]
情報を明かす，秘密を共有する（≒ clue in on, tell about）
➤ Let me in on the secret.（秘密を教えてください）

1516 **let on** [lèt ɑ́(ː)n|ɔ́n]
（人に）口外する（≒ tell on, tip off）
➤ Don't let on who did it.（誰がそれをしたか口外するな）

1517 **make away with** [mèɪk əwéɪ wɪθ]
持ち逃げする，殺す（≒ run away with, murder）
➤ He made away with some diamonds.（彼はいくつかのダイヤモンドを持ち逃げした）

1518 **map out** [mæ̀p áʊt]
（計画などを）詳細に立てる［練る］（≒ lay out）
➤ map out a plan（計画を詳細に立てる）

1519 **measure up to** [mèʒər/（米）mèɪʒər ʌ́p tu]
（基準に）十分に達する（≒ match [live] up（to））
➤ measure up to a standard（基準に十分に達する）

1520 **mete out** [miːt áʊt]
（刑罰・報酬を）与える，課す（≒ dish out, deal out）
➤ mete out punishment to the criminal（犯罪者を罰する）

1521	mill around [about] [mìl əráʊnd [əbáʊt]]	うろつき回る（≒ roam [lounge] around） ➤ mill around in the street（通りをうろつく）
1522	muscle in on [mʌ́s(ə)l ín ɑn|ɔn]	強引に押し入る，強引に割り込む（≒ intrude on） ➤ muscle in on a territory（領土に押し入る）
1523	nail down [nèɪl dáʊn]	（決定を）確定する，（約束に）縛りつける（≒ pin down） ➤ nail down an agreement on the policy（政策の合意を確定する）
1524	nibble (away) at [níb(ə)l (əwéɪ) ət]	少しずつ減少させる（≒ whittle down） ➤ Tax increases are nibbling away at profits.（増税は利益を少しずつ減少させている）
1525	nose around [nòʊz əráʊnd]	探し回る，詮索する（≒ poke [snoop] around） ➤ nose around his desk（彼の机を探り回る）
1526	notch up [nɑ̀(ː)tʃ|nɔ̀tʃ ʌ́p]	獲得する（≒ chalk up, rack up） ➤ notch up a victory（勝利を得る）
1527	opt for [ɑ́(ː)pt|ɔ́pt fər]	選ぶ，選択する（≒ pick [single] out, decide on） ➤ opt for early retirement（早期退職を選ぶ）
1528	pair up [pèər ʌ́p]	対になる（≒ make a pair, mate） ➤ pair up for the next dance（次のダンスで対になる）
1529	pander to [pǽndər túː]	満足させる，おもねる（≒ cater to, gratify） ➤ pander to *her* vanity（虚栄心を満たす）
1530	paper over [pèɪpər óʊvər]	（問題）を取り繕う［隠す］（≒ gloss over, cover up） ➤ paper over the problem（問題を覆い隠す）

学習日 年 月 日 | 年 月 日 | 年 月 日

1531	**pare down** [pèər dáʊn]	徐々に減らす（≒ cut down, whittle down, scale down） ➤ pare down the cost（コストを削減する）
1532	**perk up** [pə̀ːrk ʌ́p]	活気づける，魅力的にする（≒ liven up, pep up） ➤ perk up the party with flowers（パーティーを花で華やかにする）
1533	**pit ... against ~** [pít ... əgénst/əgéɪnst ~]	…（強さ・能力など）を～と競わせる［闘わせる］（≒ test *sb's* power in a competition with *sb*） ➤ pit a team against *its* rival（チームをライバルと戦わせる）
1534	**play on** [plèɪ á(ː)n|ɔ́n]	つけこむ，うまく利用する（≒ capitalize on, cash in on） ➤ play on his sympathy（彼の同情心につけこむ）
1535	**pluck up** [plʌ̀k ʌ́p]	（勇気）を奮い起こす（≒ summon [muster] up） ➤ pluck up my courage to ask her out（彼女をデートに誘うために勇気を出す）
1536	**prevail upon** [prɪvèɪl əpá(ː)n, əpɔ́ːn|əpɔ́n]	口説き落とす（≒ persuade, convince） ➤ prevail upon him to do so（彼にそうするよう説き伏せる）
1537	**prey on** [prèɪ á(ː)n|ɔ́n]	食いものにする（≒ hunt, cheat） ➤ prey on children（子供を食いものにする）
1538	**prick up** [prìk ʌ́p]	聞き耳を立てる（≒ listen up） ➤ prick up *one's* ears（聞き耳を立てる）
1539	**prop up** [prà(ː)p|prɔ̀p ʌ́p]	支える，（支援して）下支えする（≒ shore up） ➤ prop up the economy（経済をてこ入れする）
1540	**rail against** [rèɪl əgénst/əgéɪnst]	憤慨する，非難する（≒ sail into, lash out at） ➤ rail against tax increases（増税を非難する）

1541 **rake in** [rèɪk ín]
大もうけする，荒稼ぎする（≒ **shovel in**, **pull in**）
➤ rake in money from sales（販売で荒稼ぎする）

1542 **rat on** [rǽt ɑn|ɔn]
裏切る，（～を）密告する（≒ **tell on**, **squeal on**, **let on**）
➤ He ratted on us.（彼は私たちを裏切った）

1543 **reek of** [ríːk əv, ɑ(ː)v|ɔv]
（～の）臭いがする，悪臭を放つ（≒ **stink**, **smell bad of**）
➤ reek of garlic（ニンニクの臭いがする）

1544 **reel off** [ríːl ɔ́ːf|ɔ́f]
（話・情報を）スラスラ話す［書く］，難なくやってのける（≒ **rattle off**）
➤ reel off customer names（顧客名をスラスラ言う）

1545 **rein in** [rèɪn ín]
抑制する，制限する（≒ **limit**, **control**）
➤ rein in the personnel costs（人件費を抑える）

1546 **roll back** [ròʊl bǽk]
（価格を）減らす，撃退する（≒ **cut back** [**down**]）
➤ roll back the consumption tax to 5%（消費税を 5% に引き下げる）

1547 **roll in** [ròʊl ín]
流れ込む，たくさん入る（≒ **flood**）
➤ The money will be rolling in.（お金がどんどん入って来るだろう）

1548 **roll out** [ròʊl áʊt]
（新製品などを）公開［公表］する［売り出す］，（製品を市場に）本格展開する（≒ **launch**, **bring out**）
➤ roll out the new product（新製品を売り出す）

1549 **roll up** [ròʊl ʌ́p]
遅れて来る，姿を現す（≒ **turn up**）
➤ He rolled up at the party two hours late.（彼はパーティーに2時間遅れでやって来た）

1550 **root for** [rúːt fər]
応援する（≒ **cheer for** [**on**]）
➤ root for a local team（地元のチームを応援する）

学習日 | 年 月 日 | 年 月 日 | 年 月 日

1551 **run down** [rʌ̀n dáʊn]
強く非難する（≒ **put down, call down, dress down**）
➤ run down *his* boss（上司の悪口を言う）

1552 **run out on** [rʌ̀n áʊt ɑn|ɔn]
見捨てる（≒ **walk out on**）
➤ run out on the bridegroom（花婿を捨てる）

1553 **rustle up** [rʌ̀s(ə)l ʌ́p]
（食べ物を）手早く作る（≒ **whip up, knock up**）
➤ rustle up a meal（食事を手早く作る）

1554 **scrape up** [skrèɪp ʌ́p]
（お金を）かき集める（≒ **scrape together**）
➤ scrape up money for a project（プロジェクトのためにお金をかき集める）

1555 **screw up** [skrùː ʌ́p]
しくじる，ねじを巻く（≒ **mess up, botch up, foul up**）
➤ screw up the exam（試験をしくじる）

1556 **sell out** [sèl áʊt]
寝返る，裏切る（≒ **betray**）
➤ sell them out to *their* enemy（自分たちの敵に寝返る）

1557 **set back** [sèt bǽk]
遅らせる，費用がかかる（≒ **hold back, cost**）
➤ The financial crisis set back economic development.
（金融危機は経済発展を後退させた）

1558 **sew up** [sòʊ ʌ́p]
うまくまとめる，（～を）成功させる（≒ **conclude, deal with**）
➤ sew up the business deal（商取引を成功させる）

1559 **shake down** [ʃèɪk dáʊn]
振り払う，徹底的に捜す，ゆする（≒ **extort, comb through**）
➤ shake him down for money（彼からお金をゆすり取る）

1560 **shape up** [ʃèɪk ʌ́p]
しっかりやる，行いを改める（≒ **improve, come along**）
➤ Shape up or ship out!（仕事をきちんとしないなら辞めろ！）

1561 □□□	shop around for [ʃɑ́(ː)p|ʃɔ́p əráʊnd fər]	店を見て回る（≒ **l**ook **a**round **f**or, **s**earch **f**or） ➤ shop around for a better price（有利な価格を求めて店を見て回る）
1562 □□□	shore up [ʃɔ́ːr ʌ́p]	支える，下支えする（≒ **p**rop **u**p, **s**upport） ➤ shore up a failing bank（経営難の銀行を下支えする）
1563 □□□	shrug off [ʃrʌ̀g ɔ́ːf|ɔ́f]	無視する，軽くあしらう（≒ **b**rush **o**ff [**a**side]） ➤ shrug off *someone's* warning（〔人〕の警告を無視する）
1564 □□□	sift through [sìft θrúː]	（情報を）ふるいにかける（≒ **l**ook [**g**o] **t**hrough） ➤ sift through information from various sources（様々なソースからの情報をふるいにかける）
1565 □□□	sign over [sàɪn óʊvər]	署名して譲り渡す（≒ **s**ign **a**way, **h**and [**m**ake] **o**ver） ➤ sign *his* house over to *his* son（家を息子に譲渡する）
1566 □□□	simmer down [sìmər dáʊn]	興奮からさめる，落ち着く（≒ **c**alm **d**own, **c**ool **d**own） ➤ The riot simmered down at night.（暴動は夜に沈静化した）
1567 □□□	single out [sìŋg(ə)l áʊt]	選び出す，選抜する（≒ **p**ick **o**ut, **o**pt **f**or） ➤ single him out for promotion（彼を選んで昇進させる）
1568 □□□	slap down [slæ̀p dáʊn]	（公衆の面前で）（人の提案［意見などを］）はねつける，こき下ろす（≒ **d**ismiss, **r**eject） ➤ slap down the critics（批判をはねつける）
1569 □□□	snap up [snæ̀p ʌ́p]	（特売品などに）飛びつく，（物・機会などを）すばやくつかむ［取る］，（人・選手などを）取る（≒ **j**ump **a**t, **g**rab） ➤ snap up the bargains（お買い得品に飛びつく）
1570 □□□	sort out [sɔ̀ːrt áʊt]	解決する，整理する（≒ **s**traighten [**i**ron] **o**ut） ➤ sort out the problem（問題を解決する）

学習日	年 月 日	年 月 日	年 月 日

No.	見出し語	意味・例
1571 □□□	sound off [sàʊnd ɔ́:f|ɔ́f]	意見・不満をまくしたてる（≒ speak at length） ➤ sounds off about crime and immigration（犯罪と移民についての意見をまくしたてる）
1572 □□□	sound out [sàʊnd áʊt]	探りを入れる，打診する（≒ feel out） ➤ sound out his opinion（彼の意見に探りを入れる）
1573 □□□	spell out [spèl áʊt]	詳細に説明する（≒ specify） ➤ spell out the details of the contract（契約を詳細に説明する）
1574 □□□	spoiling for [spɔ́ɪlɪŋ fər]	《*be* ~ing for で》（けんか・口論などをしたくて）うずうずしている（≒ *be* itching for） ➤ *be* spoiling for a fight（けんかをしたくてたまらない）
1575 □□□	sponge off [spʌ̀n(d)ʒ ɔ́:f|ɔ́f]	スネをかじる（≒ live [mooch, leech] off） ➤ sponge off *my* parents（親のスネをかじる）
1576 □□□	spruce up [sprù:s ʌ́p]	きちんとする，身なりを整える（≒ tidy up, dress up） ➤ spruce up the building（建物をきれいにする）
1577 □□□	square off (against) [skwèər ɔ́:f|ɔ́f (əgénst/əgéɪnst)]	（けんかで）身構える（≒ prepare to fight with） ➤ square off against each other（互いに身構える）
1578 □□□	stash away [stæ̀ʃ əwéɪ]	隠す，しまっておく（≒ set aside, put aside, lay aside） ➤ The stolen pictures were stashed away in a warehouse.（盗まれた絵画は倉庫に隠されていた）
1579 □□□	stave off [stèɪv ɔ́:f|ɔ́f]	回避する，食い止める（≒ head off, ward off） ➤ stave off the civil war（内戦を回避する）
1580 □□□	steeped in [stì:pt ín]	《*be* ～ in *A* で》（場所・時間などが）A に満ちている［あふれている］（≒ immersed in） ➤ *be* steeped in history（歴史がしみ込んでいる）

1581 **step into** [stép ɪntu]
踏み入る，取り掛かる（≒ **set foot in**, **come into**）
➤ step into his shoes（彼の後釜に座る）

1582 **step up** [stèp ʌ́p]
強化する，促進する（≒ **beef up**, **build up**）
➤ step up efforts [security]（努力［安全］を強める）

1583 **stick out for** [stìk áʊt fər]
あくまで要求する（≒ **stand up for**, **demand**）
➤ stick out for a better price（もっとよい値が付くのを待つ）

1584 **stick up for** [stìk ʌ́p fər]
（批判されているものを）支持する（≒ **side with**）
➤ stick up for same-sex marriage（同姓婚を支持する）

1585 **straighten out** [strèɪt(ə)n áʊt]
（問題）解決する（≒ **sort** [**iron**, **smooth**] **out**, **clear up**）
➤ straighten out a legal dispute（訴訟を解決する）

1586 **strike up** [stràɪk ʌ́p]
（気さくに会話などを）始める（≒ **begin**）
➤ strike up a conversation [relationship] with *someone*（〔人〕と会話［付き合い］を始める）

1587 **swoop down** [swùːp dáʊn]
急襲する，飛びかかる（≒ **come down on** ）
➤ swoop down from the roof（屋根から急降下する）

1588 **tack on** [tæ̀k ɑ́(ː)n|ɔ́n]
（新たに）付け加える（≒ **tag on**）
➤ tack on a happy ending to the violent film（暴力映画にハッピーエンドを付け加える）

1589 **tag along** [tæ̀g əlɔ́ːŋ|əlɔ́ŋ]
付きまとう，跡をつける（≒ **shadow**, **tail**）
➤ He used to tag along when I went out.（出掛ける際には彼はいつもついてきていた）

1590 **take it out on** [tèɪk ɪt áʊt ɑn|ɔn]
（人に）八つ当たりする（≒ **vent** [**release**] *one's* **anger on**）
➤ Don't take it [your anger] out on me!（私に八つ当たりしないで！）

学習日 年 月 日 | 年 月 日 | 年 月 日

1591 **tease out** [tìːz áʊt]
(情報などを) 引き出す (≒ **elicit**, **find out**)
➤ tease out the truth out of those involved (関係者から真実を引き出す)

1592 **thrash out** [θrǽʃ áʊt]
徹底的に議論する (≒ **hammer** [**hash**] **out**)
➤ thrash out a solution (解決策を打ち出す)

1593 **tone down** [tòʊn dáʊn]
和らげる, 抑える (≒ **water down**)
➤ tone down *my* criticism of the government (政府の批判を和らげる)

1594 **touch off** [tʌ̀tʃ ɔ́ːf|ɔ́f]
(事態・問題などを) 引き起こす (≒ **set off**, **trigger off**)
➤ touch off a chain reaction (連鎖反応を引き起こす)

1595 **wade through** [wéɪd θruː]
(苦労して大量の書類・情報などを) 読む (≒ **read with great effort**)
➤ wade through court records (裁判の記録を読み通す)

1596 **warm up to** [wɔ̀ːrm ʌ́p tu]
(～に) だんだん熱心 [好意的] になる (≒ **begin to like**, **take to**)
➤ warm up to the idea of expanding overseas (海外進出のアイデアに乗り気になる)

1597 **water down** [wɔ̀ːtər dáʊn]
和らげる, 加減する (≒ **tone down**)
➤ water down sanctions against rogue nations (ならず者国家に対する制裁を和らげる)

1598 **weigh against** [wèɪ əgénst/əgéɪnst]
不利にはたらく (≒ **work against**)
➤ The burden of evidence weighed against him. (立証責任が彼に不利だった)

1599 **weigh on** [wéɪ ɑn|ɔn]
重くのしかかる (≒ **weigh down**, **oppress**)
➤ Huge pressure is weighing on him. (大きな重圧が彼にのしかかっている)

1600 **wolf down** [wʊ̀lf dáʊn]
貪り食う, ガツガツ食べる (≒ **pig out**, **devour**)
➤ wolf down the food (食べ物をガツガツ食べる)

Rank C

余裕合格するための
重要「句動詞」150語を
完全攻略!

【1601〜1750】

学習日　年　月　日　年　月　日　年　月　日

1601 **act out** [ǽkt áʊt]
(感情・考えなどを）行動［態度］で表す（≒ display）
➤ act out *my* anger（怒りを態度に表す）

1602 **beg off** [bèg ɔ́ːf|ɔ́f]
(一度約束した事柄を）言い訳して断る，（～を）免除してくれるよう頼む，身を引く（≒ excuse）
➤ beg off from the task（任務からはずしてもらう）

1603 **black out** [blǽk áʊt]
(人が突然）気を失う（≒ flake out, pass out）
➤ The driver blacked out at the wheel.（ドライバーは運転中に気を失った）

1604 **blurt out** [blə́ːrt áʊt]
(不安・興奮で）思わず口走る（≒ blunder out）
➤ blurt out the secret（秘密を口走る）

1605 **boil over** [bɔ̀ɪl óʊvər]
(～に）発展する，噴きこぼれる，噴き出す（≒ escalate, run over, get furious）
➤ Racial tensions are boiling over into armed conflict.（人種間の緊張が激化して武力衝突に発展している）

1606 **boot out (of)** [búːt áʊt (əv)]
(～から）追い出す，首にする（≒ kick out, chuck out）
➤ boot him out of school（彼を退学させる）

1607 **border on** [bɔ́ːrdər ɑn|ɔn]
(～と）紙一重である，（～に）近い（≒ verge on）
➤ Deepening mutual mistrust borders on hatred.（深まる相互不信は憎しみと紙一重である）

1608 **bubble up** [bʌ́b(ə)l ʌ́p]
湧き上がる，ブクブク泡が立つ（≒ rise up, come up）
➤ An anxiety is bubbling up in her mind.（ある心配が彼女の心に湧き上がっている）

1609 **cap off** [kǽp ɔ́ːf|ɔ́f]
仕上げる，締めくくる（≒ finish off [up]）
➤ cap *it* off with a win（勝利で締めくくる）

1610 **carve up** [kɑ̀ːrv ʌ́p]
(冷酷に領土・財産を）分割する（≒ split up, divide）
➤ carve up the enemy's territory（敵の領土を分割する）

1611 **chew over** [tʃùː óʊvər]
熟考する，じっくり考える（≒ **m**ull **o**ver, **th**ink **o**ver）
➤ chew over the future of the company（会社の将来をじっくり考える）

1612 **chicken out** [tʃíkɪn áʊt]
尻込みする，怖気づく（≒ **b**ack **a**way [**d**own]）
➤ chicken out of asking for a date（デートに誘うことに尻込みする）

1613 **chip away at** [tʃíp əwéɪ ət/æt]
少しずつ削る［欠ける］（≒ **wh**ittle **d**own）
➤ Competition is chipping away at companies' profits.（競争は会社の利益を徐々に削っている）

1614 **choke back** [tʃòʊk bǽk]
（感情を）抑える［こらえる］（≒ **b**ottle **u**p, **h**old **b**ack）
➤ choke back *my* anger [sadness]（怒り［悲しみ］をこらえる）

1615 **clue in** [klùː ín]
（人に）情報を伝える（≒ **f**ill **in** **o**n）
➤ Please clue me in on the case.（その件について教えてください）

1616 **coast along** [kòʊst əlɔ́ːŋ|əlɔ́ŋ]
（大した努力なく）やっていく（≒ **m**ove **e**asily）
➤ coast along through *my* career（順調にキャリアを積んでいる）

1617 **cobble together** [kɑ́(ː)b(ə)l|kɔ́b(ə)l təgéðər]
急いでする，まとめる（≒ **k**nock [**th**row] **t**ogether）
➤ cobble together an economic stimulus package（経済対策を素早くまとめる）

1618 **come down on** [kʌ̀m dáʊn ɑn|ɔn]
きつく非難する［罰する］（≒ **j**ump **o**n, **l**ash **o**ut **a**t）
➤ The judge came down on his illegal drug use.（その裁判官は彼の違法薬物の使用を激しく非難した）

1619 **crank out** [kræ̀ŋk áʊt]
量産する，どんどん作り出す（≒ **ch**urn **o**ut）
➤ crank out new inventions（新しい発明品を量産する）

1620 **crow over** [kròʊ óʊvər]
（いい気になって）大喜びする，自慢する（≒ **br**ag [**bo**ast] **a**bout）
➤ crow over *his* victory（勝利を大喜びする）

学習日 年 月 日 年 月 日 年 月 日

1621 **cue in** [kjùː ín]
情報を与える，行動開始の指示を与える（≒ **clue in on**）
➤ cue her in on the plan（彼女に計画について教える）

1622 **dabble in [at]** [dǽb(ə)l ín [ǽt]]
（軽い気持ちで）手を出す（≒ **play with**, **toy with**）
➤ dabble in painting（絵画に手を出す）

1623 **deal out** [dìːl áʊt]
与える，分配する（≒ **mete out**, **dish out**）
➤ deal out punishment [justice] to the criminal（罪人に罰則［裁き］を下す）

1624 **dish out** [dìʃ áʊt]
（大勢に）分配する，（罰則・批判を）下す（≒ **deal out**）
➤ dish out foods to the poor（貧しい人に食べ物を分配する）

1625 **doctor up** [dɑ̀(ː)ktər|dɔ̀k- ʌ́p]
不正に手を加える（≒ **tamper with**, **fabricate**）
➤ doctor up the evidence（証拠をゆがめる）

1626 **dote on** [dóʊt ɑn|ɔn]
溺愛する，甘やかす（≒ **adore**, **love**）
➤ dote on *my* daughter（娘を溺愛する）

1627 **dredge up** [drèdʒ ʌ́p]
（事実・記憶・嫌なことなどを）蒸し返す［掘り返す］（≒ **dig up [out]**, **ferret out**）
➤ dredge up his past（彼の過去をほじくり返す）
➤ dredge up the past incident（過去の事件を掘り起こす）

1628 **drive at** [dráɪv ət/ǽt]
《what *somebody is* driving at で》〔人〕が言いたいこと（≒ **suggest**, **imply**）
➤ I can see what you're driving at, but you're wrong.（言いたいことはわかりますが，あなたは間違っています）

1629 **drive up** [dràɪv ʌ́p]
（価格を）上昇［急増］させる（≒ **bring [push, jack] up**）
➤ drive up stock prices（株価を吊り上げる）

1630 **ease off** [ìːz ɔ́ːf|ɔ́f]
弱まる，和らぐ（≒ **slacken off**, **let up**）
➤ The storm eased off at night.（嵐は夜に和らいだ）

1631 □□□	**flake out** [flèɪk áʊt]	（疲れ果てて）眠り込む（≒ **conk out, nod off**） ➤ flake out on the bench（ベンチで眠り込む）
1632 □□□	**fob off** [fɑ̀(ː)b|fɔ̀b ɔ́ːf|ɔ́f]	はぐらかす，（無価値な物を）つかませる（≒ **evade, palm off**） ➤ fob *him* off with some excuse（何らかの言い訳でごまかす）
1633 □□□	**forge ahead** [fɔ̀ːrdʒ əhéd]	（困難・障害にもかかわらず）突き進む（≒ **push on, move ahead**） ➤ forge ahead on his own way（彼自身の道をひた走る）
1634 □□□	**foul up** [fàʊl ʌ́p]	台無しにする，しくじる（≒ **mess [botch, screw] up**） ➤ foul up the project（計画を台無しにする）
1635 □□□	**free up** [frìː ʌ́p]	解放する，自由化する（≒ **make available**） ➤ free up *my* schedule next week（来週の予定を空けておく）
1636 □□□	**front for** [frʌ́nt fər]	（～の）隠れみのになる（≒ **serve as a cover for**） ➤ The company fronts for the gang.（その会社は暴力団の隠れみのとなっている）
1637 □□□	**gain on** [géɪn ɑn|ɔn]	追い上げる，迫り来る（≒ **catch up with, close in on**） ➤ The rival team is gaining on us.（ライバルチームが我々を追い上げている）
1638 □□□	**gang up on** [gæ̀ŋ ʌ́p ɑn|ɔn]	集団で攻撃する［批判する］（≒ **attack, set on**） ➤ gang up on an opponent（集団で反対者を攻撃する）
1639 □□□	**geared to [toward]** [gíərd tu [təwɔ́ːd]]	《*be* ～で》（～を）対象とする，～向けである（≒ **oriented to**） ➤ The course is geared to foreign students.（そのコースは留学生対象である）
1640 □□□	**glance off** [glæ̀ns|glɑ̀ːns ɔ́ːf|ɔ́f]	（飛んできたものが）かすめる（≒ **skim, graze**） ➤ The bullet glanced off the shield.（弾丸が盾をかすめた）

学習日 年 月 日 | 年 月 日 | 年 月 日

1641 **gum up** [gʌ́m ʌ́p]
(失敗して) 台無しにする, (機械などを) 動かなくする (≒ clog (up), bung up)
➤ gum up the works (仕事を台無しにする／〔仕事などの〕流れを悪くする／〔物が詰まるなどして〕機械を止める)

1642 **gun for** [gʌ́n fər]
《通例, *be* gunning for で地位や賞を》狙う (≒ aim [jockey] for)
➤ The athlete is gunning for the championship. (そのアスリートは優勝を狙っている)

1643 **hang out** [hæ̀ŋ áʊt]
つき合う [つるむ], ぶらぶらする [のんびりする] (≒ associate, hang around)
➤ hang out with rogues (不良とつき合う)

1644 **hanker after** [hǽŋkər ǽftər|ɑ́ːf-]
欲しがる, 切望する (≒ long for, yearn for)
➤ hanker after an expensive piece of jewelry (高価な宝石類を欲しがる)

1645 **hark back to** [hɑ̀ːrk bǽk tu]
(過去の物事を) 思い出させる (≒ recall, bring [call] to mind)
➤ The style of song harks back to the 1970s. (その歌のスタイルは 1970 年代を思い出させる)

1646 **hash out** [hæ̀ʃ áʊt]
成立させる, 議論して解決する (≒ work out, hammer out)
➤ hash out an agreement (合意を打ち出す)

1647 **haul off** [hɔ̀ːl ɔ́ːf|ɔ́f]
(人を) 連行する (≒ cart off [away])
➤ haul protesters off to the police (抗議者を警察へ連行する)

1648 **have it out with** [hə̀v ɪt áʊt wɪθ]
(問題・意見の相違で) (人) と徹底的に話し合う (≒ settle a dispute by argument)
➤ have it out with an official (役人と徹底的に話す)

1649 **hedge against** [hédʒ əgénst/əgéɪnst]
リスク回避する, (インフレなどに対する) 損失を防ぐ策をとる (≒ protect against)
➤ hedge against inflation (インフレのリスク回避をする)

1650 **hem in** [hèm ín]
取り囲む, 閉じ込める (≒ besiege, confine)
➤ The criminal was hemmed in by the police. (その犯人は警察に取り囲まれた)

1651 **hollow out** [hɑ́(ː)loʊ|hɔ́l- áʊt]

くり抜く，(～を)くり抜いて…を作る（≒ scoop out, gouge out）

➤ hollow out a tunnel（トンネルを掘る）

➤ hollow a canoe out of a log（丸太をくり抜いてカヌーを作る）

1652 **home in on** [hòʊm ín ɑn|ɔn]

(～に)狙いを定める，～めがけて進む（≒ zero in on）

➤ The missile homed in on the target.（ミサイルはターゲットをめがけて進んだ）

1653 **hunker down** [hʌ̀ŋkər dáʊn]

本腰を入れる，しゃがむ（≒ crouch down, buckle down）

➤ hunker down to my work（仕事に本腰を入れる）

1654 **hush up** [hʌ̀ʃ ʌ́p]

(人に)知られないようにする，もみ消す（≒ cover up）

➤ hush up the scandal（醜聞を知られないようにする）

1655 **hype up** [hàɪp ʌ́p]

興奮させる，誇大宣伝する（≒ psych up）

➤ hype up the tension（緊張を高める）

1656 **identify with** [aɪdéntəfàɪ wɪθ]

一体感を抱く，共感する（≒ empathize with）

➤ identify with the main character（主人公に共感する）

1657 **keel over** [kìːl óʊvər]

ひっくり返る（≒ turn over）

➤ stop the boat from keeling over（ボートがひっくり返るのを止める）

1658 **knock off** [nɑ̀(ː)k|nɔk ɔ́ːf|ɔ́f]

中断する，減らす，素早く作る，値引きする（≒ break, produce）

➤ knock off work（仕事を中断する）

1659 **latch onto** [lætʃ ɑ́(ː)ntə|ɔ́ntə/ɑ́(ː)ntu|ɔ́ntu]

強い興味を持つ，(考え・やり方などを)取り入れる，理解する，つきまとう（≒ take up, understand）

➤ latch onto the latest fashion（最新のファッションに飛びつく）

1660 **lay out** [lèɪ áʊt]

設計する，配置する，説明する，(大金を)費やす（≒ set out, shell out）

➤ lay out a new town（新しい町を設計する）

学習日 年 月 日 | 年 月 日 | 年 月 日

1661 **limber up** [lìmbər ʌ́p]
準備運動［体操］をする（≒ **warm up**）
➤ limber up for the race（レースに向けて準備運動する）

1662 **live it up** [lìv ɪt ʌ́p]
大いに楽しむ，贅沢に暮らす（≒ **live extravagantly**）
➤ live it up at the party（パーティーで思い切り楽しむ）

1663 **live with** [lív wɪθ]
（困難で不快な状況を）受け入れる（≒ **put up with, accept**）
➤ live with *my* illness（病気と折り合って暮らす）

1664 **liven up** [làɪv(ə)n ʌ́p]
盛り上げる，魅力的にする（≒ **rev up, jazz up**）
➤ liven up the party（パーティーを盛り上げる）

1665 **loosen up** [lùːs(ə)n ʌ́p]
緩和する，くつろぐ（≒ **sit back, slow down**）
➤ loosen up the atmosphere（雰囲気を和らげる）

1666 **measure up to** [mèʒər, 《米》 mèɪʒər ʌ́p tu]
（標準に）達する，（基準・期待・理想などに）かなう（≒ **live [match] up to**）
➤ measure up to global standards（世界水準に達する）

1667 **pack off** [pæ̀k ɔ́ːf|ɔ́f]
追い立てる，追い出す（≒ **force out, drive out**）
➤ pack her children off to school（子供たちを学校へ追い立てる）

1668 **pass off** [pæ̀s|pɑ̀ːs ɔ́ːf|ɔ́f]
～を（…だと）偽ってだます（≒ **disguise**）
➤ pass fakes off as genuine（偽物を本物としてごまかす）

1669 **pass over** [pæ̀s|pɑ̀ːs óʊvər]
《通例，*be* ～ed over で》（昇進などの対象から）見送る，除外する，無視する（≒ **bypass, skip over**）
➤ *be* passed over for (a) promotion（昇進を見送られる）

1670 **pep up** [pèp ʌ́p]
活気づける，元気づける（≒ **perk [ginger] up**）
➤ pep up the team players（チームの選手たちを元気づける）

1671	**pipe down** [pàɪp dáʊn]	静かにする，黙る（≒ *be* quiet, quiet down） ➤ Pipe down! I'm on the phone.（静かにして！　電話中なんだから）
1672	**play up** [plèɪ ʌ́p]	大きく扱う，強調する（≒ emphasize, exaggerate） ➤ play up *one's* academic background（学歴を強調する） ＊ play up to は「おべっかを使う」。
1673	**plug into** [plʌ́g ɪntu]	（サービスなどを）利用する，接続する，プラグを差し込む，（活動・ビジネスに）参加［参入］する（≒ make use of, connect） ➤ plug into the research facilities（研究施設を利用する）
1674	**pony up** [pòʊni ʌ́p]	（お金を）支払う，精算する（≒ shell out, pay up, fork over, cough up） ➤ pony up for a new car（新車にお金を払う）
1675	**psych out** [sàɪk áʊt]	（人を）おびえさせる，怖じ気づかせる（≒ overwhelm, intimidate） ➤ psych out rivals（ライバルたちを怖じ気づかせる）
1676	**puzzle out** [pʌ̀z(ə)l áʊt]	（謎・理由などを）（熟考し）解明する，理解する（≒ work out, figure out） ➤ puzzle out a problem（問題を解き明かす）
1677	**rack up** [ræ̀k ʌ́p]	（大量の得点・売上などを）上げる（≒ chalk [notch] up, make a profit） ➤ rack up huge profits（巨大な利益を上げる）
1678	**rally around** [ræ̀li əráʊnd]	～の下に結集する，（〔人〕の）支援のために集まる，味方に付く（≒ support） ➤ rally around the leader（リーダーの下に結集する）
1679	**ratchet up** [ræ̀tʃɪt ʌ́p]	（徐々に）増やす［上げる］，（徐々に）増える［上がる］（≒ gradually increase） ➤ ratchet up the consumption tax（消費税を徐々に上げる）
1680	**rest with** [rést wɪθ]	（決定が）（人）に委ねられている，（責任が）（人）にある（≒ lie with, fall on） ➤ The decision rests with you.（決定はあなた次第だ）

学習日　年 月 日　年 月 日　年 月 日

1681 **rev up** [rèv ʌ́p]
活気づける，活発にする（≒ **step up**, **pep up**）
➤ rev up the economy（経済を活気づける）

1682 **rig up** [rìg ʌ́p]
急ごしらえする，間に合わせに作る（≒ **set up**, **prepare**）
➤ rig up a temporary shelter（早急に仮設の避難所を設ける）

1683 **round off** [ràʊnd ɔ́:f|ɔ́f]
（首尾よく）終える［締めくくる］，四捨五入する（≒ **wrap up**）
➤ round off the game with a victory（ゲームを勝利で締めくくる）

1684 **rub it in** [rʌ̀b ɪt ín]
（不快なことを）繰り返して言う（≒ **harp on**）
➤ Don't rub it in!（同じことばかりくどくど言うな！）

1685 **sail into** [séɪl ɪntu]
非難［叱責］する，攻撃する（≒ **lash out at**, **jump on**）
➤ sail into him for stealing money（お金を盗んだことで彼を叱責する）

1686 **sail through** [séɪl θru:]
楽々とこなす（≒ **breeze through**）
➤ sail through the test（試験にらくらくと通る）

1687 **salt away** [sɔ̀:lt/《英》sɔ̀lt əwéɪ]
（将来の為に）蓄えておく，しまっておく（≒ **set** [**put**, **lay**] **aside**）
➤ I have some money salted away.（少しばかり蓄えがある）

1688 **scrape together** [skrèɪp təgéðər]
苦労して［やっとのことで］（お金を）かき集める（≒ **scrape up**）
➤ scrape together money for *my* debt payment（借金の支払いのために苦労してお金をかき集める）

1689 **seal off** [sì:l ɔ́:f|ɔ́f]
封鎖する，密封する（≒ **cordon off**）
➤ seal off the crime scene（犯行現場を封鎖する）

1690 **sell on** [sél ɑn|ɔn]
（人に）～を納得させる，転売する（≒ **persuade**, **convince**）
➤ He sold me on his ideas.（彼は彼の考えを私に納得させた）

1691 □□□	**ship out** [ʃíp áʊt]	(人や物を) 送り出す [出荷する], 仕事を辞める (≒ **l**eave, **r**esign) ➤ The timber was shipped out of the port. (木材は港から出荷された)
1692 □□□	**shoot for** [ʃúːt fər]	目指す, 目標にする (≒ **go** [**a**im, **j**ockey] **for**, *be* **g**unning **for**) shoot for a job promotion (昇進を狙う)
1693 □□□	**shoot up** [ʃùːt ʌ́p]	急上昇する, 急騰する (≒ **sk**yrocket, **z**oom, **so**ar) ➤ The price shot up by 50%. (価格が 50%高騰した)
1694 □□□	**shove off** [ʃʌ̀v ɔ́ːf|ɔ́f]	船が岸を離れる, 立ち去る (≒ **sh**ove **a**long, **l**eave) ➤ Shove off!! (あっちへ行って!)
1695 □□□	**shy away from** [ʃàɪ əwéɪ frəm]	避ける, 尻込みする (≒ **s**hrink **f**rom, **r**ecoil **f**rom) ➤ shy away from conflict (争いを避ける)
1696 □□□	**sit through** [sít θruː]	終わりまで見る, 最後まで聞く (≒ **sit** ... **out**) ➤ sit through the lecture (講義を最後まで聞く)
1697 □□□	**skip out on** [skìp áʊt ɑn|ɔn]	避ける [サボる], (決まりなどを) 無視する (≒ **a**void, **b**ypass) ➤ skip out on a live radio appearance (ラジオの生出演をすっぽかす)
1698 □□□	**smack of** [smǽk əv]	(不快な態度・性質などが) 感じられる, きらいがある (≒ **r**eek **o**f) ➤ Her statement smacks of prejudice. (彼女の発言は偏見のきらいがある)
1699 □□□	**snap out of** [snæ̀p áʊt əv]	(~から) 立ち直る, (~から) 抜け出す (≒ **r**ecover **q**uickly) ➤ snap out of a bad mood (不機嫌から立ち直る) ➤ snap out of depression (うつから抜け出す)
1700 □□□	**snuff out** [snʌ̀f áʊt]	鎮圧 [制圧] する, (敵などを) 殺す, (ろうそくの火を) 消す (≒ **wi**pe **out**, **s**tamp **out**) ➤ snuff out the rebellion (反乱を鎮圧する)

一般語彙【Rank A】 一般語彙【Rank B】 一般語彙【Rank C】 句動詞【Rank A】 句動詞【Rank B】 句動詞【Rank C】

学習日 年 月 日 年 月 日 年 月 日

1701	**snuggle up to** [snʌ̀g(ə)l ʌ́p tu]	寄り添う，すり寄る（≒ **cuddle up to**） ➤ snuggle up to *him* without *his* noticing（気づかれないようにそっとすり寄る）
1702	**sober up** [sòʊbər ʌ́p]	酔いをさます，酔いがさめる（≒ **recover**） ➤ The news sobered him up.（その知らせで彼は酔いがさめた）
1703	**soup up** [sù:p ʌ́p]	より強力にする，（改良して）性能を上げる（≒ **hop up**, **power up**） ➤ soup up the old cars（古い車の性能を上げる）
1704	**spice up** [spàɪs ʌ́p]	活気づける，面白くする（≒ **jazz up**, **liven up**） ➤ spice up the story（話を面白くする）
1705	**spin off** [spìn ɔ́:f|ɔ́f]	分離独立させる，（副産物を）生じる（≒ **turn out**） ➤ spin off the film division into a separate company（映画部門を別会社に分社化させる）
1706	**spirit away** [spìrət əwéɪ]	（素早く，ひそかに）を連れ去る（≒ **carry away**） ➤ spirit away the child（子供を誘拐する）
1707	**splash down** [splæ̀ʃ dáʊn]	（宇宙船が）着水する（≒ **land on**） ➤ splash down in the Pacific（太平洋に着水する）
1708	**spur on** [spə̀:r á(:)n|ɔ́n]	（行動するよう）（人を）駆り立てる，（人）に促す（≒ **prod**） ➤ spur children on to greater efforts（子供にもっと努力するよう駆り立てる）
1709	**square up** [skwèər ʌ́p]	身構える，借金を返す，断固として立ち向かう［対処する］（≒ **stand ready**, **pay up**） ➤ square up to each other（互いに身構える）
1710	**squeak by** [skwì:k báɪ]	かろうじて成功する，何とか生き延びる（≒ **scrape by**, **scrape along**） ➤ barely squeak by on *my* income（どうにか生活する）

1711 □□□	**stock up on [with]** [stɑ̀(ː)k|stɔ̀k ʌ́p ɑn|ɔn [wɪθ]]	大量に買い込む（≒ **buy in**） ➤ stock up on daily necessities（必需品を大量に買い込む）
1712 □□□	**stow away** [stòʊ əwéɪ]	（船・飛行機で）密航する，しまう（≒ **hide out**） ➤ stow away on a ship（船にこっそり乗り込む）
1713 □□□	**strike on** [stráɪk ɑn|ɔn]	（思わず・偶然に）発見する［思いつく］（≒ **hit upon**） ➤ strike on a solution to the problem（問題の解決法を思いつく）
1714 □□□	**strike out** [stràɪk áʊt]	削除する，新たな方向で活躍する，三振する（≒ **cross out, start up**） ➤ strike out the last three names on the list（リストの最後の三人の名前を削る）
1715 □□□	**stumble on [upon]** [stʌ́mb(ə)l ɑn|ɔn [əpɑ́(ː)n, əpɔ́ːn|əpɔ́n]]	偶然見つける［出くわす］（≒ **come across, run into**） ➤ stumble on a celebrity（有名人に偶然出くわす）
1716 □□□	**suck in** [sʌ̀k ín]	（スポンジのように）吸い上げる，引きつける（≒ **take in, draw in**） ➤ suck many workers in from abroad（海外からの多くの労働者を引き寄せる）
1717 □□□	**suck up to** [sʌ̀k ʌ́p tu]	（人）にごまをする［機嫌を取る］（≒ **kiss [play] up to**） ➤ suck up to my boss（上司にごまをする）
1718 □□□	**swear off** [swèər ɔ́ːf|ɔ́f]	やめると誓う（≒ **abstain from**） ➤ swear off drinking（酒をやめると誓う）
1719 □□□	**sweat out** [swèt áʊt]	発汗して治す，打ち込む，頑張る（≒ **suffer through, live with**） ➤ sweat out economic downturns（経済の低迷に耐える）
1720 □□□	**tag along with** [tæ̀g əlɔ́ːŋ|əlɔ́ŋ wɪθ]	（不要に）（人）に付きまとう（≒ **accompany, string along**） ➤ tag along with a friend（友人に付きまとう）

学習日 年 月 日 | 年 月 日 | 年 月 日

1721 **tail off** [tèɪl ɔ́:f|ɔ́f]
次第に弱くなる（≒ taper off, trail off）
➤ The country's economy growth is tailing off.（その国の経済成長が次第に弱まっている）

1722 **tangle with** [tǽŋg(ə)l wɪθ]
口論する，けんかする（≒ argue, quarrel）
➤ Don't tangle with that guy.（その男とかかわるな）

1723 **thin out** [θìn áʊt]
（過密にならないように）減らす，間引く（≒ reduce）
➤ thin out the workforce（従業員を減らす）

1724 **throw back to** [θròʊ bǽk tu]
さかのぼる，先祖返りをする（≒ revert to）
➤ throw back to the 80s（80 年代にさかのぼる）

1725 **tick off** [tìk ɔ́:f|ɔ́f]
叱る［怒らせる］，チェックマークをつける（≒ rebuke, annoy, check off）
➤ get ticked off（叱られる）

1726 **tone up** [tòʊn ʌ́p]
（筋肉などを）引き締める［鍛える］（≒ strengthen, firm up, build up）
➤ tone up the abdominal muscles（腹筋を鍛える）

1727 **toss around** [tɔ̀:s|tɔ̀s əráʊnd]
皆で話し合う（≒ discuss, kick around）
➤ toss around suggestions for improving the show（ショーを改良する提案について話し合う）

1728 **touch up** [tʌ̀tʃ ʌ́p]
（手を少し加えて）修正する（≒ finish up, retouch）
➤ touch up a photograph（写真を修正する）

1729 **toughen up** [tʌ̀f(ə)n ʌ́p]
精神的に強くする（≒ beef up, strengthen）
➤ The hard work toughened up the boys.（厳しい仕事のおかげで，少年たちはたくましくなった）

1730 **trail off** [trèɪl ɔ́:f|ɔ́f]
（音などが）次第に小さくなる（≒ taper off）
➤ The voice trailed off.（声は次第に小さくなった）

1731 □□□	**trickle down** [trìk(ə)l dáʊn]	流れ落ちる，波及する（≒ **flow down**, **spread**） ➤ Tears trickled down her face.（涙が彼女の顔から流れ落ちた）
1732 □□□	**trifle with** [tráɪf(ə)l wɪθ]	いい加減に扱う，もてあそぶ（≒ **play with**, **toy with**） ➤ He trifled with her affections.（彼は彼女の愛情を踏みにじった）
1733 □□□	**trip up** [trìp ʌ́p]	（人を）引っかける［はめる］，つまずかせる（≒ **catch out**） ➤ trip him up on a couple of questions（数問の質問で彼をやりこめる）
1734 □□□	**trump up** [trʌ̀mp ʌ́p]	（話を）でっち上げる（≒ **cook** [**make**] **up**） ➤ trump up charges against the prime minister（首相に対する容疑をでっち上げる）
1735 □□□	**tune out** [tjù:n/tʃù:n áʊt]	無視する，聞こえなくする（≒ **pass over**, **brush off**） ➤ tune out his complaints（彼の不満を無視する）
1736 □□□	**turn against** [tə́:rn əgénst/əgéinst]	敵対する，そむく（≒ **rebel against**, **fight against**） ➤ A friend today may turn against you tomorrow.（昨日の友は今日の敵）
1737 □□□	**walk out** [wɔ̀:k áʊt]	突然立ち去る，ストライキする（≒ **walk away**, **go on a strike**） ➤ walk out on *his* parents（親元を去る）
1738 □□□	**wash out** [wɑ̀(:)ʃ|wɔ̀ʃ áʊt]	《通例，受け身で》（試合・行事などが雨などで）お流れになる，洗い落とす，流失［崩壊］する（≒ **cancel**, **flush away**, **damage**） ➤ The game was washed out.（試合は雨で流れた）
1739 □□□	**wash over** [wɑ̀(:)ʃ|wɔ̀ʃ óʊvər]	（急に）心に強くよぎる（≒ **come over**） ➤ Anxiety washed over her.（心配が彼女によぎった）
1740 □□□	**weave** *one's* **way through** [wí:v wʌnz wéɪ θru:]	縫って歩く（≒ **thread through**） ➤ weave *one's* way through a crowd（人混みの中を縫って歩く）

一般語彙【Rank A】 一般語彙【Rank B】 一般語彙【Rank C】 句動詞【Rank A】 句動詞【Rank B】 句動詞【Rank C】

学習日 年 月 日 | 年 月 日 | 年 月 日

1741 □□□	**weigh in** [wèɪ ín]	(議論・争い・競争などに)加わる(≒ **join in**, **partake in**) ➤ weigh in with *my* views(意見を持って議論に加わる)
1742 □□□	**well up** [wèl ʌ́p]	(水・涙・血などが)湧き出る,(感情が)こみ上げる(≒ **swell**, **spring up**) ➤ Tears welled up in her eyes.(涙が彼女の目に溢れた)
1743 □□□	**while away** [(h)wàɪl|wàɪl əwéɪ]	ぶらぶら[のんびり]過ごす(≒ **idle** [**fritter**] **away**) ➤ while away the hours(時間をのんびり過ごす)
1744 □□□	**whisk away** [(h)wìsk əwéɪ]	さっと連れ去る(≒ **take** [**carry**] **away**) ➤ whisk away the suspect(容疑者を連行する)
1745 □□□	**whittle down** [(h)wìt(ə)l dáʊn]	(数・量を)徐々に減らす(≒ **phase** [**scale**] **down**) ➤ whittle down 10 candidates to 3(10人の候補者を3人に減らす)
1746 □□□	**wink at** [wíŋk ət/æt]	見て見ぬふりをする,黙認する(≒ **connive at**) ➤ wink at illegal trade practices(不法取引を黙認する)
1747 □□□	**wise up to** [wàɪz ʌ́p tu]	(悪い事柄などに)気づく[知る](≒ **catch on to**) ➤ wise up to the hard fact(厳然たる事実に気づく)
1748 □□□	**worm out of** [wə̀ːrm áʊt əv]	《～ *A* out of *B* /～ *A* from *B* で》(AをBから)聞き[引き]出す(≒ **wring out**, **tease out**) ➤ worm a confession out of the suspect(容疑者から自白を引き出す)
1749 □□□	**wriggle out of** [ríg(ə)l àʊt əv]	何とかして切り抜ける[逃れる](≒ **wiggle out of**) ➤ wriggle out of *my* responsibility(責任から逃れる)
1750 □□□	**wring out of** [rìŋ áʊt əv]	(無理やり)聞き出す[引き出す](≒ **worm out of**, **squeeze out of**) ➤ wring a secret out of him(彼から秘密を引き出す)

索引

＊4桁の数字は，「見出し語の番号」を示します。ページ数ではありませんのでご注意ください。
＊赤色・太字は見出し語と見出し語の番号を示します。黒色は見出し語の類義語と登場した見出し語の番号を示します。

A

＊4桁の数字は，「見出し語の番号」を示します。ページ数ではありませんのでご注意ください。
＊赤色・太字は見出し語と見出し語の番号を示します。黒色は見出し語の類義語と登場した見出し語の番号を示します。

＊4桁の数字は，「見出し語の番号」を示します。ページ数ではありませんのでご注意ください。
＊赤色・太字は見出し語と見出し語の番号を示します。黒色は見出し語の類義語と登場した見出し語の番号を示します。

D

＊4桁の数字は,「見出し語の番号」を示します。ページ数ではありませんのでご注意ください。
＊赤色・太字は見出し語と見出し語の番号を示します。黒色は見出し語の類義語と登場した見出し語の番号を示します。

E

＊4桁の数字は，「見出し語の番号」を示します。ページ数ではありませんのでご注意ください。
＊赤色・太字は見出し語と見出し語の番号を示します。黒色は見出し語の類義語と登場した見出し語の番号を示します。

＊4桁の数字は,「見出し語の番号」を示します。ページ数ではありませんのでご注意ください。
＊赤色・太字は見出し語と見出し語の番号を示します。黒色は見出し語の類義語と登場した見出し語の番号を示します。

G

I

＊４桁の数字は，「見出し語の番号」を示します。ページ数ではありませんのでご注意ください。
＊赤色・太字は見出し語と見出し語の番号を示します。黒色は見出し語の類義語と登場した見出し語の番号を示します。

J

＊4桁の数字は,「見出し語の番号」を示します。ページ数ではありませんのでご注意ください。
＊赤色・太字は見出し語と見出し語の番号を示します。黒色は見出し語の類義語と登場した見出し語の番号を示します。

M

＊4桁の数字は，「見出し語の番号」を示します。ページ数ではありませんのでご注意ください。
＊赤色・太字は見出し語と見出し語の番号を示します。黒色は見出し語の類義語と登場した見出し語の番号を示します。

Q

R

＊4桁の数字は，「見出し語の番号」を示します。ページ数ではありませんのでご注意ください。
＊赤色・太字は見出し語と見出し語の番号を示します。黒色は見出し語の類義語と登場した見出し語の番号を示します。

＊4桁の数字は，「見出し語の番号」を示します。ページ数ではありませんのでご注意ください。
＊赤色・太字は見出し語と見出し語の番号を示します。黒色は見出し語の類義語と登場した見出し語の番号を示します。

＊４桁の数字は，「見出し語の番号」を示します。ページ数ではありませんのでご注意ください。
＊赤色・太字は見出し語と見出し語の番号を示します。黒色は見出し語の類義語と登場した見出し語の番号を示します。

U

＊4桁の数字は,「見出し語の番号」を示します。ページ数ではありませんのでご注意ください。
＊赤色・太字は見出し語と見出し語の番号を示します。黒色は見出し語の類義語と登場した見出し語の番号を示します。

V

W

＊4桁の数字は,「見出し語の番号」を示します。ページ数ではありませんのでご注意ください。
＊赤色・太字は見出し語と見出し語の番号を示します。黒色は見出し語の類義語と登場した見出し語の番号を示します。

Y

Z

【編著】**植田 一三**（Ichy Ueda）
年齢・性別・国籍を超える英悟の超人（ATEP [Amortal "Transagenderace" Educational Philosophartist]），最高峰資格 8 冠突破＆ライター養成校「アスパイア」（アクエアリーズ改め）学長。自己実現と社会貢献を目指す「英悟道」精神，"Let's enjoy the process!（陽は必ず昇る）"を教育理念に，指導歴 40 年で英検® 1 級合格者を約 2,700 名以上輩出。出版歴 35 年で著書は 120 冊を超え，多くはアジア 5 か国で翻訳。ノースウェスタン大学院・テキサス大学博士課程留学，同大学で異文化間コミュニケーションを指導。教育哲学者（educational philosopher），世界情勢アナリスト，比較言語哲学者（comparative linguistic philosopher），社会起業家（social entrepreneur）。

【著者】**上田 敏子**（うえだ・としこ）
アスパイア英検® 1 級・国連英検特 A 級・IELTS 講座講師。バーミンガム大学院修了（優秀賞）後，ケンブリッジ大学で国際関係論コース修了。国連英検特 A 級（優秀賞），工業英検 1 級（文部科学大臣賞）・TOEIC® L&R テスト満点取得。鋭い異文化洞察と芸術的鑑識眼を活かして英語教育界をリードするワンダーウーマン。主な著書に『英検® ライティング大特訓シリーズ』（アスク出版），『英検® 面接大特訓シリーズ』（J リサーチ出版），『英語で説明する日本の文化シリーズ』（語研），『英語で経済・政治・社会を討論する技術と表現』（ベレ出版）などがある。

【著者】**由良 毅**（ゆら・たけし）
東京大学理学博士・テンプル大学経営学修士（MBA）。有機化学者として外資系の製薬企業で管理職を務める。日英独に堪能なトリリンガルで，英検® 1 級（優秀賞），国連英検特 A 級（外務大臣賞），研究社主催のボキャブラリーコンテスト 3 年連続優勝，IELTS 9.0 を取得。アスパイア出版部の主力メンバーで，主な著書に『世界の経済・政治・社会問題の知識と英語を身につける』（ベレ出版），『英検® 1 級 8 日間で一気に合格！』（明日香出版）などがある。

【著者】**中坂 あき子**（なかさか・あきこ）
アスパイア英語教育・出版部主力メンバー。英検® 1 級取得。トロント大学に留学後，名門府立高校で約 22 年間，英語講師を務める。美学と音楽に造詣が深く，高い芸術性を教材作りとティーチングに活かした新時代のエジュケーショナルアーチスト。主な著書に『英検® 1 級ライティング大特訓』，『英語の議論を極める本』（アスク出版），『スーパーレベル類語使い分けマップ』『英語ライティング至高のテクニック 36』（ベレ出版）などがある。

【執筆協力】
中原 美里（アスパイア）
横川 隼（アスパイア）

＊2022年12月12日，Aquaries（アクエアリーズ）は「Aspire School of Communication（アスパイア）」に改名しました。

英検® 1 級
完全攻略 必須単語1750

2023 年 2 月 20 日　初版第 1 刷発行

編　著　植田 一三
著　者　上田 敏子
　　　　由良 毅
　　　　中坂 あき子
制　作　ツディブックス株式会社
発行者　田中 稔
発行所　株式会社 語研
　　　　〒 101-0064
　　　　東京都千代田区神田猿楽町 2-7-17
　　　　電　話 03-3291-3986
　　　　ファクス 03-3291-6749
組　版　ツディブックス株式会社
印刷・製本　シナノ書籍印刷株式会社

ISBN978-4-87615-389-3 C0082

書名　エイケンイッキュウ カンゼンコウリャク ヒッスタンゴ センナナヒャクゴジュウ
編者　ウエダ イチゾウ
著者　ウエダ トシコ／ユラ タケシ／ナカサカ アキコ

語研ホームページ https://www.goken-net.co.jp/

本書の感想は
スマホから↓